武汉大学创新创业教育系列规划教材

创业法律实务

主编　曾咏梅

WUHAN UNIVERSITY PRESS

武汉大学出版社

图书在版编目(CIP)数据

创业法律实务/曾咏梅主编. —武汉:武汉大学出版社,2022.4(2025.8 重印)

武汉大学创新创业教育系列规划教材
ISBN 978-7-307-22984-6

I.创… II.曾… III. 企业法—中国—高等学校—教材 IV.D922.291.91

中国版本图书馆 CIP 数据核字(2022)第 040833 号

责任编辑:范绪泉　　　责任校对:李孟潇　　　版式设计:马　佳

出版发行:**武汉大学出版社**　　(430072　武昌　珞珈山)
　　　　　(电子邮箱:cbs22@ whu.edu.cn 网址:www.wdp.com.cn)
印刷:武汉邮科印务有限公司
开本:787×1092　1/16　印张:17　字数:403 千字　　插页:1
版次:2022 年 4 月第 1 版　　2025 年 8 月第 2 次印刷
ISBN 978-7-307-22984-6　　定价:49.00 元

前　　言

2017 年《国务院关于强化实施创新驱动发展战略　进一步推进大众创业万众创新深入发展的意见》指出，"创新是社会进步的灵魂，创业是推进经济社会发展、改善民生的重要途径。"就个人而言，创业是创业者实现梦想和自我价值的重要过程，这一过程充满艰辛，有成功也有失败，但总体上看，失败远大于成功。即便是成功者，也经历过无数次失败才走向成功。导致创业失败的原因有很多，其中法律风险是伴随创业全过程的风险。因此，在创业过程中，创业者如果自身不懂法，又没有请法务，无异于将企业置于不设防的法律风险中。

创业需要处理的事务繁多，面对浩如烟海的法律法规，创业者难免会有畏难情绪。为了帮助创业者快速了解创业必备的法律知识，我们编写了此书。

本书以习近平新时代中国特色社会主义思想为指导，以依法创业为主线，根据目前最新的法律规定，参考学者的研究成果、市场监管部门及企业的管理实践，从创业的法律风险与防范概述、商主体形式、劳动用工、知识产权、合同、担保、市场竞争、广告、争议的解决等方面对创业初期的法律风险与防范进行了归纳总结。

全书共分 9 章，每章从引言、本章重点、涉及的法律规定、正文、本章小结五方面展开。其中，引言包括常见问题和实际案例两方面内容。案例主要取自国内近年社会热点或企业常见的法律纠纷，贴近现实。把这部分内容放在正文前面，读者可以带着问题学习，提高学习兴趣。

本书的主要特点：一是坚持依法创业主基调，强调创业要将实现个人人生价值、为个人创造美好生活与实现国家富强、民族振兴、人民幸福结合起来。二是从创业者角度，紧密围绕创业初期的法律需求安排章节内容，针对性强。三是力求简明实用，通俗易懂，条理清晰。四是注重比较分析。书中对各商主体形式、不同劳动用工方式、发明、实用新型与外观设计、各种担保方式、各种不正当竞争行为，广告违法行为，对协商、人民调解、（民商事）仲裁、民事诉讼、民事调解等解决争议的各种方式及特点、各类时效、法定管辖等均做了比较分析，为创业者理解和选择提供了一定参考依据。五是对实务中常见的法律风险进行了一定提示并提出了一些防范建议。

目　　录

第一章　创业中的法律风险与防范概述

引　言

2017 年《国务院关于强化实施创新驱动发展战略　进一步推进大众创业万众创新深入发展的意见》指出，"创新是社会进步的灵魂，创业是推进经济社会发展、改善民生的重要途径。"[1] 就个人而言，创业是创业者实现自我价值的过程。创业过程充满艰辛，有成功也有失败，但总数上看，失败远远大于成功。即便是成功者，也经历过无数次失败才走向成功。导致创业失败的原因有很多，其中法律风险是伴随创业全过程的风险。因此，在创业过程中，创业者如果自身不懂法又没有请法务，或者不守法，企业内外必然法律风险不断：项目违法，可能被取缔；股权设计不好，创业伙伴可能分道扬镳、股权融资也可能导致自己辛苦创立的公司被投资人控制；董事、监事、经理等高管滥用职权，一不小心就铸成大错；员工激励不到位，可能导致人才流失，企业发展缓慢；不签订劳动合同或非法解除劳动合同，可能被员工起诉巨额索赔；知识产权管理不到位，商标可能被他人抢注、发明成果可能不能获得专利权，辛苦取得了专利权还可能被他人侵犯，甚至被他人申请确认专利无效；对外签订合同考虑不周，违约可能造成惨重损失；同行不正当竞争更有可能有苦说不出……凡此种种都可能导致创业失败。

企业因违法被查处或被索赔的事例在现实中比比皆是。比如：2019 年趣步 App 以"走路就能赚钱"为噱头，涉嫌传销与非法集资被查[2]。2020 年，李某等人因侵犯"乐高"著作权，主犯被判有期徒刑 6 年，罚金 9000 万元。违法所得予以追缴，扣押在案的侵权商品及供犯罪所用的本人财物等予以没收[3]。2021 年，人人影视字

---

[1]　参见：国务院关于强化实施创新驱动发展战略　进一步推进大众创业万众创新深入发展的意见. http://www.gov.cn/zhengce/content/2017-07/27/content_5213735.htm.

[2]　参见：走路就能赚钱？趣步涉嫌传销被立案调查　目前 App 已整体下架 平台陷入崩盘状态. https://baijiahao.baidu.com/s? id＝1647528999684247076&wfr＝spider&for＝pc.

[3]　参见：3.3 亿"乐高"著作权案：主犯有期徒刑 6 年，罚金 9000 万. https://mp.weixin. qq.com/s/jiktKaqrn7Qyufh2c0WL4g.

幕组因盗版视频被查，涉案金额超 1600 万元，14 人被抓①；山一重工公司因使用与三一重工公司近似的名称，被法院判决立即停止侵权，更改企业名称并赔偿三一重工公司 700 余万元②；椰树集团下属公司因在微博上发布的招生广告涉嫌传递低俗婚恋观，妨碍社会公共秩序及违背社会良好风尚被罚款 38 万元③。2021 年 6 月 30 日，滴滴出行刚在美国纽约证券交易所挂牌，7 月 2 日，中国国家互联网信息办公室就发布公告，对"滴滴出行"启动网络安全审查，7 月 4 日，国家互联网信息办公室发布关于下架"滴滴出行"App 的通报，要求滴滴出行科技有限公司严格按照法律要求，参照国家有关标准，认真整改存在的问题，切实保障广大用户个人信息安全④。7 月 9 日，国家互联网信息办公室再次发布通报，通知应用商店下架"滴滴企业版"等 25 款 App⑤。

上述事例充分说明，创业者在创业过程中，法律风险随处可见，创业者如果不懂法律，就无法为企业清除或绕过前进道路上的各种"雷"；不守法，则可能给企业造成重大损失甚至导致企业关门；如果触犯刑法，创业者还可能身陷囹圄。因此，如果您打算创业，一定要树立正确的创业观，学点法律知识，并坚持依法创业。

本章共分两节，重点介绍了创业项目确定、商主体形式选择、商主体筹建、合同签订及履行、担保、知识产权、企业人力资源管理、融资、纳税、日常经营、商主体终止以及维权中的法律风险，分析了法律风险产生的主要原因及防范法律风险的基本思路。

第一节　创业中的法律风险

在当今法治社会的背景下，创业活动的每一个环节都离不开法律，创业者在创业各阶段涉及法律、法规众多，这要求创业者具备良好的法律素养以及法律思维，能灵活地将企业在运行过程中的问题，在法治的框架内予以解决。此外，创业者应具备的一个基本素质就是要在法律允许的范围内开展创业活动。如果一个创业者不懂法或者不重视法律，不仅不能很好地保护自身权益，而且很可能因为触犯法律而深陷违法犯罪的深渊。

现代社会的任何创业活动，都必须依照法定程序，得到法律的认可。在创业过程中创

---

① 参见：人人影视字幕组 14 人被抓，用户超 800 万，涉案金额超 1600 万！. https：//www. zhihu. com/tardis/sogou/art/349157720.

② 参见："山一重工"不正当竞争被判赔"三一重工"700 余万. https：//mp. weixin. qq. com/s/Xw5vXsp-RVKBLscW_f0jnA.

③ 参见：椰树集团广告"翻车"，因"传递拜金的低俗婚恋观". http：//www. guowang-zhiyun. com/archives/31346.

④ 参见：关于下架"滴滴出行"App 的通报. http：//www. cac. gov. cn/2021-07/04/c _ 1627016782176163. htm.

⑤ 参见：关于下架"滴滴企业版"等 25 款 App 的通报. http：//www. cac. gov. cn/2021-07/09/c_ 1627415870012872. htm.

业者面临的风险很多，比如市场风险、信用风险、法律风险、自然风险等，任何一个风险的发生都有可能导致创业失败。其中创业中的法律风险，主要是指创业者在创业过程中由于未能按照法律规定或合同约定行使权利、履行义务，或者由于外部法律环境发生变化但不能作出有效应对，从而对创业活动产生负面法律后果的可能性。法律风险是伴随创业始终的风险，由于创业者大多缺少法律意识，加之对与创业有关的法律也不了解，所以，在创业过程中更容易产生法律风险。

创业的法律风险类型，因创业发展阶段不同，其风险点也不一样。创业初期的风险主要体现在项目选择、企业设立等方面。创业经营阶段的风险，主要体现在创业实体管理、商事交易、合同管理、人力资源管理、知识产权、财务税收、融资等方面。

一、创业中法律风险的基本表现

（一）创业项目风险

创业之初，创业者一般仅关注项目的经济效益，对项目的合法性很少进行审查，只凭兴趣与市场决定经营方向。创业项目风险主要表现在以下几个方面：

1. 项目本身不合法，即项目本身属于法律禁止的业务。比如：提供黄赌毒产品或服务、传销、开发病毒木马、盗号、生产销售假冒侵权产品引发的风险。例如，2015 年起，李某伙同他人以营利为目的，未经著作权人许可，复制发行乐高公司享有著作权的美术作品。截至 2019 年 4 月，经法院审查认定，李某等非法经营额达到 3.3 亿余元。主犯李某被判有期徒刑 6 年，罚金 9000 万元。违法所得予以追缴，扣押在案的侵权商品及供犯罪所用的本人财物等予以没收。参与犯罪的同伙也依法受到法律制裁。[①]

2. 项目处于灰色地带，即法律虽未明令禁止，但涉嫌欺诈，侵害他人合法权益引发的风险。比如一些人专门找互联网的漏洞，找各大平台的漏洞，然后利用他人的漏洞谋取私利；还有些商家采用好评返现方式贿赂买家好评点赞、研发盗取他人信息的技术和产品、设计一夜暴富的骗人项目等。这类行为损害他人合法利益，因法律不健全或不易取证而一时难以查处，但随着国家法律的日益完善，迟早会对这类行为给予查处。

此外，还有一些法律没有规定，但因可能侵害他人权益进而引发风险的情形，比如，目前对押金的收取和使用主要由合同约定，法律没有细化的规定，如果合同未禁止收取方使用押金，则收取方有可能挪用，如果押金总数巨大，客户集中要求退押金时则可能引发大面积违约风险。

3. 项目本身不违法，但管理不到位，不能制止他人利用项目从事违法行为引发的风险。比如一些平台允许用户自行通过平台上传各种视频、音频等信息的，如果平台对用户提供的信息缺乏有效的监管，也可能引起法律风险。比如，2021 年 1 月，短视频社区平台"抖音"因平台中个别主播在直播中存在性挑逗、性暗示和抽烟、说脏话等行为，部分直播间评论弹幕存在低俗内容等，全国"扫黄打非"办对负责"抖音"平台运营管理

---

① 参见《上海市高级人民法院刑事裁定书》（2020）沪刑终 105 号。

的某公司作出行政罚款的处罚。①

（二）商主体形式选择中的法律风险

市场经济条件下，任何一个创业实体都要依法建立。创业者创业初期必须面对的问题就是选择合适的商主体形式。依法设立商主体是创业的基石。根据我国商事主体法，创业者可选择的主体形式主要包括个体工商户、个人独资企业、合伙企业、有限责任公司和股份有限公司等。不同的主体形式所对应的主体法、设立条件、出资方式、内部关系、纳税主体和出资人的债务承担责任形式、面临的法律风险是不一样的，选择不同的主体形式意味着承担不同的权利、义务和责任。

1. 个体工商户和个人独资企业。主要依据《个体工商户条例》《中华人民共和国个人独资企业法》设立，因在经营决策方面相对便于控制，运营效率相对较高，设立时法律要求的条件很低，仅需缴纳个人所得税，所以备受创业者青睐，但是一个人经营缺乏帮手，自有资金少，融资比较困难。单个投资人对经营债务需承担无限责任，即资不抵债时要以个人甚至家庭财产清偿债务。所以，经营不善可能导致倾家荡产。

2. 合伙企业。主要依据《中华人民共和国合伙企业法》设立。它有两个以上投资人，弥补了单个投资人资金和能力的不足。合伙企业可以分为普通合伙企业、特殊普通合伙企业、有限合伙企业三种。普通合伙企业和特殊普通合伙企业的合伙人均对合伙企业承担无限连带责任。普通合伙人对合伙企业债务承担的责任较大，不仅要对企业债务承担无限责任，而且普通合伙人相互之间还要承担连带责任，同样有倾家荡产的风险。此外，普通合伙人在企业中具有同等表决权，合伙人之间的意见分歧可能导致企业决策成本的提高。合伙人之间极强的人身信任性质决定了合伙人转让出资份额要受到严格限制。

特殊普通合伙企业主要适用于以专业知识和技能提供有偿服务领域，比如会计师事务所、律师事务所等。此类业务主要是提供服务，收取服务费。正常情况下一般不会形成较大的负债。其特殊性主要体现在执业过程形成的债务按合伙人的过错情况分担责任，即在一个或数个合伙人因故意或重大过失造成合伙企业债务时，有责任的合伙人应承担无限连带责任，而其余合伙人则以其在合伙企业中的财产份额为限承担责任。执业中有过错的合伙人可能有倾家荡产的风险。

有限合伙企业由普通合伙人和有限合伙人组成，普通合伙人对合伙企业债务承担无限连带责任，有限合伙人以其认缴的出资额为限对合伙企业债务承担责任。有限合伙人投资风险可控，但其出资方式与权利也会受到限制，比如不能参与经营决策，企业由普通合伙人负责经营管理，因此，有限合伙人对普通合伙人的选择就变得非常重要。

3. 有限责任公司。主要依据《中华人民共和国公司法》（以下简称《公司法》）设立，因设立条件不高，程序简便，组织管理形式灵活，股东仅以认缴的出资额对企业债务承担有限责任，认缴出资的实际缴付时间由章程自由规定，既可以实现"零成本"创业，又可以控制投资风险，所以成为当前最受创业者欢迎的组织形式。但是，这样的制度设计

---

① 参见：全国"扫黄打非"办通报"抖音"平台被行政处罚 . http：//www. shdf. gov. cn/shdf/contents/767/426124. html.

并不意味着创业者毫无法律风险；相反，如果认缴的出资额过高，也可能发生无力按期缴付认缴出资的法律风险。如果实缴资本过少，融资难度就会大大提高。如果没有实力强的投资人参与，企业单纯依靠自有资金滚动发展，发展速度会较慢，规模难以做大。公司是独立法人，需要缴纳企业所得税，股东从公司取得的分红还需要缴纳个人所得税，税负较重。此外，一些创业者，特别是一人有限责任公司的创业者，普遍存在认识偏差，认为公司是自己的，公司的资金理所当然也是自己的，在经营中将公司财产与个人财产混为一体，当出现《公司法》规定的"公司法人人格否认"的法定情形时，就会面临对公司债务承担连带责任的风险，丧失"有限责任"的保护。

4. 股份有限公司。主要依据《公司法》设立，资本分为等额股份，上市后可以通过发行股份筹集资金，但设立程序比较复杂，内部管理和股东关系处理难度比其他组织形式要高。

总之，创业者在创业前应了解各种商主体形式的特点和区别，根据自身能力和注册企业的成本、开办企业手续和筹集资金的难易程度、企业的风险责任、寻找合伙人的可能性、企业的决策程序、企业的利润及分配等因素选择最适合自己的组织形式。如果不加分析，随意选择，则可能产生法律风险。

（三）商主体筹建过程中的法律风险

选定具体的商主体法律形态后，创业者需要按照相应的商主体法规定的设立条件、设立程序、行业要求、经营资质等因素进行相关准备。商主体注册登记的一般流程为：申请人自主申报确定名称，准备申请文件，提交申请，登记机关准予设立登记，申请人领取营业执照和刻章。商主体只有进行登记注册，才能取得经营资格，进而受到法律保护。若以上流程处理不当，可能导致一定的法律风险。

1. 合伙协议或公司章程约定不清的风险。不同商主体形式申请设立时需要提供的资料不同。个体工商户和个人独资企业因是一人或一户投资，不存在投资人之间签订协议，合伙企业和公司都是由多个投资人共同创业的，投资人需要签订合伙协议或公司章程。

合伙协议或公司章程的主要内容包括企业名称、注册资本、经营范围、各投资人的权利和义务，以及内部机构设置、议事规则和管理制度等。它是具有法律意义的文件，并在企业设立时需提交企业登记机关审查备案。但由于创业者一般不具备专门的法律知识，且缺乏管理经验，在选择多人共同创业时，比较关注合作伙伴的选择，不太重视合伙协议、公司章程的制定。许多创业者在拟定合伙协议或公司章程时直接套用登记机关或他人提供的通用模板，一旦创业伙伴之间产生分歧和矛盾就难以处理，不利于企业的稳定发展。

初创企业合伙协议或公司章程中的问题主要表现在：（1）合伙人或股东的权利和义务不清，特别是在出资方式、利润分配、亏损分担、违约责任等方面约定不明，导致出现问题无章可循。（2）合伙人或股东之间的约束机制缺失，合伙协议或章程中缺少合伙人或股东保守商业秘密和"竞业禁止"条款。一旦合伙人或股东退出，易导致泄漏企业商业秘密，甚至导致企业合伙人之间的恶性竞争。（3）合伙人或股东退出机制不清晰、条款不具有操作性，导致退出难。

因此，创业者应高度重视合伙协议或公司章程的制定，为企业设立及规范运行提供基础保障。

2. 商主体名称选择风险。名称是商主体相互区分的基本标志。关于名称的法律主要是《企业名称登记管理规定》。除个体工商户外，其他商主体形式均应有自己的名称。商主体名称依法由申请人在企业登记机关自主申报确定。法律关于名称的要求涉及名称构成要素、特有名称的禁用情形、商主体种类的标注要求等，如果自己审查不严，可能引发侵权等风险而被要求改名。

3. 出资方式风险。投资人可以货币出资，也可以机器设备、厂房等非货币资产作为出资。货币的风险主要体现在出资期限上，当合伙协议或公司章程未约定缴付期限时，则无法确定逾期出资行为。非货币出资可能发生评估困难、估价不实、财产产权不清、股权和知识产权类资产价值不稳定等方面风险。比如，对于以专利权作为出资的，可能存在被确认无效或专利期限引发的价值降低风险。以商业秘密作为出资，可能存在价值评估困难和泄密的风险。

4. 经营场所（住所）选择风险。商主体从事经营活动需要有必要的经营场所。经营场所是创业活动开展的载体，找一个地段好、租金适中的场地对刚刚起步创业者来说非常重要的。商主体登记机关、税务登记机关都是根据经营场所确定的。经营场所（住所）选择风险主要体现在：（1）产权不清风险。场地的出租方不是场地的合法权利人，场地租赁的手续不全，但是由于创业者没有及时觉察，场地租赁出现一定的法律争议。（2）场地用途风险。在我国商用房与居住用房属于不同性质的房产。居住用房一般不能作为商用，否则可能引发法律风险。（3）场地改造风险。创业者未经出租人同意对租用的场地进行改、扩等，在场地到期后可能引起法律纠纷。（4）提前解除租赁或者租赁超期未退出而引发的法律风险。（5）选址不当，导致无客流、扰民遭投诉、难以享受政府的优惠政策等。

5. 经营范围设定风险。市场主体的经营范围包括一般经营项目和许可经营项目。在我国从事金融、医药卫生、餐饮、烟酒、教育培训、食品加工、酒店业、娱乐业等行业，需取得金融、卫生、消防和教育等行政机构的审批许可后方可开展经营活动。

一个企业的经营范围原则上法律不禁止的都可以包括。创业者可以根据自己的需要设定具体范围。既不要过大，也不要过小。因为经营范围设定过大，需要行政审批的事项可能增多；设定范围过小，一旦超范围经营，就涉嫌非法经营，可能带来巨大的法律风险。

（四）合同签订、履行中的法律风险

创业者在企业筹建和经营中会签订许多合同，比如融资合同、产品代理合同、买卖合同、委托加工合同等。目前调整合同关系的法律主要是《民法典》（即《中华人民共和国民法典》，后同）。在合同签订、履行中，除了业务本身的风险外，企业在合同的内容与形式、履行、担保、变更、转让、解除等方面还会面临各种法律问题。

1. 合同订立阶段的风险

主要体现在：

（1）合同主体审查风险。在合同签订前应当对合同相对方的主体资格进行审查，了解其资信状况、法定代表人或代理人资格、从业资格、商业信誉、履行能力，以及国家对

该交易有无特别规定等进行审查。如果未能有效查明，可能导致合同无效、履行困难或无法履行。如果合同主体不合法或不适格还可能影响合同效力或者被骗。比如建筑、医药等领域，经营者需要有资质要求，否则可能导致合同无效。如果对方是未依法登记的经营者，企业的货款打过去了，可能找不到对方人了。

（2）要约与承诺风险。不能正确区分要约与要约邀请的法律意义，不了解要约与承诺的构成要件，可能引发缔约过失责任或违约责任。

（3）合同内容风险。一是内容违反法律和行政法规的强制性规定，可能影响合同效力。比如涉及国防、航空领域的技术违反《中华人民共和国保密法》，未通过保密审查自行转让，可能导致无效。二是内容约定不清或有重大遗漏，可能影响合同的履行。比如王某开了一家皮具护理店，某日一名客户送来一个皮服进行护理，护理店开具一张收据载明："护理费200元，如发生损伤、遗失，本店赔偿西服费用的2倍。"结果由于熨烫不慎，西服前胸部位面料被烫坏，客户要求赔偿。王某认为收据规定的"西服费用"是指护理费，只同意赔偿400元；而客户认为收据载明的"西服费用"应指西服的购买价格。西服是以2000元购买的，客户遂要求护理店赔偿4000元，双方发生纠纷。此外，不可抗力等免责事由约定不清，也会为违约责任的承担埋下隐患。三是用词表述不准确，一字多意也可能引发风险。比如，合同中经常出现的"还欠款2万元"，根据两个发音（huán；hái）是有两种意思完全不同的解释的。

（4）合同形式风险。《民法典》规定，一般的合同既可以采用书面形式，也可以采用口头或其他形式。口头合同虽然简单便捷但不易举证，在诉讼中因难以举证通常会处于被动状态，所以创业者应尽可能采取书面合同。对于保证合同、抵押合同等法律要求应当采用书面形式却采用口头形式的，则可能影响合同效力。

（5）合同文本审查和管理风险。合同文本审查方面，一些创业者缺少商业实战经验，在与客户合作时，往往盲目追求业绩，急于拿下订单，对于客户提供的合同文本不进行仔细审查就签字、盖章，如果口头商定的内容与合同文本不符，则可能面临严重的法律后果。

在合同文本管理方面，一些企业为了提高工作效率，把合同章交给业务人员随身携带，业务员以企业名义签了多少合同企业都不清楚。合同签订后，也不登记造册，往来信件、合同谈判纪要、合同文本、票据等都没有妥善留档保存，日后一旦发生纠纷则难以举证，很可能导致败诉。

（6）解决争议方式约定风险。目前平等主体间解决争议的方式主要有当事人协商、向市场监督管理机关等相关机构申请调解、向仲裁机关申请仲裁、向人民法院起诉等。这些方式各有利弊和适用条件，选择不当可能达不到预期目的。比如，申请仲裁需要当事人提供仲裁协议，并指定仲裁机构，如果当事人未签订仲裁协议，则无法使用仲裁方式。所以，如果选择仲裁，最好在签订合同时就明确约定仲裁条款，以免纠纷发生后当事人之间达不成仲裁协议。此外，诉讼管辖地既可以由当事人约定，也可以适用法定管辖。管辖地点与维权成本密切相关。比如，合同甲方在哈尔滨，乙方在海口，如果合同约定发生纠纷后甲方需要到乙方所在地人民法院起诉，那么，以后出现金额不大的纠纷，基于成本的考虑，甲方可能会选择放弃。涉及国际贸易的合同就更是如此了。所以，如果当事人在合同中对发生争议时采用何种方式解决、在何地管辖约定不明，未充分有效地利用法律赋予当事人选择合同纠纷解决方式和管辖法院的权利，则可能丧失争取对己方有利的解决纠纷的机会，增加维权成本。

2. 合同履行中的法律风险

主要体现在：

（1）未全面、适当地履行合同（包括附随义务）义务风险。比如逾期还款、拖欠租金、货款、逾期交货而引发违约责任。一旦因违约涉及司法程序，还可能陷入信用危机。根据原国家工商总局发布实施的《严重违法失信企业名单管理暂行办法》，不诚信行为将记录在个人诚信档案并影响个人和企业的发展。

（2）非法变更、转让合同。比如单方非法变更合同内容，对他方不产生变更的效力。转让合同权利未通知债务人，转让合同义务未取得债权人同意，均有可能产生法律风险。

（3）非法解除合同。合同解除的情况较为复杂，所需条件、程序和生效条件不尽一致。不具备法定条件单方解除合同可能产生法律责任。创业者在合同解除后，如果对尚未履行的债务是否继续履行和已履行部分是否可以请求返还不了解，也可能使自身权益受到侵害。

（五）与担保有关的法律风险

我国法定担保方式有保证、抵押、质押、留置和定金等多种。每种方式各有优势和不足。担保产生的风险：一是担保方式选择不当，可能达不到担保的效果。比如保证人代偿能力不足，无力偿付。二是在签订以房产抵押的合同后，未及时办理抵押权登记，导致抵押权未设立，致使在债务人违约时，债权人的权益难以得到保障。三是为自己或他人设置不合理的担保，可能导致企业承担巨额债务。四是不了解质押程序。比如以动产质押时，当事人以为只要签订质押合同就可以了，并未实际交付质物。出质人将质物转卖他人，导致质权落空。

（六）知识产权中的法律风险

在"互联网+"时代，自主创新和知识产权是创业者创业和发展的关键。许多创业者的创业项目都涉及高新技术、软件开发、电子应用技术或网络服务等，这使得知识产权风险成为创业者创业面临的突出风险。知识产权包括专利权、商标权、著作权和商业秘密等，知识产权既是企业的无形资产，也是企业的核心资源，因此，创业者对知识产权法的了解与对知识产权的管理非常重要。知识产权中的法律风险主要体现在自身知识产权受侵犯和侵犯他人知识产权两个方面：

1. 自身知识产权受侵犯。商标、专利要取得专用权需要向国家知识产权管理部门申请确认权利，作品虽然自作品完成即享有著作权，但通过申请版权登记有助于明确作品的归属。如果知识产品所有人未及时提出申请，自己在先做出的发明创造可能丧失申请专利的机会，作品的归属可能难以认定。商标所有人如果未申请商标注册，自己创立的商标也可能被他人抢注。此外，由于注册商标所有人仅在申请核定的商品品类上享有专用权，所以，如果商标所有人只在部分类别商品上申请商标注册，当该商标知名度比较高时，也可能被他人在商标所有人未申请注册的品类上抢注,从而引发纠纷。比如,《王者荣耀》是腾讯科技(深圳)有限公司(简称腾讯公司)出品的一款手机游戏,自推出以来就广受追捧,拥有庞大的用户群体。虽然腾讯公司于 2015 年 10 月,在第 9 类、第 25 类、第 28 类等申请注册了 11 件"王者荣耀"商标。但未在第 33 类"果酒(含酒精)"商品上申请注册。2015 年 11 月,某酒业公司在第 33 类"果酒(含酒精)"商品上申请注册了"王者荣耀"文字商标(第 18379954 号)。2018 年 6 月,腾讯公司以第 18379954 号"王者荣耀"商标(以下简称诉争商标)侵犯了腾讯公司的著作权,与腾讯公司的"王者荣耀"商标构成类似商品上近似商标,易使公众误认等理由,请求国家知识产权局对某酒业公司的"王者荣耀"商标予以无效宣告。① 腾讯公司虽然最终阻止了该企业对该商标的注册,但也经过了一番曲折。

此外,对于产品配方、技术工艺、客户名单等商业秘密,虽然不需要向知识产权管理部门申请确认权利归属,但法律要求企业对自己的商业秘密采取必要的保护措施,比如企业与接触秘密的人员签订保密协议及竞业禁止协议等。如果企业未采取适当的保密措施,则不能被认定为商业秘密。

2. 侵犯他人知识产权。随着互联网科技的迅速发展,许多文字、图片、技术资料等均可以在一些门户网站上下载,创业者在使用这些资料前如果未对其进行充分了解或因疏忽未注意知识产权问题,超过法律允许的范围使用他人的知识产权,则可能产生法律风险。常见的侵权行为主要有侵犯注册商标专用权、专利权和著作权等。比如,2016 年 6 月 22 日,董明珠自媒体微信公众平台推送改编版《因为爱情》推销电饭煲,6 月 23 日,词曲作者小柯在微博炮轰董明珠,并向其索赔。随后该自媒体通过微博郑重向小柯先生、版权方和广大网友致歉,承诺愿意承担相关法律责任。②

此外,在买卖合同中,作为买方,必须要求卖方做出知识产权无瑕疵的权利担保。否则买方在再次销售、使用的时候可能被动成为侵权人。

(七)企业人力资源管理法律风险

企业设立后需要招聘员工,在招聘中不可避免地要面临一些与劳动合同、社会保险有关的事务,目前我国法律越来越重视对于劳动者权益的保护,创业者在人力资源管理过程中,从招聘入职、订立劳动合同,到员工管理,再到合同终止,全过程都要注意依法进行,并建立健全人力资源管理制度,否则可能产生法律风险。从实务上看,企业内部发生的纠纷,大部分是与劳动合同有关的纠纷。对于初创企业,人力资源管理方面的法律风险主要表现在:

1. 用工方式选择。企业用工方式可以从多种角度进行分类。从用人单位和劳动者关系角度分,主要有三种:劳动合同方式、劳务派遣方式、劳务合同方式。从工作时间角度

---

① 参见:"王者荣耀"商标被抢注,腾讯有望失而复得 . https://baijiahao. baidu. com/s? id = 1671449423217147356&wfr=spider&for=pc.

② 参见:董明珠改编《因为爱情》遭小柯怒批 回应:愿承担责任 . https://www.163.com/ mobile/article/BQIK86TO0011665S. html.

分，主要分为全日制方式和非全日制方式。其中，全日制劳动合同方式是我国法律规定的企业基本用工方式，劳务派遣方式只能作为补充，违规使用可能会产生法律风险。

2. 招聘签约。法律风险主要表现在：（1）招聘条件违法。比如设定限制生育等违法内容，或设定与工作性质无关的身高、性别、地域、民族、血型等歧视性内容。（2）招聘条件模糊。比如未设定试用期考核标准。（3）不签订书面合同或者未在用工后 1 个月内与员工签订书面劳动合同，导致要向员工支付双倍工资。（4）劳动合同内容不合法。比如任意约定劳动合同解除的条件、要求员工支付高额违约金、不为员工办理社会保险。（5）条款内容存在重大遗漏。比如未与掌握企业商业秘密的员工签订保密协议和竞业禁止协议。上述问题都可能损害公司利益或引发劳动法律争议，从而造成一定的法律风险。

3. 日常管理。法律风险主要表现在（1）不依法支付工资；（2）超时加班；（3）不为员工缴纳或少缴社会保险费；（4）核心人员泄漏"商业秘密""跳槽"；（5）未给员工提供必要的劳动保护。

4. 劳动合同终止。法律风险主要集中在：（1）企业违法单方解除劳动合同。我国法律对企业解除劳动合同规定了严格的条件和程序，包括试用期内解除劳动合同对企业也有严格的限制，所以，如果企业随意解除劳动关系，很可能导致法律风险。（2）未依法支付解除合同补偿金。（3）未依约向离职员工支付竞业禁止补偿款

（八）融资中的法律风险

创业者创立企业除自筹资金外，一般需要融资。融资的方式主要是向银行贷款和民间借贷。此外吸收天使风险投资、创业基金等方式也可以作为重要的融资渠道。

1. 银行贷款。这是当前初创企业较理想的资金来源渠道。但因信息不对称，大银行出于对信贷资金安全性、收益性的考虑，一般要求初创企业为贷款设置担保。初创企业一般规模小，盈利水平低，可供担保财产不足，所以，很难申请到大银行的贷款。如果超期未按时还款，对创业者的个人信用评分会有影响。此外，有些初创企业为达到融资条件采用虚假证明等方式骗取银行贷款，直接引发骗取贷款、票据承兑和合同诈骗罪的刑事法律风险。

随着互联网和大数据的发展，一些新兴的民营银行特别是网商银行、微众银行，可以利用自己开办的电商平台收集的交易数据等信息解决信息不对称问题，在发放贷款时可以不需要提供财产抵押，但仍存在贷款期限短，到期后可能不能展期的风险。

2. 民间借贷。这是自然人、法人和非法人组织之间进行资金融通的行为。根据 2020 年 12 月修订的最高人民法院《关于审理民间借贷案件适用法律若干问题的规定》，法人之间、非法人组织之间以及它们相互之间为生产、经营需要订立的民间借贷合同，除存在《民法典》第一百四十六条、第一百五十三条、第一百五十四条以及本规定第十三条规定的情形外，当事人主张民间借贷合同有效的，人民法院应予支持。此类借贷风险较大，创业者如果没有法律专业人员指导，不建议采用。

3. 天使风险投资、创业基金。天使投资人一般能接受创业的高风险性，是创业者的有力支持者，但在我国天使风险投资、创业基金总量不大，初创企业获得此类基金支持难度较大。

4. 赊销。赊销是交易相对人短期相互融资的一种方式。在当前买方市场的实际情况下，赊销往往是创业者的没有办法的无奈选择，由此引发的三角债则是创业者十分头疼的问题。应收账款法律风险管理一旦处理不当，形成坏账，就会导致债务危机而形成法律风险。

（九）纳税中的法律风险

依法纳税是每个商主体应尽的责任与义务，纳税中的法律风险主要表现在：

1. 税种风险。我国现行的主要税种按征税对象的不同可以分为 5 大类：（1）流转税。主要包括增值税、消费税、关税、土地增值税。（2）所得税。主要包括企业所得税、个人所得税。（3）资源税。主要包括资源税、城镇土地使用税、耕地占用税。（4）财产税。主要包括房产税、车船税、契税。（5）行为税。主要包括印花税、车辆购置税、城建税、烟叶税、船舶吨税等。每个税种的征税对象、纳税人、税目、税率、纳税环节、纳税期限、缴纳方法、减税、免税及违法处理等均有不同。创业者不了解每个税种的基本要素，则可能产生法律风险。此外，这些因素与企业的经营成本密切相关，所以，创业者在选择项目、出资方式、商主体形式、企业登记地时就要考虑纳税问题。

2. 税务管理风险。税务管理主要包括税务登记、账簿、凭证管理、纳税申报等方面。税务管理规定具有较强的强制性，创业者要注意严格执行，否则可能会受到处罚。根据《中华人民共和国税收征收管理法》的规定，创业者应自领取营业执照之日起 30 日内，持有关证件，向税务机关申报办理税务登记。然后持税务登记证件，在银行或者其他金融机构开立基本存款账户和其他存款账户，并将其全部账号向税务机关报告。

创业者应尽可能多地了解我国的税收法规和税务管理规定，依法缴纳各种税费。未依法做账，甚至实施伪造记账凭证、拒开发票、虚构债务等违法行为，轻则可能受到税务行政机关的处罚，重则将构成犯罪，并且对企业的商誉也将造成一定的影响，不利于企业的长久发展。

（十）日常生产经营中发生的其他法律风险

1. 产品质量。产品质量法中的强制性规定较多，企业在经营中要确保提供的产品或服务质量符合《中华人民共和国产品质量法》的强制性要求。

2. 市场竞争行为。在市场营销中，企业应诚信经营，依法竞争，《中华人民共和国反不正当竞争法》对不正当竞争行为规定了较为严厉的惩罚措施。如有虚假宣传、商业贿赂、侵犯商业秘密、不正当有奖销售等不正当竞争行为，除赔偿受害人损失外，还可能会被处以高额罚款。情节严重的，可能被吊销营业执照，甚至承担刑事责任。

3. 消费者权益保护。创业者应坚持不忘初心，诚信经营。如果对消费者实施欺诈，依法要对消费者承担退一赔三的责任。

（十一）商主体终止的法律风险

商主体终止是指，商主体彻底结束营业活动和市场主体资格的彻底消灭。创业者在经营遇到困难，无力处理债务、劳动纠纷等事宜时，可以终止商主体的资格。在商主体终止过程中潜在的风险主要包括商主体资格注销和创业者对外债务的承担。

1. 商主体资格注销。无论采用何种商主体形式，终止经营活动都要依法清算，并在原登记机关办理注销登记。创业者如果选择自行关门"跑路"，将导致现存的债务或劳动纠纷愈演愈烈，面临进一步的诉讼风险。同时，商主体资格和名称存在被他人恶意盗用的风险。不办理工商、税务等方面的注销登记，还可能引发相关行政责任。

2. 创业者对外责任。商主体依法清算并注销的，如果是个体工商户或者合伙企业，那么商主体在终止后创业者和普通合伙人还应当对商主体在存续期间所负的债务承担无限责任。如果是有限责任公司或股份有限公司，创业者可以仅以认缴的出资为限对公司债务承担责任，公司财产不足以偿还的债务可以通过破产程序依法免除。但未依法清算的，创业者的对外责任可能扩大至承担无限责任。

（十二）维权中的法律风险

企业在经营过程中难免会与他人产生纠纷，比如逾期交货、产品有瑕疵等。如果不能妥善处理纠纷，也可能导致法律风险。主要表现在：

1. 维权时效风险。时效，是指法律规定的某种事实状态经过法定时间而产生一定法律后果的法律制度。它是民事法律关系产生、变更、消灭的根据。时效属于法律事实中的事件，它是基于一定事实状态在法律规定的一定期间内的持续存在而当然发生的，不为当事人的意志所决定。无论是申请仲裁机关申请仲裁，还是向法院起诉，都需要在法定期限内提出。超过了时效，虽可提起仲裁或诉讼，但所主张的权利则可能不受法律保护。

2. 维权证据的收集保管风险。打官司必须要有证据。完整的证据是胜诉的前提。证据不足或证据丢失，可能引发败诉风险。

二、创业法律风险产生的主要原因

（一）创业者法律知识不足

从统计数据上看，创业者大部分为非法律专业人员，法律知识欠缺。创业初期，因资金匮乏，也请不起专业的法律顾问，创业者往往凭经验办事，有时自己已经触犯法律，但却不知道。

（二）创业者对创业法律风险认识不足

在实践中创业者一般将精力投入到产品生产以及市场开拓方面，很少关注企业发展过程中的法律问题，如组织形式、劳务合同、知识产权等方面的法律问题，造成严重的法律后果。

一些创业者认为创业应着重考虑资本及市场，创业只需要懂管理、能策划、有资金即可，未及时了解相关政策法律法规，忽略了法律对创业的影响，既不知道法律对其创业可能提供的支持，也不知道可能产生法律风险。在创业资金、人力有限的情况下，为了自己的生存与发展不择手段，比如恶意打压竞争对手，不为劳动者缴纳社会保险、强制超时加班等；不注意依法维权，比如由于企业的商标保护意识比较淡薄，没有及时注册自己的商标而被对手抢注，使自己遭受不该有的利益损失；为了追求高额利润铤而走险，违反法律甚至走上犯罪的道路。

（三）外部保障的不足

社会对创业者创业法律风险防控体系不健全。一是从创业教育体系方面看，我国的创业教育起步相对较晚，创业教育的课程建设还不够完善，创业教育的理论和实践还存在相脱节的现象，创业师资相对滞后。二是从创业风险防控体系方面看，国家在创业风险防范体系建设方面措施相对较少。国家关注的重点主要是在政策、资金、场地等方面提供帮助，对创业过程中可能发生的法律风险未予以足够重视，没有建立完善的风险预警和防范机制。

第二节　创业中法律风险的防范

创业涉及的法律问题往往复杂多变、相互交织、随时发生，法律责任是法律风险的实然状态，责任不能规避，但风险可以弱化。法律"禁区"不能进入，而审慎通过"高危区"是可以做到的。创业者应树立法律风险可防、可控理念，以"法律人"的思维模式识别、掌控、弱化法律风险。

从前述法律风险分析可以看出，创业活动是一项高风险活动，创业者在创业过程中面临诸多不确定的客观因素，法律风险是贯穿创业始终的风险。在创业实践中，大部分创业者都遭遇过法律风险。许多创业者在法律风险发生时束手无策，找不到有效的解决途径。一旦惹上诉讼纠纷，公司的资金链就可能断裂，使创业面临极大危险。

如何防范法律风险？从创业者角度看，首先应树立正确的创业观，在此基础上不断加强法律知识的学习，提高风险识别能力。坚守依法创业底线，提高法律风险防范意识，建立内部法律风险防范体系，才能防患于未然，降低法律风险，促进创业企业可持续发展。

一、树立正确的创业观

2020 年，习近平总书记曾寄语广大高校毕业生："志存高远、脚踏实地，不畏艰难险阻，勇担时代使命，把个人的理想追求融入党和国家事业之中，为党、为祖国、为人民多作贡献。"[①] 创业也是一样，创业者一定要有远大的理想，树立正确的创业观。很多人走上创业这条路，初始的动机都是想获得经济上的富足，改变自己的命运。但创业者如果将创业的动机永远围绕个人利益，只考虑个人的幸福与未来，当个人利益与党、国家或人民的利益有冲突时，就可能为了个人利益而牺牲党、国家或人民的利益，甚至走上违法犯罪

---

① 参见：习近平回信寄语广大高校毕业生：把个人的理想追求融入党和国家事业之中 为党为祖国为人民多作贡献 . http：//www. moe. gov. cn/jyb_xwfb/s6052/moe_838/202007/t20200708_470828. html.

的道路。反之，创业者如果能将实现个人人生价值，为个人创造美好生活的愿望与实现国家富强、民族振兴、人民幸福结合起来，则有可能成为一个优秀的企业家。比如，福耀玻璃工业集团股份有限公司（简称福耀玻璃）的创始人曹德旺先生因将两者有机结合而成为优秀的企业家。1983 年 4 月，曹德旺承包了一家多年亏损的专门生产水表玻璃的异形玻璃厂。承包后不久，曹德旺发现，随着改革开放的深入，进口汽车大量涌入中国，而国内众多低等级公路导致汽车玻璃的损坏率居高不下。20 世纪 80 年代初期，在国内的汽车维修市场，汽车玻璃完全依赖进口，从日本进口的汽车玻璃成本仅仅一两百元，在国内却可以卖到几千元！为改变这种状况，1985 年，曹德旺转战汽车维修玻璃，在研发过程中虽然经历了无数次失败，但最终获得成功。公司生产的汽车专用玻璃每块售价 2000 元，比市场上的日本货便宜很多。所以，产品刚投产，便供不应求，彻底改变了中国汽车玻璃市场完全依赖进口的历史。2016 年，曹德旺荣获全球玻璃行业最高奖项——金凤凰奖，评委会称"曹德旺带领福耀集团改变了世界汽车玻璃行业的格局"；2018 年，中央统战部、全国工商联推荐"改革开放 40 年百名杰出民营企业家"，曹德旺入选。如今，福耀玻璃已成为世界第二大汽车玻璃厂商，实现了曹德旺"为中国人做一片自己的汽车玻璃，这片玻璃要代表中国人走向世界，展示中国人的智慧，在国际舞台上与外国人竞争"的理想。①②

二、加强法律知识的学习

创业事务很多，许多创业者认为决定创业成败的主要因素是资本和技术，法律只是一种辅助性手段，不能直接产生现实的经济利益。所以，大多数创业者重点关注的是自己的产品或服务本身，以及营销，不愿意花时间、精力学习法律。但法律风险往往是日积月累的，一些小的违规并不会对企业产生太大损害，甚至短期内可以给企业带来利益，当风险突然爆发时，损失往往已无法挽回。所以，创业者个人及管理团队都应当积极参加法律培训学习。加强法律知识学习的意义主要表现在以下两个方面：

（一）准确识别创业可能存在的法律风险

守法先要知法。了解法律是识别风险、化解法律风险的前提。如果对法律都不了解，根本谈不上遵守。创业者无论选择何种商主体形态，从事何种业务，都可能产生法律风险。创业过程中可能面临的法律风险是极其复杂多样的，在"互联网 +"全面嵌入经济社会发展的情况中，技术与生活深度融合，新的发展业态不断涌现，随之而来的法律风险也在增加。

创业者大多非法律专业出身，在校学习期间及工作后专门学习法律的机会比较少，法律知识普遍比较欠缺。所以，在创业中只有不断学习与创业业务相关的法律知识，才能精

---

① 参见：百度百科 https：//baike. baidu. com/item/% E6% 9B% B9% E5% BE% B7% E6% 97% BA/829086？fr＝aladdin#reference-［44］-746213-wrap.

② 参见：福耀集团官网 https：//www. fuyaogroup. com/about. html.

准识别创业过程中可能存在的法律风险点，进而提前采取措施，规避法律风险，依法保护企业的合法权益。

（二）掌握维护自身权益的基本方法

企业在依法经营的同时，也会面临合法权益受损的情形。在市场竞争中，不可避免地会有一些经营者唯利是图，片面追求经济利益，侵害他人合法权益；或采取不正当手段进行竞争，如傍名牌、虚假宣传、商业诋毁、侵犯商业秘密等。创业者在合法权益遭遇不法侵害时，如果不懂得如何及时依法捍卫自身的合法权益，必将导致商业信誉、经济利益受损，创业活动可能面临失败。因此，了解各种维权方式的利弊，在需要时做出适合自己的选择。

三、坚守依法经营底线，提高法律风险防范意识

（一）坚守依法经营底线

社会主义市场经济是法治经济，法律是规范市场主体行为的主要手段。创业者应当对法律有敬畏之心，遵守法律是创业者进入市场的最基本规则。创业企业要可持续发展，一定要遵守法律规定，不触碰法律红线；诚实守信，不开展不正当竞争；不以次充好、不以坑蒙拐骗的方式去获取利益。

虽然国家鼓励创业，并对创业企业给予了很多优惠政策，但是任何经济活动都需要在一定的法律框架下进行，超出法律所允许的范围，不仅得不到法律的保护，还可能受到法律的制裁。因此，在面对有利益可图的项目时，应先做合法性审查，把不违法作为创业的法律底线，如果存在法律风险，应适当调整自己的项目，避免陷入法律纠纷。在企业经营过程中，不论遇到什么困难，都应当坚持守法底线，绝不受利益驱动而从事违法经营活动，否则前期的所有努力都可能付诸东流。比如成立于 1992 年的长春长生生物科技有限责任公司（以下简称"长春长生"），曾经是国家科技部认定的高新技术企业，公司主要从事生物高技术产品的研制、生产、销售业务，主营生物制品并提供生物技术咨询服务。2018 年 7 月，因冻干人用狂犬病疫苗生产存在记录严重造假等违法行为，被相关部门立案调查且被没收药品 GMP 证书。随后吉林省药品监督管理局对长春长生做出行政处罚决定，罚没款共计 91 亿元。2019 年 6 月 18 日，债权人向人民法院申请对长春长生破产清算，11 月 8 日长春长生被人民法院裁定宣告破产。长春长生系上市公司长生生物公司的全资子公司，长春长生疫苗事件曝光后，公司股票代码转为＊ST 长生，2019 年 10 月 8 日＊ST 长生股票被深圳证券交易所终止上市，公司负责人及相关政府行政管理人员也被追责。一家曾经产品市场占有率很高的疫苗生产、研发企业因此陨落。[①]

---

① 长春长生生物科技有限责任公司_百度百科.https：//baike.baidu.com/item/%E9%95%BF%E6%98%A5%E9%95%BF%E7%94%9F%E7%94%9F%E7%89%A9%E7%A7%91%E6%8A%80%E6%9C%89%E9%99%90%E8%B4%A3%E4%BB%BB%E5%85%AC%E5%8F%B8/22642344？fr＝aladdin.

（二）提高法律风险防范意识

学习法律重在防范法律风险，因为有些风险一旦发生，就无法挽回。目前我国法律法规已覆盖创业的各个阶段。提高法律风险防范意识，有助于创业者在企业设立、运营各环节重视建立法律风险防范体系，规范企业经营行为，有效提升创业实体的竞争力，降低交易成本，并有效防范交易风险，实现创业企业可持续发展。

四、建立内部法律风险防范体系

加强创业企业法律风险管理，必须构建科学、合理的创业法律风险防范体系，实行重大项目决策前的法律审核制，防患于未然。建立法律风险防控体系需要法律专业人员参与。如前所述，创业者大部分不具有专门的法律知识，为弥补这一短板，创业者可以考虑吸收一些具有法律知识的人进入团队，共同创业。

如果创业团队或企业内部缺乏法律专业人才，则有必要聘请外部专业人员提供法律服务。目前综合性律师事务所或实力较强的专业性律师事务所，都可以提供此类服务。专业人做专业事，有专业人员参与，往往可以达到事半功倍的效果。

本　章　小　结

本章结合实例重点介绍了创业初期各阶段法律风险的基本表现，分析了法律风险产生的主要原因，并从四个方面阐述了防范创业中法律风险的基本方法。创业者应树立正确的创业观和依法创业的观念，在经营活动中高度重视对法律风险的防范。此外，在遵守法律法规规定的义务的基础上，还应当充分考虑企业职工、消费者等利益相关者的利益以及生态环境保护等社会公共利益，积极承担社会责任。

第二章　创业与商主体形式

引　言

　　创业者从事商事活动应当选择一定的商主体形式，并依法登记，取得营业执照。在选择前创业者可能存在一些困惑，比如，我国法律规定了哪些商主体形式？各主体形式有哪些特点？哪种主体形式更适合自己？每种主体形式内部关系是怎样的？如果采用有限责任公司，股权应如何安排？……

　　对实际发生的案例，创业者可能也会有些困惑，比如：

　　1. 王某看到市面上奶茶店生意不错，也想开办一家奶茶店。由于没有开店经验，于是找经商多年的好友李某咨询采用个体工商户形式是否合适。李某觉得采用个体工商户形式，万一经营不好可能会倾家荡产，建议其采用有限责任公司的形式。王某觉得李某说得有理，但不想采用一人有限责任公司形式，于是请李某帮忙做个挂名股东。李某欣然同意。双方签订书面协议，约定李某不需要实际出资，也不参与分红，只在办理公司登记时在名义上出资 5 万元代王某持有公司 5% 股权。公司成立后李某未参与经营，也未过问过经营情况。一日，李某路过王某的奶茶店，进店发现该店很冷清，担心如果王某出资不足，公司对外负债连累自己，便要求王某提供出资证明及公司财务报表。王某认为李某只是挂名股东，未实际出资，不愿意提供。李某的担心是多余的吗？王某可以不提供吗？

　　2. 某公司成立于 2020 年 1 月，章程规定公司注册资本 500 万元，各股东首次缴付认缴出资的 20%，于公司成立之日起 1 个月内缴付。股东认缴的剩余出资于 2040 年 12 月 31 日前缴付。2021 年 8 月公司因资金不足，经营难以为继。公司召开临时股东会，讨论股东缴付剩余出资款的时间问题。因股东对缴款时间达不成一致，公司经营陷入困境。公司能否强制要求股东提前履行出资义务？

　　3. 2020 年 4 月，某公司大股东李某带人进入公司办公区，抢走几十枚公章、财务章，并以临时股东会和当日召开的第一届董事会第一次会议的决议为由宣布接管公司。李某抢夺公章，是依法接管还是一场闹剧？

　　4. 某公司为了防止出现股东离开公司却不愿意退股的情况，在公司章程中规定："股东因退休且离开工作岗位，自动离职、协议解除劳动合同、终止劳动合同、辞职、开除、死亡或其他特殊情况离开本公司，其全部股权必须按原入股价转让给其他股东。离职股东应当在离职发生之日起 1 个月内办妥股权转让手续，逾期未办理的由公司股东会确定受让人，无法确定受让人的由全体股东按出资比例认购。公司将实现受让后的股东记载于股东名册即视为股权交割完毕。"这一规定具有法律效力吗？

本章共分 5 节，重点介绍商主体的含义、特征和种类，商主体名称的一般规定，商主体信息披露制度，个体工商户与个人独资企业、合伙企业、有限责任公司、股份有限公司的特点和内部关系，各种商主体形式的主要区别、优势和不足。

本章涉及的法律规定主要有：《中华人民共和国民法典》（2020 年发布）（以下简称《民法典》）、《个体工商户条例》（2016 年修订）、《个体工商户名称登记管理办法》（2008 年发布）、《中华人民共和国个人独资企业法》（1999 年发布）（以下简称《个人独资企业法》）、《中华人民共和国合伙企业法》（2006 年修订）（以下简称《合伙企业法》）、《中华人民共和国公司法》（2018 年修订）（以下简称《公司法》）及最高人民法院发布的 4 个《关于适用〈公司法〉若干问题的规定》《企业信息公示暂行条例》（2014 年发布）、《个体工商户年度报告暂行办法》（2014 年发布）、《中华人民共和国市场主体登记管理条例》（2021 年公布）（以下简称《市场主体登记管理条例》）、《企业名称登记管理规定》（2020 修订）、《企业名称禁限用规则》（2017 年发布）、《中华人民共和国电子商务法》（2018 年通过）（以下简称《电子商务法》）、国家市场监督管理总局《网络交易监督管理办法》（2021 年发布）等。

第一节　商主体概述

一、商主体的含义和特征

（一）商主体的含义

创业需要取得商主体资格。商主体是指以营利为目的，依法设立，能够以自己的名义从事商行为，依法享商事权利，承担商事义务的组织或个人。

法律学上"商"的含义比经济学上"商"的范围要广泛，除了直接媒介商品交易的"固有商"之外，还有间接以媒介商品交易的"辅助商"，如货物运输、居间、行纪等，以及与商品交易有密切联系的"第三种商"，如金融、制造、摄影等，甚至广告、保险、饮食、服务等活动都可以视为"商"。以营利为目的是现代商行为的基本特征，即主体从事具体行为的目的是为了取得利润并分配给股东等出资人。

我国采取民商合一的立法模式，在《民法典》中，商主体作为民事主体的一种，根据其设立的目的，将其称为营利主体，商事权利与商事义务也被融入民事权利与民事义务之中。所谓营利主体，是指以取得利润并分配给股东等出资人为目的成立的组织或个人。此外，从经济学角度，以营利为目的设立，运用各种生产要素，向市场提供商品或服务的组织通常被称为企业。

《市场主体登记管理条例》从市场管理的角度将商主体称为市场主体，根据该条例，应当办理登记的市场主体包括在中华人民共和国境内以营利为目的从事经营活动的下列自然人、法人及非法人组织：（1）公司、非公司企业法人及其分支机构；（2）个人独资企业、合伙企业及其分支机构；（3）农民专业合作社（联合社）及其分支机构；（4）个体工商户；（5）外国公司分支机构；（6）法律、行政法规规定的其他市场主体。

（二）商主体的特征

商主体的特征主要表现在以下 5 个方面：

1. 以营利为目的的设立。出资人设立商主体的目的主要是为了取得经济上的回报。此处的营利不是为商主体本身谋取利益，而是为商主体的出资人谋取利益。如果是非营利组织，比如慈善基金会，虽然基金会也会将慈善基金进行投资，实现保值增值，但所获收益主要用于慈善事业，出资人无权参与收益分配。

2. 依法登记，取得营业执照。商主体从事商事活动的权利能力和行为能力，除法律另有规定外，需要通过商事登记才能取得。经过商事登记，出资人的信息等登记事项便会在管理机关存档，有利于维护交易安全。《市场主体登记管理条例》第 3 条规定，市场主体应当依照本条例办理登记。未经登记，不得以市场主体名义从事经营活动。法律、行政法规规定无须办理登记的除外。第 43 条规定，未经设立登记从事经营活动的，由登记机关责令改正，没收违法所得；拒不改正的，处 1 万元以上 10 万元以下的罚款；情节严重的，依法责令关闭停业，并处 10 万元以上 50 万元以下的罚款。

其他法律规定的无须办理登记的情形：《电子商务法》第 10 条规定，电子商务经营者①应当依法办理市场主体登记。但是，个人销售自产农副产品、家庭手工业产品，个人利用自己的技能从事依法无须取得许可的便民劳务活动和零星小额交易活动，以及依照法律、行政法规不需要进行登记的除外。

《网络交易监督管理办法》第 8 条规定，网络交易经营者②不得违反法律、法规、国务院决定的规定，从事无证无照经营。除《电子商务法》第 10 条规定的不需要进行登记的情形外，网络交易经营者应当依法办理市场主体登记。网络社交、网络直播等网络服务提供者为经营者提供网络经营场所、商品浏览、订单生成、在线支付等网络交易平台服务

---

① 电子商务经营者，是指通过互联网等信息网络从事销售商品或者提供服务的经营活动的自然人、法人和非法人组织，包括电子商务平台经营者、平台内经营者以及通过自建网站、其他网络服务销售商品或者提供服务的电子商务经营者。所谓电子商务平台经营者，是指在电子商务中为交易双方或者多方提供网络经营场所、交易撮合、信息发布等服务，供交易双方或者多方独立开展交易活动的法人或者非法人组织。所谓平台内经营者，是指通过电子商务平台销售商品或者提供服务的电子商务经营者。

② 所谓网络交易经营者，是指组织、开展网络交易活动的自然人、法人和非法人组织，包括网络交易平台经营者、平台内经营者、自建网站经营者以及通过其他网络服务开展网络交易活动的网络交易经营者。所谓网络交易平台经营者，是指在网络交易活动中为交易双方或者多方提供网络经营场所、交易撮合、信息发布等服务，供交易双方或者多方独立开展网络交易活动的法人或者非法人组织。所谓平台内经营者，是指通过网络交易平台开展网络交易活动的网络交易经营者。

的，应当依法履行网络交易平台经营者的义务。通过上述网络交易平台服务开展网络交易活动的经营者，应当依法履行平台内经营者的义务。

个人通过网络从事保洁、洗涤、缝纫、理发、搬家、配制钥匙、管道疏通、家电家具修理修配等依法无须取得许可的便民劳务活动，以及个人从事网络交易活动，年交易额累计不超过 10 万元的，依照《电子商务法》第 10 条的规定不需要进行登记。同一经营者在同一平台或者不同平台开设多家网店的，各网店交易额合并计算。个人从事的零星小额交易须依法取得行政许可的，应当依法办理市场主体登记。

3. 可以在出资人本名之外申请一个商号专门用于从事经营活动。商主体对依法取得的商号享有人格权。

4. 根据商主体种类的不同以法定范围内的财产对外承担法律责任。

5. 重要的经营信息要向社会披露。根据《市场主体登记管理条例》的规定，一方面，商主体应当按照国家有关规定公示年度报告和登记相关信息。披露的目的在于强化对商主体的信用约束，方便交易相对人了解对方情况、维护交易安全、保障公平竞争；另一方面，商主体应当将营业执照置于住所或者主要经营场所的醒目位置。从事电子商务经营的市场主体应当在其首页显著位置持续公示营业执照信息或者相关链接标识。

二、商主体的种类

在市场经济条件下，生产力的发展水平是多层次的，创业者的投资需求也是不同的，为满足不同投资人的需求，国内外法律创设了多种商主体形式。我国根据投资人对商主体对外责任的不同，可以将商主体分为三种，即商自然人、商法人和商非法人组织。后二者可以统称为企业。

(一) 商自然人

即以自然人身份从事经营。其基本特征是投资人个人财产与经营财产合一，创业者以自己的全部财产对商主体债务承担全部责任。目前创业者以自然人身份经营的主体形式主要包括个体工商户和农村承包经营户。

(二) 商法人

商法人是指以取得利润并分配给股东等出资人为目的成立的，具有民事权利能力和民事行为能力，依法独立享有民事权利和承担民事义务的组织。商法人与其他商主体形式的主要区别是创业者出资以外的个人财产与法人财产相互分离，创业者以认缴的出资为限对法人的债务承担责任，法人以其全部财产独立承担民事责任。目前商法人的主要表现形式是有限责任公司、股份有限公司和其他具有法人资格的组织等。

依照法律或者法人组织章程的规定，代表法人从事民事活动的负责人，为法人的法定代表人。法定代表人以法人名义从事的民事活动，其法律后果由法人承受。法定代表人因执行职务造成他人损害的，由法人承担民事责任。

（三）商非法人组织

商非法人组织是以营利为目的的设立，不具有法人资格，但是能够依法以自己的名义从事民事活动的企业。其与其他商主体形式的主要区别是商非法人组织的财产不足以清偿债务的，除法律另有规定外，出资的创业者要承担无限责任。

商非法人组织的主要表现形式是个人独资企业、合伙企业等。

每种商主体形式均有优势和不足，创业者可以结合自身能力、资金状况、创业项目和行业特点、利润分配、风险承担和纳税筹划等因素在法定形式中选择适合自己的商主体形式。

三、商主体名称的一般规定

商主体的名称是商主体的外在特定性标志，用来与其他商主体进行区分。商主体对依法取得的名称享有人格权，并登记范围内的享有专有使用权、商誉权和依法转让权。

（一）企业名称的基本要求

企业名称是企业间相互区别的基本标志。企业名称应当使用规范汉字。民族自治地方的企业名称可以同时使用本民族自治地方通用的民族文字。企业只能登记使用一个名字，并且在企业登记机关辖区内不得与已登记注册的同行业企业的名称相同或近似。

根据《企业名称登记管理规定》的规定，企业拟定名称时应注意以下几个方面：

1. 企业名称的构成。企业名称由行政区划、字号、行业或者经营特点、组织形式构成。跨省、自治区、直辖市经营的企业，其名称可以不含行政区划名称；跨行业综合经营的企业，其名称可以不含行业或者经营特点。

（1）行政区划名称。应当是企业所在地的县级以上地方行政区划名称。市辖区名称在企业名称中使用时应当同时冠以其所属的设区的市的行政区划名称。开发区、垦区等区域名称在企业名称中使用时应当与行政区划名称连用，不得单独使用。应当注意的是，由于企业名称只在企业登记机关辖区内享有专用权，在不同企业登记机关登记的企业使用的字号有可能是相同的，所以，如果企业在省、自治区、直辖市内跨行政区域经营，尽可能选择冠省级行政区划。

（2）字号。应当由两个以上汉字组成。县级以上地方行政区划名称、行业或者经营特点不得作为字号，另有含义的除外。"另有含义"应当是社会公众可以明确识别，不认为与地名、经营范围有特定联系。

（3）行业或者经营特点。应当根据企业的主营业务和国民经济行业分类标准标明。国民经济行业分类标准中没有规定的，可以参照行业习惯或者专业文献等表述。

（4）企业应当根据其组织结构或者责任形式，依法在企业名称中标明组织形式。比如公司应当在名称中标明"有限公司""有限责任公司"或者"股份公司""股份有限公司"字样。合伙企业应当在名称中标明"（普通合伙）""（特殊普通合伙）""（有限合伙）"等字样。个人独资企业应当在名称中标明"（个人独资）"字样。

2. 企业名称禁用情形。企业名称不得有下列情形：（1）损害国家尊严或者利益；（2）损害社会公共利益或者妨碍社会公共秩序；（3）使用或者变相使用政党、党政军机关、群团组织名称及其简称、特定称谓和部队番号；（4）使用外国国家（地区）、国际组织名称及其通用简称、特定称谓；（5）含有淫秽、色情、赌博、迷信、恐怖、暴力的内容；（6）含有民族、种族、宗教、性别歧视的内容；（7）违背公序良俗或者可能有其他不良影响；（8）可能使公众受骗或者产生误解；（9）法律、行政法规以及国家规定禁止的其他情形。

3. 企业名称限用情形。企业名称冠以"中国""中华""中央""全国""国家"等字词，应当按照有关规定从严审核，并报国务院批准。国务院市场监督管理部门负责制定具体管理办法。企业名称中间含有"中国""中华""全国""国家"等字词的，该字词应当是行业限定语。使用外国投资者字号的外商独资或者控股的外商投资企业，企业名称中可以含有"（中国）"字样。

4. 企业分支机构名称应当冠以其所从属企业的名称，并缀以"分公司""分厂""分店"等字词。境外企业分支机构还应当在名称中标明该企业的国籍及责任形式。

5. 企业集团名称应当与控股企业名称的行政区划名称、字号、行业或者经营特点一致。控股企业可以在其名称的组织形式之前使用"集团"或者"（集团）"字样。

6. 有投资关系或者经过授权的企业，其名称中可以含有另一个企业的名称或者其他法人、非法人组织的名称。

关于企业名称的其他要求，参见原国家工商行政总局发布的《企业名称禁限用规则》和《企业名称相同相近比对规则》。

（二）个体工商户的名称要求

个体工商户作为自然人可以直接使用自己的本名，也可以在本名之外单独为个体工商户申请一个名称。根据《个体工商户名称登记管理办法》，个体工商户名称应当由行政区划、字号、行业或经营特点依次组成，个体工商户名称的行政区划是指个体工商户所在县（市）和市辖区名称。行政区划之后可以缀以个体工商户经营场所所在地的乡镇、街道或者行政村、社区、市场名称。个体工商户应当在名称中标明"（个体）"，个体工商户名称组织形式可以选用"厂""店""馆""部""行""中心"等字样，但不得使用"企业""公司"和"农民专业合作社"字样。关于名称的其他要求，参照《企业名称登记管理规定》执行。

（三）企业名称的取得

企业名称依法实行自主申报制度。申请人可以通过企业名称申报系统或者在企业登记机关服务窗口提交有关信息和材料，对拟定的名称进行查询、比对和筛选，选取符合规定的名称。申请人应当承诺因其企业名称与他人企业名称近似侵犯他人合法权益的，依法承担法律责任。企业登记机关在企业办理设立和变更登记时，一并审查名称是否符合法律要求和基本规则。

企业在申报名称查询时，如果发现自己拟使用的名称可能会引发名称近似、公众误解混淆等侵权情形，应主动更换，以免引发冲突。企业认为其他企业名称侵犯本企业名称合法权益的，可以向人民法院起诉或者请求涉嫌侵权企业的企业登记机关处理；企业登记机关受理申请后，可以进行调解，调解不成的，企业登记机关应当在规定时限内作出行政裁决。

四、我国商主体的信息公示制度

长期以来，我国商主体信息披露主要面向企业登记机关，即企业在申报年度检验时按规定向登记机关披露一些经营信息，个体工商户则实行验照制度。公众如需要了解个体工商户或企业情况，需要向登记机关申请才能查询登记事项，比较麻烦，信息更新也不及时。

2014年2月，国务院发布《注册资本登记制度改革方案》，将企业注册资本实缴登记制度改为认缴登记制度。为了强化对商主体的信用约束，保护交易相对人和债权人利益，国家自2014年3月1日起取消了企业年检制度，建立国家企业信用信息公示系统，实行企业信息公示制度，要求企业对其公示信息的真实性、及时性负责。自2014年10月1日起取消了个体工商户的验照制度，实行年度报告报送制度，要求个体工商户对其年度报告内容的真实性、合法性负责。

建立商主体信息公示、报送制度，强化了社会监督，使社会公众可以随时登录全国企业信用信息公示系统查询商主体登记情况。根据国务院发布的《企业信息公示暂行条例》和原国家工商行政管理总局公布的《个体工商户年度报告暂行办法》，商主体信息公示制度主要包括以下几方面内容：

（一）年度报告报送、公示制度

1. 企业应当报送、公示的信息。企业应当于每年1月1日至6月30日，通过企业信用信息公示系统向市场监督管理部门报送上一年度年度报告，并向社会公示。

年度报告的内容包括：（1）企业通信地址、邮政编码、联系电话、电子邮箱等信息；（2）企业开业、歇业、清算等存续状态信息；（3）企业投资设立企业、购买股权信息；（4）企业为有限责任公司或者股份有限公司的，其股东或者发起人认缴和实缴的出资额、出资时间、出资方式等信息；（5）有限责任公司股东股权转让等股权变更信息；（6）企业网站以及从事网络经营的网店的名称、网址等信息；（7）企业从业人数、资产总额、负债总额、对外提供保证担保、所有者权益合计、营业总收入、主营业务收入、利润总额、净利润、纳税总额信息。其中第一项至第六项规定的信息应当向社会公示，第七项规定的信息由企业选择是否向社会公示。经企业同意，公民、法人或者其他组织可以查询企业选择不公示的信息。

2. 个体工商户应当报送的信息。个体工商户应当于每年1月1日至6月30日，通过企业信用信息公示系统或者直接向负责其登记的市场监督管理部门报送上一年度年度报告。个体工商户可以自主选择其年度报告内容是否公示，决定不公示年度报告内容的，应当向负责其登记的市场监督管理部门报送纸质年度报告。市场监督管理部门应当通过企业信用信息公示系统公示该个体工商户已经报送年度报告。

个体工商户的年度报告包括下列内容：（1）行政许可取得和变动信息；（2）生产经营信息；（3）开设的网站或者从事网络经营的网店的名称、网址等信息；（4）联系方式等信息；（5）国家市场监督管理总局要求报送的其他信息。当年开业登记的个体工商户，自下一年起报送。

（二）企业信息即时公示制度

企业应当自下列信息形成之日起 20 个工作日内通过企业信用信息公示系统向社会公示：（1）有限责任公司股东或者股份有限公司发起人认缴和实缴的出资额、出资时间、出资方式等信息；（2）有限责任公司股东股权转让等股权变更信息；（3）行政许可取得、变更、延续信息；（4）知识产权出质登记信息；（5）受到行政处罚的信息；（6）其他依法应当公示的信息。

（三）市场监管部门在监管企业中产生的信息的公示制度

市场监督管理部门等政府部门在履行职责过程中，产生的大量反映企业状况的信息，应当自信息产生之日起 20 个工作日内依法予以公示。

1. 市场监督管理部门应当公示的信息。市场监督管理部门应当通过企业信用信息公示系统公示的信息主要包括：（1）注册登记、备案信息；（2）动产抵押登记信息；（3）股权出质登记信息；（4）行政处罚信息；（5）其他依法应当公示的信息。根据《工商行政管理行政处罚信息公示暂行规定》，行政处罚信息公示期为 5 年，自公示之日起届满 5 年的，记录于企业信用信息公示系统，不再公示。

2. 其他政府部门应当公示的信息。其他政府部门应当通过企业信用信息公示系统或通过其他系统公示的信息主要包括：（1）行政许可准予、变更、延续信息；（2）行政处罚信息；（3）其他依法应当公示的信息。

（四）政府部门的监管责任

政府部门对企业的监管主要表现在抽查企业公示的信息和核查处理举报两个方面。

1. 抽查企业公示的信息。市场监督管理部门应当按照公平规范的要求，根据企业注册号等随机摇号，确定抽查的企业，组织对企业公示信息的情况进行检查。抽查结果由市场监督管理部门通过企业信用信息公示系统向社会公布。市场监督管理部门应当组织对个体工商户年度报告内容进行随机抽查。抽查的个体工商户名单和抽查结果应当通过企业信用信息公示系统公示。

2. 核查处理举报信息。公民、法人或者其他组织发现商主体公示的信息虚假的，可以向市场监督管理部门举报，接到举报的市场监督管理部门应当自接到举报材料之日起 20 个工作日内进行核查，予以处理，并将处理情况书面告知举报人。公民、法人或者其他组织对公示的商主体信息有疑问的，可以向政府部门申请查询，收到查询申请的政府部门应当自收到申请之日起 20 个工作日内书面答复申请人。

（五）商主体不履行公示、报送义务的法律后果

商主体不履行公示、报送义务，市场监督管理部门将根据商主体违规的严重程度列入经营异常名录或严重违法企业名录。县级以上地方人民政府及其有关部门应当建立健全信用约束机制，在政府采购、工程招投标、国有土地出让、授予荣誉称号等工作中，将企业信息作为重要考量因素，对被列入经营异常名录或者严重违法企业名单的企业依法予以限制或者禁入。商主体依法履行义务达到法定条件的，可以恢复正常经营者身份。

1. 列入经营异常名录。企业未在规定的期限内公示年度报告、未在市场监督管理部门责令的期限内公示有关企业信息，或者公示企业信息隐瞒真实情况、弄虚作假的，由县级以上市场监督管理部门列入经营异常名录，通过企业信用信息公示系统向社会公示，并区别情况承担相应的法律责任。

个体工商户未在规定的期限报送年度报告的，年度报告隐瞒真实情况、弄虚作假的，或者市场监督管理部门在依法履职过程中通过登记的经营场所或者经营者住所无法与个体工商户取得联系的，市场监督管理部门应当查实后将其标记为经营异常状态，并通过企业信用信息公示系统向社会公示。

2. 列入严重违法企业名录。对被列入经营异常名录满3年仍未履行公示义务的企业，由国务院市场监督管理部门或者省、自治区、直辖市人民政府市场监督管理部门列入严重违法企业名单，并通过企业信用信息公示系统向社会公示。被列入严重违法企业名单的企业的法定代表人、负责人，3年内不得担任其他企业的法定代表人、负责人。

3. 信用修复。被列入经营异常名录的企业履行公示义务的，由县级以上市场监督管理部门移出经营异常名录；企业自被列入严重违法企业名单之日起满5年未再发生不履行公示义务情形的，由国务院市场监督管理部门或者省、自治区、直辖市人民政府市场监督管理部门移出严重违法企业名单。

第二节　个体工商户与个人独资企业

个体工商户与个人独资企业都是可以由一个自然人投资设立，出资人对个体工商户与个人独资企业债务承担无限责任的商主体形式。

一、个体工商户

（一）个体工商户的含义

个体工商户，是指具有经营能力，依照《个体工商户条例》登记设立，从事工商业经营的自然人。个体工商户应以一个自然人个人或家庭财产出资，并以个人或家庭财产对外承担无限责任。这里所说的工商业经营是广义的，只要自然人申请登记的经营范围不属于法律、行政法规禁止进入的行业，都可以办理个体工商户登记。比如自然人开设服装店、理发店、小餐馆等，都可以申请注册为个体工商户。

（二）个体工商户设立的条件

1. 申请主体为一个自然人或一户。申请从事个体经营的自然人应当是有经营能力的中国公民。所谓"有经营能力"一般认为应包括两个方面：一是具有完全民事行为能力或被视为具有完全民事行为能力；二是具有自己所事的行业必须具备的身体条件和资质条件。个体工商户可以个人经营，也可以家庭经营。个人经营的，以经营者本人为申请人；家庭经营的，以家庭成员中主持经营者为申请人，参加经营的家庭成员姓名应当同时备案。

为鼓励香港特别行政区、澳门特别行政区永久性居民中的中国公民、我国台湾省居民在中国大陆地区投资创业，法律允许他们在大陆依法申请登记为个体工商户，但在经营范围和经营条件上存在一定限制。

2. 必要的经营场所。经营场所是个体工商户营业所在地。它既可以是固定的场所，也可以在一定区域内流动。个体工商户经登记机关登记的固定经营场所只能为一处，因此，不能设立分支机构。

3. 合法的名称。名称不是必备条件，个体工商户可以自主决定是否使用名称。不使用名称的，登记时记载申请人的名称。

（三）个体工商户债务的承担

根据《民法典》第56条的规定，个体工商户的债务，个人经营的，以个人财产承担；家庭经营的，以家庭财产承担；无法区分的，以家庭财产承担。根据这一规定，个体工商户债务的承担要区分三种情况：

1. 个人经营的，以个人财产承担。所谓"个人经营"，是指单个自然人从事经营。此时应当是该自然人个人的债务。但是，如果该自然人已婚，其财产和债务应依据《民法典》第1062条和第1064条的规定处理，即夫妻在婚姻关系存续期间生产、经营、投资的收益，为夫妻的共同财产，归夫妻共同所有。"夫妻双方共同签名或者夫妻一方事后追认等共同意思表示所负的债务，以及夫妻一方在婚姻关系存续期间以个人名义为家庭日常生活需要所负的债务，属于夫妻共同债务。夫妻一方在婚姻关系存续期间以个人名义超出家庭日常生活需要所负的债务，不属于夫妻共同债务；但是，债权人能够证明该债务用于夫妻共同生活、共同生产经营或者基于夫妻双方共同意思表示的除外。"

2. 家庭经营的，以家庭财产承担。所谓"家庭经营"，是指家庭内的两个以上成员共同经营。如果个体工商户注册为家庭经营，且参加经营的家庭成员姓名已备案的，自然应当认定为家庭经营。如果个体工商户注册为个人经营，但是其他家庭成员也参与了经营活动的，也应当认定为家庭经营。所谓"家庭财产"，包括参与经营的全体成员的个人财产和共同财产。

3. 无法区分的，以家庭财产承担。所谓"无法区分"，根据最高人民法院《关于贯彻执行（中华人民共和国民法通则）若干问题的意见（试行）》第42条的规定，是指以自然人个人名义申请注册，但是以家庭共有财产投资，或者收益的主要部分供家庭成员共享的情形，即主要根据投入的资金来源和收益分配确定。

以家庭共有财产承担责任时，应当保留家庭成员的生活必需品和必要的生产工具。

二、个人独资企业

（一）个人独资企业的含义

个人独资企业，是指依照《个人独资企业法》设立，由一个自然人投资，财产为投资人个人或家庭所有，投资人以其登记时申报的财产范围对外承担无限责任的经营实体。

（二）个人独资企业设立的条件

根据我国《个人独资企业法》第8条的规定，设立个人独资企业应具备下列5个条件：

1. 投资人为一个自然人。个人独资企业的投资人只能是自然人，法人不能作为其投资人。此外，由于我国《个人独资企业法》规定，外商独资企业不适用该法，因此，企业的投资人应为我国公民。

2. 合法的企业名称。个人独资企业应当在名称中标明"（个人独资）"字样。个人独资企业投资人对外承担无限责任，所以名称中不能使用"有限""有限责任"或"公司"字样。

3. 投资人申报的出资。设立企业的申请书应当载明投资人的出资额和出资方式。因投资人投入企业财产与其个人的其他财产都属于个人所有，所以申报的出资只是表明投资人具有一定资金实力，法律对其具体数量和出资方式未予规定，投资人可以自行决定。

4. 固定的生产经营场所和必要的生产经营条件。企业登记的主要经营场所只能为一处，如果要设立分支机构，也需要进行登记并领取营业执照。

5. 必要的从业人员。从业人员是指参与企业业务活动的人员，包括从事经营活动的投资人和企业依法招用的职工。对从业人员的人数法律未做限定。只有投资人一人从事经营活动的，也属于符合条件。

（三）个人独资企业债务的承担

投资人既可以个人财产作为出资，也可以家庭共有财产作为个人出资。承担民事责任的财产范围以设立登记时的申报情况为准，即个人独资企业财产不足以清偿债务的，申请人在申请企业设立登记时明确以其家庭共有财产作为个人出资的，依法应当以家庭共有的其他财产对企业债务承担无限责任，否则以投资人个人的其他财产予以清偿。

个人独资企业解散后，原投资人对个人独资企业存续期间的债务仍应承担偿还责任，但债权人在5年内未向债务人提出偿债请求的，该责任消灭。

（四）个人独资企业与个体工商户的主要区别

个体工商户与个人独资企业有很多共同点，比如都可以由一个自然人投资设立，投资人都要以自己的全部财产对外都承担责任，都可以有自己的名称、生产经营场所和生产条件、所得税统一按个体工商户缴纳①、实行年度信息报告制度等，但也存在一些区别。了解它们的区别，有利于创业者从中作出选择。见表2.1。

表2.1　　　　　　　　　　　　个人独资企业与个体工商户的主要区别

区别	个人独资企业	个体工商户
设立的法律依据不同	个人独资企业法	个体工商户条例
设立的申请人不同	只能是一个自然人	既可以是一个自然人，也可以是一户
法律地位不同	非法人企业	自然人
设立条件不同	有自己的名称和固定的生产经营场所，申请人需要明确申报出资额	可以不使用名称，可以没有固定的生产经营场所，也不需要申报出资
名称中的行政区划要求不同	企业名称中的行政区划是本企业所在地县级以上行政区划的名称或地名。市辖区的名称不能单独用作企业名称中的行政区划	个体工商户可以使用所在县（市）和市辖区名称
对外承担民事责任的财产范围不同	以设立登记时的申报情况为准。不存在"无法区分的，以家庭财产承担"的情形	个人经营的，以个人财产承担。家庭经营的，以家庭财产承担。无法区分的，以家庭财产承担
财务管理要求不同	应当设置会计账簿，进行会计核算	可以不设置会计账簿，所得税数额一般采用核定方式确定
分支机构设立权限不同	可以设立分支机构	不能设立分支机构
信息公示要求不同	除需要向登记机关报送上一年年度报告外，还必须向社会公示	只需要向登记机关报送上一年年度报告，可以自主选择是否公示
按简易程序办理注销登记②时的公示要求不同	企业应当将承诺书及注销登记申请通过国家企业信用信息公示系统公示	无须公示

通过上述比较，不难发现，两者相比，个人独资企业的主要优势是可以自主决定对外承担责任的财产范围；个体工商户的主要优势在于国家对其监管更少，经营自主权更强，纳税负担更轻。从目前各地登记的情况看，个体工商户的登记数量远大于个人独资企业。

---

①　参见国发〔2000〕16号《国务院关于个人独资企业和个人合伙企业征收所得税问题的通知》。

②　《市场主体登记管理条例》第33条规定，市场主体未发生债权债务或者已将债权债务清偿完结，未发生或者已结清清偿费用、职工工资、社会保险费用、法定补偿金、应缴纳税款（滞纳金、罚款），并由全体投资人书面承诺对上述情况的真实性承担法律责任的，可以按照简易程序办理注销登记。

三、个体工商户、个人独资企业与其他企业形式的比较

（一）个体工商户、个人独资企业的主要优势

1. 自主权大。两者均由单个自然人或家庭出资设立并经营，不受他人干扰，资产所有权、控制权、经营权、收益权高度统一，法律法规等对两者的经营管理、决策的干预总体较少。

2. 税赋较轻。两者从事生产、经营所得（即每一纳税年度的收入总额减除成本、费用以及损失后的余额），均按《个人所得税法》中"个体工商户的生产经营所得"应税项目缴纳所得税，不需要缴纳企业所得税。在增值税方面，两者一般为增值税的小规模纳税人，征收率较低。对个人独资企业和账证健全、核算准确的个体工商户，税务部门对其实行查账征收；对生产经营规模小又确无建账能力的个体工商户，税务机关对其实行定期定额征收。

3. 灵活性强。两者的规模普遍较小，可以根据不断变化的市场环境及时调整经营方向和方式。

（二）个体工商户、个人独资企业的不足

1. 投资风险大。两者的投资人对经营风险承担无限责任，不适用于从事风险较大的项目。

2. 经营持续性较差。所有权和经营权高度统一的产权结构，使两者的发展完全依靠单一自然人个人或其家庭成员的智力、财力和体力，自然人的病、死，以及个人及家庭参与人知识和能力的不足，都可能导致关门。

3. 融资难。两者提供的可担保物一般不多，财务透明度差，金融机构难以对其资产流转和经营行为进行有效监督，所以一般不会向其发放大额贷款。

第三节　合伙企业

一、合伙企业的含义和特征

（一）合伙企业的含义

合伙企业，是指两个或两个以上的合伙人订立合伙协议，共同投资，合伙经营，共享收益，至少有一个以上的合伙人对企业债务承担无限责任的营利性组织。

合伙企业的投资人一般称为合伙人，其中对合伙企业债务承担无限责任的投资人为普通合伙人，对合伙企业债务承担有限责任的投资人为有限合伙人。

（二）合伙企业的特征

1. 企业由两个以上的投资人共同出资设立的非法人组织。合伙企业是由多数人出资组成的企业，其中，至少有一个是对合伙企业债务承担无限责任的普通合伙人。当企业有两个以上普通合伙人时，各普通合伙人对企业债务承担连带责任。在合伙企业中，只有普通合伙人才可以负责企业经营，执行企业事务，对外代表企业。

2. 企业以合伙协议为设立基础。合伙企业是契约式企业，在合伙协议中，各合伙人应就出资方式、利润分配方式和分配比例、亏损分担方式等事项作出约定。与公司章程相比，法律对合伙协议内容的强制性规定更少，合伙人有更多自主权。

3. 合伙企业的生产经营所得和其他所得，不需要缴纳企业所得税。合伙人从企业分得的红利由合伙人根据自己的身份分别缴纳所得税。合伙人为自然人的，按照合伙企业的全部生产经营所得和分配比例确定应纳税所得额，比照个人所得税法的"个体工商户的生产经营所得"应税项目缴纳所得税。合伙人为企业法人的，其从合伙企业取得的收益按照《企业所得税法》的规定缴纳企业所得税。

二、合伙企业的种类

根据合伙人对企业债务责任的不同，我国合伙企业可以细分为普通合伙企业、特殊的普通合伙企业和有限合伙企业三种。

（一）普通合伙企业

它由普通合伙人组成，全体合伙人对合伙企业债务承担无限连带责任。所谓无限连带责任，是指在企业财产不足以偿还企业债务时，各合伙人均有义务以自己的其他财产对企业的剩余债务对外承担全部偿还责任，而非仅限于其投入合伙企业的财产及按合伙协议约定或法定的单个合伙人应承担的比例偿付。合伙人对外偿付后，对超过自己应偿付比例的部分可以向其他合伙人追偿。

普通合伙企业形式合伙人对企业承担的风险责任比较大，适用于项目风险和资金需求不大，合伙人能全身心投入经营，个人能力和资金实力比较强的创业者；不适合需要许多人参与投资的项目。

（二）特殊的普通合伙企业

它是普通合伙企业一种特殊形式，其特殊性在于合伙人对因其他合伙人在执业活动中故意或者重大过失造成的合伙债务只承担有限责任，从而可以适当降低合伙人承担的合伙风险，有利于合伙企业发展壮大和异地发展业务。

《合伙企业法》根据合伙人在执业活动中的主观过错情况，将特殊的普通合伙企业的合伙人的民事责任具体分为下列三种情况：

1. 合伙人对在执业活动中因故意或者重大过失造成的合伙企业债务，依法应承担无限责任或者无限连带责任，其他合伙人以其在合伙企业中的财产份额为限承担责任。

2. 合伙人在执业活动中非因故意或者重大过失造成的合伙企业债务以及合伙企业的其他债务，由全体合伙人承担无限连带责任。

3. 合伙人执业活动中因故意或者重大过失造成的合伙企业债务，以合伙企业财产对外承担责任后，该合伙人应当按照合伙协议的约定对给合伙企业造成的损失承担赔偿责任。

由于此种企业形式限定了合伙人对合伙企业债务承担无限责任的范围，客观上增加了企业债权人的风险。为提高合伙企业的赔偿能力，法律规定，此类企业应从业务收入中提取一定比例资金，建立执业风险基金，用于偿付由执业责任形成的债务。另外，执业合伙人还要办理职业保险。

特殊的普通合伙企业形式主要适用于以专业知识和专门技能为客户提供有偿服务的专业服务机构，如注册会计师事务所、律师事务所等。这类机构对外提供服务以收费为主，经营过程一般不会产生很多负债。目前许多国际专业服务机构，如普华永道、德勤华永等会计师事务所都采用了此种合伙形式。

（三）有限合伙企业

它由普通合伙人和有限合伙人共同出资组成，其主要特点是普通合伙人收取一定管理费，负责合伙企业事务的执行，并对合伙企业债务承担无限连带责任。有限合伙人不执行合伙企业事务，仅以其认缴的出资额为限对合伙企业债务承担责任。实质上是介于合伙企业和有限责任公司之间的一种企业形式。

有限合伙企业的主要优势是：（1）税赋较轻。只需要缴纳合伙人的个人所得税，不需要缴纳企业所得税。企业成本大大降低。（2）企业管理权和出资权分离，自主性强。有限合伙制就是普通合伙人（GP）+有限合伙人（LP），企业主要由具有专业知识的普通合伙人管理，有限合伙人主要参与投资收益的分配。常用的权责安排是：普通合伙人权责＝1%的资金+无限连带责任+企业管理权+年度管理费+利润分成，有限合伙人权责＝99%的资金+有限责任+合伙协议利润分配。（3）有限合伙人份额可以自由转让，有利于企业广泛吸收投资。

有限合伙企业是 20 世纪 60 年代快速发展起来的一种适用于风险投资的组织形式，它可以使资本与智力实现有效的结合，即拥有财力的人作为有限合伙人，拥有专业知识和技能的人作为普通合伙人，从而建立以有限合伙企业为组织形式的风险投资机构。有限合伙企业主要适用于创投类投资公司、实施员工持股计划时。

此外，在公司创业初期设计员工期权时也可以使用。即在公司之外先成立一家有限合伙企业，创始人担任普通合伙人，然后找一个联合创始人担任有限合伙人，再让这家有限合伙企业作为创业公司的投资主体，成为公司的股东，这样就可以提前预留好员工的股份，当员工到期行权的时候，可以通过转股或增资获得有限合伙企业的份额，从而间接持有主体公司的股份。这样做的好处在于尽管创始人的股份被稀释了，但是投票权和决策权还是在自己身上（因为是普通合伙人），期权员工作为有限合伙人只能享有所有权和分红权，但没有投票权。让更多的创始成员享有所有权和分红权，能够极大调动员工的积极性，同时创始人也不会丧失投票权，可谓是一举两得。相反，如果是公司制的同股同权的话，创始人的权利会被削弱。

三、合伙企业设立的条件

设立合伙企业，应当具备法定的条件。根据《合伙企业法》的规定，设立合伙企业应具备以下 5 个条件：

（一）有两个以上的合伙人

1. 合伙人的人数。合伙企业是多数人共同投资形成的经济组织，两人是其下限。对于普通合伙企业合伙人数的上限，法律未做限制。在实践中，由于普通合伙人对企业承担无限连带责任，合伙人对企业经营管理的参与程度高，人数过多往往不利于合伙关系的处理及合伙事务的执行，所以，合伙人的人数一般不宜太多。对于有限合伙企业的合伙人数，法律规定合伙人一般应在 50 人以下，并至少应当有一个普通合伙人。

2. 合伙人的资格。合伙人可以是自然人、法人和其他组织。首先，普通合伙人为自然人时依法应当是具有完全民事行为能力的人，否则会影响其行为的效力。其次，合伙人不能是法律、行政法规禁止的组织或自然人。《合伙企业法》第 3 条规定："国有独资公司、国有企业、上市公司以及公益性的事业单位、社会团体不得成为普通合伙人。"依此规定，上述主体只能参与设立有限合伙企业成为有限合伙人。禁止从事营利性活动的自然人主要有法官、检察官、国家公务员等，他们因工作性质特殊，掌握着一定的公共权力，不能作为合伙人，否则，不利于建立公平的竞争秩序。

（二）有书面合伙协议

合伙协议又称合伙合同，合伙协议依法由全体合伙人在协商一致的基础上以书面形式订立，是合伙企业设立的基础，是全体合伙人处理合伙企业事务的基本行为准则。合伙协议是要式合同，需要以书面方式订立，在申请企业登记时应向登记机关提交备案。

结合不同种类合伙企业的特点，《合伙企业法》对合伙协议应具备的条款分别做了规定，普通合伙企业的合伙协议应当载明的事项包括：（1）合伙企业的名称和主要经营场所的地点；（2）合伙目的和合伙经营范围；（3）合伙人的姓名或者名称、住所；（4）合伙人的出资方式、数额和缴付期限；（5）利润分配、亏损分担方式；（6）合伙事务的执行；（7）入伙与退伙；（8）争议解决办法；（9）合伙企业的解散与清算；（10）违约责任。此外，合伙协议可以载明合伙企业的经营期限等。

有限合伙企业合伙协议依法除应当载明前述事项外，还应当载明下列事项：（1）普通合伙人和有限合伙人的姓名或者名称、住所；（2）执行事务合伙人应具备的条件和选择程序；（3）执行事务合伙人权限与违约处理办法；（4）执行事务合伙人的除名条件和更换程序；（5）有限合伙人入伙、退伙的条件、程序以及相关责任；（6）有限合伙人和普通合伙人相互转变程序。此外，执行事务合伙人可以要求在合伙协议中确定执行事务的报酬及报酬提取方式。

合伙协议是具有法律意义的文件。法律规定，"合伙协议经全体合伙人签名、盖章后生效。修改或者补充合伙协议，应当经全体合伙人一致同意；但是，合伙协议另有约定的除外。"创业者如果没有签订协议的经验，担心协议内容可能存在不尽合理之处，在有3个以上的合伙人时，可以约定经2/3以上表决即可通过决议，以适当降低修改或者补充协议的难度。

（三）有合伙人认缴或者实际缴付的出资

作为一个经营性实体，合伙企业应拥有与其经营规模相适应的资金。普通合伙人可以用货币、实物、知识产权、土地使用权或者其他财产权利出资，也可以用劳务出资。但有限合伙人不得以劳务出资。合伙人以实物、知识产权、土地使用权或者其他财产权利出资，需要评估作价的，可以由全体合伙人协商确定，也可以由全体合伙人委托法定评估机构评估。合伙人以劳务出资的，其评估办法由全体合伙人协商确定，并在合伙协议中载明。

合伙人应当按照合伙协议约定的出资方式、数额和缴付期限，履行出资义务。以非货币财产出资的，依照法律、行政法规的规定，需要办理财产权转移手续的，应当依法办理。建议约定逾期出资的具体责任，以督促合伙人按时缴付出资。

（四）有合伙企业的名称和生产经营场所

合伙企业的名称除要符合前述国家关于企业名称的一般性要求之外，还应标明企业的种类，即合伙企业应当在名称中标明"（普通合伙）""（特殊普通合伙）""（有限合伙）"等字样，以方便交易相对人了解合伙人对企业的责任。

经营场所是企业从事生产经营活动的主要场所，该场所在企业登记机关登记后即成为企业的住所。合伙企业一般只有一个经营场所，当合伙企业有一个以上的经营场所时，合伙协议中载明的主要经营场所作为合伙企业住所。

（五）法律、行政法规规定的其他条件

比如申请开办合伙制律师事务所，除要符合合伙企业法规定的条件外，还应当符合《中华人民共和国律师法》的要求。企业如果想从事药品生产、经营，应当具备相关法律规定的生产、经营条件。

四、合伙人对合伙企业的权利与义务

（一）合伙人对合伙企业的权利

合伙人对合伙企业财产的权利依法可以由合伙协议自行约定，合伙协议未约定的，依法确定。合伙人依法对合伙企业主要享有以下权利：

1. 表决权。普通合伙人对合伙企业事务享有平等表决权，对于合伙财产的重大处分依法必须经全体合伙人一致同意。但有限合伙人不执行合伙事务，在与具体执行相关的事项上一般没有表决权。

2. 监督检查权。合伙人为了解合伙企业的经营状况和财务状况，有权查阅合伙企业会计账簿等财务资料。

3. 对外代表权。合伙人的对外代表权，是指合伙人以合伙企业名义对外从事合伙事务的权利。《合伙企业法》规定，执行合伙企业事务的合伙人，有权对外代表合伙企业。但有限合伙人不执行合伙事务，不得对外代表有限合伙企业。

从理论上看，基于合伙企业的性质，每个普通合伙人在合伙企业中都可以执行合伙企业事务，都可以享有对外代表权，但合伙协议可以对普通合伙人执行合伙事务以及对外代表合伙企业的权利进行限制。但这种限制企业以外的人不一定知道，因此，合伙企业对普通合伙人执行合伙事务以及对外代表合伙企业权利的限制，依法不得对抗善意第三人。

有限合伙人对企业承担有限责任，依法不得对外代表合伙企业，但第三人有理由相信有限合伙人为普通合伙人并与其交易的，该有限合伙人对该笔交易承担与普通合伙人同样的责任。有限合伙人未经授权以有限合伙企业名义与他人进行交易，给有限合伙企业或者其他合伙人造成损失的，该有限合伙人依法应当承担赔偿责任。

4. 利益分配权。合伙企业的经营所得，扣除一定积累后的利润可以分配给合伙人，每个合伙人均享有分配利润的权利。合伙人可以在合伙协议中约定利润分配的比例，但合伙协议不得约定将全部利润分配给部分合伙人，但有限合伙企业合伙协议另有约定的除外。合伙协议未约定或者约定不明确的，由合伙人协商决定；协商不成，依法由合伙人按照实缴出资比例分配；无法确定出资比例的，由合伙人平均分配。

5. 转让份额权。除合伙协议另有约定外，合伙人向合伙人以外的人转让其在合伙企业中的全部或者部分财产份额时，须经其他合伙人一致同意。合伙人之间转让在合伙企业中的全部或者部分财产份额时，应当通知其他合伙人。

6. 优先购买权。合伙人向合伙人以外的人转让其在合伙企业中的财产份额的，在同等条件下，其他合伙人有优先购买权；但是，合伙协议另有约定的除外。

7. 出质权。合伙人以其在合伙企业中的财产份额出质的，须经其他合伙人一致同意；未经其他合伙人一致同意，其行为无效，由此给善意第三人造成损失的，由行为人依法承担赔偿责任。

（二）合伙人对合伙企业的义务

根据《合伙企业法》，合伙人对合伙企业主要承担以下义务：

1. 出资义务。普通合伙人应按照约定履行出资义务，否则应依合伙协议的约定承担违约责任。有限合伙人未按期足额缴纳出资的，应当承担补缴义务，并对其他合伙人承担违约责任。经其他合伙人一致同意，对未履行出资义务的合伙人，可以通过决议将其除名。

2. 忠实义务。普通合伙人应忠实于企业，不得自营或者同他人合作经营与本合伙企业相竞争的业务，不得从事损害本合伙企业利益的活动。除合伙协议另有约定或者经全体合伙人一致同意外，普通合伙人不得同本合伙企业进行交易。普通合伙人违反法律规定或者合伙协议的约定，从事与本合伙企业相竞争的业务或者与本合伙企业进行交易的，该收益归合伙企业所有；给合伙企业或者其他合伙人造成损失的，依法承担赔偿责任。

3. 分担企业风险的义务。普通合伙人对企业承担无限连带责任，有限合伙人对企业承担有限责任。合伙人可以在合伙协议中约定亏损分担的比例，但合伙协议不得约定由部分合伙人承担全部亏损。

五、合伙企业事务的执行

（一）合伙企业事务执行的含义

合伙企业事务的执行，是指为了实现合伙企业的目的而进行的各项活动，它包括决策和具体执行两个方面。普通合伙企业是典型的人合企业，合伙企业的一切权利都集中在合伙人手中，合伙人享有充分的自主权。因此，所有合伙人依法都享有同等参与合伙事务执行的权利。

在有限合伙企业中，有限合伙人依法不执行合伙事务，但有限合伙人从事下列事务，不视为执行合伙事务：（1）参与决定普通合伙人入伙、退伙；（2）对企业的经营管理提出建议；（3）参与选择承办有限合伙企业审计业务的会计师事务所；（4）获取经审计的有限合伙企业财务会计报告；（5）对涉及自身利益的情况，查阅有限合伙企业财务会计账簿等财务资料；（6）在有限合伙企业中的利益受到侵害时，向有责任的合伙人主张权利或者提起诉讼；（7）执行事务合伙人怠于行使权利时，督促其行使权利或者为了本企业的利益以自己的名义提起诉讼；（8）依法为本企业提供担保。

合伙企业事务执行的方式，可以由合伙人依法在合伙协议中自行约定。不具有事务执行权的合伙人擅自执行合伙事务，给合伙企业或者其他合伙人造成损失的，依法应承担赔偿责任。

（二）合伙企业事务的决策方式

合伙人参与合伙企业事务决策的方式主要有两种：

1. 由全体合伙人采取少数服从多数的原则决定。合伙人的表决办法可以由合伙人在合伙协议中约定，合伙协议未约定或者约定不明确的，依法实行合伙人一人一票并经全体合伙人过半数通过的表决办法。这种方式能够充分反映多数合伙人的意见，有利于提高决策效率。

除合伙协议另有约定外，依法可以适用此原则决定的合伙企业事务主要包括：（1）决定委托一个或者数个合伙人对外代表合伙企业，执行合伙事务；（2）决定由各合伙人分别执行合伙企业事务；（3）决定增加或者减少对合伙企业的出资；（4）决定企业解散；（5）指定一个或者数个合伙人，或者委托第三人，担任清算人；（6）退伙人在合伙企业中财产份额的退还办法。

2. 由全体合伙人一致同意决定，即每个合伙人对需要决定的事项都作出同意的意思表示才能作出决定。这种方式有利于充分发挥每个合伙人的积极性和创造性，充分保护每个合伙人的合法权益。但如果合伙人人数较多，则可能会降低决策效率。因此，只适用于对企业重大事务的决策。

除合伙协议另有约定外，依法应当适用此原则决定的合伙企业事务主要包括：（1）改变合伙企业的名称；（2）改变合伙企业的经营范围、主要经营场所的地点；（3）处分合伙企业的不动产；（4）转让或者处分合伙企业的知识产权和其他财产权利；（5）以合伙企业名义为他人提供担保；（6）聘任合伙人以外的人担任合伙企业的经营管理人员；（7）修改或者补充合伙协议；（8）许可合伙人同本合伙企业进行交易；（9）许可新合伙人入伙；（10）普通合伙人转变为有限合伙人，或者有限合伙人转变为普通合伙人。

（三）合伙企业事务执行的具体方式

按照合伙协议的约定或者经全体合伙人决定，合伙企业事务执行的具体方式主要有三种：

1. 委托一个或者数个普通合伙人对外代表合伙企业，执行合伙企业事务。作为普通合伙人的法人、其他组织执行合伙事务的，应由其委派的代表执行。未受委托的普通合伙人不再执行合伙事务，但有权监督执行事务合伙人执行合伙事务的情况。执行事务合伙人应当定期向其他合伙人报告事务执行情况以及合伙企业的经营和财务状况，其执行合伙事务所产生的收益归合伙企业，所产生的费用和亏损由合伙企业承担。受委托执行合伙事务的合伙人不按照合伙协议或者全体合伙人的决定执行事务的，其他合伙人可以决定撤销该委托。

此种方式有利于对企业实行统一管理，提高决策效率，只要监督到位，一般也能保证合伙人的基本利益。

2. 由合伙人分别对外代表合伙企业，执行合伙企业事务。未参与该项事务执行的合伙人除享有监督权外，还有提出异议权。当有合伙人提出异议时，执行人应当暂停该项事务的执行。如果发生争议，由全体合伙人决定。此种方式使各个合伙人能集中精力于某一方面的事务，充分发挥各自的特长，但合伙人可能因忙于自己所管理的事务而使合伙人相互之间的监督减弱。

3. 聘任合伙人以外的人对外代表合伙企业，执行合伙企业事务。被聘任的经营管理人员，超越合伙企业授权范围履行职务，或者在履行职务过程中因故意或者重大过失给合伙企业造成损失的，依法承担赔偿责任。此种方式对合伙人风险较大，普通合伙企业一般不宜采用。

六、合伙企业与第三人的关系

（一）合伙企业债务的清偿

合伙企业对其债务，应先以其全部财产进行清偿。合伙企业不能清偿到期债务的，普通合伙人承担无限连带责任。这种责任是一种补充责任。普通合伙人因承担连带责任，导致所清偿的数额超过其在合伙协议中约定或法定的应承担的比例时，普通合伙人在对外清偿后有权就超过部分向其他普通合伙人追偿。其他普通合伙人对其追偿只承担约定或法定比例内的责任，不负连带责任。

（二）合伙人的债权人与合伙企业的关系

为既维护合伙企业的利益，又保障合伙人的债权人的利益，法律对合伙人的债权人行使债权的方式作了一些规定。表现在：

1. 合伙人发生与合伙企业无关的债务，相关债权人不得以其债权抵销其对合伙企业的债务；也不得代位行使合伙人在合伙企业中的权利。因为在合伙企业存续期间，合伙企业的财产与合伙人的财产是相对分离的。

2. 合伙人的自有财产不足清偿其与合伙企业无关的债务的，该合伙人可以以其从合伙企业中分取的收益用于清偿；债权人也可以依法请求人民法院强制执行该合伙人在合伙企业中的财产份额用于清偿。人民法院强制执行合伙人的财产份额时，应当通知全体合伙人，其他合伙人有优先购买权；其他合伙人未购买，又不同意将该财产份额转让给他人的，应依法为该合伙人办理退伙结算，或者办理削减该合伙人相应财产份额的结算。

七、入伙与退伙

（一）入伙的条件和法律效力

入伙，是指在合伙企业存续期间，非合伙人加入合伙企业，取得合伙人身份的行为。

1. 入伙的条件

除合伙协议另有约定外，入伙依法应具备两个条件：（1）经全体合伙人一致同意；（2）依法订立书面协议。入伙协议经全体合伙人签名、盖章后生效。

入伙协议签订后，执行合伙事务的合伙人应当依法向企业登记机关申请办理变更登记。应当注意的是，未登记并不影响入伙协议本身的效力。

2. 入伙的法律效力

入伙的法律效力主要表现在两个方面：（1）新合伙人与原合伙人享有同等权利，承担同等责任，但入伙协议另有约定的，从其约定。（2）新入伙的普通合伙人对入伙前合伙企业的债务承担无限连带责任。新入伙的有限合伙人对入伙前合伙企业的债务，以其认缴的出资额为限承担责任。

为降低入伙风险，订立入伙协议时，新合伙人应全面了解合伙企业的经营状况和财务状况，在入伙协议中约定如原合伙人提供的资料不实，给新合伙人造成损失的，新合伙人有权要求原合伙人给予赔偿。

（二）退伙的条件和法律效力

退伙，是指合伙企业存续期间，合伙人依法退出在合伙企业的财产份额，消除合伙人资格的行为。

1. 退伙的条件

退伙的条件因合伙人退伙事由的不同，依法可以分为以下三种情形：

（1）声明退伙，也称任意退伙，是指合伙人有权自主选择是否退伙情形下的退伙。

根据合伙企业在合伙协议中是否约定期限的不同，声明退伙的法定条件细分为两种情形：一是合伙协议约定合伙期限的，有下列情形之一时，合伙人可以退伙：①合伙协议约定的退伙事由出现；②经全体合伙人一致同意；③发生合伙人难于继续参加合伙企业的事由；④其他合伙人严重违反合伙协议约定的义务。二是合伙协议未约定合伙期限的，合伙人在不给合伙企业事务执行造成不利影响的情况下，可以退伙，但应当提前30日通知其他合伙人。

合伙人未按规定擅自退伙的，应当赔偿由此给其他合伙人造成的损失。

（2）法定退伙，也称当然退伙，是指合伙人因法定事由的出现，不再具备合伙人的基本条件而必须退伙的情形。普通合伙人有下列情况之一的，依法当然退伙：①作为合伙人的自然人死亡或者被依法宣告死亡。②个人丧失偿债能力。个人丧失偿债能力的认定标准，目前我国法律未作规定，合伙人可以在合伙协议中作出约定。③作为合伙人的法人或者其他组织依法被吊销营业执照、责令关闭撤销，或者被宣告破产。④法律规定或者合伙协议约定合伙人必须具有相关资格而丧失该资格。⑤合伙人在合伙企业中的全部财产份额被人民法院强制执行。

普通合伙人被依法认定为无民事行为能力人或者限制民事行为能力人的，经其他合伙人一致同意，可以依法转为有限合伙人，普通合伙企业依法转为有限合伙企业。此种转变有利于保持企业财产的稳定性。当然，如果其他合伙人不同意，则该合伙人应当退伙。有限合伙人没有合伙事务执行权，所以，作为有限合伙人的自然人在有限合伙企业存续期间丧失民事行为能力的，其他合伙人不得因此要求其退伙。

法定退伙事由实际发生之日为退伙生效日。普通合伙人死亡或者被依法宣告死亡的，对该合伙人在合伙企业中的财产份额享有合法继承权的继承人，按照合伙协议的约定或者经全体合伙人一致同意，从继承开始之日起，取得该合伙企业的合伙人资格。普通合伙人的继承人为无民事行为能力人或者限制民事行为能力人的，经全体合伙人一致同意，可以依法成为有限合伙人，普通合伙企业依法转为有限合伙企业。全体合伙人未能一致同意的，合伙企业应当将被继承合伙人的财产份额退还该继承人。作为有限合伙人的自然人死亡、被依法宣告死亡或者作为有限合伙人的法人及其他组织终止时，其继承人或者权利承受人可以依法取得该有限合伙人在有限合伙企业中的资格。

有下列情形之一的，合伙企业应当向合伙人的继承人退还被继承合伙人的财产份额：①继承人不愿意成为合伙人；②法律规定或者合伙协议约定合伙人必须具有相关资格，而该继承人未取得该资格；③合伙协议约定不能成为合伙人的其他情形。

（3）除名退伙，即指在法定条件下，经其他合伙人一致同意，合伙人被合伙企业除名而发生的退伙。合伙人有下列情形之一的，经其他合伙人一致同意，依法可以决议将其除名：①未履行出资义务；②因故意或重大过失给合伙企业造成损失；③执行合伙企业事务时有不正当行为；④发生合伙协议约定的事由。

对合伙人的除名决议应当书面通知被除名人。被除名人接到除名通知之日，除名生效，被除名人退伙。除名是强制被除名的合伙人退出，具有一定的惩罚性，可能损害被除名人的利益。为保护被除名人的合法权益，法律规定被除名人对除名决议有异议的，可以向人民法院起诉。因此，合伙企业在决定开除某个合伙人时应当慎重。从上述规定可以看出，我国法律对除名退伙的条件规定得比较原则，因此，合伙人在订立合伙协议时应尽可能细化，明确界定"重大过失""损失数额"及"不正当"的含义或确定方式，以免在出现纠纷时难以确认。

2. 退伙的法律效力

（1）退还退伙人的财产份额。合伙人退伙，其他合伙人应当与该退伙人按照退伙时的合伙企业财产状况进行结算，退还退伙人的财产份额。退伙人对给合伙企业造成的损失负有赔偿责任的，相应扣减其应当承担的赔偿数额。退伙时有未了结的合伙企业事务的，待该事务了结后进行结算。退伙人在合伙企业中财产份额的退还办法，由合伙协议约定或者由全体合伙人决定，既可以退还货币，也可以退还实物。

（2）普通退伙人对基于其退伙前的原因发生的合伙企业债务，承担无限连带责任。有限合伙人对基于其退伙前的原因发生的合伙企业债务，以其退伙时从合伙企业中取回的财产承担责任。

退伙协议约定的退伙时间或退伙事由发生后，退伙行为生效。执行合伙事务的合伙人应当在法定时间内向企业登记机关申请办理变更登记。

八、普通合伙企业与个人独资企业的比较

（一）普通合伙企业与个人独资企业的主要区别

合伙企业与个人独资企业有很多共同点，比如都可以由自然人投资兴办，都有投资人对外承担无限责任，有自己的名称、生产经营场所和生产条件、不缴纳企业所得税、必须依法进行会计核算、实行年度信息报告并公示制度等，但也存在一些区别，了解它们的区别，有利于创业者从中作出选择。

1. 设立的法律依据不同。前者设立的主要依据是《合伙企业法》；后者设立的主要依据是《个人独资企业法》。

2. 设立申请人数和身份不同。前者申请人应在两人以上，其身份可以是自然人，也可以是法人；后者只能是一个自然人。

3. 内部关系复杂程度不同。前者有两个以上合伙人，合伙人的权利义务需要通过合伙协议来确定，内部关系比较复杂。后者只有一个投资人，可以自主决定内部事务，内部关系简单。

（二）合伙企业的主要优势

合伙企业与个人独资企业相比，其优势主要表现在以下几个方面：

1. 资金实力更强。合伙企业由两个以上的合伙人出资组成，特别是具有法人资格的合伙人和有限合伙人的加入，扩大了企业资金的来源，有利于提高企业从外部获得贷款的信用。

2. 抵抗经营风险的能力增强。多个合伙人的参与使经营风险可以由合伙人共同承担，使企业可以向风险较大的领域拓展，拓宽了企业发展空间。其抗风险能力与个人独资企业

相比有较大提高。

3. 资产信用可能更强。全体普通合伙人均对企业承担无限连带责任，这意味着普通合伙人以自己的全部财产为企业提供了担保，因而有助于提升企业资产信用。

4. 经营管理水平可能更高。出资者人数的增加，突破了单个人在知识、阅历、经验等方面的限制。多个合伙人的经营能力可以形成优势互补，有助于企业经营管理水平的提高。

5. 方便拓展业务。除协议另有约定外，全体普通合伙人对外都有权代表企业。

（三）合伙企业的不足

1. 内部关系比较复杂。合伙企业是根据合伙人之间的契约建立的，合伙协议约定不清时，合伙人内部可能发生矛盾。

2. 决策效率可能出现时滞。根据《合伙企业法》，除合伙协议另有约定外，每个普通合伙人在企业均享有平等的表决权，企业做出重大决策时需得到所有合伙人同意。当合伙人意见出现分歧时，可能影响决策效率。因此在签订合伙协议时，应尽量减少需要一致同意的表决事项，以降低决策通过的难度。

3. 合伙人对企业承担的风险较大。所有普通合伙人都要对企业债务承担无限连带责任。有限合伙人即使不参与管理，也要以认缴的出资额对企业承担责任。所以，所有合伙人对企业经营都承担了较大的风险。

第四节 有限责任公司

一、有限责任公司的含义和种类

（一）有限责任公司的含义

有限责任公司，是指根据公司法设立的，公司以其全部财产对公司债务承担责任，股东以其认缴的出资额为限对公司债务承担责任的法人企业。

有限责任公司的投资人一般称为股东。其中，参与公司设立事务，并在公司章程中签名盖章的投资人称为发起人。发起人是公司成立后的首批股东，其法定责任主要有：（1）在公司筹备期间，发起人之间的关系具有合伙性质。当公司不能成立时，发起人应当对设立行为所产生的债务和费用负连带责任。为明确发起人在公司筹备期间内部各自的权利和义务，发起人应当签订一份发起协议。（2）公司成立后，发起人之间的关系转变为股东间的合作关系，发起人仅以其出资额为限对公司债务承担责任。（3）有限责任公司成立后，发现作为设立公司出资的非货币财产的实际价额显著低于公司章程所定价额的，交付该出资的股东应当补足其差额；公司设立时的其他发起人承担连带责任。引言案例1中王某委托李某代持股，但如果王某未实际代王某缴付李某名下应缴付的5万元出资且无力补缴，则李某有义务补足差额，之后可以根据委托合同要求王某返还。

（二）有限责任公司的种类

根据股东人数和身份的不同，有限责任公司可以分为普通有限责任公司、一人有限责任公司和国家出资的有限责任公司（包括国有独资公司、国有控股的有限责任公司）。其中自然人创业可以采用的主要是前两种形式，所以，本书只介绍这两种。

1. 普通有限责任公司。这是指由2~50人出资设立的有限责任公司。它是有限责任公司的基本形式。在不加说明的情况下，本书中所指的有限责任公司均为此类。

2. 一人有限责任公司。这是指由一个自然人或者一个法人发起设立的只有一个股东的有限责任公司。与普通有限责任公司相比，其特殊性主要表现在以下几个方面：

（1）一个自然人只能投资设立一个一人有限责任公司，该一人有限责任公司不能投资设立新的一人有限责任公司。但法律对一个法人设立一人有限责任公司的数量没有限制。

（2）信息披露及审计有更高要求。一人有限责任公司应当在公司登记中注明自然人独资或者法人独资，并在公司营业执照中载明。公司应当在每一会计年度终了时编制财务会计报告，并经会计师事务所审计。

（3）组织机构和决策程序简化。一人有限责任公司不设股东会，章程由股东一人制定。但股东在决定公司的经营方针和投资计划时应采用书面形式，并由股东签字后置备于公司。

（4）股东对公司财产的独立性负举证责任。一人有限责任公司与个体工商户和个人独资企业相比最大的优势是股东对公司承担有限责任。考虑到一人有限责任公司股东有可能将公司财产与本人其他财产混同，因此，法律要求股东须自证清白，即如果股东不能证明公司财产独立于股东个人财产的，应当对公司债务承担连带责任。

从上述特殊性可以看出，与普通有限责任公司相比，法律对一人有限责任公司的监管更多，对公司内部决策及财务管理要求更高，公司的运营成本相应也会增加，所以一人有限责任公司比较适合资金实力较强，内部管理比较规范的创业者使用。

二、有限责任公司设立的条件

根据《公司法》的规定，设立有限责任公司，应当具备以下5个条件：

（一）股东符合法定人数

除一人有限责任公司和国有独资公司外，普通有限责任公司由2~50个股东出资设立。有限责任公司制度是在借鉴股份有限公司股东承担有限责任这一优点，避免其股东人多内部管理关系复杂这一缺点基础上创设的，控制股东人数的目的主要是为了控制参与管理股东的人数，精简管理机构，提高决策效率。由于大部分股东参与管理，所以应尽量减少股东的人数。

（二）有符合公司章程规定的全体股东认缴的出资额

公司的注册资本为在公司登记机关登记的全体股东认缴的出资额，除法律另有规定外，其认缴数额和缴付时间可以由股东在公司章程中自主约定。公司登记时，无须提交验资报告，公司实收资本不作为工商登记事项，但会记载在企业信息公示系统中。

为方便资本不多的人创业，《公司法》取消了注册资本最低限额的规定。但不意味着注册资本额越少越好，因为注册资本是公司对外信用的物质基础。公司注册资本额越小，对外的信用就越差。但也不是越多越好，因为如果注册资本额过高，超过了股东的承受能力，所谓"有限责任"就变得没有意义了。所以，应以公司业务发展需要和股东自身承受能力确定具体数额。

在注册资本采取认缴制的情形下，股东应如何约定缴付时间？首先，认缴不等于不缴，只是说创业初期创业者如果资金不多，可以缓缴。其次，具体缴付时间是不是越远越好？目前不少公司章程约定了较远的缴付时间，比如引言案例 2 中约定到了 20 年之后。如果公司能正常经营，这个缴付时间没有问题。但当公司经营资金不足时，实缴资本过少一般很难融到资，如果股东又不同意提前缴付出资，则可能导致公司经营难以为继。如果拖至公司破产清算，根据《企业破产法》第 35 条的规定，"人民法院受理破产申请后，债务人的出资人尚未完全履行出资义务的，管理人应当要求该出资人缴纳所认缴的出资，而不受出资期限的限制"，即无论是否到约定的缴付期，股东均应补缴其未付的认缴款，用于偿付债务。为解决远期出资导致的公司经营资金不足问题，建议在章程中增加提前缴付出资方面的约定。

《公司法》第 27 条规定，股东可以用货币出资，也可以用实物、知识产权、土地使用权等可以用货币估价并可以依法转让的非货币财产作价出资；但是，法律、行政法规规定不得作为出资的财产除外。《市场主体登记管理条例》第 13 条进一步规定，公司股东、非公司企业法人出资人、农民专业合作社（联合社）成员不得以劳务、信用、自然人姓名、商誉、特许经营权或者设定担保的财产等作价出资。

股东以货币出资的，应当将货币出资足额存入有限责任公司在银行开设的账户；以非货币财产出资的，应当依法评估作价，核实财产，不得高估或者低估作价。非货币财产出资应当办理财产权的转移手续。

（三）股东共同制定的公司章程

章程是公司最重要的法律文件，是公司的组织法。根据《公司法》的规定，章程应当记载的事项有：（1）公司名称和住所；（2）公司经营范围；（3）公司注册资本；（4）股东的姓名或者名称；（5）股东的出资方式、出资额和出资时间；（6）公司的机构及其产生办法、职权、议事规则；（7）公司法定代表人；（8）股东会会议认为需要规定的其他事项。建议增加公司法定代表人产生、变更办法。

在我国公司法中，有许多条款中有类似"但是，公司章程另有规定的除外"的授权性条款，发起人要充分利用这些规定，在章程中作出符合自己需要约定。在《公司法》中授权股东可以在章程中特别约定的事项主要有：股东认缴出资的数额和实缴时间；出资方式；法定代表人；股东会表决制度；股东分取红利的依据标准；公司新增资本的认缴比例；股权转让的条件；异议股东行使收购请求权时的股权价格的确定方式；股权继承；公司治理机构及其职权；董事会的议事方式和表决程序；监事会的议事方式和表决程序；公司向其他企业投资或者为他人提供担保的条件；公司股东损害公司或者其他股东利益的处理等。

全体股东就章程事项达成一致后，应当在公司章程上签名或者盖章。

（四）有公司名称，建立符合有限责任公司要求的组织机构

1. 名称。有限责任公司的名称除应符合法律关于企业名称的一般规定外，还应当在名称中标明"有限责任公司"或者"有限公司"字样。

2. 组织机构。《公司法》规定的组织机构主要有股东会、董事会、经理、监事会等。此外，公司还应根据《中国共产党党章》和《中华人民共和国工会法》的规定，为建立党的基层组织和工会组织提供必要的条件。

（五）有公司住所

公司的住所是公司主要办事机构所在地。经公司登记机关登记的公司的住所只能有一个。公司的住所应当在其公司登记机关辖区内。

公司设立分公司，应当向分公司所在地的公司登记机关申请登记，领取营业执照。分公司不具有法人资格，其民事责任由公司承担。

根据《市场主体登记管理条例》的规定，主体类型，经营范围，住所或者主要经营场所，注册资本或者出资额，有限责任公司股东、法定代表人姓名等属于登记事项。公司章程，经营期限，认缴出资数额，公司董事、监事、高级管理人员，公司受益所有人相关信息等事项属于备案事项。

三、有限责任公司股东的权利与义务

（一）有限责任公司股东的权利

公司股东对公司享有的权利，也称为股权，它是股东向公司出资、形成公司法人财产后，再依照法律和章程的规定对公司享有的一种权利。根据《公司法》的规定，公司股东对公司依法享有资产收益、参与重大决策和选择管理者等权利。根据股权平等原则，股东对公司享有的权利一般应按股东投入公司的资本确定，但法律在某些事项上对某些股东的权利做出了适当限制。比如《公司法》规定，公司为公司股东或者实际控制人提供担保的，必须经股东会决议。该项表决由出席会议的其他股东所持表决权的过半数通过。其中的被担保股东或者实际控制人的表决权行使就受到了限制。此外，法律也授权公司章程在法律强制性规定之外，对股权的行使做出其他约定。

具体来说，有限责任公司股东依法享有的权利主要有：

1. 股东身份权。公司成立后，应当向股东签发出资证明书，并应当置备股东名册，

将股东的姓名或者名称及出资额向公司登记机关登记。《公司法》规定，未经工商登记的，不得对抗第三人。因此，创业者在发起设立公司或者向公司投资入股时，一定要充分重视将股东名册进行工商登记，否则会影响股权的行使。

在实务中有些出资人因各种原因不想以自己名义出资，于是就出现了委托他人代持的情形。其中，代持者出资的资金来源于委托人，但其姓名记载在公司工商登记资料上，成为显名股东。委托人为受托的显名股东提供资金，但其姓名不出现在工商登记资料上，成为隐名股东。委托人与受托人之间的权利义务应在委托合同中详细约定，以免发生纠纷时无法明确责任。

2. 参与重大决策和选择管理者的权利。根据现代企业管理原理，公司的所有权与经营权原则上是相互分离的，所以，股东作为公司的所有者并不能直接参与公司的日常经营管理，主要是通过参加或推举代表参加股东会的方式，在股东会上对重大事项依法行使表决权、质询权。股东表决权的确定方式可以由公司章程规定，章程未规定的，法律规定由股东按照出资比例行使表决权。表决权是股东享有的重要权利，考虑到股东出资存在认缴和实缴两种可能，当认缴和实缴比例不同时可能引发纠纷，所以，公司章程中最好能对表决权的行使做出明确规定。

3. 获取红利和优先认购公司新增资本。股东依法有权按照实缴的出资比例分取红利。公司新增资本时，股东有权优先按照实缴的出资比例认缴出资。但是，全体股东约定不按照出资比例分取红利或者不按照出资比例优先认缴出资的除外。如果公司章程约定的实缴出资时间是一个较远的时间，建议不要采用按照实缴的出资比例分取红利的方式，否则在实缴期限到来前都不能分红。

4. 转让股权和优先购买其他股东转让的股权。股东之间依法可以相互转让其全部或者部分股权。股东向股东以外的人转让股权，依法应当经其他股东过半数同意。股东应就其股权转让事项书面通知其他股东征求同意。转让通知的内容包括受让人的有关情况、拟转让股权的数量、价格、支付方式和期限等股权转让合同的主要内容。其他股东自接到书面通知之日起满30日未答复的，视为同意转让。其他股东半数以上不同意转让的，不同意的股东应当购买该转让的股权；不购买的，视为同意转让。经股东同意转让的股权，在同等条件下，其他股东有优先购买权。两个以上股东主张行使优先购买权的，协商确定各自的购买比例；协商不成的，按照转让时各自的出资比例行使优先购买权。为保障公司股东的自主权，《公司法》在作出上述规定的同时，也允许股东在公司章程中对股权转让作出其他规定。

人民法院依照法律规定的强制执行程序转让股东的股权时，应当通知公司及全体股东，其他股东在同等条件下有优先购买权。其他股东自人民法院通知之日起满20日不行使优先购买权的，视为放弃优先购买权。

5. 知情权。股东有权查阅、复制公司章程、股东会会议记录、董事会会议决议、监事会会议决议和财务会计报告。股东如果要求查阅公司会计账簿，应当向公司提出书面请求，说明目的。公司有合理根据认为股东查阅会计账簿有不正当目的，可能损害公司合法利益的，可以拒绝提供查阅，并应当自股东提出书面请求之日起15日内书面答复股东并说明理由。公司拒绝提供查阅的，股东可以向人民法院起诉，要求公司提供查阅。

6. 提议、召集和主持临时股东会。《公司法》规定，代表 1/10 以上表决权的股东有权提议召开临时股东会。股东会的首次会议由出资最多的股东召集和主持。公司设立董事会的，以后的股东会会议由董事会召集，董事长主持，董事长不能履行职务或者不履行职务的，由副董事长主持；副董事长不能履行职务或者不履行职务的，由半数以上董事共同推举一名董事主持。公司不设董事会的，股东会会议由执行董事召集和主持。董事会或者执行董事不能履行或者不履行召集股东会会议职责的，由监事会召集和主持；监事会不召集和主持的，代表 1/10 以上表决权的股东可以自行召集和主持。对何谓"不能履行职务或者不履行职务"章程中应明确约定判定依据。

7. 异议股东股权收购请求权。股东会按股权表决有可能损害中小股东的利益，为使中小股东能够有退出渠道，《公司法》第 74 条规定，有下列情形之一的，对股东会该项决议投反对票的股东可以请求公司按照合理的价格收购其股权：（1）公司连续 5 年不向股东分配利润，而公司该 5 年连续盈利，并且符合本法规定的分配利润条件的；（2）公司合并、分立、转让主要财产的；（3）公司章程规定的营业期限届满或者章程规定的其他解散事由出现，股东会会议通过决议修改章程使公司存续的。自股东会会议决议通过之日起 60 日内，股东与公司不能达成股权收购协议的，股东可以自股东会会议决议通过之日起 90 日内向人民法院提起诉讼。

8. 申请强制解散公司权。《公司法》第 182 条规定，公司经营管理发生严重困难，继续存续会使股东利益受到重大损失，通过其他途径不能解决的，持有公司全部股东表决权 10% 以上的股东，可以请求人民法院解散公司。结合审判实践，《公司法》司法解释二第一条规定，单独或者合计持有公司全部股东表决权 10% 以上的股东，以下列事由之一提起解散公司诉讼，并符合公司法第 182 条规定的，人民法院应予受理：（1）公司持续两年以上无法召开股东会或者股东大会，公司经营管理发生严重困难的；（2）股东表决时无法达到法定或者公司章程规定的比例，持续两年以上不能做出有效的股东会或者股东大会决议，公司经营管理发生严重困难的；（3）公司董事长期冲突，且无法通过股东会或者股东大会解决，公司经营管理发生严重困难的；（4）经营管理发生其他严重困难，公司继续存续会使股东利益受到重大损失的情形。

股东以知情权、利润分配请求权等权益受到损害，或者公司亏损、财产不足以偿还全部债务，以及公司被吊销企业法人营业执照未进行清算等为由，提起解散公司诉讼的，人民法院不予受理。

9. 剩余财产的分配权。即公司终止后，依法有权分取得公司的剩余财产。

10. 继承权。自然人股东死亡后，其合法继承人可以继承股东资格；但是，公司章程另有规定的除外。由于自然人的继承人人数可能较多，且内部关系复杂，所以，在实务中有必要对此做出适当约定。

11. 监督并请求司法救济的诉讼权。在公司日常经营过程中，股东可以对公司经营活动进行监督，发现董事、高级管理人员违反法律、行政法规或者公司章程的规定，损害股东利益的，股东可以书面请求董事会或监事会向人民法院起诉，也可以直接向人民法院提起诉讼。股东会、董事会的会议召集程序、表决方式违反法律、行政法规或者公司章程，或者决议内容违反公司章程的，股东可以自决议作出之日起 60 日内，请求人民法院撤销。

综上，股权的核心是表决权和利益分配权，这些权利可以由股东直接行使，也可以通过书面协议授权其他股东行使。表决权和利益分配权也可以分开，交由不同人行使。

（二）有限责任公司股东的义务

1. 按章程约定按时足额缴纳认缴的出资额。章程应对实缴出资的时间或条件做出细化规定。股东未按期足额缴纳出资的，除应当向公司补缴外，还应当向已按期足额缴纳出资的股东承担违约责任。为督促股东按时出资，章程中可以约定股东未按期足额出资，公司可发出催缴通知书；经过催缴宽限期后仍不出资，公司可发出失权通知书；失权通知书发出之后，股东丧失其未缴纳出资的股权。

有限责任公司成立后，发现作为设立公司出资的非货币财产的实际价额显著低于公司章程所定价额的，应当由交付该出资的股东补足其差额；公司设立时的其他股东承担连带责任。

2. 公司成立后，不得抽回出资，并以其认缴的出资额对公司债务承担责任。
3. 公司章程规定的其他义务。

四、有限责任公司的组织机构

公司的组织机构也称为治理机构。现代企业组织制度的基本特征是所有者与经营者和生产者之间，通过公司的决策机构、执行机构、监督机构，形成各自独立、权责分明、相互制约的内部治理结构关系，并通过法律和公司章程确定下来。根据《公司法》的规定，有限责任公司的组织机构主要由股东会、董事会、经理、监事会等构成。

公司作为法人，应当任命法定代表人对外代表公司。法定代表人是依照法律或者法人章程的规定，代表法人从事民事活动的负责人。根据《公司法》的规定，公司的法定代表人依照公司章程的规定，由董事长、执行董事或者经理担任，并依法登记。法定代表人职务行为的法律后果由公司法人承担。

（一）股东会

股东会是由全体股东组成的公司的权力机构，它不是常设机关，对外不能代表公司，对内也不执行具体业务。

1. 股东会的职权。股东会依法行使下列职权：（1）决定公司的经营方针和投资计划；（2）选举和更换非由职工代表担任的董事、监事，决定有关董事、监事的报酬事项；（3）审议批准董事会的报告；（4）审议批准监事会或者监事的报告；（5）审议批准公司的年度财务预算方案、决算方案；（6）审议批准公司的利润分配方案和弥补亏损方案；（7）对公司增加或者减少注册资本作出决议；（8）对发行公司债券作出决议；（9）对公司合并、分立、变更公司形式、解散和清算等事项作出决议；（10）修改公司章程；（11）公司章程规定的其他职权。

2. 股东会的议事规则。股东会会议分为定期会议和临时会议。定期会议应当按照公司章程的规定按时召开。一般情况下，每个营业年度终结后，应召开股东年会，听取上一年经营情况的汇报，决定收益分配，决定下一年生产经营中的重大问题。临时会议可以由代表 1/10 以上表决权的股东、1/3 以上的董事或者监事会提议召开。

召开股东会会议，一般应当于会议召开 15 日以前通知全体股东。股东对需要决议的事项以书面形式一致表示同意的，可以不召开股东会会议，直接作出决定，并由全体股东在决定文件上签名或者盖章。股东会会议对一般事项作出决议，只需要半数以上表决权的股东通过即可，但作出修改公司章程、增加或者减少注册资本的决议，以及公司合并、分立、解散或者变更公司形式的决议，依法必须经代表 2/3 以上表决权的股东通过。

股东会应当对所议事项的决定作成会议记录，出席会议的股东应当在会议记录上签名。

(二) 董事会

董事会是公司常设的执行机构，行使公司法和公司章程规定的属于股东会职权之外的职权。董事会对外代表公司，对内负责执行股东会的决议、对公司日常重大事务进行决策，监督公司日常经营。

1. 董事会的组建。董事会是由所有董事组成的一个领导集体，董事由股东会在股东或股东委派的代表中选举产生。董事会设董事长一人，可以设副董事长。董事长、副董事长的产生办法由公司章程规定。

董事会是连接股东会和经理机构的纽带，负责执行股东会决议，并在股东会闭会期间负责公司的日常重大决策，对经理的经营活动进行指导和监督。《公司法》规定，有限责任公司董事会的成员一般应为 3~13 人。股东人数较少或者规模较小的，可以不设立董事会，设一名执行董事，行使董事会的职权。执行董事可以兼任公司经理，其职权由公司章程规定。一般而言，董事人数太少，容易造成独裁，危害股东利益；人数太多，形成决议比较困难，办事效率较低。此外，公司在规定董事具体人数时，一般应规定为奇数，以减少董事会表决出现僵局的机会。

董事的任期由章程规定，每届任期不得超过 3 年。董事任期届满，连选可以连任。董事任期届满未及时改选，或者董事在任期内辞职导致董事会成员低于法定人数的，在改选出的董事就任前，原董事仍应当依照法律、行政法规和公司章程的规定，履行董事职务。

2. 董事会的职权。董事会对股东会负责，根据《公司法》第46条的规定，董事会的职权主要有：(1) 召集股东会，并向股东会报告工作；(2) 执行股东会的决议；(3) 决定公司的经营计划和投资方案；(4) 制订公司的年度财务预算方案、决算方案；(5) 制订公司的利润分配方案和弥补亏损方案；(6) 制订公司增加或者减少注册资本以及发行公司债券的方案；(7) 拟订公司合并、分立、变更公司形式、解散的方案；(8) 决定公司内部管理机构的设置；(9) 决定聘任或者解聘公司经理及其报酬事项，并根据经理的提名决定聘任或者解聘公司副经理、财务负责人及其报酬事项；(10) 制定公司的基本管理制度；(11) 公司章程规定的其他职权。

3. 董事会的议事规则。董事会的职权是通过董事会集体行使的。董事会会议由董事长召集和主持；董事长不能履行职务或者不履行职务的，由副董事长召集和主持；副董事长不能履行职务或者不履行职务的，由半数以上董事共同推举一名董事召集和主持。

董事会决议的表决，应当一人一票。董事会应当对所议事项的决定作成会议记录，出席会议的董事应当在会议记录上签名。董事会的其他议事方式和表决程序，由章程规定。

（三）经理

1. 经理的选聘。经理是由董事会聘请的负责公司日常经营活动的高级管理人员。有限责任公司可以设经理，由董事会决定聘任或者解聘。经理对董事会负责，并有权列席董事会会议。

2. 经理的职权。经理的职权依法由章程规定或董事会授权。章程可以参考法律规定确定。根据《公司法》第49条的规定，经理行使下列职权：（1）主持公司的生产经营管理工作，组织实施董事会决议；（2）组织实施公司年度经营计划和投资方案；（3）拟订公司内部管理机构设置方案；（4）拟订公司的基本管理制度；（5）制定公司的具体规章；（6）提请聘任或者解聘公司副经理、财务负责人；（7）决定聘任或者解聘除应由董事会决定聘任或者解聘以外的负责管理人员；（8）董事会授予的其他职权。

（四）监事会

有限责任公司依法应设立监事会作为公司日常监督机构，对股东会和全体职工负责。监事会成员不得少于3人。公司股东人数较少或者规模较小的，可以不设监事会，只设一至二名监事，行使监事会的职权。

1. 监事会的组建。监事会由股东代表和适当比例的公司职工代表组成，其中职工代表的比例不得低于1/3，具体比例由公司章程规定。监事会中的职工代表由公司职工通过职工代表大会、职工大会或者其他形式民主选举产生。监事会设主席一人，由全体监事过半数选举产生。董事、高级管理人员不得兼任监事。

监事的任期每届为3年。监事任期届满，连选可以连任。监事任期届满未及时改选，或者监事在任期内辞职导致监事会成员低于法定人数的，在改选出的监事就任前，原监事仍应当依照法律、行政法规和公司章程的规定，履行监事职务。

2. 监事会的职权。根据《公司法》第53条的规定，其职权主要包括：（1）检查公司财务。比如对董事会编报的公司每一会计年度财务会计报告进行稽查，签署审查意见等。（2）对董事、高级管理人员执行职务的行为进行监督，对违反法律、行政法规、公司章程或者股东会决议的董事、高级管理人员提出罢免的建议。（3）当董事、高级管理人员的行为损害公司的利益时，要求董事、高级管理人员予以纠正。（4）提议召开临时股东会会议，在董事会不依法召集和主持股东会会议时召集和主持股东会会议。（5）向股东会会议提出提案。（6）依法对董事、高级管理人员提起诉讼。（7）公司章程规定的其他职权。

监事有权列席董事会会议，并对董事会决议事项提出质询或者建议。监事会发现公司经营情况异常，可以进行调查；必要时，可以聘请会计师事务所等协助其工作。监事会行使职权所必需的费用，以及依法聘请外部人员的费用，由公司承担。

3. 监事会的议事规则。监事会每年度至少召开一次会议，监事可以提议召开临时监事会会议。监事会主席召集和主持监事会会议；监事会主席不能履行职务或者不履行职务的，由半数以上监事共同推举一名监事召集和主持监事会会议。监事会决议应当经全体监事过半数通过。监事会应当对所议事项的决定作成会议记录，出席会议的监事应当在会议记录上签名。监事会的其他议事方式和表决程序，由公司章程规定。

（五）工会

有限责任公司职工有权依法组建工会，开展工会活动，维护职工合法权益。公司应当为本公司工会提供必要的活动条件。公司工会有权代表职工就职工的劳动报酬、工作时间、福利、保险和劳动安全卫生等事项依法与公司签订集体合同。公司应当为本公司工会提供必要的活动条件，并依法通过职工代表大会或者其他形式，实行民主管理。公司研究决定改制以及经营方面的重大问题、制定重要的规章制度时，应当听取公司工会的意见，并通过职工代表大会或者其他形式听取职工的意见和建议。

总之，为确保公司法人治理机构的正常运营，减少股东对公司正常运营的不当干预，公司法和章程对各机构的职权和运营中程序都做出了明确的规定。引言案例 3 中，大股东李某召开临时股东会和董事会的程序不合法，所做决议当然也不可能具有法律效力。股东与公司是独立的财产主体，股东未经允许无权拿走公司公章、财务章。

五、有限责任公司股权设计

（一）有限责任公司股权关键控制线

合伙创业的关键是股权分配。公司的重要决策是通过股东会表决确定的。在法律和章程没有特别规定的情况下，股东的表决权与持股量成正比。持股量一般与出资额成正比。资金不足的股东如果希望享有更多表决权，可以通过为公司提供创造财富的其他资源，比如丰富的管理经验等，在章程中约定享有特别的表决权，或与其他股东约定代其他股东行使表决权。因此，股东的出资比例、持股比例与表决权比例并不一定相同。创业者可以根据自己的综合实力和参与程度选择持有相应的股权和表决权。

根据《公司法》的规定，对股东会决策有重大影响的表决权比例有四个，从大到小依次是：

1. 67% 线。表决权达到此比例，则成为绝对控股股东。因为根据《公司法》的规定，公司修改章程、合并、分立、解散或者变更公司形式均需要 2/3 以上表决权通过。

2. 51% 线。表决权达到此比例，则成为相对控股股东。公司的普通决议事项，比如向其他企业投资、为他人提供担保等，股东会决议需要经半数以上表决权认可才能通过。

3. 34% 线。表决权达到此比例，则成为享有一票否决权的股东，它是防止他人取得绝对控制权的一种防御性股权比例，所以称为安全控制线。

4. 10% 线。表决权达到此比例，可以提议、召集、主持股东会临时会议，可以请求人民法院解散公司。

（二）股权分配的基本原则

股权是公司发展过程中最珍贵的资产，是吸引资金、人才、资源的重要工具。股权的核心是投票权和利益分配权，所以股权分配应围绕这两个核心点展开。

1. 做好股权布局，建立与公司发展相适应的股权结构。做好股权布局，就是要规划好公司的股权结构。股权结构是指在公司总股本中，股东之间权利的分配、不同性质的股权所占的比例及其相互关系。股权结构是公司治理结构的基础，公司治理结构则是股权结构的具体运行形式。不同的股权结构决定了不同的企业治理结构，最终决定了企业的行为和绩效。因此，股权结构也是战略投资人关注的重点之一。

股权结构包括两层含义：

第一个含义是指股权集中度。主要分为三种类型：一是绝对控股型，即一个股东拥有公司 2/3 以上（67%）的股权，对公司拥有绝对控制权。此种模式保证公司有核心大股东，有利于提高决策效率。但一股独大，其他股东对其不能形成制约，不能防止其独断专行。二是相对控股型，即既有持股在 1/2 以上（51%）的大股东，又有单独或合计持股不低于 34% 的其他股东。此种模式，既保证公司有核心大股东，又确保其他股东在公司重大决策上对大股东有一定制衡能力。三是无相对控股的平衡型，即所有股东持股均不超过 50%。此种模式股东间的制约力比较强，但即使有相对大股东，比如 4∶3∶3 模式，大股东的意见也需要联合其他股东才能通过。当股东意见有分歧时，则难以做出决策。特别是在两个股东的情况下，平均持股导致股东会发生僵局的概率很高，不建议采用。

从创业实践的结果上看，创业企业有核心创始人的成功率比较高。核心创始人应该拥有足够控制企业的股权；如果这个人的股权达不到相对控股，可以借助其他控制工具：比如通过代持股权享有更多投票权、章程允许其行使超过股权的表决权，或者采用公司以外的有限合伙企业形式，由核心创始人作普通合伙人行使表决权。创业企业如果没有核心创始人的话，这个企业一般走不远。

第二个含义则是股权构成，即应明确划分创始人股权、员工的期股、投资人股权的占比。

在创业初期，虽然公司只有创始团队成员，但在股权设计时要为以后可能加入的其他人预留部分股权。因为如果公司股东把股权全部分掉，需要股份的时候要么是大股东转让，要么增资。如果是大股东转让，其股权就少了，控制权会受到削弱；如果采用增资的方式，所有人的股权都会摊薄稀释，股东之间可能会有矛盾。另外，增资的手续比较麻烦。而预留的股权由核心创始人代持，约定需要用的时候由大股东转让，手续比较简单。

预留的股权主要给两类人。一类是将来的核心员工。任何一个创业公司都需要大量人才，但是有些人才需要的工资你发不起，或者说你发得起人家也不想留，这个时候股权就是吸引和留住人才的重要工具。另一类是将来引进的投资人。创业单纯依靠公司自身积累发展很慢，引进投资人就需要给股权。

创始人是以过去的经验、资源以及未来对公司的全职投入作为条件来换取公司股权的，因此，创始人一般是出小钱拿大股，投资人出大钱占小股。

如果公司没有预留股权，核心创始人应持有比较高的股权比例，预留出将来用于转让的份额。

2. 利益结构合理，并且与贡献正相关，切忌平均分配股权。对于初创企业，重要的不是患寡，而是患不公。所以，股权分配要根据团队成员的贡献，公平地对待团队所有成员，这样大家才能齐心协力共同奋斗。

创业初期不要简单按照各自出资比例分配股权。企业的利润主要是靠人才创造，初始的启动资金很重要，但是，企业发展到一定阶段，资金就不是主要问题。让有能力的股东给没能力的打工是不可能长久的。

一股独大或高度分散都不利公司的发展。比较理想的状态是，核心创始人作为一个相对大股东，在天使轮中要绝对控股，在后面的不断稀释中核心创始人或者其团队要保持相对控股，组成一致行动人联盟。

3. 股权只发给不可替代的人。股权主要应给全职参与创业的人，不宜给兼职的人过多的股权，也不要过早使用股权激励早期的普通员工。对于提供人脉等资源承诺的人，宜采用一事一结的付费或给予分红的模式。

4. 建立开放包容的股权结构，明确进出条件，方便进出。初创企业团队成员进出比较频繁，股权分配应考虑这种变动性，让有能力的人随时可以加入进来，让不合适或希望退出的人随时可以退出。针对内部员工的股权激励政策也应有退出机制，尽量减少持股但不参与公司运营管理、不会再为公司带来贡献的人。

5. 契约化。股权分配方案本质上是一个团队契约，因此需要得到创业团队成员的认可，并通过章程或其他契约确定下来。引言案例 4 在章程中细化约定股东退出方式，符合法律规定，有利于减少矛盾。

（三）股权分配的基本方法

股权分配的基本方法主要有静态股权分配和动态股权分配两种。

1. 静态股权分配。所谓静态股权分配，就是在创业初期就做好股权分配。比如：核心创始人分配 67%，占绝对控股，创业团队其他成员一起分享 23%，再预留 10% 用于给员工期权或外部投资人，预留股由核心创始人代持。

此种方式的优点是股权分配操作简便，核心创始人对公司掌控力强，股东会决策效率高。缺点是核心创始人可能存在认定困难，长期看可能导致分配不公。在创业初期，创业者都是新手，谁是真正的核心创始人还不确定，想到创业项目的人不一定有能力组织和领导团队。创业各个阶段公司经营的重点不同，团队成员对公司的贡献也会随之发生变化，固定的股权比例很难反映这种变化，时间长了，可能导致团队成员分配不公，影响创业团队人员稳定。

2. 动态股权分配。所谓动态股权分配，就是将股权分配这一环节推迟到公司有实质可观的价值的时候再进行分配。先确定公司不同阶段的发展目标，再对团队成员为实现目标做出的贡献进行量化赋值，等达到预定的一个发展目标后再按照这一阶段累积的贡献值的比例，去分配约定要分配的股权。这一方式成功的关键是贡献点的确定与赋值。为体现公平，一般应由创业团队全体成员共同协商确定贡献点和赋值，并通过签订契约确定下来。

此种方式优点是按量化的贡献值分配股权，分配依据由创业团队全体成员共同协商确定，比较公平。核心创始人是根据贡献值脱颖而出的，容易得到大家的认可。缺点是股权分配设计比较复杂，贡献点的确定与赋值有一定难度，但设计完成后的执行比较简单。

六、有限责任公司与合伙企业的比较

（一）有限责任公司与普通合伙企业、有限合伙企业的主要区别

有限责任公司与合伙企业有很多共同点，比如都由两个以上投资人出资兴办，设立条件低，设立程序简便，财务状况无须公开，有自己的名称，生产经营场所和生产条件，必须依法进行会计核算，实行年度信息报告并公示制度等。但也存在一些区别，了解它们的区别，有利于创业者从中作出选择。见表2.2。

表2.2　　　　　　　有限责任公司与普通合伙企业和有限合伙企业的区别

	区别	有限责任公司	普通合伙企业	有限合伙企业
1	适用的法律不同	《公司法》	《合伙企业法》	《合伙企业法》
2	法律地位不同	法人	非法人组织	非法人组织
3	信用基础不同	人合兼资合，股东之间的合作不仅是基于人的合作，而且也是基于资金的合作。	典型的人合，是相互信任的人之间的合作。	以人合为主，有限合伙人对普通合伙人有极高的信任度。
4	投资人对企业债务的责任不同	股东以认缴的出资为限对公司债务承担责任，投资人的风险较小。	全体合伙人对合伙企业债务承担无限连带责任，投资人的风险较大。	普通合伙人对合伙企业债务承担无限连带责任，有限合伙人以认缴的出资为限对企业债务承担责任。普通合伙人的风险可能大于有限合伙人。
5	出资方式不同	不得以劳务出资。	合伙人可以以劳务出资。	有限合伙人不得以劳务出资。
6	法律对公司章程和合伙协议的要求不同	内容复杂，强制性条款较多，股东的自主权较小。	内容简单，以任意性条款为主，合伙人的自主权较大。	强制性规定多于普通合伙企业。

续表

	区别	有限责任公司	普通合伙企业	有限合伙企业
7	投资人参与管理的权利不同	股东依法有权参与公司管理，股东一般按股权行使表决权，投资人的权利更有保障。股东权利大于有限合伙人，小于普通合伙人。	合伙人不论出资多少，均有权参与企业管理，对执行合伙事务享有同等的权利。	普通合伙人管理企业，有限合伙人不参与管理。可能发生普通合伙人侵害有限合伙人利益的情况。
8	转让、继承股权或份额的规则不同	除公司章程另有约定外，有限责任公司的股东之间可以相互转让其全部或者部分股权。股东向股东以外的人转让股权，依法应当经其他股东过半数同意。 除公司章程另有约定外，自然人股东死亡时，其继承人可以继承股东资格，不需要其他股东同意。	除合伙协议另有约定外，合伙人向合伙人以外的人转让其在合伙企业中的全部或者部分财产份额时，须经其他合伙人一致同意。合伙人之间转让在合伙企业中的全部或者部分财产份额时，应当通知其他合伙人。 合伙人死亡或者被依法宣告死亡的，对该合伙人在合伙企业中的财产份额享有合法继承权的继承人，按照合伙协议的约定或者经全体合伙人一致同意，从继承开始之日起，取得该合伙企业的合伙人资格。	有限合伙人可以按照合伙协议的约定向合伙人以外的人转让其在有限合伙企业中的财产份额，但应当提前30日通知其他合伙人。 作为有限合伙人的自然人死亡、被依法宣告死亡或者作为有限合伙人的法人及其他组织终止时，其继承人或者权利承受人可以依法取得该有限合伙人在有限合伙企业中的资格。
9	内部组织机构要求不同	组织机构更严密，管理更规范。法律要求公司建立由股东会、董事会、经理、监事会等机构组成的内部管理机构，只有一个法定代表人有权代表公司。	法律对企业内部机构的设置没有具体要求，合伙人可以自行决定内部管理设置，除协议另有约定外，全体普通合伙人对外均有权代表企业。	法律对企业内部机构的设置没有具体要求，合伙人可以自行决定内部管理设置，除协议另有约定外，普通合伙人对外均有权代表企业。 有限合伙人没有对外代表权。
10	内部议事规则不同	重要的事项三分之二以上表决权同意即可通过。	要全体合伙人一致同意才能通过。	要全体合伙人一致同意才能通过。 有限合伙人在某些事项上没有表决权。

续表

	区别	有限责任公司	普通合伙企业	有限合伙企业
11	利润分配不同	在章程无另外约定的情况下，利润分配方式按照股东实缴的出资比例分配。	合伙人可以在合伙协议中约定利润分配的比例，但合伙协议不得约定将全部利润分配给部分合伙人。利润分配方式按照合伙协议的约定分配，没有约定或者约定不明的，按照合伙人实缴出资比例分配；无法确定出资比例的，合伙人平均分配。更能体现"人合性"的特点，更具有灵活性。	有限合伙企业不得将全部利润分配给部分合伙人；但是，合伙协议另有约定的除外，即通过合伙协议可以约定将全部利润分配给部分合伙人。其他与普通合伙企业相同。
12	纳税负担不同	需要就企业所得缴纳企业所得税，股东还需要就个人从公司获取的利润分配缴纳个人所得税，负担较重。	合伙企业的生产经营所得和其他所得，无须缴纳企业所得税，只需要按照国家有关税收规定，由合伙人分别缴纳所得税。	
13	竞业禁止不同	公司董事、监事、高级管理人员不得未经股东会同意，利用职务便利为自己或者他人谋取属于公司的商业机会，自营或者为他人经营与所任职公司同类的业务。	合伙人不得自营或者同他人合作经营与本合伙企业相竞争的业务。	有限合伙人可以自营或者同他人合作经营与本有限合伙企业相竞争的业务；但是，合伙协议另有约定的除外。
14	自我交易不同	公司董事、监事、高级管理人员不得违反公司章程的规定或者未经股东会、股东大会同意，与本公司订立合同或者进行交易。	除合伙协议另有约定或者经全体合伙人一致同意外，合伙人不得同本合伙企业进行交易。	有限合伙人可以同本有限合伙企业进行交易；但是，合伙协议另有约定的除外。
15	为他人提供担保的规则不同	公司向其他企业投资或者为他人提供担保，按照公司章程的规定，由董事会或者股东会决议；公司章程对投资或者担保的总额及单项投资或者担保的数额有限额规定的，不得超过规定的限额。	除合伙协议另有约定外，合伙企业以合伙企业名义为他人提供担保，应当经全体合伙人一致同意。	有限合伙人无表决权。

区别	有限责任公司	普通合伙企业	有限合伙企业
	公司为公司股东或者实际控制人提供担保的，必须经股东会决议。相关股东或者实际控制人支配的股东，不得参加该事项的表决。该项表决由出席会议的其他股东所持表决权的过半数通过。		

（二）有限责任公司的主要优势

与股份有限公司相比，其优势主要表现在：

1. 股东风险小，股东仅以认缴的出资为限对公司承担责任。投资者的投资风险从合伙企业的不可控的无限连带责任转变为可控的有限责任，极大地降低了投资风险，这是投资人最看重的一个方面。

2. 内部治理机构简单，决策效率高。股东人少，可以不设董事会，只设定单一的执行董事。内部关系比较简单，股东具有较强的人合因素，虽然大部分股东参与公司管理，但大部分为志同道合的伙伴，协商解决公司事务的难度较小，股东会决议通过率高。

3. 灵活性强。公司规模可大可小，股权安排和利润分配等很多方面都可以由股东协商在章程中自主确定。

4. 设立条件低。公司采用发起方式设立，注册资本数额由发起人协商确定，并由发起人认缴。

（三）有限责任公司的不足

与股份有限公司相比，其不足主要表现在：

1. 公司对外信用度与公司注册资本额成正比。当公司注册资本额不高时，在同等资本额条件下，其对外信用可能低于普通合伙企业。规模较小的有限责任公司也会遭遇融资难。

2. 股权转让受到一定限制。股东向股东以外的人转让股权必须取得过半数股东同意，公司还要注销原股东的出资证明书，向新股东签发出资证明书，并相应修改公司章程和股东名册，办理变更登记。投资流动性差，股东难以通过股权转让的方式规避投资风险。

3. 对债权人利益保护较差。因为公司一般自有资本较少，抗风险能力较差，且全体股东均负有限责任，当严重亏损，不能清偿到期债务时破产的可能性较大。此外，公司的非公开性，使债权人平时难以了解公司营业及财务的真实情况，可能出现个别股东滥用公司形式，利用关联公司转移财产，不当逃避责任和风险的情形。所以，对债权人来说风险较大。

通过以上的分析可以看出，有限责任公司是一种资本的联合，同时它在组织和经营上的封闭性以及股东相互之间的信任性，又使之具有一定的人合性。出资人的有限责任可以有效地控制创业投资风险。股权转让的限制，使其更适合于长期投资创业者。没有法定最低注册资本额要求，使大、中、小投资者均可采用。中小投资者针对资金不足的问题，可以通过提升创业项目自身价值的方式，寻求战略投资人的支持。

第五节　股份有限公司

一、股份有限公司的含义和种类

(一) 股份有限公司的含义

股份有限公司，是指依照公司法设立的，全部资本分为等额股份，公司以其全部财产对公司的债务承担责任，股东以其认购的股份为限对公司承担责任的法人企业。

(二) 股份有限公司的种类

从公司股票能否在证券交易所上市交易的角度，可以将股份有限公司分为非上市公司和上市公司两类。非上市公司是指其股票未在证券交易所上市交易的股份有限公司；上市公司是指其股票在证券交易所上市交易的股份有限公司。新设立的股份有限公司一般为非上市公司。公司成立后具备上市条件的，可以申请转为上市公司。

1. 上市公司的优势。股份有限公司的一大优势就是其股票有可能在证券交易所上市交易。因为上市后有诸多优势，主要表现在：(1) 公司可以在市场上溢价发行股票，原始股东持有的股票可能大幅增值。(2) 公司直接向社会公众融资，有利于减少对银行贷款的过度依赖，降低资产负债率。同时，在银行的信用评级也会提高。(3) 有利于公司提高管理水平。按照规定，上市公司内部必须建立一套规范的管理体制和财务体制。此外，上市公司有独立董事，都是各个行业的专家，如果选择得好，相当于请了个身边的专家。(4) 有利于提升公司品牌知名度。通过新闻发布会和其他公众渠道以及公司股票每日在股票市场上的表现，商业界、投资者、新闻界甚至一般大众都会注意到你的公司。如果一个上市公司经营完善，充满希望，那么这个公司就会有一流的声誉，这会为公司提供各种各样不可估量的好处。如果一个公司的商标和产品名声在外，不仅仅投资者会关注企业，消费者和其他企业也会乐意和这样的公司做生意。证券公司分析师，也会经常免费进行行业前景的研究和预测。(5) 可以利用股票来收购其他公司。上市公司通常通过股票（而不是付现金）的形式来购买其他公司。如果你的公司在股市上公开交易，那么其他公司的股东在出售股份时会乐意接受你的股票以代替现金。(6) 股票流通性强，方便融资。股票在证券市场上可以自由交易，为股东投资、变现提供了方便。需要时，股东可以很容易地卖出股票，或用股票做质押进行融资。（7）方便为公司股份进行估值。因为股票公开交易，公司的价值由股票的市场价格来决定。如果是非上市公司，那么就需要自己估价。如果买方不同意，你就必须讨价还价来确定一个双方都能接受的"公平"价钱，这样的价钱很有可能低于你公司的实际价值。（8）可以利用股票激励员工。上市公司股票对于员工有更大的吸引力，因为股票市场能够独立地确定股票价格，从而保证员工利益的兑现。

2. 上市公司的不足。主要表现在：（1）信息公开，失去隐秘性。上市公司财务报告和凡是有可能影响投资者决定的重大经营信息者要向社会公开，这些信息在申请上市时就必须公开披露，并且此后也必须不断地将公司的最新情况向社会发布公告。如果经营状况不如预期，可能引发股价大幅下跌。（2）过于关注短期效益。股东一般通过公司效益、股票价格等来衡量管理人员的经营业绩。这一压力会在某种程度上迫使管理人员过于注重短期效益，而不是长远利益。（3）股价受市场影响波动大，可能会放大经营中发生的损失，影响稳定经营和再融资。因此在决定上市与否时，公司应综合权衡其利弊。

3. 上市的场所。目前国内外均有股票交易市场，但各交易所上市交易的条件有所不同，公司可以结合自己的情况，选择适合的交易场所。就国内市场而言，目前提供证券场内交易的场所主要有上海证券交易所、深圳证券交易所和北京证券交易所。主板、中小板、创业板、科创板都在场内市场交易，对应的企业均为上市公司。

主板指的是沪深主板。中小板是深圳证券交易所主板市场中单独设立的一个板块，发行规模相对主板较小。2021年2月，主板与中小板合并。创业板是深圳证券交易所专属的板块，相较主板和中小板更看重企业的成长性。科创板是国家在上海证券交易所设立的专门针对符合国家战略、掌握核心技术、市场认可度高，属于互联网、大数据、云计算、人工智能、软件和集成电路、高端装备制造、生物医药等高新技术产业和战略性新兴产业，且达到相当规模的科技创新企业的股票板块，2019年7月22日科创板首批25家公司上市交易。

北京证券交易所成立于2021年9月3日，2021年11月15日开市交易，主要服务于创新型中小企业，上市门槛较低，初创企业可以考虑先在北京证券交易所申请上市。

二、股份有限公司设立的条件

根据《公司法》第76条的规定，设立股份有限公司，应当具备以下6个条件：

（一）发起人符合法定人数

设立股份有限公司，应当有2人以上200人以下为发起人。发起人中须有过半数在中华人民共和国境内有住所。所谓住所，根据《民法典》第25条的规定，自然人以户籍登记或者其他有效身份登记记载的居所为住所；经常居所与住所不一致的，经常居所视为住所。第63条规定，法人以其主要办事机构所在地为住所。依法需要办理法人登记的，应当将主要办事机构所在地登记为住所。

（二）有符合公司章程规定的全体发起人认购的股本总额或者募集的实收股本总额

采取发起设立方式设立的，注册资本为在公司登记机关登记的全体发起人认购的股本总额。在发起人认购的股份缴足前，不得向他人募集股份。采取募集设立方式设立的，发起人认购的股份不得少于公司章程规定的公司设立时应发行股份总数的 35%；但是，法律、行政法规另有规定的，从其规定。注册资本为在公司登记机关依法登记的实收股本总额。

法律、行政法规以及国务院决定对股份有限公司注册资本实缴、注册资本最低限额另有规定的，从其规定。

（三）股份发行、筹办事项符合法律规定

（四）发起人制订公司章程，采用募集方式设立的经创立大会通过

以发起方式设立公司的，公司章程由发起人制定；以募集方式设立公司的，公司章程先由发起人拟定。募集成功后，公司召开全体股东参加的成立大会，经成立大会决议通过章程，作为公司的正式章程。

根据《公司法》第 81 条的规定，股份有限公司章程应当载明下列事项：（1）公司名称和住所；（2）公司经营范围；（3）公司设立方式；（4）公司股份总数、每股金额和注册资本；（5）发起人的姓名或者名称、认购的股份数、出资方式和出资时间；（6）董事会的组成、职权、任期和议事规则；（7）公司法定代表人；（8）监事会的组成、职权、任期和议事规则；（9）公司利润分配办法；（10）公司的解散事由与清算办法；（11）公司的通知和公告办法；（12）股东大会会议认为需要规定的其他事项。

发起人应当在成立大会召开 15 日前将会议日期通知各认股人或者予以公告。成立大会应有代表股份总数过半数的发起人、认股人出席，方可举行。

（五）有公司名称，建立符合股份有限公司要求的组织机构

股份有限公司依法必须在公司名称中标明"股份公司""股份有限公司"字样，以表明公司的性质。

股份有限公司的组织机构主要包括股东大会、董事会、经理机构、监事会等。

（六）有公司住所

三、股份有限公司与有限责任公司的比较

股份有限公司与有限责任公司有很多共同点，比如都适用《公司法》，有两个以上投资人，具有法人资格，出资人对公司承担有限责任，有自己的名称，生产经营场所和生产条件，必须依法进行会计核算，实行年度信息报告并公示制度等，但也存在一些区别，了解它们的区别，有利于创业者从中作出选择。

（一）股份有限公司与有限责任公司的主要区别

股份有限公司与有限责任公司的主要区别见表 2.3。

表 2.3 　　　　　　　股份有限公司与有限责任公司的主要区别

	区别	股份有限公司	有限责任公司
1	资本划分方式不同	全部资本分为等额股份，投资人认购的是公司的股份，根据所持股份数量确定股权，出资比例与股权比例一般是一致的。	资本不分为等额股份，投资人直接向公司认缴出资，以出资额为基础，参考其他因素确定股权，出资比例与股权比例可能是不一致的。
2	股权证明形式	股东的股权证明是公司签发的股票，股票是公司签发的证明股东所持股份的凭证，股票是有价证券，可以转让、流通。	股东的股权证明是公司签发的出资证明书，出资证明书不能转让、流通。
3	发起人和股东的人数不同	发起人为 2~200 人，股东没有最高人数的限制。因为前者主要是为面向社会广泛筹集资本而设计的，如果股东人数太少，则不利于资金的筹集。	发起人或股东为 2~50 人。其目的在于方便股东参与管理，提高决策效率。允许设立一人有限责任公司。
4	发起人募集资金方式不同	既可以由发起人出资认购，也可以依法向社会公众募集。	只能由发起人出资认购，不能向社会公众募集。
5	股份或股权转让的限制条件不同	是典型的资合公司。对股份转让的限制主要集中于特定身份的持有人。《公司法》第141条规定，发起人持有的本公司股份，自公司成立之日起 1 年内不得转让。公司公开发行股份前已发行的股份，自公司股票在证券交易所上市交易之日起 1 年内不得转让。公司董事、监事、高级管理人员应当向公司申报所持有的本公司的股份及其变动情况，在任职期间每年转让的股份不得超过其所持有本公司股份总数的 25%；所持本公司股份自公司股票上市交易之日起 1 年内不得转让。上述人员离职后半年内，不得转让其所持有的本公司股份。公司章程可以对公司董事、监事、高级管理人员转让其所持有的本公司股份作出其他限制性规定。对一般中小股东转让股份不作限制。	以资合为主具有人合性。对所有股东向股东以外的人转让股权都有限制。

续表

	区别	股份有限公司	有限责任公司
6	股份（股权）回购条件和程序不同	可以回购的情形：（1）减少公司注册资本；（2）与持有本公司股份的其他公司合并；（3）将股份用于员工持股计划或者股权激励；（4）股东因对股东大会作出的公司合并、分立决议持异议，要求公司收购其股份；（5）将股份用于转换上市公司发行的可转换为股票的公司债券；（6）上市公司为维护公司价值及股东权益所必需。程序：公司因前款第（1）项、第（2）项规定的情形收购本公司股份的，应当经股东大会决议；公司因前款第（3）项、第（4）项、第（6）项规定的情形收购本公司股份的，可以依照公司章程的规定或者股东大会的授权，经2/3以上董事出席的董事会会议决议。公司依照本条第一款规定收购本公司股份后，属于第（1）项情形的，应当自收购之日起10日内注销；属于第（2）项、第（4）项情形的，应当在6个月内转让或者注销；属于第（3）项、第（5）项、第（6）项情形的，公司合计持有的本公司股份数不得超过本公司已发行股份总额的10%，并应当在3年内转让或者注销。	有下列情形之一的，对股东会该项决议投反对票的股东可以请求公司按照合理的价格收购其股权：（1）公司连续5年不向股东分配利润，而公司该5年连续盈利，并且符合本法规定的分配利润条件的；（2）公司合并、分立、转让主要财产的；（3）公司章程规定的营业期限届满或者章程规定的其他解散事由出现，股东会会议通过决议修改章程使公司存续的。
7	股东平等性不同	同种类的每一股份应当具有同等权利，同次发行的同种类股票，每股的发行条件和价格应当相同；任何单位或者个人所认购的股份，每股应当支付相同价额。	可以由股东在章程中自由确定。
8	股东知情权不同	不能要求查阅公司会计账簿。	可以要求查阅公司会计账簿。
9	发起人义务不同	股份有限公司成立后，发起人未按照公司章程的规定缴足出资的，应当补缴；其他发起人承担连带责任。	其他发起人无连带责任。
10	组织机构设置不同	股东人数多而且相对分散，董事会和监事会均应采用委员会制，董事会人数为5~19人，内部关系比较复杂。	股东人数较少，董事会和监事会可以采用一人模式。如果董事会采用委员会制，董事人数为3~13人，内部关系比较简单。

续表

	区别	股份有限公司	有限责任公司
11	股东（大）会召集和两权分离程度不同	由于股东人数没有上限，人数较多且分散，召开股东大会比较困难，股东大会的议事程序也比较复杂，大部分股东不参与管理，所有权和经营权分离程度较高。	在有限责任公司中，由于股东人数有上限，人数一般比较少，召开股东会比较方便。大部分股东担任公司董事、经理等高管，所有权和经营权的分离程度较低。
12	股东（大）会召开的条件不同	股东大会应当每年召开一次年会。有下列情形之一的，应当在两个月内召开临时股东大会：（1）董事人数不足本法规定人数或者公司章程所定人数的2/3时；（2）公司未弥补的亏损达实收股本总额1/3时；（3）单独或者合计持有公司10%以上股份的股东请求时；（4）董事会认为必要时；（5）监事会提议召开时；（6）公司章程规定的其他情形。	定期会议应当依照公司章程的规定按时召开。代表1/10以上表决权的股东，1/3以上的董事，监事会提议召开临时会议的，应当召开临时会议。
13	临时董事会召开条件不同	代表1/10以上表决权的股东、1/3以上董事或者监事会，可以提议召开董事会临时会议。董事长应当自接到提议后10日内，召集和主持董事会会议。	章程自己定。
14	组织机构议事规则中强制性规定不同	法律强制性规定多，比如股东出席股东大会会议，所持每一股份有一表决权。股东大会作出决议，必须经出席会议的股东所持表决权过半数通过。以出席本次会议股东的表决作为全部表决权基数，属于相对多数，降低了决议通过的难度。董事会会议应有过半数的董事出席方可举行。董事会作出决议，必须经全体董事的过半数通过。董事会决议的表决，实行一人一票。临时董事会召开的条件等。	自由约定事项多。比如表决权及议事规则可以由股东在章程中自由约定。在章程没有约定的情况下，通过决议以公司全部表决权为基数，属于绝对多数。

（二）股份有限公司的主要优势

与有限责任公司相比，其优势主要表现在：

1. 可以广泛筹集资金。这不仅是由于它可以对外公开发行股份和债券，而且由于股份每股金额很小，即使只拥有少量资金的人也可以参与投资，所以，能广泛吸收社会上的闲散资金。此外，资本的股份化不仅便于公司向社会公开募集资本，而且也便于公司资本数额的计算和股东权利的确定和转让。

2. 股票依法上市后可以在证券市场上自由交易。股份有限公司是典型的资合公司，其信用基础主要在于公司的资本，而不在于股东。公司上市后可以在市场上发行股份进行融资，股东遇有急需或者对公司的经营发展不看好，可以将持有的股票转让出去，收回投资。国家开设股票交易市场，既可以增加税收，又在客观上起到了自发调节生产结构、平衡各行业投资比例的作用，有利于国家从中掌握有关信息，主动采取相应的宏观调控措施。

3. 适应了所有权与经营权相互分离的现代生产方式的需要。现代企业制度要求企业由具有专门经营管理才能的人员来进行经营管理。大部分股东只通过股东大会参与公司的重大决策，大部分股东不参与公司的日常决策与管理，经营者有较大的经营自主权。

4. 有利于分散投资风险。股份有限公司总股本一般较大，一方面抗经营风险的能力相对较强；另一方面，有可能获得规模经营所带来的高收益。因此，单个股东有可能以较小的投入分享规模经营所获得的高收益。

5. 融资能力强。公司内部管理比较完善，财务状况和经营信息比较透明，信用度较高。

（三）股份有限公司的不足

与有限责任公司相比，其不足主要表现在：

1. 采用募集方式设立难度较大。其招股条件、程序比较严格、复杂，发起人设立责任比较重，公开发行股份时审批环节较多，并受证券市场发行总体额度的限制。采用发起方式设立，其条件与程序与有限责任公司类似，所以，创业者如果想采用股份有限公司形式，建议采用发起设立方式。

2. 公司易被少数大股东操纵和控制。公司一般实行资本至上原则，同股同权，大股东对公司有较强的话语权。为减少大股东通过操纵和控制股东大会、董事会侵害中小股东的利益，法律需要对大股东的权利行使作适当的限制。比如《公司法》规定，股东大会选举董事、监事，可以根据公司章程的规定或者股东大会的决议，实行累积投票制。所谓累积投票制，是指股东大会选举董事或者监事时，每一股份拥有与应选董事或者监事人数相同的表决权，股东拥有的表决权既可以集中使用，也可以分散使用。

3. 中小股东对公司缺乏责任感。上市公司股东流动性较强，不容易控制。公司经营状况好，投资者就多，公司经营不佳，股东便抛售股票，转移风险。这使有可能扭亏为盈的公司因股票价格暴跌而一蹶不振。

4. 上市公司经营和财务信息不能严格保密。因为公司上市后依法应定期向公众公开其经营和财务状况，并及时、全面地提供可能对公司证券的买卖活动及价格有重大影响的任何信息。

通过以上分析可以看出，股份有限公司形式比较适合发起人资金实力强，需要资金比较多，成长性好的项目采用。

本 章 小 结

    本章介绍了我国有代表性的 5 种商主体形式，并对各类商主体形式从法律角度做了比较，分析了每种商主体形式的主要优势和不足，创业者可以根据拟投资行业的法律要求、自身的风险承受能力、税务、未来融资需要等因素选择适合自己的商主体形式。从总体上看，有限责任公司形式既有利于多人合作，又有利于降低股东的投资风险，当企业发展壮大希望上市时也可以比较方便地转换为股份有限公司，所以，比较适合希望做大做强的初创企业。近几年，有限合伙企业形式在创业企业中应用较广。一般而言，创业者往往有能力但资金不足，而风险投资者拥有大量资金，但没能力或精力参与企业经营，有限合伙制度为风险投资人与创业者之间的结合创造了条件。

第三章 创业与劳动用工

引 言

  劳动用工是每个企业创建初期必然会面临的问题，除采用个体工商户形式外，其他商主体形式一般都要聘请劳动者共同完成创业目标。创业者要避免劳动用工风险，应当掌握劳动用工方面的基本法律规定。比如企业可以采用哪些用工方式？为什么企业一定要及时与劳动者签订书面合同？劳动合同的试用期应如何规定？劳动者和企业在试用期间的解除权有何不同？企业可以与员工签订几次有固定期限的劳动合同？劳动合同中哪些条款是法定必备条款？什么情况下可以约定劳动者承担违约金？竞业限制条款该怎么约？员工可自愿放弃社保吗？员工主动辞职需不需要给补偿金？企业需要给男员工缴纳生育保险费吗？什么情况下企业可以单方解除劳动合同？企业实行"996"工时制是否合法？劳动者拒绝违法超时加班安排，用人单位能否解除劳动合同？什么情况下劳动者可以单方辞职还可以向企业要求解除劳动合同补偿金？员工离职企业为什么要及时签发解除劳动合同通知书？企业解除劳动合同需要支付多少补偿金？劳动者在离职文件上签字确认加班费已结清，还有权请求支付欠付的加班费吗？如何利用劳动合同留住人才？……

  试用期是企业和劳动者相互了解的方式。在实务中有关试用期的法律风险比较多，比如某公司新招聘大学毕业王某到本公司担任车间技术员，双方签订一份《试用合同》，约定"王某试用期3个月，试用期月工资3000元，试用期满后，如果双方均满意，则签订正式劳动合同。"试用期满后，公司与王某协商，签订了一份为期二年的劳动合同。公司对王某的工作很满意，于是在第二份合同期满前，公司提出愿与其续签一份为期五年的劳动合同，王某则要求与公司签订无固定期限的劳动合同。王某的要求有法律依据吗？在试用期内单位需要给王某办理社会保险并缴费吗？

  工作地点和社会保险是劳动合同的必备条款，也是法律风险高发事项。比如王某2014年入职湖南长沙某公司从事营销工作，劳动合同约定的工作地点在长沙。同时，合同约定，根据公司业务发展需要，也可以书面形式通知外派到国内其他地方，如不能接受公司安排，公司可与其解除劳动关系，并不支付任何经济补偿与赔偿。合同签订后，王某一直在长沙工作，公司为王某在长沙办理了社保登记。2018年12月初，公司书面通知王某，要将其外派到深圳开拓市场，筹备办事处。王某以家庭需要其留在长沙为由，不同意去深圳工作，继续在长沙公司上班。公司坚持将王某外派，为迫使其去深圳，终止了王某在长沙的社保关系，委托深圳某代理公司以代理公司的名义在深圳给王某办理社保登记并缴纳社保费用。2019 年 2 月，王某以公司强制外派，且未依法为自己缴纳社会保险为由提出解除劳动合同，并要求公司支付解除劳动关系经济补偿金。公司未经王某同意单方决定外派是否违反合同？公司委托代理公司在深圳给王某缴纳社保的做法是否合法？

本章共分三节，重点介绍了三种用工方式的主要区别、优势与不足，劳动合同签订、履行和解除过程中法律风险的防范，使用劳务派遣工和劳务工应注意的法律风险的防范。

本章涉及的法律规定主要有：《中华人民共和国劳动法》（2018 年修订）（以下简称《劳动法》）、《中华人民共和国劳动合同法》（2012 年修订）（以下简称《劳动合同法》）、《中华人民共和国就业促进法》（2015 年修订）、《中华人民共和国劳动合同法实施条例》（2008 年公布）、人力资源和社会保障部发布的《劳务派遣暂行规定》（2014 年公布）、《最高人民法院关于审理劳动争议案件适用法律问题的解释（一）》（2020 年通过）、《中华人民共和国社会保险法》（2018 年修订）（以下简称《社会保险法》）、《工伤保险条例》（2010 年修订）。

第一节 企业用工方式与选择

企业生产经营离不开人，企业采用何种用工方式，既关乎企业的发展，也关乎企业的运营成本。企业依法选择适当的用工方式，建立起科学规范的用工管理制度，形成和谐的劳动关系，有利于激发劳动者的积极性，为企业创造巨大的经济利益。如果企业违反劳动法，严重侵害劳动者合法权益，很容易使企业发生内乱，使企业陷入巨大的法律风险之中。因此，创业者了解各种用工方式的基本特点，选择适当的用工方式，对建立企业内部和谐的劳动关系具有重要意义。

一、企业用工方式的种类

企业用工方式可以从多种角度进行分类。从用人单位和劳动者关系角度分，主要有三种：劳动合同方式、劳务派遣方式、劳务合同方式。从工作时间角度分，主要分为全日制劳动合同方式和非全日制劳动合同方式。其中，全日制劳动合同方式是我国法律规定的企业基本用工方式。

目前我国调整劳动合同用工关系的法主要是《劳动法》和《劳动合同法》。

（一）劳动合同方式的含义和特点

劳动合同是用人单位与劳动者确立劳动关系、明确双方权利和义务的协议。劳动合同方式，即用人单位与劳动者直接签订劳动合同，以确定当事人权利义务关系的用工方式。

劳动合同方式的基本特点：

1. 合同主体身份和目的具有特定性。这种特定性表现在两个方面：（1）当事人的身份是特定的。合同一方只能是依法设立的用人单位，另一方是作为自然人的劳动者。（2）合同目的是特定的。用人单位和劳动者订立劳动合同的目的是为了确立相互间的劳动关系。

2. 劳动关系是平等财产关系与人身隶属关系相结合的社会关系。用人单位与劳动者在订立合同时法律地位是平等的，双方根据平等、自愿的原则确立合同关系；合同生效后，劳动者便成为用人单位的一员，在工作中应当遵守用人单位依法制定的劳动规则，服从用人单位的工作安排，用人单位应向劳动者支付劳动报酬，提供必要的劳动保障。

劳动合同的双方主体间不仅存在财产关系即经济关系，还存在着行政隶属关系。劳动者除提供劳动之外，还要接受用人单位的管理，服从其安排，遵守其规章制度等，成为用人单位的内部职工。

3. 法律对劳动合同的形式和内容具有较多强制性规定。由于劳动力本身的特点，劳动者在劳动关系建立过程中一般处于弱势地位。为保护劳动者的基本利益不受侵犯，法律对劳动者的基本权利作出特别保护性规定，表现在不仅规定了劳动合同的形式和必备条款，而且对必备条款规定了基本标准，比如最高工作时间和最低工资标准等。

《劳动法》第16条规定，建立劳动关系应当订立劳动合同。当事人在订立劳动合同时自愿协商约定的内容不能与法律、行政法规的强制性规定相抵触。

4. 合同内容涉及劳动者本人及家人的物质利益。劳动合同的内容不仅限于对当事人权利义务的规定，而且还会涉及劳动者直系亲属在一定条件下应享有的物质帮助权，比如职工子女的就学问题、医疗费用问题等。

（二）劳务派遣方式的含义和特点

劳务派遣方式，是指劳务派遣单位（名义用人单位）与被派遣劳动者订立劳动合同后，劳务派遣单位与实际用工单位（实际用人单位）签订劳务派遣合同，将该劳动者派遣到用工单位从事劳动的一种用工形式。劳务派遣方式与劳动合同方式相比，最大不同在于雇用与使用的分离，即：雇用方不使用，使用方不雇用。

目前我国调整劳务派遣合同关系的法主要是《劳动法》《劳动合同法》和《劳务派遣暂行规定》（2014年）。

劳务派遣方式与劳动合同方式相比，主要有以下几个特点：

1. 从主体上看，劳务派遣是在三方当事人、两种合同的模式下运行的。这种三角互动关系是劳务派遣最大的特点。三方当事人是指：劳务派遣单位、用工单位和被派遣劳动者。两种合同是指：劳务派遣单位与被派遣劳动者签订的劳动合同、劳务派遣单位与用工单位签订劳务派遣协议。

2. 劳务派遣单位作为用人单位与被派遣劳动者之间是劳动合同关系。实际用工单位按照劳务派遣协议向劳务派遣单位支付给被派遣劳动者的劳动报酬等。劳务派遣单位根据用工单位的需求将劳动者派出，履行用人单位职责，支付被派遣劳动者的工资、福利、社会保险等。

实际用工企业一般将工资总额纳入企业工资总额的统计范围，具体包括由用工单位负担的基本工资、加班工资、绩效工资以及各种津贴、补贴等，但不包括支付的管理费用和其他用工成本。

3. 用工单位与被派遣劳动者之间既是一种劳务关系，也存在部分劳动关系。用工单位负责被派遣劳动者的在岗使用和管理；被派遣劳动者在用工单位按照要求提供服务。用工单位与被派遣劳动者虽然不签订劳动合同，但两者之间存在着管理与被管理的关系，双方共同参与实现劳动过程，构成劳动管理关系，因此，两者之间的关系既体现劳务服务关系，也存在部分劳动关系，因此，用工单位也是被派遣劳动者的雇主之一。

4. 劳务派遣单位与用工单位之间是劳务关系。用工单位委托劳务派遣单位招聘或在人才库中遴选合适人才，并按合同向劳务派遣单位支付被派遣劳动者的工资、福利等费用以及管理费；劳务派遣单位向用工单位派遣具备合适技能的员工，根据用工单位的要求接收被退回的被派遣劳动者。相对于被派遣劳动者而言，劳务派遣单位与用工单位是同一劳动关系的共同雇主，为保护劳动者合法权益，《劳动合同法》规定，用工单位与劳务派遣单位对劳动者承担连带责任，双方签订劳务派遣协议，约定双方权利义务及法律责任。

5. 劳务派遣单位与被派遣劳动者订立的劳动合同不得于少于 2 年。为保护劳动者相对稳定就业的权利，《劳动法》和《劳动合同法》均规定，劳务派遣单位应当与被派遣劳动者订立 2 年以上的固定期限劳动合同。也就是说，该期限不是以劳务派遣单位与接受单位之间签订的劳务派遣协议中约定的工作时间或者劳务派遣工为接受单位提供劳动的实际时间为准的。劳务派遣单位不能与劳动者约定订立以完成一定工作任务为期限的劳动合同，而应当订立 2 年以上的固定期限劳动合同。

此外，为了维护被派遣劳动者的就业稳定权，《劳动合同法》还规定劳务派遣单位在被派遣劳动者无工作期间，即在劳动合同期限之内，派遣期限届满，没有新的派遣岗位时，也必须向劳动者按月支付报酬，其标准为劳务派遣单位所在地人民政府规定的最低工资标准。这样就延长了劳务派遣期限较短的劳动者的劳动合同期，防止用工单位与劳务派遣单位串通规避有关应当符合法定情形规定的行为。

（三）劳务合同方式的含义和特点

劳务合同方式是指用人单位与劳务提供方签订劳务合同，约定劳务提供方按照用人单位的授权或者指示从事一定劳动，用人单位给付报酬的用工方式。目前我国调整劳务合同关系的法主要是《民法典》。

与劳动合同和劳务派遣合同方式相比，劳务合同方式有以下特点：

1. 合同主体具有平等性。用人单位与劳务提供方各自独立、法律地位平等，不存在行政隶属关系，彼此之间也无从属性。主体之间只存在财产关系，即劳动者提供劳务服务，用人单位给付劳务报酬。劳务报酬的给付金额由双方当事人按等价有偿的市场原则协商确定。用人单位不承担劳动者的社会保险及其他福利。

2. 合同标的具有特殊性。劳务合同以劳务给付为标的，是一方当事人向另一方当事人提供的活劳动，它是一种行为。每个具体合同的标的因劳务行为的侧重点的不同可能存在差异，或侧重于劳务行为本身即劳务行为的过程，比如门岗保安负责守门；或侧重于劳务行为的结果即提供劳务所完成的劳动成果，比如加工承揽合同。

3. 合同内容和形式具有任意性。除法律有强制性规定以外，当事人可以自行决定合同的具体内容。合同本身既可以采用书面形式，也可以采用口头形式。

4. 因劳务合同发生的争议由人民法院审理；而涉及劳动者的劳动合同纠纷、劳务派遣纠纷属于劳动法调整，劳动仲裁是诉讼的前置程序。

二、三种用工方式的主要区别

从用人单位角度看，三种用工方式的主要区别见表 3.1。

表 3.1　　　　　　　　　　　三种用工方式的主要区别

	劳动合同方式	劳务派遣方式	劳务合同方式
法律适用	《劳动法》《劳动合同法》	《劳动法》《劳动合同法》	《民法典》
合同主体不同	用人单位与劳动者直接签订劳动合同。	实际用工单位与劳务派遣单位签订劳务派遣合同，劳务派遣单位作为用人单位与劳动者签订劳动合同。	用人单位与劳动者签订劳务合同。
适用岗位不同	无限制	一般在临时性、辅助性或者替代性的工作岗位。	无限制
工作期间待遇不同	按用人单位工资标准，由用人单位直接发放，员工享受用人单位福利。	按实际用工单位工资标准委托劳务派遣单位发放，派遣工享受劳务派遣单位福利，不享受用人单位福利。	按劳务合同执行
非因本人原因停工期间待遇	停工 1 个月内，企业应按照正常工作时间员工工资的 80% 计发工资，超过 1 个月按照不低于最低工资 80% 计发工资。	劳务派遣单位按照当地最低工资标准计发。	按劳务合同执行
是否能签订非全日制合同不同	可以	派遣单位与劳动者签订 2 年以上固定期限的劳动合同。	按劳务合同执行
法律对于单位的注册资本要求不同	对用人单位注册资本数额没有要求。	劳务派遣单位注册资本不得低于 50 万元。	无

	劳动合同方式	劳务派遣方式	劳务合同方式
报酬的性质不同	因劳动合同的履行而产生的劳动报酬，具有分配性质，体现按劳分配的原则，不完全和不直接随市场供求情况变动，其支付形式往往特定化为一种持续、定期的工资支付。	应与实际用工单位员工同工同酬。	因劳务合同而取得的劳动报酬，按市场原则支付，完全由双方当事人协商确定。
用人单位的义务不同	用人单位对劳动者有许多强制性义务，如必须为劳动者交纳社会保险、用人单位支付劳动者的工资不得低于政府规定的当地最低工资标准等，这些必须履行的法定义务，不得协商变更。	劳务派遣单位对劳动者承担用人单位的法定强制性义务，实际用工单位承担连带责任。	按劳务合同执行

三、三种用工方式的优势与不足

（一）劳动合同方式的优势与不足

1. 优势。从用人单位的角度看，采用劳动合同方式的优势主要表现在：（1）劳动者主人翁责任感强。劳动合同由用人单位与劳动者直接签订，用人单位和劳动者关系紧密，劳动合同期限确定，用人单位不能随意解除劳动合同，劳动者就业稳定性强，更愿意与用人单位同甘共苦，主人翁责任感强。（2）选择性强。劳动合同具体种类较多，合同期限可以协商确定。用人单位可以结合自己的用工需求自主选择。（3）劳动关系简单。合同主体只有用人单位和劳动者两方，合同履行期间发生纠纷，方便在用人单位内部协调解决。

2. 不足。从用人单位的角度看，采用劳动合同方式的不足主要表现在：（1）解除劳动合同成本较高。劳动法对用人单位解除劳动合同规定了较多限制条件，即使是到期解除，也需要向劳动者支付补偿金。（2）劳动者的人事管理和日常劳动管理都由用人单位负责，管理成本较高。（3）停工成本高。劳动者在非因本人原因停工，在停工 1 个月内用人单位依法需要按照正常工资的 80% 计发工资，停工超过 1 个月需要按照不低于最低工资 80% 计发工资。

（二）劳务派遣方式的优势和不足

1. 优势。劳务派遣方式对实际用工单位而言是一种比较灵活的用工方式。从用工单位角度看，采用劳务派遣方式的优势主要表现在以下几个方面：（1）灵活性强。有利于实现人力资源的优化配置和管理，为用工单位提供一种"即时需要即时租用的用工机制"。对于一些临时急需的专门人才和替代性强的岗位需求，用工单位可以随用随聘。（2）减轻用工单位对临时聘用人员的人事管理负担和成本。人事管理涉及职工建档、协商签订劳动合同、劳动合同管理、定编定员、技能培训、技能鉴定、社会保险、生老病死等许多方面。对于替代性强的临时岗位，由于人员流动性强，人事管理业务量会很大。如果采取劳务派遣的用工方式，用工单位只需要负责使用劳动者方面的业务管理。有关劳动者人事管理方面的事务大部分可以交由派遣公司负责。劳务派遣在某种程度上是派遣单位和用工单位的分工合作，派遣单位向用工单位派去劳动者，免去了用工单位招聘、入职、离职、签订与解除劳动合同、缴纳各项社会保险等烦琐工作，使用工单位能够集中精力参与市场竞争。（3）降低招工费用。用工单位采用劳务派遣方式，不需要自己制定招工方案和计划，也不需要发布招工广告，只需要根据本单位需要招收员工的数量、工种、技能和基本条件要求等与劳务派遣机构签订一份委托招聘协议，所有招工事宜均由劳务派遣公司办理，这样就可以不用支付人力费、广告费等支出。但随着就业人口的减少，企业委托招聘的成本也在提高。（4）有利于降低用工单位选人的风险和降低辞退成本。用工单位通过劳务派遣方式可以对劳动者进行试用，如果发现被派遣劳动者之中有些比较优秀，那么就可以根据被派遣劳动者的意愿与其签订劳动合同。对不符合要求的劳动者可以随时解除，也不需要支付补偿金。（5）降低社保费用。劳务派遣人员的社会保险缴费基数和比例一般低于用工单位劳动合同制职工，而且安置下岗失业人员还可以享受政府提供的补贴等优惠政策。（6）减少劳动争议风险。用工单位使用劳务派遣员工，由于双方之间不是劳动关系，所以彼此之间发生的纠纷不属于劳动争议，这就大大降低了用工单位与员工直接发生劳动纠纷的可能性，也就降低了直接用工中的风险和责任。劳动者若申请劳动仲裁，应以劳务派遣单位为被申诉人，实际用工单位在必要时只以第三人的身份参加仲裁活动。

2. 不足。主要表现在：（1）派遣工归属感不强，对用工单位的忠诚度较差。劳动者不是用工单位的员工，对用工单位缺乏主人翁责任感，而且流动性比较强，用工单位难以建立稳定的人才队伍，所以不能作为用工单位基本用工方式。（2）合同履行期间与劳动者发生纠纷，需要与劳务派遣单位共同协调处理。劳务派遣单位良莠不齐，如果派遣单位侵害劳动者合法权益，比如工资支付不及时、报酬不公平、不依法为劳动者办社保等，用工单位依法要承担连带责任。为防范风险，用工单位应当选择依法设立、信誉良好的劳务派遣单位。（3）招聘时效不稳定。遇到劳务派遣市场劳动者不足时，可能难以完成计划招聘人数，影响用工单位生产经营。为确保即时招到足够的人员，用工单位需要提前做好用工规划。

（三）劳务合同方式的优势和不足

1. 优势。从实际用工单位角度看，采用劳务合同方式的优势主要表现在：（1）企业只需要关注劳动过程及成果，不负责劳动者人员管理，也不用为劳动者办理社会保险，有利于降低企业人员管理成本。（2）市场化选择劳务提供方，专业人做专业事，有利于保证质量。

2. 不足。主要表现在：（1）劳动者不属于企业员工，对企业没有归属感。（2）劳动者在企业内提供劳务时发生意外事故，接受劳务的企业可能要承担意外事故引发的赔偿风险。

四、创业企业用工方式的选择

对创业企业而言，前述三种方式各有利弊，创业者可以根据各种用工方式的优势和不足，结合本企业的特点和用工需求适当选择。

劳动合同用工方式是劳动法规定的企业基本用工方式，所以，企业的基本员工应当采用劳动合同方式，特别是与涉及企业核心业务的人员建立劳动合同关系有利于企业业务的稳定发展。企业在初创阶段资金一般比较紧张，对于短期需要且专业性比较强的重要业务，比如企业建章立制，需要聘请实践经验丰富的劳动保障管理专家和人力资源管理专家，有针对性地为企业制定合理的各项规章制度，如果以劳动合同方式聘请这些专家，一方面专家可能不会愿意来，另一方面，如果来了工资成本也会比较高，所以建议采用劳务合同方式，分项委托专业人员承包完成，既可以达到提高初创企业的经营管理水平和效率的目的，又可以降低人力资源成本。对于技术含量比较低的临时性、替代性强的岗位，可以采用劳务派遣方式，但应选择依法设立、有一定实力、管理规范的派遣单位。此外，对于生产淡旺用工量差距明显的企业，采用劳务派遣方式有利于降低淡季用工成本。

第二节　劳动合同法律风险的防范

一、劳动合同的种类

（一）根据劳动合同期限划分

根据劳动合同期限的不同劳动合同分为无固定期限的劳动合同、有固定期限的劳动合同和以完成一定工作任务为期限的劳动合同。

1. 无固定期限的劳动合同。又称不定期劳动合同，是指用人单位与劳动者约定无确定终止时间的劳动合同。只要不出现法律、法规或合同约定的可以变更、解除、终止劳动合同的情况，用人单位不得擅自变更、解除、终止劳动关系。此种合同确立的劳动关系比较稳定，有利于保护劳动者，防止用人单位在使用完劳动者的"黄金年龄段"后不再使用劳动者。

2. 有固定期限的劳动合同。又称定期劳动合同，是指用人单位与劳动者约定合同终止时间的劳动合同。期限届满，合同即告终止。除法律有特别规定外，在合同期限届满前，劳动者和用人单位经协商一致可以续签劳动合同。

定期劳动合同既有利于保持劳动关系相对稳定，又有利于劳动力的合理流动。但考虑到如果用人单位利用期限的约定，仅使用劳动者的"黄金年龄段"，则年龄较大的劳动者会面临较大的失业风险，因此，此种合同对大龄劳动者的利益保障比较差。为解决这一问题，我国《劳动合同法》第14条明确规定，有下列情形之一，劳动者提出或者同意续订、订立劳动合同的，除劳动者提出订立固定期限劳动合同外，应当订立无固定期限劳动合同：（1）劳动者在该用人单位连续工作满10年的；（2）用人单位初次实行劳动合同制度或者国有企业改制重新订立劳动合同时，劳动者在该用人单位连续工作满10年且距法定退休年龄不足10年的；（3）连续订立两次固定期限劳动合同，且劳动者没有发生用人单位依法可以解除劳动合同的情形，或用人单位未出现依照企业破产法规定进行重整、生产经营发生严重困难的情形，续订劳动合同的。其中，连续工作满10年的起始时间，应当自用人单位用工之日起计算，包括《劳动合同法》施行前的工作年限。

3. 以完成一定工作任务为期限的劳动合同。这是指用人单位与劳动者约定以某项工作的完成为合同期限的劳动合同。当该项工作任务完成后，劳动合同即终止。此种合同本质上也属于有固定期限的劳动合同。它主要适用于建筑业和临时性、季节性的工作岗位。

由于劳动法对用人单位解除无固定期限劳动合同规定了较高的条件，因此大部分企业在创业初期会选择与劳动者签订定期劳动合同。根据《劳动合同法》的上述规定，企业在采用定期合同时一定要注意合同的期限及续订次数。一般情况下，对新入职员工可以采用1~3年的定期合同，期满续订时应根据员工情况慎重决定是否续订及续订期限。因为再次期满，是否续订的决策主动权就转移到员工手中了。根据《最高人民法院关于审理劳动争议案件适用法律问题的解释（一）》第34条的规定，"劳动合同期满后，劳动者仍在原用人单位工作，原用人单位未表示异议的，视为双方同意以原条件继续履行劳动合同。一方提出终止劳动关系的，人民法院应予支持。根据劳动合同法第14条规定，用人单位应当与劳动者签订无固定期限劳动合同而未签订的，人民法院可以视为双方之间存在无固定期限劳动合同关系，并以原劳动合同确定双方的权利义务关系。"

（二）根据工作时间划分

根据工作时间的不同劳动合同分为全日制用工合同和非全日制用工合同。

全日制用工是指以日计酬为主，劳动者在同一用人单位一般平均每日工作时间不超过8小时，每周工作时间累计不超过40小时的用工形式。非全日制用工，是指以小时计酬为主，劳动者在同一用人单位一般平均每日工作时间不超过4小时，每周工作时间累计不超过24小时的用工形式。

全日制用工是一种普遍使用的用工形式，非全日制用工是一种灵活的用工形式，其与全日制用工的区别主要表现在以下几个方面：

1. 工作时间不同。标准的全日制用工实行每天工作不超过 8 小时，每周不超过 40 小时的标准工时制度。非全日制用工的工作时间一般为每天 4 小时，每周工作时间不超过 24 小时。非全日制用工总的工作时间在 24 小时以内，具体工作安排由用人单位自主决定，可以每天工作 8 小时，每周工作 3 天，也可以每天工作 4 小时，每周工作 6 天，还可以是其他的工作方式，体现了其灵活就业的特点。

2. 合同形式不同。非全日制用工双方当事人可以订立口头协议，即劳动者的劳动权利以及用人单位对劳动者的要求，可以用口头形式约定。用人单位与劳动者订立全日制用工合同依法应当采用书面形式。

3. 合同终止的条件和经济补偿不同。非全日制用工双方当事人任何一方都可以随时通知对方终止用工。用人单位终止用工依法不用向劳动者支付经济补偿。全日制用工劳动合同终止或解除的，除法定特殊情况外，用人单位依法须向劳动者支付经济补偿金。

4. 办理的社会保险不同。非全日制用工，用人单位一般只为劳动者缴纳工伤保险。全日制用工，用人单位必须为劳动者缴纳各种社会保险费用。

5. 计酬单位和结算支付周期不同。非全日制用工以小时计酬，劳动报酬结算支付周期依法最长不得超过 15 日。全日制用工以日计酬，用人单位一般应当按月定时向劳动者支付工资。

6. 劳动者可签订的劳动合同的数量不同。从事非全日制用工的劳动者可以与一个或者一个以上用人单位订立劳动合同；但是，后订立的劳动合同不得影响先订立的劳动合同的履行。从事全日制用工的劳动者只能与一个用人单位订立劳动合同。

7. 试用期的适用性不同。非全日制用工双方当事人依法不得约定试用期。全日制用工合同中，除以完成一定工作任务为期限的劳动合同和 3 个月以下固定期限劳动合同外，其他劳动合同当事人依法可以约定试用期。

8. 最低计酬标准不同。非全日制用工计酬标准不得低于用人单位所在地人民政府规定的最低小时工资标准。而全日制用工劳动者执行的是月最低工资标准。

初创企业聘用人员一般较少，需要员工全身心投入工作，一般宜采用全日制用工方式。

二、招聘阶段法律风险的防范

招聘是企业实现用工的基本途径，招聘条件不同于录用条件，它是针对不特定的潜在劳动者划定的门槛，其内容一般比较简单，主要涉及对入职劳动者基础性条件方面的要求，比如学历、专业等。录用条件是用人单位根据招聘职位的要求，制定出的有具体工作内容和工作量考核标准的条件。它针对的是符合招聘条件并在试用期内工作的劳动者。招聘条件原则上可以由企业自主确定，但也有一定的法律限制。

企业在招聘阶段的法律风险主要表现在招聘条件设定不合理，对劳动者本身是否存在就业限制审查不严。防范风险主要应注意以下几个方面：

（一）招聘条件不能违反法律、行政法规的强制性规定

1. 严格审查劳动者的年龄，确保年龄符合法律要求。与就业有关的年龄要求主要有最低就业年龄和退休年龄。

（1）最低就业年龄。最低就业年龄，是指公民与用人单位建立劳动法律关系的最低年龄。我国《劳动法》第15条规定，"禁止用人单位招用未满16周岁的未成年人。文艺、体育和特种工艺单位招用未满16周岁的未成年人，必须遵守国家有关规定，并保障其接受义务教育的权利。"可见，我国公民法定最低就业年龄一般应年满16周岁。用人单位不能与未满此年龄的公民建立劳动关系。

企业在拟定招聘条件时应注意审查劳动者年龄，如果未经批准雇用了未满16周岁的未成年人，属于非法雇用童工。《劳动法》第94条规定，用人单位非法招用未满16周岁的未成年人的，由劳动行政部门责令改正，处以罚款；情节严重的，由市场监督管理部门吊销营业执照。国务院发布的《禁止使用童工规定》（2002年）中规定，单位擅自使用童工属于违法行为，需要承担如下法律责任：①用人单位使用童工的，由劳动保障部门按照每使用一名童工每月处5000元罚款的标准给予处罚；在使用有毒物品的作业场所使用童工的，按照国务院制定的《使用有毒物品场所劳动保护条例》规定的罚款幅度，或者按照每使用一名童工每月处5000元罚款的标准，从重处罚。劳动保障行政部门并应当责令用人单位限期将童工送回原居住地交其父母或者其他监护人，所需交通、食宿费用全部由用人单位承担。②用人单位使用童工经劳动保障行政部门责令改正之日起，逾期仍不将童工送交其父母或者其他监护人的，从责令限期改正之日起，由劳动保障行政部门按照每使用一名童工每月处10000元罚款的标准处罚，并由工商行政部门吊销其营业执照或者由民政部门撤销民办非企业单位登记；用人单位是国家机关、事业单位的，由有关单位依法对直接负责的主管人员和其他直接责任人员给予降级或者撤职的行政处分或者纪律处分。③童工患病或者受伤的，用人单位应当负责送到医疗机构治疗，并负担治疗期间的全部医疗和生活费用。④童工伤残或者死亡的，用人单位由工商行政部门吊销营业执照或者由民政部门撤销民办非企业单位登记；用人单位是国家机关、事业单位的，由有关单位依法对直接负责的主管人员和其他直接责任人员给予降级或者撤职的行政处分或者纪律处分；用人单位还应当一次性地对伤残的童工、死亡童工的直系亲属给予赔偿，赔偿金额按照国家工伤保险的有关规定计算。⑤拐骗童工，强迫童工劳动，使用童工从事高空、井下、放射性、高毒、易燃易爆以及国家规定的第四级体力劳动强度的劳动，使用不满14周岁的童工，或者造成童工死亡或者严重伤残的，依照《中华人民共和国刑法》（以下简称《刑法》）关于拐卖儿童罪、强迫劳动罪或者其他罪的规定，依法追究刑事责任。

（2）退休年龄。退休年龄，是指劳动者结束劳动法律关系，开始养老法律关系的年龄。劳动者达到退休年龄，一般应终止与用人单位的劳动合同，具备法定退休条件的劳动者开始享受退休待遇。目前我国企业劳动者法定的最高就业年龄，一般男60周岁、女55周岁。随着国家人口老龄化的加剧，法定退休年龄有逐步提高的趋势。

达到法定退休年龄的公民可以从事不妨碍老年人身体健康的劳动，企业如果需要聘请已达到法定退休年龄，并已经依法享受养老保险待遇或者领取退休金的人员，应当与其签

订具有劳务合同性质的聘用合同，明确聘用期内的工作内容、报酬、医疗、劳保待遇等。在聘用期间，法律虽未强制企业为其交纳包括工伤保险在内的社会保险费，但如果聘用的退休人员发生工伤，根据《最高人民法院行政审判庭关于离退休人员与现工作单位之间是否构成劳动关系以及工作时间内受伤是否适用〈工伤保险条例〉请示的答复》（〔2007〕行他字第6号），企业仍需对其人身受到的损害承担赔偿责任，因此，企业有必要为这类聘用人员投保工伤保险或意外伤害保险。

如果企业要聘请已达到法定退休年龄，但未享受基本养老保险待遇的人员，应当与其签订劳动合同，因为根据《人力资源社会保障部关于执行〈工伤保险条例〉若干问题意见（二）》（人社部发〔2016〕29号）和《最高人民法院行政审判庭关于超过法定退休年龄的进城务工农民因工伤亡的，应否适用〈工伤保险条例〉请示的答复》，企业与这类人员的关系仍按劳动关系处理。

根据最高人民法院《关于审理劳动争议案件适用法律问题的解释（一）》的规定，企业停薪留职人员、未达到法定退休年龄的内退人员、下岗待岗人员以及企业经营性停产放长假人员，因与新的用人单位发生用工争议而提起诉讼的，人民法院应当按劳动关系处理。所以，企业聘用前述按劳动关系处理人员时应当与其签订劳动合同。

2. 尊重劳动者的平等就业权。《劳动法》规定，"劳动者就业，不因民族、种族、性别、宗教信仰不同而受歧视。"《中华人民共和国就业促进法》规定："用人单位招用人员、职业中介机构从事职业中介活动，应当向劳动者提供平等的就业机会和公平的就业条件，不得实施就业歧视。"

目前，法律允许企业在招聘时附加的限制条件，主要包括4个方面：

（1）文化水平。劳动者一般应达到初中以上文化程度。我国《劳动法》规定，禁止任何组织或个人招用应该接受义务教育的适龄儿童、少年就业；招工应以具有初中以上文化程度的公民为对象；对已就业而未达到初中文化程度的青年工人，应通过文化补习使其达到初中文化程度。

（2）职业资格。对于一些技术性或专业性较强的职业，劳动者不仅要有初中以上文化程度，还应具有一定的专业知识和技术水平，取得职业资格证书。职业资格包括从业资格和执业资格。从业资格是指从事某一种专业（工种）的学识、技术和能力的起点标准。比如驾驶员要有驾驶证。执业资格是指国家对特殊行业规定的资格准入凭证。目前政府对某些责任较大、社会通用性强、关系公共利益的专业（工种）实行准入控制，没有取得法定执业资格证书不能从事与此相关的工作。比如，具有法律职业资格证书的人要独立从事律师业务，还需要取得律师执业证书。

（3）身体健康，不具有本岗位所禁忌或不适宜的特定疾病或残疾。

（4）生理条件适合。比如未成年人和女性的身体发育或生理特点不适合从事过于繁重的体力劳动，因此，劳动法禁止未成年人和女性从事危害其健康的某些特定职业，以免影响这些人的正常发育或身体健康。

目前，就业歧视主要表现为性别歧视、乙肝歧视、身高歧视、长相歧视、地域歧视、血型歧视、学校歧视、第一学历歧视、生育歧视等。企业招聘时如果确实需要设定此类限制，应说明法定依据或合理的理由，否则不仅可能遭受求职者的投诉，还可能遭受行政处罚，所以应当尽量避免。

（二）审查劳动者本身是否存在限制就业的因素

1. 劳动者人身是否处在自由支配状态。劳动者与用人单位建立劳动法律关系后，在劳动时间内就要服从用人单位的安排，如果没有人身自由，则不可能成为劳动法律关系的主体。在我国，公民一般是具有人身自由的，但也有例外。比如有些公民因触犯刑律，被国家司法机关依法剥夺其一定期间的人身自由，在服刑期间便不能与用人单位建立劳动合同关系；已建立的劳动合同关系用人单位也可以依法解除。

全日制在校学生应以学习为主，如果利用业余时间勤工助学，不视为就业。但即将毕业的大专院校在校学生以就业为目的与用人单位签订劳动合同，且接受用人单位管理，按合同约定付出劳动，用人单位明知求职者系在校大学生的情况下，仍与之订立劳动合同并向其发放劳动报酬的，应当认定双方之间构成有效的劳动合同关系。

用人单位在接受在校大学生实习时，应当注意区分就业型实习与培训型实习两种情况。就业型实习，是指应届毕业生在就业过程中，应用人单位的要求，在用人单位从事实习工作，其主要目的是在指导实习生适应工作的同时，对其进行考察，从而决定是否接受该生就业。这类实习生与用人单位的正式职工一样工作，用人单位与实习生之间本质上更多应当属于劳动关系，但目前在法律上这一关系尚未得到确认，所以实习生与实习单位的关系一般由双方协商确定，按劳动关系或劳务关系处理。

培训型实习，是指根据教学计划，学校与实习单位签订协议，由学校组织学生到实习单位实习，或者学生与实习单位直接签订实习协议，其目的是积累经验，完成学习任务，本质上是教学的延伸。这类学生与实习单位之间不存在劳动关系。实习生在实习过程中造成的意外伤害适用民法的规定处理。

考虑到大学生在实习期间可能发生意外伤害，所以，如果企业未与实习生建立劳动关系，一定要为实习生购买意外伤害险。

2. 劳动者与其他用人单位是否存在劳动关系。一个劳动者依法只能与一个用人单位建立全日制劳动关系。因此，企业招聘时要对劳动者是否存在其他劳动关系进行审查。不要与尚未与原单位解除或者终止劳动合同的劳动者签订合同。《劳动合同法》第 91 条规定，用人单位招用与其他用人单位尚未解除或者终止劳动合同的劳动者，给其他用人单位造成损失的，应当承担连带赔偿责任。

企业在招聘时可以要求应聘者提供与前一单位解除或者终止劳动合同的证明。如果不能提供证明，可以要求提供原用人单位的联系方式，以便进行背景调查。

3. 劳动者与原单位是否签订有竞业禁止协议。在禁止期内企业不要录用这类劳动者。

三、劳动合同签订阶段法律风险的防范

《劳动合同法》规定，用人单位自用工之日起即与劳动者建立劳动关系。因此，是否具有劳动关系是以是否存在实际用工确定的。由于劳动关系比较复杂，履行期限较长，所以《劳动合同法》规定用人单位应与劳动者签订书面劳动合同，以明确当事人之间的权

利与义务。

劳动合同的内容有主件、附件之分。主件一般记载劳动合同主要条款，一般由必备条款和可约定条款构成；附件一般是作为劳动合同的补充，用于细化合同某些主要条款的文件。比如用人单位的内部劳动规则、岗位协议书、专项培训协议等。缺乏附件并不影响主件的法律效力。用人单位发放的录用通知书、报到证明文件、任职文件不属于劳动合同。

劳动合同签订阶段的法律风险主要表现在不及时签订书面合同、内容不合法、条款约定过于简单等。为防止骨干员工以企业不签订书面劳动合同或劳动合同内容不合法为由索赔或跳槽，企业应及时与劳动者签订劳动合同，在拟定劳动合同条款时努力做到必备条款不遗漏，可约定条款内容合法，杜绝禁止性条款，尽量提高劳动合同的可操作性。

（一）在法定期限内与劳动者签订书面劳动合同

初创企业常常是找自己人一起干事儿，有的身兼合伙人或股东和员工双重身份，觉得自己是小企业，都是自己人，没签劳动合同也没关系。然而一旦翻脸，反倒成为麻烦。所以凡是全职来工作的，都要签书面合同。

为维护劳动者的合法权益，《劳动合同法》均要求用人单位自用工之日起1个月内与劳动者订立书面劳动合同。为督促劳动合同双方按时签订劳动合同，法律根据不依法签订书面劳动合同的原因，分别规定了具体的法律后果。

1. 因用人单位原因未签订书面劳动合同的法律后果。为督促用人单位主动与劳动者签订劳动合同，法律对未在法定期间与劳动者签订书面劳动合同的用人单位做出了明显不利的规定。

（1）已建立劳动关系，未同时订立书面劳动合同的，应当自用工之日起1个月内订立书面劳动合同。用人单位自用工之日起满1年不与劳动者订立书面劳动合同的，视为用人单位与劳动者已订立无固定期限劳动合同。用人单位自用工之日起满1个月的次日至满1年的前1日应当向劳动者每月支付两倍的工资，并视为自用工之日起满1年的当日已经与劳动者订立无固定期限劳动合同，用人单位应当立即与劳动者补订书面劳动合同。用人单位违法不与劳动者订立无固定期限劳动合同的，自应当订立无固定期限劳动合同之日起向劳动者每月支付两倍的工资。

（2）用人单位自用工之日起超过1个月不满1年未与劳动者订立书面劳动合同的，依法应当向劳动者每月支付2倍的工资，并与劳动者补订书面劳动合同。其中，用人单位向劳动者每月支付两倍工资的起算时间为用工之日起满1个月的次日，截止时间为补订书面劳动合同的前1日。

2. 因劳动者原因未签订书面劳动合同的法律后果。考虑到劳动者也可能存在不愿意与用人单位签订书面劳动合同的情况，《劳动合同法实施细则》规定：

（1）自用工之日起1个月内，经用人单位书面通知后，劳动者不与用人单位订立书面劳动合同的，用人单位应当书面通知劳动者终止劳动关系，无需向劳动者支付经济补偿，但是应当依法向劳动者支付其实际工作时间的劳动报酬，即用人单位解除劳动合同不需要向劳动者支付解除合同补偿金。

（2）自用工之日起超过1个月不满1年，劳动者不与用人单位订立书面劳动合同的，用人单位应当书面通知劳动者终止劳动关系，并依照劳动合同法第 47 条的规定支付经济补偿，即用人单位解除劳动合同需要向劳动者支付解除合同补偿金。按劳动者在本单位工作的年限，每满 1 年支付 1 个月工资的标准向劳动者支付。6 个月以上不满 1 年的，按 1 年计算；不满 6 个月的，向劳动者支付半个月工资的经济补偿。劳动者月工资高于用人单位所在直辖市、设区的市级人民政府公布的本地区上年度职工月平均工资 3 倍的，向其支付经济补偿的标准按职工月平均工资 3 倍的数额支付经济补偿。

根据上述规定企业要注意：（1）一定要在法定期限内与劳动者签订书面劳动合同。避免因未及时签订书面劳动合同导致企业支付双倍工资，并在劳动合同期限约定上陷于被动。（2）如果劳动者无合理由拒不签署劳动合同，企业应自用工之日起 1 个月内书面通知其终止合同，办理离职手续。（3）妥善保管书面劳动合同。每份合同的价值最高相当于劳动者本人 11 个月的工资。为防止遗失，劳动合同最少应一式 3 份，给劳动者 1 份，单位保存两份，分两处保管。建立劳动合同日常管理制度，将签字的劳动合同扫描后建立电子文档，妥善保存。在人事管理系统内设定到期续订提醒，定期检查，发现有到期情形无论是否续订都要及时处理。

（二）劳动合同必备条款莫遗漏

必备条款，是指依照法律规定当事人应当在劳动合同中约定的条款。用人单位提供的劳动合同文本未载明劳动合同必备条款的，劳动行政部门依法有权责令其改正；给劳动者造成损害的，用人单位依法应当承担赔偿责任。必备条款的内容，我国《劳动法》第 19 条规定了 7 项，即劳动合同期限、工作内容、劳动保护和劳动条件、劳动报酬、劳动纪律、劳动合同终止的条件和违反劳动合同的责任。《劳动合同法》第 17 条规定对上述必备条款进行了调整，取消了劳动纪律、劳动合同终止的条件和劳动者违反劳动合同的责任，体现了侧重于保护劳动者的态度。

《劳动合同法》规定的必备条款有下列 9 项内容，用人单位应以此为基础拟定本单位劳动合同条款：

1. 用人单位的名称、住所和法定代表人或者主要负责人。

2. 劳动者的姓名、住址和居民身份证或者其他有效身份证件号码。此外，建议增加法律文书送达地址。企业的劳动合同、岗位薪资变动通知、解除通知、终止通知等诸多法律文书都须送达员工才能发生法律效力。如果没有对送达地址的约定，可能导致员工失联后相关法律文书无法送达，给企业造成法律隐患。因此，必须在劳动合同中明确约定"员工应当向企业提供准确的邮递地址和联系方式，如邮递地址和联系方式变动应当及时通知企业。员工邮递地址和联系方式变动未履行通知义务的，企业按照原地址邮递送达，无论是否退回均视为送达。因此造成的法律后果由员工负担"。

3. 劳动合同期限。劳动合同应当规定合同生效和终止的时间。没有规定生效时间的，一般将当事人签字或盖章之日视为该劳动合同生效时间。劳动合同终止的时间根据合同种类确定。当事人约定的劳动合同终止时间，应当以劳动合同期限最后一日的 24 时为准。

企业可以对劳动合同期限采用分类约定：普通员工一般采用固定期限，期限的长短可以按照工作岗位的需要确定；对项目类员工，如建筑项目、软件项目，可以采用完成一定工作任务为期限，但要注意要明确约定工作任务完成的标准；对技术性或者管理型员工，可以采用无固定期限，建立员工和单位的长期关系，从而增强员工的忠诚度和企业对核心人才的吸引力。

同时对劳动合同期限需要建立监控体系，法律规定劳动者在用人单位连续工作满十年的和连续两次订立固定期限劳动合同，劳动者即享有订立无固定期限的强制缔约权，因此单位必须做好对劳动合同期限的监控工作，防止因操作不当，造成合同期限选择中的被动局面。

4. 工作内容和工作地点。工作内容是指用人单位提供给劳动者的劳动岗位、工作任务与要求，一般通过具体的工作岗位或工种描述体现出来。工作内容是劳动法律关系所指向的对象，是用人单位使用劳动者的目的，也是劳动者通过自己的劳动取得劳动报酬的原因，因此是必不可少的。

工作地点是劳动者履职的基本地点，是劳动者选择是否在该单位就业的重要因素。合同中应明确约定工作地点，用人单位要调整劳动者工作地点时应与劳动者协商并达成一致。

用人单位可以将可能发生的具体调整情形事先写在劳动合同里面，这样合同签订后，将来单位真的出现了需要调整的情况时就比较有依据。比如：（1）乙方同意在岗位（工种）工作，按时、按质、按量完成该岗位（工种）所承担的各项内容（详见职位说明书），同时应完成公司或上级交代的其他任务。乙方同意接受甲方按照制度进行绩效考核，认可考核结果将作为调整乙方岗位、薪酬及判定乙方是否胜任工作的依据。（2）甲乙双方确认工作地点暂为某地。乙方同意，根据岗位及甲方的经营需要接受到外地出差的安排；甲方在外地的分支机构或派驻机构有需要时，乙方同意服从甲方安排到外地工作。如甲方的经营机构搬迁，乙方同意相应变更工作地点。

引言案例中合同约定的可能调整的工作地点过于宽泛，不具有特定性，难以得到法律支持。实际操作中还是应当进行协商。

此外，企业可以在劳动合同中设定若干个岗位任期，约定到期时需竞聘上岗。如不能竞聘上的，则重新调换岗位，重新订立岗位合同。采用此种方式单位可以将岗位变更转换为岗位合同的履行，避免岗位变动需协商一致的风险。

5. 工作时间和休息休假。《国务院关于职工工作时间的规定》第3条，职工每日工作8小时、每周工作40小时，此为标准工时工作制。企业确有需要，可以根据《劳动法》的第36条和第38规定，适当增加每周的工作时间，即每日工作时间不超过8小时，平均每周工作时间不超过44小时，企业应当保证劳动者每周至少休息1日。此外，用人单位延长工作时间，一般每日不得超过1小时；因法定特殊原因需要延长工作时间的，在保障劳动者身体健康的条件下延长工作时间每日不得超过3小时，但是每月工作日的加点、休息日和法定休假日的加班的总时数不得超过36小时。《劳动法》规定的工作时长属于强制性规定，目前一些企业实行的"早9时至晚9时，每周工作6天"工作制，违反法律关于延长工作时间上限的规定，严重侵犯了劳动者的合法权益。

某些特殊岗位需要实行综合计算工时工作制的，需报经有关劳动行政部门批准。在综合计算周期内，每日连续工作的时间不得超过11小时。

休息休假包括常规休息和休假两类。常规休息是指为恢复劳动者在每日和每周的劳动中支出的体力和脑力而依法享有的休息。主要包括一个工作日内的休息、两个工作日之间的休息和公休日休息。休假，是指劳动者在常规工作时间内带薪放假休息时间，即在正常工作日内劳动者因法定原因取得的免于工作并有工资保障的休息时间。它是休息时间的重要组成部分。主要包括法定节日休息、探亲假、婚丧假、产假、年休假等。

6. 劳动报酬。劳动报酬也称为工资，是指用人单位依据劳动合同的规定，以各种形式支付给劳动者的报酬，是劳动者履行劳动义务后享有的权利。按约定向劳动者支付报酬是用人单位的一项基本义务。劳动报酬主要由基本工资、奖金、津贴构成并以货币形式定期支付。

基本工资，也称为标准工资，是指劳动者在法定工作时间内提供正常劳动所得到的报酬，是劳动者工资构成中最基本的组成部分。其数额不得低于当地政府发布的最低工资标准。当事人在劳动合同中应明确约定基本工资标准或基本工资计算的办法、工资的支付方式和时间，奖金、津贴的取得条件及标准等，并注意不要与法律、行政法规中的强制性规定相冲突。

《劳动合同法》第 18 条规定，劳动合同对劳动报酬和劳动条件等标准约定不明确，引发争议的，用人单位与劳动者可以重新协商；协商不成的，适用集体合同规定；没有集体合同或者集体合同未规定劳动报酬的，实行同工同酬；没有集体合同或者集体合同未规定劳动条件等标准的，适用国家有关规定。

企业设计劳动报酬制度时应注意两点：一是报酬的激励性，建立阶梯式报酬体系，利用劳动报酬强化激励性；二是报酬的可控性，便于单位调整劳动报酬，控制劳动报酬成本。在实际操作中可以细化为三个方面：(1) 劳动报酬结构多元化。采用"基本工资+绩效工资+福利+年终奖+补贴"的结构方式，并制定每项不同的支付办法，如基本工资依据岗位确定，绩效工资随考核，福利以级别职位为准，年终奖将个人报酬与企业效益相结合，补贴作为企业的自由支配项目。(2) 劳动报酬长期化。劳动报酬长期化的关键在于降低短期支付项目，加大长期支付项目。如年终奖、福利、补贴可以采用按年发放的方式，并将其发放与职工工作年限相结合，树立职工长期工作的激励，起到稳定职工队伍、降低员工流失率、巩固职工忠诚度的作用。(3) 劳动报酬的制度化。劳动报酬是职工和企业关注的焦点，报酬的变化对企业影响极大，因此企业应建立劳动报酬支付办法，实行劳动报酬的透明化管理，即将劳动报酬结构、支付方式、支付时间、支付依据、晋升规则、保密规定集中作为企业的一项规章制度，实现劳动报酬成本的可控性。

7. 社会保险。为了保障公民在年老、疾病、工伤、失业、生育等情况下依法从国家和社会获得物质帮助，国家建立了基本养老保险、基本医疗保险、工伤保险、失业保险、生育保险等社会保险制度。国家建立全国统一的个人社会保障号码。个人社会保障号码为公民身份证号码。

用人单位应当自用工之日起 30 日内为其职工向社会保险经办机构申请办理社会保险登记。即使合同约定有试用期，用人单位也应当自用工之日起算为员工办理社会保险并缴费。社保登记实行属地管理，开户和缴费单位应当是用人单位。引言案例中该公司委托代理公司以代理公司的名义在深圳给王某缴纳社保违反了属地管理原则，开户和缴费单位也不合法。

依法办理和缴纳社会保险费是用人单位和个人的法定义务，当事人不能通过约定减免。如果劳动者出具放弃参保的声明，无论是否自愿，都是违反法律强制性规定，在法律上是无效的。

根据《社会保险法》的规定，我国企业职工社会保险主要包括以下内容：

（1）职工基本养老保险。职工基本养老保险制度是国家为了保障职工退休后的基本生活而建立的社会保险制度。基本养老保险费依法由用人单位和职工共同缴纳。无雇工的个体工商户、未在用人单位参加基本养老保险的非全日制从业人员以及其他灵活就业人员可以参加基本养老保险，基本养老保险费由个人缴纳。

职工基本养老保险实行社会统筹与个人账户相结合。用人单位应当按照国家规定的本单位职工工资总额的比例缴纳基本养老保险费，记入基本养老保险统筹基金。职工应当按照国家规定的本人工资的比例缴纳基本养老保险费，记入个人账户。无雇工的个体工商户、未在用人单位参加基本养老保险的非全日制从业人员以及其他灵活就业人员参加基本养老保险的，应当按照国家规定缴纳基本养老保险费，分别记入基本养老保险统筹基金和个人账户。

参加基本养老保险的个人，达到法定退休年龄时累计缴费满15年的，按月领取基本养老金。参加基本养老保险的个人，达到法定退休年龄时累计缴费不足15年的，可以缴费至满15年，按月领取基本养老金；也可以转入新型农村社会养老保险或者城镇居民社会养老保险，按照国务院规定享受相应的养老保险待遇。这里应注意法律规定的是累计缴费而非连续缴费。

（2）职工基本医疗保险。职工基本医疗保险制度是依法对职工的基本医疗权利给予保障的社会保险制度。职工基本医疗保险费依法由用人单位和职工按照国家规定共同缴纳。无雇工的个体工商户、未在用人单位参加职工基本医疗保险的非全日制从业人员以及其他灵活就业人员可以参加职工基本医疗保险，由个人按照国家规定缴纳基本医疗保险费。参加职工基本医疗保险的个人，达到法定退休年龄时累计缴费达到国家规定年限的，退休后不再缴纳基本医疗保险费，按照国家规定享受基本医疗保险待遇；未达到国家规定年限的，可以缴费至国家规定年限。

符合基本医疗保险药品目录、诊疗项目、医疗服务设施标准以及急诊、抢救的医疗费用，按照国家规定从基本医疗保险基金中支付。但下列医疗费用不纳入基本医疗保险基金支付范围：①应当从工伤保险基金中支付的；②应当由第三人负担的；③应当由公共卫生负担的；④在境外就医的。

医疗费用依法应当由第三人负担，第三人不支付或者无法确定第三人的，由基本医疗保险基金先行支付。基本医疗保险基金先行支付后，有权向第三人追偿。

（3）工伤保险。工伤保险制度是国家为了保障因工作遭受事故伤害或者患职业病的职工获得医疗救治和经济补偿，促进工伤预防和职业康复，分散用人单位的工伤风险而建立的社会保险制度。工伤保险费依法由用人单位缴纳，职工不缴纳工伤保险费。国家根据不同行业的工伤风险程度确定行业的差别费率，并根据使用工伤保险基金、工伤发生率等情况在每个行业内确定费率档次。社会保险经办机构根据用人单位使用工伤保险基金、工伤发生率和所属行业费率档次等情况，确定用人单位缴费费率。用人单位应当按照本单位职工工资总额，根据社会保险经办机构确定的费率缴纳工伤保险费。因此，用人单位缴费费率与工伤事故发生率及赔付情况呈正比。

职工因工作原因受到事故伤害或者患职业病，且经工伤认定的，享受工伤保险待遇；其中，经劳动能力鉴定丧失劳动能力的，享受伤残待遇。

《工伤保险条例》第14条规定，职工有下列情形之一的，应当认定为工伤：①在工作时间和工作场所内，因工作原因受到事故伤害的；②工作时间前后在工作场所内，从事与工作有关的预备性或者收尾性工作受到事故伤害的；③在工作时间和工作场所内，因履行工作职责受到暴力等意外伤害的；④患职业病的；⑤因工外出期间，由于工作原因受到伤害或者发生事故下落不明的；⑥在上下班途中，受到非本人主要责任的交通事故或者城市轨道交通、客运轮渡、火车事故伤害的；⑦法律、行政法规规定应当认定为工伤的其他情形。

第15条规定，职工有下列情形之一的，视同工伤：①在工作时间和工作岗位，突发疾病死亡或者在48小时之内经抢救无效死亡的；②在抢险救灾等维护国家利益、公共利益活动中受到伤害的；③职工原在军队服役，因战、因公负伤致残，已取得革命伤残军人证，到用人单位后旧伤复发的。

职工有前款第①项、第②项情形的，按照本条例的有关规定享受工伤保险待遇；职工有前款第③项情形的，按照本条例的有关规定享受除一次性伤残补助金以外的工伤保险待遇。

《社会保险法》第37条规定，职工因下列情形之一导致本人在工作中伤亡的，不认定为工伤：①故意犯罪的；②醉酒或者吸毒的；③自残或者自杀的；④法律、行政法规规定的其他情形。

因工伤发生的治疗工伤的医疗费用和康复费用、住院伙食补助费、到统筹地区以外就医的交通食宿费、安装配置伤残辅助器具所需费用等，按照国家规定从工伤保险基金中支付。因工伤发生的下列费用，按照国家规定由用人单位支付：①治疗工伤期间的工资福利；②五级、六级伤残职工按月领取的伤残津贴；③终止或者解除劳动合同时，应当享受的一次性伤残就业补助金。

工伤职工符合领取基本养老金条件的，停发伤残津贴，享受基本养老保险待遇。基本养老保险待遇低于伤残津贴的，从工伤保险基金中补足差额。

（4）失业保险。失业保险制度是国家为了保障失业人员失业期间的基本生活，促进其再就业而建立的社会保险制度。失业保险费依法由用人单位和职工按照国家规定共同缴纳。

失业与主动辞职是不同的，它是非因本人意愿中断就业的情形。失业人员从失业保险基金中领取失业保险金应符合三个条件：①失业前用人单位和本人已经缴纳失业保险费满1年的；②非因本人意愿中断就业的；③已经进行失业登记，并有求职要求的。

失业人员失业前用人单位和本人累计缴费满1年不足5年的，领取失业保险金的期限最长为12个月；累计缴费满5年不足10年的，领取失业保险金的期限最长为18个月；累计缴费10年以上的，领取失业保险金的期限最长为24个月。重新就业后，再次失业的，缴费时间重新计算，领取失业保险金的期限与前次失业应当领取而尚未领取的失业保险金的期限合并计算，最长不超过 24 个月。

失业保险金的标准，由省、自治区、直辖市人民政府确定，不得低于城市居民最低生活保障标准。

失业人员在领取失业保险金期间，参加职工基本医疗保险，享受基本医疗保险待遇。失业人员应当缴纳的基本医疗保险费从失业保险基金中支付，个人不缴纳基本医疗保险费。

用人单位应当及时为失业人员出具终止或者解除劳动关系的证明，并将失业人员的名单自终止或者解除劳动关系之日起 15 日内告知社会保险经办机构。失业人员应当持本单位为其出具的终止或者解除劳动关系的证明，及时到指定的公共就业服务机构办理失业登记。

（5）生育保险。生育保险制度是国家为了维护企业女职工的合法权益，保障她们在生育期间得到必要的经济补偿和医疗保健，均衡企业间生育保险费用的负担而建立的社会保险制度。生育保险费由用人单位按照国家规定缴纳，职工不缴纳生育保险费。生育保险费按职工人数缴纳，不分男女。用人单位已经缴纳生育保险费的，其职工享受生育保险待遇；职工未就业配偶按照国家规定享受生育医疗费用待遇。所需资金从生育保险基金中支付。

生育保险待遇包括生育医疗费用和生育津贴。生育津贴按照职工所在用人单位上年度职工月平均工资计发。

目前社会保险总额一般占到企业工资成本的 51%左右，因此，优化社保成本非常重要。企业可以考虑从以下三个方面着手：（1）社会保险缴费基数优化，社保缴费基数优化需要和工资结构相结合，采用短期工资降低、长期工资加大的方式降低社保缴费基数；（2）社保外包，即由人力资源服务公司提供社保代理服务，通过社保业务外包降低社保操作的人工成本；（3）商业保险补充。以工伤保险为例，工伤保险基金虽然可以报销大部分工伤费用，但仍有几项由企业本身承担，企业可以通过商业补充保险免除企业的赔付责任。

8. 劳动保护、劳动条件和职业危害防护。这是用人单位应当为劳动者提供的劳动安全保障和完成劳动任务所需的必要条件。

劳动保护，是指用人单位为了保障劳动者在劳动过程中的身体健康与生命安全，预防伤亡事故和职业病的发生，而采取的有效措施，包括劳动安全和劳动卫生方面的设施、防护措施以及工作环境等。在劳动保护方面，凡是国家有强制性标准规定的，用人单位必须按国家标准执行，劳动合同约定的劳动保护标准不得低于国家标准。国家没有规定强制性标准的，劳动合同中约定的标准以不使劳动者的生命安全受到威胁、身体健康受到侵害为前提条件。

劳动条件，是指劳动者完成劳动任务所需的必要条件。用人单位在保证提供必要的劳动条件的前提下，才能要求劳动者完成所要求的劳动任务。

职业危害防护写入合同，有利于保护劳动者的知情权，使劳动者可以根据自己的身体情况选择职业，减少职业病的发生。法律规定用人单位应在合同中向劳动者阐明职业危害，并建立防护措施。

9. 法律、法规规定应当纳入劳动合同的其他事项。目前主要包括住房公积金。

根据国务院发布的《住房公积金管理条例》（2002 年）的规定，用人单位及其在职职工还应缴存住房公积金，所以住房公积金也是劳动合同必要条款。所谓住房公积金，是指国家机关、国有企业、城镇集体企业、外商投资企业、城镇私营企业及其他城镇企业、事业单位、民办非企业单位、社会团体（以下统称单位）及其在职职工缴存的长期住房储金。住房公积金主要用于职工购买、建造、翻建、大修自住住房等。

新设立的单位应当自设立之日起 30 日内到住房公积金管理中心办理住房公积金缴存登记，并自登记之日起 20 日内持住房公积金管理中心的审核文件，到受委托银行为本单位职工办理住房公积金账户设立手续。

每个职工只能有一个住房公积金账户。职工个人缴存的住房公积金和职工所在单位为职工缴存的住房公积金，属于职工个人所有。职工住房公积金的月缴存额为职工本人上一年度月平均工资乘以职工住房公积金缴存比例。单位为职工缴存的住房公积金的月缴存额为职工本人上一年度月平均工资乘以单位住房公积金缴存比例。

新参加工作的职工从参加工作的第二个月开始缴存住房公积金，月缴存额为职工本人当月工资乘以职工住房公积金缴存比例。单位新调入的职工从调入单位发放工资之日起缴存住房公积金，月缴存额为职工本人当月工资乘以职工住房公积金缴存比例。职工个人缴存的住房公积金，由所在单位每月从其工资中代扣代缴。

职工和单位住房公积金的缴存比例均不得低于职工上一年度月平均工资的 5%；有条件的城市，可以适当提高缴存比例。具体缴存比例由住房公积金管理委员会拟订，经本级人民政府审核后，报省、自治区、直辖市人民政府批准。

单位应当按时、足额缴存住房公积金。对缴存住房公积金确有困难的单位，经本单位职工代表大会或者工会讨论通过，并经住房公积金管理中心审核，报住房公积金管理委员会批准后，可以降低缴存比例或者缓缴；待单位经济效益好转后，再提高缴存比例或者补缴缓缴。单位不依法办理住房公积金缴存登记或者不为本单位职工办理住房公积金账户设立手续的，由住房公积金管理中心责令限期办理；逾期不办理的，处 1 万元以上 5 万元以下的罚款。单位逾期不缴或者少缴住房公积金的，由住房公积金管理中心责令限期缴存；逾期仍不缴存的，可以申请人民法院强制执行。

（三）可约定条款要合法

可约定条款，是指法律规定当事人可以自主决定是否在劳动合同中约定的条款。这些条款是否列入合同，由当事人协商确定。根据我国《劳动法》及《劳动合同法》的规定，用人单位与劳动者可以自主决定约定试用期、培训、保守秘密、补充保险和福利待遇等其他事项。

1. 试用期条款。试用期，是指劳动者和用人单位为了相互了解、选择而在劳动合同中约定的考察期。用人单位与劳动者之间相互了解需要一定时间，规定试用期可以使当事人能在工作中彼此加深了解，以便决定是否建立相对稳定的劳动关系。在试用期内，如果用人单位认为劳动者不符合录用条件，可以解除劳动关系；劳动者发现用人单位不符合自己的要求，也可以提出辞职。

为防止用人单位滥用试用期侵害劳动者合法权益，《劳动法》和《劳动合同法》对当事人在试用期内解除劳动合同权利的行使条件、试用期限、试用次数和试用期工资均作出了明确规定。用人单位在约定和使用试用期条款时应特别注意以下几个方面：

（1）当事人在试用期内解除劳动合同权利的行使条件是不同的。劳动者在试用期内提前3日书面通知用人单位，即可以解除劳动合同。用人单位解除合同则需要提供劳动者不符合录用条件的证据。为方便举证，用人单位在合同中应细化录用条件，并在试用期内对劳动者进行考核。发现劳动者不符合录用条件后，及时收集证据，并在试用期内书面通知劳动者解除合同。试用期满，双方均无异议的，被试用劳动者自动成为用人单位的正式职工。

（2）试用期最长不得超过6个月。其中，劳动合同期限3个月以上不满1年的，试用期不得超过1个月；劳动合同期限1年以上不满3年的，试用期不得超过2个月；3年以上固定期限和无固定期限的劳动合同，试用期不得超过6个月。

（3）试用期应包含在劳动合同期限内。劳动合同仅约定试用期的，试用期不成立，该期限视为劳动合同期限。用人单位应绝对避免与劳动者签订仅约定试用期的短期劳动合同，因为这种合同会被视为签订了一次定期劳动合同；而用人单位与劳动者连续订立二次定期劳动合同，劳动者在第二次到期续签时，就可要求签订无固定期限劳动合同了。引言中公司与王某第一次签订的是为期3个月的试用期合同，因仅有试用期，所以该试用期约定无效，双方签订的是为期3个月固定期限合同。合同期满后，公司与王某签订的为期2年的劳动合同属于第二次签订有固定期限合同。此时，公司已与王某签订了两次固定期限劳动合同。因此，如果公司再次与其续签劳动合同，已是第三次签订劳动合同了，王某依法有权要求与公司签订无固定期限的劳动合同。

（4）同一用人单位与同一劳动者只能约定一次试用期。用人单位不能以调岗为由安排试用期。以完成一定工作任务为期限的劳动合同或者劳动合同期限不满3个月的，不得约定试用期。

（5）劳动者在试用期间的工资不得低于本单位相同岗位最低档工资的80%或者不得低于劳动合同约定工资的80%，并不得低于用人单位所在地的最低工资标准。企业可以将员工工资细化为基本工资、绩效工资、奖金等形式，这样既可以确保试用期工资不低于国家规定的标准，又可以适当降低试用期工资成本。

2. 专项培训条款。专项培训是指由第三方对劳动者所进行的专业技术培训。比如从国外引进一条生产线、一个项目，必须有能够操作的人，为此把劳动者送到设备生产商或某个专门机构去培训，回来以后负责管理这个生产线或项目。如果只是每个劳动者入职都要开展的职业培训，比如岗前必经的培训，则不属于专项培训。

为满足生产经营的需要，鼓励劳动者提高劳动技能，用人单位可能会安排劳动者参加一些专项培训，并为劳动者提供一些专项培训费用，主要包括有收费凭证的培训费用、培训期间的差旅费用以及因培训产生的用于该劳动者的其他直接费用等。为鼓励用人单位加强职工培训，《劳动合同法》第22条规定，用人单位为劳动者提供专项培训费用，对其进行专业技术培训的，可以与该劳动者订立协议，约定服务期。劳动者违反服务期约定的，应当按照约定向用人单位支付违约金。但违约金的数额不得超过用人单位提供的培训费用。用人单位要求劳动者支付的违约金不得超过服务期尚未履行部分所应分摊的培训费用。

企业在约定和执行专项培训条款时应当注意以下几个问题：

（1）专项培训合同一般是在对员工进行培训时单独签订的，企业应注意妥善保管培训合同及相应的培训费用支出凭证。

（2）企业避免发生《劳动合同法》第38条规定的情形。因为如果企业具有《劳动合同法》第38条规定的情形，劳动者有权不受服务期限制单方解除劳动合同，并不需要支付违约金。

3. 保密条款。保密条款是指用人单位为使劳动者保守用人单位的保密事项而与劳动者协商确定的合同条款。其内容主要包括需要保密的事项、范围、期限、方式及违约责任等。约定这一条款的目的在于保护防止了解或掌握用人单位保密事项的劳动者泄密，给用人单位造成经济损失。

可以约定的保密事项有哪些？我国《劳动法》规定，劳动合同当事人可以在劳动合同中约定保守用人单位商业秘密的有关事项。《劳动合同法》将保密事项的范围扩大到商业秘密和与知识产权相关的保密事项。我国《民法典》规定，知识产权的客体主要包括作品；发明、实用新型、外观设计；商标；地理标志；商业秘密；集成电路布图设计；植物新品种；法律规定的其他客体。所以，《民法典》颁布实施后，商业秘密已列入知识产权范畴。

所谓商业秘密，根据我国《反不正当竞争法》的规定，是指不为公众所知悉、具有商业价值并经权利人采取相应保密措施的技术信息和经营信息。它包括生产配方、工艺流程、技术诀窍、设计图纸、管理方法、营销策略、客户名单、货源情报等。其构成要件包括三个方面：①不为公众所知悉；②具有商业价值；③权利人采取了适当的保密措施；④该信息应当是技术信息或者经营信息。

企业在与劳动者约定保密条款时应注意明确列举需要保密的具体事项，但不能约定违约金。劳动者违反劳动合同中约定的保密义务，给企业造成损失的，企业有权依法要求劳动者承担赔偿责任。

4. 禁止同业竞争条款。禁止同业竞争是指当事人在合同中约定禁止劳动者在任职期间及离职后，到与本单位生产或者经营同类产品、从事同类业务的有竞争关系的其他用人单位就业，或者自己投资生产或者经营同类产品、从事同类业务。

随着市场经济的发展，商业秘密成为企业重要的，甚至是直接影响企业利益与生存的无形资产。市场经济下人才市场的活跃以及人才的频繁流动使得由于掌握商业秘密人才的流动而侵犯企业商业秘密的案例层出不穷。为平衡双方当事人的利益关系，《劳动合同法》规定，对负有保密义务的劳动者，用人单位可以在劳动合同或者保密协议中与劳动者约定竞业限制条款，并约定在解除或者终止劳动合同后，在竞业限制期限内按月给予劳动者经济补偿。劳动者违反竞业限制约定的，应当按照约定向用人单位支付违约金。经济补偿标准由当事人在合同中约定。

企业在约定和执行竞业限制条款时应当注意以下几个问题：

（1）竞业限制的对象依法仅限于企业的高级管理人员、高级技术人员和其他负有保密义务的人员。

（2）企业应当与劳动者协商确定竞业限制的范围、地域、期限。离职后的竞业限制期限，依法不得超过2年。

（3）在合同中应明确约定离职期间竞业限制经济补偿标准。对劳动者任职期间内实施竞业限制，企业不需要支付补偿金。但劳动者离职后，如果企业继续对劳动者实施竞业限制，将严重影响劳动者再就业，因此，法律要求企业对劳动者给予经济补偿。企业应按什么标准给劳动者补偿？法律未做出具体规定，授权企业与劳动者自由协商约定。从公平的角度看，一般认为不应低于当地最低月工资标准。

此外，根据《最高人民法院关于审理劳动争议案件适用法律若干问题的解释（一）》的规定，如果企业与劳动者在劳动合同或者保密协议中约定了竞业限制，但未在合同中约定解除或者终止劳动合同后给予劳动者经济补偿，劳动者履行了竞业限制义务的，劳动者可以要求用人单位按照劳动者在劳动合同解除或者终止前12个月平均工资的30%按月支付经济补偿。如果劳动者月平均工资的30%低于劳动合同履行地最低工资标准的，可以要求按照劳动合同履行地最低工资标准支付。当事人可以在此标准之上约定。

（4）企业可以在合同中约定劳动者违反竞业限制时应支付的违约金。关于违约金的数额问题，法律没有明确的限制，企业一般应根据违约可能给企业造成的损失来确定。如果竞业限制违约金高于实际损失，法院或仲裁机构可以在综合衡量劳动者的工资收入标准、单位约定支付生活费补偿总额以及给企业造成影响等因素依法调整。

此外，根据《最高人民法院关于审理劳动争议案件适用法律若干问题的解释（一）》的规定，劳动者违反竞业限制约定，向企业支付违约金后，企业还可以要求劳动者按照约定继续履行竞业限制义务。

（5）在竞业限制期限内，企业可以请求解除竞业限制协议。在解除竞业限制协议时，劳动者可以请求企业额外支付劳动者3个月的竞业限制经济补偿。当事人在劳动合同或者保密协议中约定了竞业限制和经济补偿，劳动合同解除或者终止后，因企业的原因导致3个月未支付经济补偿的，劳动者可以通知企业解除竞业限制，并要求企业给予补偿。企业不同意解除的，劳动者可以向法院起诉解除。在限制约定解除前，劳动者不要违约在竞业领域就业。

5. 补充保险和福利待遇。补充保险和福利待遇指用人单位在法定义务之外为职工提供的商业保险、生活便利和优惠等。补充保险是社会保险之外的保险，主要包括企业补充养老保险、企业补充医疗保险等。福利待遇主要包括住房补贴、通讯补贴、交通补贴、医疗卫生服务、子女教育等。随着市场经济的发展，企业给予劳动者提供的补充保险和福利待遇已成为劳动者收入的重要指标之一，并成为劳动者就业选择的一个重要因素。

（四）禁止性条款应杜绝

禁止性条款，是指禁止当事人在劳动合同中约定的条款。根据《劳动合同法》第9条的规定，企业招用劳动者，不得扣押劳动者的居民身份证和其他证件，不得要求劳动者提供担保或者以其他名义向劳动者收取财物。因此，企业在招收、录用人员时，向劳动者收取集资费、培训费、体检费等费用的做法都是不合法的，给劳动者造成损害的，依法需承担赔偿责任，还可能受到行政处罚。

用人单位不应在合同中约定免除自己的法定责任、排除劳动者法定权利的条款。

四、劳动合同履行阶段法律风险的防范

劳动合同履行阶段的法律风险点主要表现在不依法支付工资和缴纳社会保险费等方面。掌握《劳动合同法》和《工资支付暂行规定》（1994）的相关规定，有助于减少风险。

（一）工资应以货币形式按时足额支付

1. 以法定货币支付。工资依法应当以法定货币支付，不得以实物及有价证券替代货币支付。所以，企业不能以向职工发放企业产品的方式折抵应当支付的工资。以非货币方式支付，在法律上属于拖欠或者未足额支付工资的行为。如果企业确实资金周转困难，在征得企业工会同意后，可以暂时延期支付。

2. 按约定时间支付。工资依法必须在用人单位与劳动者约定的日期支付。如遇节假日或休息日，则应提前在最近的工作日支付。工资至少每月支付一次，实行周、日、小时工资制的可按周、日、小时支付工资。每月支付工资的具体周期和日期企业可以自行决定，一般采用当月工资下月支付的方式。

3. 加班工资的支付标准。企业在劳动者完成劳动定额或规定的工作任务后，根据实际需要安排劳动者在法定标准工作时间以外工作的，依法应按以下标准支付工资：

（1）企业依法安排劳动者在日法定标准工作时间以外延长工作时间的，按照不低于劳动合同规定的劳动者本人小时工资标准的150%支付劳动者工资；

（2）企业依法安排劳动者在休息日工作，而又不能安排补休的，按照不低于劳动合同规定的劳动者本人日或小时工资标准的200%支付劳动者工资；

（3）企业依法安排劳动者在法定休假节日工作的，按照不低于劳动合同规定的劳动者本人日或小时工资标准的300%支付劳动者工资。

实行计件工资的劳动者，在完成计件定额任务后，由企业安排延长工作时间的，应根据上述规定的原则，分别按照不低于其本人法定工作时间计件单价的150%、200%、300%支付其工资。

4. 不得克扣劳动者工资。所谓"克扣"，系指用人单位无正当理由扣减劳动者应得工资（即在劳动者已提供正常劳动的前提下企业按劳动合同规定的标准应当支付给劳动者的全部劳动报酬）。不包括以下减发工资的情况：（1）国家的法律、法规中有明确规定的；（2）依法签订的劳动合同中有明确规定的；（3）企业依法制定并经职代会批准的厂规、厂纪中有明确规定的；（4）企业工资总额与经济效益相联系，经济效益下浮时，工资必须下浮的（但支付给劳动者工资不得低于当地的最低工资标准）；（5）因劳动者请事假等相应减发工资等。

此外，有下列情况之一的，企业可以代扣劳动者工资：（1）企业代扣代缴的个人所得税；（2）企业代扣代缴的应由劳动者个人负担的各项社会保险费用；（3）法院判决、裁定中要求代扣的抚养费、赡养费；（4）法律、法规规定可以从劳动者工资中扣除的其他费用。

因劳动者本人原因给企业造成经济损失的，企业可按照劳动合同的约定要求其赔偿经济损失。经济损失的赔偿，可从劳动者本人的工资中扣除。但每月扣除的部分不得超过劳动者当月工资的20%；若扣除后的剩余工资部分低于当地月最低工资标准，则按最低工资标准支付。

2017年人力资源和社会保障部发布《拖欠农民工工资"黑名单"管理暂行办法》，决定对违反国家工资支付法律法规规章规定，存在该办法第5条所列拖欠工资情形的用人单位及其法定代表人、其他责任人实行"黑名单"管理。人力资源和社会保障行政部门有权自查处违法行为并作出行政处理或处罚决定之日起20个工作日内，按照管辖权限将其列入拖欠工资"黑名单"。列入"黑名单"的信息会纳入当地和全国信用信息共享平台，由相关部门在各自职责范围内依法依规实施联合惩戒，在政府资金支持、政府采购、招投标、生产许可、资质审核、融资贷款、市场准入、税收优惠、评优评先等方面予以限制。

5. 逾期支付的赔偿标准。根据《劳动合同法》第85条的规定，企业逾期不支付工资的，由劳动行政部门责令限期支付，并责令企业按应付金额50%以上100%以下的标准向劳动者加付赔偿金。

（二）应按时为职工办理社会保险登记，按时足额缴纳社会保险费

《社会保险法》规定，企业应当自用工之日起30日内为其职工向社会保险经办机构申请办理社会保险登记。未办理社会保险登记的，由社会保险经办机构核定其应当缴纳的社会保险费。用人单位应当自行申报、按时足额缴纳社会保险费，非因不可抗力等法定事由不得缓缴、减免。职工应当缴纳的社会保险费由用人单位代扣代缴，用人单位应当按月将缴纳社会保险费的明细情况告知本人。

企业未依法为劳动者缴纳社会保险费的，劳动者可以即时解除劳动合同，并要求企业向其支付经济补偿。企业未依法缴纳工伤保险费，发生工伤事故的，由企业支付工伤保险待遇。

此外，社会保险费征收机构也可以责令企业限期缴纳或补足，并自欠缴之日起，按日加收5‰的滞纳金；逾期仍不缴纳的，由有关行政部门处欠缴数额1倍以上3倍以下的罚款。

总之，企业不依法缴纳社会保险费，既可能增加人员变动风险，影响企业的正常经营，还可能增加企业资金支出。企业如果因不可抗力造成生产经营出现严重困难，可以向社会保险行政部门申请暂缓缴纳一定期限的社会保险费。暂缓期限一般不超过1年。经批准后的暂缓缴费期间，免收滞纳金。

五、劳动合同解除阶段法律风险的防范

劳动合同的解除，是指劳动合同订立后，履行完毕以前，一方或双方当事人依法提前终止劳动合同法律关系的法律行为。劳动合同的解除，是合同的提前终止，解除行为只对未履行的部分发生效力，不涉及已履行的部分。劳动合同的解除可以由劳动者提出，也可以由用人单位提出。由劳动者提出时一般称为辞职，由用人单位提出时一般称为辞退。

根据劳动合同解除方式的不同，劳动合同的解除可以分为协议解除和单方解除两类。协议解除当事人达成一致即可，单方解除则应具备法定条件。法定解除的条件不以列入劳动合同为必要。当事人不能在法定条件之外，约定其他解除条件，即使约定了也属于无效约定。

企业解除劳动合同可能导致劳动者失业，并会给劳动者造成一定的财产损失。为避免激化矛盾，企业应尽可能友情操作，不要随意辞退人。在向员工提出解除合同要求时，应明确说明解除的法定依据、具体理由，并严格依法、及时给予适当补偿。

劳动合同解除阶段的法律风险主要集中在企业违法单方解除和未依法支付解除合同补偿金等方面。所以了解相关法律规定，妥善处理非常重要。

（一）企业单方解除劳动合同的法定条件和程序

根据我国《劳动合同法》及有关规定，企业单方解除劳动合同的法定条件分为许可性条件和禁止性条件两种。

1. 法定许可性条件和程序。具体分为以下 3 种情况：

（1）即时通知解除。根据《劳动合同法》第 39 条的规定，劳动者有下列情形之一的，企业可以通知劳动者解除劳动合同：

①在试用期间被证明不符合录用条件的。

②严重违反企业的规章制度的。其中"严重"的认定标准很重要，法律没有明确规定，企业应当在规章制度中对此作出明确界定，以利于操作。企业的规章制度应通过民主程序制定，不违反国家法律、行政法规及政策规定，并应向劳动者公示。用人单位制定的内部规章制度与集体合同或者劳动合同约定的内容不一致，劳动者可以请求优先适用合同的约定。

③严重失职，营私舞弊，给企业造成重大损害的。企业的内部规章对"重大损害"应当以书面形式量化，若由此发生劳动争议，可以通过劳动争议仲裁机构对其规章规定的重大损害进行认定。

④劳动者同时与其他企业建立劳动关系，对完成本单位的工作任务造成严重影响，或者经企业提出，拒不改正的。

⑤劳动者以欺诈、胁迫的手段或者乘人之危，使企业在违背真实意思的情况下订立或者变更劳动合同的。

⑥被依法追究刑事责任的。根据原劳动部《关于贯彻执行〈劳动法〉若干问题的意见》第 29 条的解释，"被依法追究刑事责任"是指以下三种情形：①被人民检察院免予

起诉的；②被人民法院判处刑罚（刑罚包括：主刑：管制、拘役、有期徒刑、无期徒刑、死刑；附加刑：罚金、剥夺政治权利、没收财产）的；③被人民法院依据《刑法》第32条免予刑事处分的（《刑法》第32条：刑罚分为主刑和附加刑）。此外，劳动者被人民法院判处3年以下有期徒刑缓刑的，用人单位也可以解除劳动合同。《劳动合同法》取消了"劳动者被劳动教养"这一情形。

（2）一般预告解除。根据《劳动合同法》第40条的规定，有下列情形之一的，企业提前30日以书面形式通知劳动者本人或者额外支付劳动者1个月工资（其额外支付的工资应当按照该劳动者上一个月的工资标准确定。）后，可以解除劳动合同：

①劳动者患病或者非因工负伤，在规定的医疗期满后不能从事原工作，也不能从事由企业另行安排的工作的。劳动者医疗期满后，不能从事原工作的，由原企业另行安排适当工作之后，仍不能从事另行安排的工作的，可以解除劳动合同。

医疗期是劳动者因患病或者非因工负伤停止工作治疗休息，企业不得解除劳动合同的时限。根据原劳动部《关于发布〈企业职工患病或非因工负伤医疗期规定〉的通知》（劳部发〔1994〕479号）的规定，企业职工因患病或非因工负伤，需要停止工作医疗时，根据本人实际参加工作年限和在本单位工作年限，给予3个月到24个月的医疗期。具体为：实际工作年限10年以下的，在本单位工作年限5年以下的为3个月，5年以上的为6个月；实际工作年限10年以上的，在本单位工作年限5年以下的为6个月，5至10年的为9个月，10至15年的为12个月，15年至20年的为18个月，20年以上的为24个月。对于患有某些特殊疾病，如癌症、精神病、瘫痪等疾病的劳动者，在24个月内尚不能治愈的，经企业和当地劳动部门批准，可适当延长治疗期。

②劳动者不能胜任工作，经过培训或者调整工作岗位，仍不能胜任工作的。所谓"不能胜任工作"，是指不能按要求完成劳动合同中约定的任务或者同工种、同岗位人员的工作量。企业不得故意提高定额标准，使劳动者无法完成。

③劳动合同订立时所依据的客观情况发生重大变化，致使劳动合同无法履行，经企业与劳动者协商，未能就变更劳动合同内容达成协议的。所谓"客观情况"指：发生不可抗力或出现致使劳动合同全部或部分条款无法履行的其他情况，如企业迁移、被兼并、企业资产转移等，不包括因企业濒临破产进行法定整顿期间或者生产经营状况发生严重困难，确需裁减人员的情况。

企业以即时通知解除或一般预告方式解除劳动合同的，应当事先将理由通知工会。为方便举证，用人单位在即时解除劳动合同时应当制作书面解除合同文件，并应尽可能以书面形式通知劳动者本人，并取得对方的签收凭证。

（3）因裁员而预告解除。裁员，是指企业因破产重整等劳动合同订立时所依据的客观经济情况发生重大变化的原因，为改善生产经营状况的需要而批量裁减劳动者。企业一次裁减20人以上或者裁减不足20人但占企业职工总数10%以上的劳动者的行为在法律上属于裁员。

根据《劳动合同法》第41条第1款的规定，企业具备下列4种情形之一，可以进行经济性裁员：①依照企业破产法规定进行重整的；②生产经营发生严重困难的；③企业转产、重大技术革新或者经营方式调整，经变更劳动合同后，仍需裁减人员的；④其他因劳动合同订立时所依据的客观经济情况发生重大变化，致使劳动合同无法履行的。

企业确需裁减人员的，依法应按下列程序进行：①提前 30 日向工会或者全体职工说明情况。②提出裁减人员的方案。包括：被裁减人员名单，裁减时间，实施步骤，裁减人员的法律依据及经济补偿办法。③将裁员方案征求工会或者职工的意见，并修改方案。④向当地劳动行政管理部门报告。⑤公布裁员方案，与被裁减人员办理解除劳动合同手续，支付经济补偿金，出具裁减人员证明书。

2. 法定禁止性解除条件。为了保证劳动者在特殊情况下的权益不受侵害，《劳动合同法》第 42 条规定，劳动者有下列情形之一的，企业不得依据法定预告解除的许可条件解除劳动合同：①从事接触职业病危害作业的劳动者未进行离岗前职业健康检查，或者疑似职业病病人在诊断或者医学观察期间的；②在本单位患职业病或者因工负伤并被确认丧失或者部分丧失劳动能力的；③患病或者非因工负伤，在规定的医疗期内的；④女职工在孕期、产期、哺乳期的；⑤在本单位连续工作满 15 年，且距法定退休年龄不足 5 年的；⑥法律、行政法规规定的其他情形。

（二）劳动者单方解除劳动合同的法定条件和程序

对于劳动者单方解除劳动合同的条件，法律只规定了许可性条件，未规定禁止性条件。根据《劳动合同法》及有关规定，其法定许可性条件和程序分为以下三种情况：

1. 即时通知解除。根据《劳动合同法》第 38 条第 1 款的规定，企业有下列情形之一的，劳动者可以随时以书面形式通知用人单位解除劳动合同：（1）未按照劳动合同约定提供劳动保护或者劳动条件的；（2）未及时足额支付劳动报酬的；（3）未依法为劳动者缴纳社会保险费的；（4）企业的规章制度违反法律、法规的规定，损害劳动者权益的；（5）因企业以欺诈、胁迫的手段或者乘人之危，使劳动者在违背真实意思的情况下订立或者变更劳动合同的；（6）用人单位在劳动合同中免除自己的法定责任、排除劳动者权利的；（7）企业违反法律、行政法规强制性规定的；（8）法律、行政法规规定劳动者可以解除劳动合同的其他情形。

2. 即时不通知解除。根据《劳动合同法》第 38 条第 2 款的规定，企业有下列情形之一的，劳动者可以立即解除劳动合同，不需事先告知企业：（1）企业以暴力、威胁或者非法限制人身自由的手段强迫劳动者劳动的；（2）用人单位违章指挥、强令冒险作业危及劳动者人身安全的。

对于企业的上述行为，劳动行政部门应依法给予行政处罚；构成犯罪的，由有关机关依法追究刑事责任；给劳动者造成损害的，应当承担赔偿责任。劳动者因此提出解除劳动合同的，企业还需要向劳动者支付经济补偿金。在实务中，企业未及时足额支付劳动报酬，或者未依法为劳动者缴纳社会保险费，极易导致劳动者辞职，企业应尽量避免。

3. 预告通知解除。根据《劳动合同法》第 37 条的规定，劳动者经提前通知，可以与企业解除劳动合同。提前通知的时间法律规定了两种情形：（1）劳动者在试用期内提前 3 日通知用人单位，可以解除劳动合同。（2）试用期满后，劳动者提前 30 日以书面形式通知用人单位，可以解除劳动合同。

上述三种解除方式适用的情形不同。预告通知解除赋予劳动者在企业无过错情况下享有自由解除权，但应提前预告。当企业存在严重危害劳动者人身安全的情形，为保障劳动者的安全，劳动者可以不通知企业，马上离开。如果企业的违法行为不危及劳动者人身安全，劳动者无须预告，但应通知用人单位解除劳动合同。劳动者采用即时通知解除和预告解除的，应当以书面形式通知企业，并注意保留企业签收的证据。如果企业拒绝签收，劳动者应注意收集已经书面通知企业的证据，以便在发生纠纷时举证。

对于未履行通知义务不辞而别的劳动者，企业首先应尽可能联系其本人了解原因。如果联系不上，可以向其在劳动合同中确认的送达地址邮寄送达一份《催告函》，催告其回单位上班，告知其如有特殊情况，需履行请假手续并提交相应的证据，并告知逾期不返的后果。《催告函》发出超过指定期限员工仍未返回的，再依据企业规章制度的规定（比如缺勤达到一定天数解除劳动合同）做出解除劳动合同的决定。有工会的企业，解除前需通知工会。向劳动者邮寄送达《解除劳动合同通知书》，在特快专递详情单上注明所寄文件为《解除劳动合同通知书》。上述操作，既尽到了企业的管理职责，也履行了解除劳动合同的相关程序，避免了劳动关系处于不确定状态或企业违法解除的法律风险。

员工离职未履行提前通知义务给企业造成损失的，企业可以要求赔偿，但不能直接从工资中扣除，也不能在劳动合同中约定赔偿1个月的工资，因为此种约定属于违约金，而劳动合同法对违约金的约定严格限制在专项培训服务期和竞业限制条款中，其他都是禁止的，约定了也不具有法律效力。

企业可以在劳动合同中约定损失计算办法，比如劳动者擅自离职的，企业需要另外找人顶岗或招聘新人的费用等，双方可以协议约定在末月工资中扣除。

（三）解除劳动合同补偿金支付条件和标准

1. 补偿金支付条件。根据《劳动合同法》第46条的规定，企业应当向劳动者支付经济补偿具体分为以下几种情形：（1）劳动者依照本法第38条规定解除劳动合同的；（2）企业依照本法第36条规定向劳动者提出解除劳动合同并与劳动者协商一致解除劳动合同的；（3）企业依照本法第40条规定解除劳动合同的；（4）企业依照本法第41条第1款规定解除劳动合同的；（5）除企业维持或者提高劳动合同约定条件续订劳动合同，劳动者不同意续订的情形外，依照本法第44条第1项规定终止固定期限劳动合同的；（6）依照本法第44条第4项、第5项规定终止劳动合同的；（7）法律、行政法规规定的其他情形。[①]

2. 补偿金支付标准。根据《劳动合同法》第47条的规定，按劳动者在本单位工作的年限，每满1年支付1个月工资的标准向劳动者支付。6个月以上不满1年的，按1年计算；不满6个月的，向劳动者支付半个月工资的经济补偿。劳动者月工资高于企业所在直辖市、设区的市级人民政府公布的本地区上年度职工月平均工资3倍的，向其支付经济补

[①] 《劳动合同法》第44条规定：有下列情形之一的，劳动合同终止：（1）劳动合同期满的；（2）劳动者开始依法享受基本养老保险待遇的；（3）劳动者死亡，或者被人民法院宣告死亡或者宣告失踪的；（4）用人单位被依法宣告破产的；（5）用人单位被吊销营业执照、责令关闭、撤销或者用人单位决定提前解散的；（6）法律、行政法规规定的其他情形。

偿的标准按职工月平均工资 3 倍的数额支付，向其支付经济补偿的年限最高不超过 12 年。本条所称月工资是指劳动者在劳动合同解除或者终止前 12 个月的平均工资。

企业违法解除或者终止劳动合同，劳动者要求继续履行劳动合同的，企业应当继续履行；劳动者不要求继续履行劳动合同或者劳动合同已经不能继续履行的，企业应当依照本法第 47 条规定的经济补偿标准的 2 倍向劳动者支付赔偿金。

从前述规定可以看出，由企业提出解除劳动合同的，除非劳动者发生企业可以即时解除的情形和《劳动合同法》第 44 条第 2 项、第 3 项规定的情形外，用人单位均需对劳动者支付经济补偿。所以企业应加强对新入职劳动者的考察，特别是对入职期限长的劳动者，尽量采用调岗、培训等方式处理。此外，违法解除或者终止劳动合同，企业需向劳动者支付经济补偿标准 2 倍的赔偿金，如果涉及老员工，赔付金额可能很高，所以企业一定要避免发生违法解除的情况。

（四）及时开具离职证明和人事档案关系转移手续

劳动者与企业签订劳动合同后，劳动者的人事档案关系等便由该企业负责管理。劳动合同解除或终止时，企业应当出具解除或者终止劳动合同的证明，并在 15 日内为劳动者办理档案和社会保险关系转移手续。企业拒不向劳动者出具终止或者解除劳动关系证明，导致劳动者无法享受社会保险待遇的，依法应当承担赔偿责任。

企业对已经解除或者终止的劳动合同的文本，至少保存 2 年备查。

第三节　劳务派遣和劳务合同法律风险的防范

一、劳务派遣法律风险的防范

劳务派遣方式的法律风险主要表现在劳务派遣单位违规引发的连带责任风险、企业超范围使用派遣工、劳务派遣合同当事人权利义务约定不清的风险等。

（一）选择有资质、有实力的劳务派遣单位

企业不得设立劳务派遣单位向本企业或者所属单位派遣劳动者，必须通过第三方劳务派遣单位使用派遣劳动者。因此，选择适当的劳务派遣单位很重要。

1. 选择有资质的劳务派遣单位

并不是所有职业介绍所、人事代理机构都可以经营劳务派遣业务。根据《劳动合同法》第 57 条的规定，经营劳务派遣业务应当具备下列条件：（1）注册资本不得少于人民币 200 万元；（2）有与开展业务相适应的固定的经营场所和设施；（3）有符合法律、行政法规规定的劳务派遣管理制度；（4）法律、行政法规规定的其他条件。此外，经营劳务派遣业务，还应当向劳动行政部门依法申请行政许可。未经许可，任何单位和个人不得经营劳务派遣业务。所以，企业选择的劳动派遣单位如果不具备相应资质，会影响合同

效力。

2. 选择资金实力雄厚的劳务派遣单位

如果劳务派遣单位资金实力较弱，虽然收取的管理费用可能较低，但如果劳务派遣单位管理水平低或严重侵害派遣工利益，当劳务派遣单位无力赔偿时，实际用工企业依法要承担原本属于劳务派遣单位所应承担的责任。所以，企业选择资金实力雄厚的劳务派遣单位有利于减少因承担连带责任引发的财产损失。

（二）不要超范围过量使用劳务派遣工

1. 派遣工的使用范围

根据《劳动合同法》的规定，劳务派遣作为一种补充用工方式，只能在临时性、辅助性或者替代性的工作岗位上实施。所谓临时性工作岗位是指存续时间不超过 6 个月的岗位。辅助性工作岗位是指为主营业务岗位提供服务的非主营业务岗位。根据《劳务派遣暂行规定》（2014）的规定，企业决定使用被派遣劳动者的辅助性岗位，应当经职工代表大会或者全体职工讨论，提出方案和意见，与工会或者职工代表平等协商确定，并在用工单位内公示。替代性工作岗位是指用工单位的劳动者因脱产学习、休假等原因无法工作的一定期间内，可以由其他劳动者替代工作的岗位。

2. 派遣工的使用数量

为防止企业以派遣工代替劳动合同用工，法律对企业使用劳务派遣工的数量做了上限规定，即使用劳务派遣工的人数，一般不得超过其用工总量的 10%。企业应如何控制劳务派遣工数量？建议企业采用逐步将表现优秀的劳务派遣工转为劳动合同工的方式。这样既可以控制派遣工的总量，又可以激发派遣工积极工作的热情。

（三）劳务派遣协议应明确约定双方对劳动者的权利义务

企业使用派遣工依法应与劳务派遣单位签订劳务派遣协议明确约定双方对派遣工的权利与义务。根据《劳务派遣暂行规定》（2014）的规定，劳务派遣协议应当载明下列内容：（1）派遣的工作岗位名称和岗位性质；（2）工作地点；（3）派遣人员数量和派遣期限；（4）按照同工同酬原则确定的劳动报酬数额和支付方式；（5）社会保险费的数额和支付方式；（6）工作时间和休息休假事项；（7）被派遣劳动者工伤、生育或者患病期间的相关待遇；（8）劳动安全卫生以及培训事项；（9）经济补偿等费用；（10）劳务派遣协议期限；（11）劳务派遣服务费的支付方式和标准；（12）违反劳务派遣协议的责任；（13）法律、法规、规章规定应当纳入劳务派遣协议的其他事项。

在实践中，一些劳务派遣合同内容过于简单，比如派遣工的社会保险费由谁缴纳没有约定清楚，导致企业与派遣单位互相推诿，最终可能由企业承担。所以细化合同内容，明确双方的权利义务非常重要。

二、劳务合同法律风险的防范

劳务合同方式的法律风险主要表现在因工意外伤害引起的损害赔偿风险。在劳务合同方式中，企业与劳动者的雇佣关系可以分为在企业内直接雇用、间接雇用两种情形。

（一）直接雇用应选择已投保意外伤害险的劳动者或为其办理意外伤害险

直接雇用是指企业直接与劳动者签订劳务合同，劳动者在企业内从事劳务活动。由于最高人民法院《关于审理人身损害赔偿案件适用法律若干问题的解释》（2003年）第11条第1款规定："雇员在从事雇用活动中遭受人身损害，雇主应当承担责任"。所以，在此种情况下，企业一方面应加强对劳务活动场所的安全管理；另一方面应尽量选择已投保意外伤害保险的劳动者，如果劳动者没有投保，企业根据情况为受雇劳动者办理意外伤害险，以降低意外伤害导致的损失赔偿支出。

（二）间接雇用时应选择管理规范的用人单位作为劳务提供方

间接雇用是指企业与供应商或劳务提供单位签订劳务合同，由该单位安排劳动者在企业内提供劳务。比如企业房屋装修需要请人上门施工。如果请正规的装修公司派人上门装修，就属于间接雇用。在此种情况下，劳动者在施工中意外受伤属于工伤，一般由装修公司按工伤处理。如果选择没有用人资格的自然人组织的装修队，劳动者在施工中发生意外风险受伤时，由于自然人没有用工资格，不可能为劳动者办理工伤保险，如果劳动者也未购买意外伤害险，根据前述司法解释第11条第2款的规定，"雇员在从事雇用活动中因安全生产事故遭受人身损害，发包人、分包人知道或者应当知道接受发包或者分包业务的雇主没有相应资质或者安全生产条件的，应当与雇主承担连带赔偿责任。"所以，企业在此种情况下，除了要加强对劳务活动场所的安全管理外，还要注意劳务提供单位是否具有用人资格，尽量选择管理规范的劳务提供单位。否则发包企业需要承担劳动者因意外事故引发的损害赔偿。

本 章 小 结

本章对我国企业用工的三种基本方式进行了比较分析，说明了每种用工方式的优势与不足。针对三种用工方式可能产生的法律风险，提出了防范建议，创业者可以据此选择适合自己的用工方式。

从法律规定上看，企业的基本用工方式应该是劳动合同方式，其他方式只能是补充。此外，劳动合同中除了竞业限制和服务期的条款，企业可以约定员工的违约金外，其余情况企业不能与员工约定违约责任。如果员工在工作中违规给企业造成了重大经济损失，可以根据员工的过错情况，要求员工承担适当的赔偿责任。

劳动法中对劳动者的特别保护一般属于强制性条款，企业不要试图通过与劳动者签订协议而免除自身的法定责任、排除劳动者权利，因为这种免除协议可能因显失公平而被认定无效。

　　总之，创业者在选择用工方式时既要考虑自身用工需要，也要考虑劳动法的相关规定，以不违反法律强制性规定为底线，在坚持按劳分配原则的基础上，通过科学合理的措施激发劳动者的主观能动性和创造性，努力构建和谐稳定的劳动关系，促进自身健康发展。

第四章　创业与知识产权

引　言

　　知识产权是企业重要的无形资产，围绕知识产权的取得与保护创业者一定会有很多困惑，比如知识产权包括哪些内容？企业如何才能获得知识产权？企业申请知识产权应该注意什么问题？知识产权取得可以长久拥有吗？什么样的行为会侵犯他人知识产权？商标权、专利权和著作权保护的侧重点有何不同？创业者能否以自己的名义申请商标注册？为什么图形商标最好申请版权登记？企业员工的发明是否都属于职务发明？企业出资委托他人开发新产品，新产品的专利申请权一定属于委托人吗？哪些作品可以受到著作权保护？既然作品创作完成即可享有著作权，为什么还要去办理版权登记？……

　　在实务中有关知识产权的困惑是不是也很多？比如货拉拉公司 2014 年进入内地市场时虽然提交了"货拉拉"商标注册申请，但其申请的类别是第 42 类科技科学类，非第 39 类货运服务等。2016 年 4 月，货拉拉公司向商标局申请"货拉拉"商标在第 39 类货运服务上注册，却因某公司已于 2015 年 1 月将"货拉拉"商标在该类别上申请注册并于 2016 年 3 月获得授权而被驳回。货拉拉公司不服，经历了一系列漫长复杂的流程，历时 5 年，终于在这场商标权争夺战中获胜，取得该商标专用权。[①]与此类似，2019 年 5 月，华为技术有限公司（以下简称华为公司）在正式发布操作系统"鸿蒙 OS"之前将"鸿蒙"商标申请注册，也因该商标早几年就被他人在 42 类"设计研究"上注册而被驳回，华为公司没去争抢，直接出钱把商标买下来了[②][③]。同样是他人在先申请或注册，两个公司的处理方法为什么不同呢？

　　专利侵权案经常会伴随专利无效之诉，因此，此类诉讼对当事人双方都有可能产

　　[①]　参见："货拉拉"商标争夺战尘埃落定，5 年长跑货拉拉终胜诉 . https：//baijiahao. baidu. com/s？id＝1699981893395208284&wfr＝spider&for＝pc.

　　[②]　参见：华为"鸿蒙"商标申请失败：10 年前已被注册，华为手机系统会改名字吗？. https：//www. 360kuai. com/pc/9178d5adbd7241667？cota＝3&kuai_so＝1&tj_url＝so_vip&sign＝360_57c3bbd1&refer_scene＝so_1.

　　[③]　参见：华为"鸿蒙"商标确认已获转让 . https：//finance. sina. com. cn/tech/2021-06-01/doc-ikmxzfmm5856782. shtml.

生法律风险。比如 2018 年 12 月，江苏通领科技有限公司（以下简称通领公司）因认为公牛集团股份有限公司（以下简称公牛公司）擅自使用通领公司两项专利（实用新型：ZL201020681902.3，电源插座安全保护装置；发明：ZL201010297882.4，支撑滑动式安全门），将公牛公司告上法庭并主张赔偿近 10 亿元。不料，公牛公司却针对这两项专利向国家知识产权局申请宣告无效。2019 年 7 月 3 日，国家知识产权局宣告这两件专利全部无效。① 这一结果导致通领公司丧失了提起诉讼主张赔偿的权利基础。那么，已取得多年的专利权为什么会被认定无效呢？

随着互联网技术的发展与普及网上直播、视频、网络游戏引发的著作权方面的法律风险越来越多。苏州蜗牛数字科技股份有限公司（以下简称蜗牛公司）开发的手机游戏《太极熊猫》最早版本于 2014 年 10 月 31 日上线；成都天象互动科技有限公司（以下简称天象公司）、北京爱奇艺科技有限公司（以下简称爱奇艺公司）开发的手机游戏《花千骨》最早版本于 2015 年 6 月 19 日上线。蜗牛公司认为《花千骨》手机游戏"换皮"抄袭了《太极熊猫》游戏，即仅更换了《花千骨》游戏中的角色图片形象、配音配乐等，而在游戏的玩法规则、数值策划、技能体系、操作界面等方面与《太极熊猫》游戏完全相同或者实质性相似。2015 年 8 月，蜗牛公司向法院起诉，要求天象公司、爱奇艺公司立即停止侵权行为，在公开媒体上赔礼道歉、消除影响，并赔偿经济损失 3000 万元。② 目前，游戏公司之间在玩法、模式乃至画面设定上进行模仿的情况相当普遍，那么，游戏的玩法规则、操作界面是否受著作权法保护呢？

本章共分四节，首先介绍了知识产权的含义和范围、法律特征、知识产权在创业中的应用与法律风险。然后对知识产权中的商标权、专利权、著作权作了重点介绍，主要内容包括含义和内容、权利的取得、保护期限、侵权行为的认定、权利的救济和侵权的法律责任等。

本章涉及的法律规定主要有：

1. 商标权方面：《中华人民共和国商标法》（2019 年修订）（以下简称《商标法》）、最高人民法院《关于审理商标授权确权行政案件若干问题的规定》（2020 年修订）、最高人民法院《关于审理商标民事纠纷案件适用法律若干问题的解释》（2020 年修订）、最高人民法院《关于审理涉及驰名商标保护的民事纠纷案件应用法律若干问题的解释》（2020 年修订）、最高人民法院《关于人民法院对注册商标权进行财产保全的解释》（2020 年修订）。

2. 专利权方面：《中华人民共和国专利法》（2020 年修订）（以下简称《专利法》）、国家知识产权局《关于规范申请专利行为的办法》（2021 年发布）、最高人民法院《关于

① 参见：索赔 10 亿！江苏通领诉公牛的涉案专利被无效 . https：//www.sohu.com/a/324634431_120052002.

② 参见：网游《花千骨》抄袭 江苏省高院发布知识产权司法保护十大案例，https：//baijiahao.baidu.com/s？id=1664686901225667536&wfr=spider&for=pc.

审理专利纠纷案件适用法律问题的若干规定》（2020 年修订）

3. 著作权方面：《中华人民共和国著作权法》（2020 年 11 月修订）（以下简称《著作权法》）、《中华人民共和国著作权法实施条例》（2013 年修订）（以下简称《著作权法实施条例》）、《计算机软件保护条例》（2013 年修订）、最高人民法院《关于审理著作权民事纠纷案件适用法律若干问题的解释》（2020 年修订）、最高人民法院《关于审理侵害信息网络传播权民事纠纷案件适用法律若干问题的规定》（2020 年修订）。

4. 最高人民法院《关于审理侵害知识产权民事案件适用惩罚性赔偿的解释》（2021 年通过）。

第一节 创业与知识产权概述

一、知识产权的含义与范围

知识产权，是指基于智力创造活动所产生，并由法律赋予知识产品的所有人对其智力创造成果在一定期限内享有专有或独占的权利。传统意义上的知识产权，主要包括著作权（含邻接权）、专利权和商标权三个部分。1967 年世界知识产权组织成立时，各成员国综合各国的规定，对知识产权的范围作了较大的扩充。根据《成立世界知识产权组织公约》的规定，知识产权包括 8 项权利：（1）关于文学、艺术和科学作品的权利；（2）关于表演者的演出及其录音和广播的权利；（3）关于人类一切活动领域内的发明的权利；（4）关于科学发现的权利；（5）关于工业品外观设计的权利；（6）关于商品商标、服务商标、厂商名称和标记的权利；（7）关于制止不正当竞争的权利；（8）关于工业、科学、文学或艺术领域内一切智力活动成果的权利。

1994 年通过的《与贸易有关的知识产权协议》（*Agreement on Trade-Related Aspects of Intellectual Property Rights*，*TRIPs*），将知识产权的范围做了微调，规定为：（1）著作权及其有关权利；（2）商标权；（3）地理标识权；（4）工业品外观设计权；（5）专利权；（6）集成电路布图设计权；（7）未公开的信息权，即商业秘密权；（8）关于制止不正当竞争的权利。1996 年通过的《欧盟数据库指令》，将"数据库特殊权利"列入知识产权的范围，赋予数据库制作者以"摘录权"和"再利用权"，意在阻止他人擅自使用数据库的全部或实质部分的内容。从此，在内容选择和结构编排上没有独创性的数据库，也可以通过知识产权制度加以保护。

我国 1980 年加入世界知识产权组织，1982 年颁布《商标法》，1984 年颁布《专利法》、1990 年颁布《著作权法》，以后关于知识产权保护的单行法律逐步增多。2017 年颁布的《民法总则》明确规定，民事主体依法享有知识产权。知识产权是权利人依法就下列客体享有的专有的权利：（1）作品；（2）发明、实用新型、外观设计；（3）商标；（4）地理标志；（5）商业秘密；（6）集成电路布图设计；（7）植物新品种；（8）法律规定的其他客体。2020 年颁布的《民法典》继续沿用了这一规定。

知识产权客体各有特点，我国根据不同客体的特点分别以单行法方式立法保护。其中，作品由《著作权法》保护，发明、实用新型和外观设计由《专利法》保护，商标和地理标志由《商标法》和《地理标志产品保护规定》保护，商业秘密由《反不正当竞争法》保护。

集成电路布图设计，是指集成电路中至少有一个是有源元件的两个以上元件和部分或者全部互连线路的三维配置，或者为制造集成电路而准备的上述三维配置。根据《集成电路布图设计保护条例》，受保护的布图设计应当具有独创性，即该布图设计是创作者自己的智力劳动成果，并且在其创作时该布图设计在布图设计创作者和集成电路制造者中不是公认的常规设计。由常规设计组成的布图设计，其组合作为整体具有独创性的受保护。

植物新品种，是指经过人工培育的或者对发现的野生植物加以开发，具备新颖性、特异性、一致性和稳定性并有适当命名的植物品种。植物新品种由《植物新品种保护条例》保护。

二、知识产权的法律特征

知识产权客体范围广泛，各有特点。从总体上看，知识产权与物权相比，主要有以下法律特征：

（一）客体无形性

无形性是指知识产品可以没有具体有形的载体，或者其载体与其实际价值有较大的差异，比如，音乐作品可以在具备播放功能的任意人的设备上播放，音乐作品的价值与播放音乐的设备的价值是相互分离的，注册商标的价值与制作商标材料的价值是完全不同的。知识产品的价值主要表现为对它的认识和利用，不一定要占有产品本身。财产所有权的客体是在法律上有一定形态的物，其价值与物本身不可分离。

（二）权利专有性

专有也称独占或垄断，知识产权的专有性表现在两个方面：其一，是权利人对知识产品的专有，即一项知识产品只能有一个完整的权利主体。其二，是权利人对知识产品使用的专有，未经权利人许可或法律特别规定，他人不得使用。赋予知识产权人专有权是知识产权法的核心。

（三）保护时间性

国家对知识产权的保护一般是有期限的。超过法定期限，这一权利就自行消灭，知识产品就成为全社会的共同财富，任何人都可无偿使用。知识产权保护的具体时间通常是根据知识产品本身的性质来确定的，所以各种权利的保护期限是不同的。

依我国法律的规定，作品作者的署名权、修改权、保护作品完整权的保护期不受限制。公民作品的发表权等其他权利的保护期一般为作者终生及其死亡后 50 年。发明专利权的保护期限为 20 年，实用新型的保护期限为 15 年，外观设计的保护期限为 10 年，均自申请日起算。注册商标的保护期限，自注册之日起 10 年。布图设计专有权的保护期为 10 年，自布图设计登记申请之日或者在世界任何地方首次投入商业利用之日起计算，以较前日期为准。但是，无论是否登记或者投入商业利用，布图设计自创作完成之日起 15 年后，不再受保护。植物品种权的保护期限，自授权之日起，藤本植物、林木、果树和观赏树木为 20 年，其他植物为 15 年。获准使用地理标志产品专用标志资格的生产者，未按相应标准和管理规范组织生产的，或者在 2 年内未在受保护的地理标志产品上使用专用标志的，国家质检总局将注销其地理标志产品专用标志使用注册登记，停止其使用地理标志产品专用标志并对外公告。商业秘密的保护没有法定时限，由权利人自行决定，其核心内容一旦公开则属于公开信息。

三、知识产权在创业中的应用与法律风险

（一）知识产权在创业中的应用

伴随着中国经济的转型升级，知识产权对于企业的重要性越来越突出。如果企业拥有较多的高水平的知识产权，就可以在激烈的市场竞争中取得优势地位。知识产权作为一种无形财产，在创业中具有广泛的用途。

1. 用于出资。《公司法》规定，"股东可以用货币出资，也可以用实物、知识产权、土地使用权等可以用货币估价并可以依法转让的非货币财产作价出资；但是，法律、行政法规规定不得作为出资的财产除外。"创业者在创业初期资金普遍不足，如果创业者拥有知识产权，则可以依法评估自己所有的知识产权的价值，将其作为设立公司的出资。《合伙企业法》也有类似的规定。

2. 用于质押担保。《物权法》规定，可以转让的注册商标专用权、专利权、著作权等知识产权中的财产权可以用于出质。如果创业者拥有知识产权，在融资时可以将其作为质物，依法办理质押。

3. 塑造和提升品牌价值。知识产权中的商标既是企业信誉的载体，也是品消费者眼中的识别码。在商业产品琳琅满目的今天，商标就是商业产品竞争力的最强体现。一个好的商标不仅能够占据更多的市场份额，还能防止别人伪造。使用注册商标，有利于企业树立品牌意识，提升品牌形象，随着品牌知名度、美誉度的提高，有利于扩大市场占有率，商标的价值也会提高。如果商标发展成驰名商标，则可以具有很高的价值。

一个产品如果属于专利产品，也有利于提升其市场价值，因为消费者会认为其产品技术经过专利审查，其功能更具真实性和稳定性。

4. 垄断产品市场。知识产权具有独占性，企业利用著作权、专利权、商业秘密权、集成电路布图设计权、植物新品种权等知识产权生产的商品，因有独占性，可以垄断需要应用这类产品市场，有利于权利人在市场竞争中获得更多优势。

5. 通过签订转让或许可合同给他人使用增加收益。知识产权除了自用外，还可以通过签订转让或许可合同给他人使用。

（二）与知识产权相关的法律风险

知识产权范围较广，各种权利取得和保护的方式均不相同，不了解相关法律规定，可能会给创业者带来很大风险：一是可能无法获得应得的知识产权。比如一项发明可能因保护不当丧失新颖性而失去获得专利权的机会。二是可能增加权利取得的成本。比如商标标识设计不当可能被驳回，需要修改重新申请。三是不知道自己的权利被侵犯，进而错失维权机会。四是可能侵犯他人的知识产权。五是不了解维权方法，无法保护自己的合法权利。

在知识产权中，商标权、专利权、著作权适用面最广，初创企业大多会涉及这些权利，所以本章重点介绍这些权利的取得与保护中法律风险的防范。

第二节　商标权的取得与保护

一、商标权的含义和内容

（一）商标权的含义

商标是企业附着商品或服务上的一种人为标志。最初的目的是将一个企业的商品或服务其他企业的商品或服务相互区别。这种标志经过长期使用，会在消费者心目中留下印象，从而起到标志商品或服务的质量和信誉的作用，进而成为企业的无形财产。

商标权是注册商标专用权的简称，是指商标所有人对其依法注册的商标所享有的独占的、排他的权利。未注册商标不享有对商标的专用权。

（二）商标权的内容

根据《商标法》的规定，商标权人主要享有以下权利：

1. 独占使用权。这是指商标权人享有在自己生产经营的产品或服务上独自占有、使用该商标的权利，这是商标权人最基本的核心权利。

2. 禁止权。这是指商标权人有权禁止他人未经其许可，在同一种商品上使用与其注册商标相同的商标；或者禁止在同一种商品上使用与其注册商标近似的商标，或者禁止在类似商品上使用与其注册商标相同或者近似的商标，但后两者以容易导致混淆为限。

商标注册人申请商标注册前，他人已经在同一种商品或者类似商品上先于商标注册人使用与注册商标相同或者近似并有一定影响的商标的，注册商标专用权人无权禁止该使用人在原使用范围内继续使用该商标，但可以要求其附加适当区别标识。这一规定维护了先权利人的利益，有利于防止恶意抢注。

3. 许可权。这是指商标权人根据自愿的原则，以商标使用许可合同方式允许他人使

103

用其注册商标的行为。在这种行为中，商标的所有权并未发生变化，使用权因许可合同的种类不同而有区别。商标使用许可合同分为三种：（1）独占使用许可，即商标权人在约定的期间、地域和以约定的方式，将该注册商标仅许可一个被许可人使用，商标权人依约定不得使用该注册商标；（2）排他使用许可，即商标权人在约定的期间、地域和以约定的方式，将该注册商标仅许可一个被许可人使用，商标权人依约定可以使用该注册商标但不得另行许可他人使用该注册商标；（3）普通使用许可，即商标权人在约定的期间、地域和以约定的方式，许可他人使用其注册商标，并可自行使用该注册商标和许可他人使用其注册商标。

无论签订何种类型的商标使用许可合同，许可人均有义务监督被许可人使用其注册商标的商品的质量，未经被许可人同意不得将其注册商标转让给第三人，不得放弃续展，不得自行申请注销；被许可人有义务保证使用该注册商标的商品的质量，在该注册商标的商品上标明被许可人的名称和商品产地，未经被许可人同意不得将商标使用权转让第三人。

商标使用许可合同应当报知识产权局备案。根据《商标法》及《商标法实施条例》的规定，许可他人使用其注册商标的，许可人应当在许可合同有效期内将其商标使用许可向知识产权局备案由知识产权局公告。商标使用许可未经备案不得对抗善意第三人，不影响该许可合同的效力，但当事人另有约定的除外。

4. 转让权。这是指注册商标所有权人在注册商标有效期内，依法定的程序，将商标权转让给他人的行为。转让发生后原商标所有权人不再享有商标权。注册商标转让主要通过合同转让和继承转让两种形式实现。转让注册商标的，转让人和受让人应当签订转让协议，并共同向知识产权局提出申请。转让注册商标的，商标注册人对其在同一种商品上注册的近似的商标，或者在类似商品上注册的相同或者近似的商标，应当一并转让。

转让注册商标经核准后，予以公告，受让人自公告之日起享有商标权。注册人在转让之前，如果已经许可他人使用注册商标，必须经过被许可人的同意，否则不得申请转让注册商标。

在实务中，创业者如果发现他人储存有尚未使用的注册商标适合自己，在价格合适的情况下可以选择购买。与自己申请注册相比，购买他人注册商标的优势主要表现在：（1）权利取得快。商标注册正常确权一般需要 12 个月左右的时间，如果发生驳回、异议、诉讼等流程，时间会更长。商标转让一般只需要 4 到 6 个月的时间，如果通过独占授权或公证手续，当天即可使用。（2）审查风险低。商标转让的审查通过率显著高于注册的授权率。

5. 标记权。商标权人使用注册商标，可以在商品、商品包装、说明书或者其他附着物上标明"注册商标"或者注册标记。注册标记包括注和®。使用注册标记，应当标注在商标的右上角或者右下角。标上注册商标标识，可以起到识别的作用，提醒他人不要冒用。

6. 续展权。详见本节"三、商标权的保护"。

二、商标权的取得

（一）商标注册的原则

1. 自愿注册为主，强制注册为辅原则。自愿注册是指商标使用人可根据自己的意志自行决定是否注册。强制注册是指法律、行政法规规定必须在商品上使用注册商标，未经核准注册的，不得在市场销售。目前我国对绝大部分产品实行自愿注册，实行强制注册的主要是烟草制品。根据《中华人民共和国烟草专卖法》第19条的规定，卷烟、雪茄烟和有包装的烟丝必须申请商标注册，未经核准注册的，不得生产、销售。

2. 申请在先为主，使用在先为辅原则。申请在先原则，是指商标权授予先申请的人，发生商标权冲突也以谁先申请来确定商标权的归属。使用在先，是指当两个以上的人同时申请时，则授予最先使用的人。《商标法》第29条规定：两个或两个以上的商标注册申请人，在同一种商品或类似商品上，以相同或近似的商标申请注册的，初步审定并公告申请在先的商标。同一天申请的，初步审定并公告使用在先的商标。

如果两个或两个以上的当事人同时申请一个商标并且同时使用或同时未使用的，那么应如何确定商标的授予权呢？《商标法实施条例》第19条规定，如果两个或两个以上的申请人，在同一种商品上或者类似的商品上，在同一天分别申请注册相同或者近似的商标，各申请人应当在收到知识产权局通知之日起30日内提交其申请注册前在使用该商标的证据。同时使用的，或者均未使用的，各申请人可以自收到知识产权局通知之日起30日内自行协商；不愿协商或者协商不成的，知识产权局通知各申请人以抽签的方式确定一个申请人，驳回其他人的注册申请。知识产权局已经通知但申请人未参加抽签的，视为放弃申请，知识产权局应当书面通知未参加抽签的申请人。

3. 诚实信用原则。近年来，随着商标注册程序优化、注册周期缩短、注册成本降低，当事人获得商标注册更为便捷，与此同时，也出现了大量以傍名牌为目的的恶意申请和为转让牟利而大量囤积商标等问题。这些行为严重扰乱了市场经济秩序和商标管理秩序，破坏了营商环境。为规制此类行为，《商标法》对此做出下列限制性规定：

（1）禁止恶意申请。《商标法》规定，申请商标注册不得损害他人现有的在先权利，也不得以不正当手段抢先注册他人已经使用并有一定影响的商标。未经授权，代理人或者代表人以自己的名义将被代理人或者被代表人的商标进行注册，被代理人或者被代表人提出异议的，不予注册并禁止使用。就同一种商品或者类似商品申请注册的商标与他人在先使用的未注册商标相同或者近似，申请人与该他人具有规定以外的合同、业务往来关系或者其他关系而明知该他人商标存在，该他人提出异议的，不予注册。

2019年10月，国家市场监督管理总局发布《规范商标申请注册行为若干规定》，依据《商标法》对违反诚实信用原则的行为做了进一步细化，规定申请人不得有下列行为：不以使用为目的恶意申请商标注册；复制、模仿或者翻译他人驰名商标；代理人、代表人未经授权申请注册被代理人或者被代表人商标的；基于合同、业务往来关系或者其他关系明知他人在先使用的商标存在而申请注册该商标；损害他人现有的在先权利或者以不正当手段抢先注册他人已经使用并有一定影响的商标；以欺骗或者其他不正当手段申请商标注册；其他违反诚实信用原则，违背公序良俗，或者有其他不良影响的。引言中某公司明知从事货运服务的货拉拉公司在先使用"货拉拉"商标并具有较高知名度，仍在货运服务类别上申请"货拉拉"商标注册，最终被认定为恶意申请注册。华为公司在正式发布操作系统"鸿蒙OS"之前，"鸿蒙"商标并不知名，因此，华为公司很难举证说明他人在先申请该商标注册时已知晓华为公司已在使用，并存在恶意，因此买下来是解除商标纷争的最快且最有效的方法。

（2）限制申请人为转让牟利而大量囤积商标。商标专用权制度是为满足生产经营需要而设立的，不能用来囤积居奇，转让牟利。注册却不自己使用，占用商标资源，增加了行政成本。他人要使用必须向其购买，增加了他人的使用成本。《商标法》第42条第3款规定，对容易导致混淆或者有其他不良影响的转让，商标局不予核准，书面通知申请人并说明理由。实务中，商标审查部门对累计申请和注册商标数量较多，且累计转让商标较多、受让人较为分散的商标转让申请人，会要求其补充提供转让商标的相关使用证据或者使用意图；无正当理由不能提供或者证据无效的，可能被认定为是《商标法》第42条"有其他不良影响的转让"。

此外，《商标法》规定，注册商标没有正当理由连续3年不使用的，任何单位或者个人均可以向知识产权局申请撤销该注册商标。所以，企业如果为了今后不时之需，注册了多个备用商标或者在多个类别注册了同一商标，要注意经常使用并保留使用的证据，以免被他人申请撤销。商标权人自行使用、他人经许可使用以及其他不违背商标权人意志的使用，均可以认定为是商标使用。没有实际使用注册商标，仅有转让或者许可行为；或者仅是公布商标注册信息、声明享有注册商标专用权的，不能被认定为商标使用。

4. 优先权原则。这是指两个以上商标注册申请人就同一商标分别申请注册时，在法定条件下可以不按申请顺序，享有优先受理的权利。优先权原则是申请在先原则的例外。《商标法》规定的可以适用优先权原则的情形有跨国申请优先和国际展览会优先两种。

（1）跨国申请优先。商标注册申请人自其商标在外国第一次提出商标注册申请之日起6个月内，又在中国就相同商品以同一商标提出商标注册申请的，依照该外国同中国签订的协议或者共同参加的国际条约，或者按照相互承认优先权的原则，可以享有优先权。依法要求优先权的，应当在提出商标注册申请的时候提出书面声明，并且在3个月内提交第一次提出的商标注册申请文件的副本；未提出书面声明或者逾期未提交商标注册申请文件副本的，视为未要求优先权。

（2）国际展览会展出优先。商标在中国政府主办的或者承认的国际展览会展出的商品上首次使用的，自该商品展出之日起6个月内，该商标的注册申请人可以享有优先权。依法要求优先权的，应当在提出商标注册申请的时候提出书面声明，并且在3个月内提交展出其商品的展览会名称、在展出商品上使用该商标的证据、展出日期等证明文件；未提出书面声明或者逾期未提交证明文件的，视为未要求优先权。

5. 扩大使用范围和改变其标志应重新申请注册原则。注册商标需要在核定使用范围之外的商品上取得商标专用权的，应当另行提出注册申请。注册商标需要改变其标志的，应当重新提出注册申请。

（二）申请商标注册的主体

《商标法》规定：自然人、法人或者其他组织在生产经营活动中，对其商品或者服务需要取得商标专用权的，应当向知识产权局申请商标注册。两个以上的自然人、法人或者其他组织可以共同向知识产权局申请注册同一商标，共同享有和行使该商标专用权。

根据上述规定，申请主体应具备两个条件：

1. 申请主体应当是从事生产经营活动的自然人、法人或者其他经济组织。商标是用在商品或服务上的，所以，不从事生产经营活动的人不能申请商标注册。根据 2007 年发布的《自然人办理商标注册申请注意事项》规定，自然人提出商标注册申请的商品和服务范围，应以其在营业执照或有关登记文件核准的经营范围为限，或者以其自营的农副产品为限。2016 年 3 月 14 日，原国家工商行政管理总局商标局发布通告称，对个体工商户办理商标注册申请时申报商品或服务范围是否在其核准经营范围内不再进行审查。也就是说，自然人申请商标注册，在类别上的限制得以放松；但仍需要拥有经营主体资质。自然人申请商标注册需要提供个体户营业执照，其目的是防止个人抢注商标，造成商标资源浪费，甚至发生一些不公正交易。

2. 申请主体是单一主体。单一主体是指一个独立的主体。如果两个以上的主体希望共同注册、享有和使用同一个商标，应当协商一致，签订协议，共同申请。比如合伙企业可以企业名义申请商标注册，也可以全体合伙人的名义为用于企业商品上的商标共同申请注册。

（三）申请注册的商标应具备的条件

根据《商标法》的规定，申请注册的商标，应具备下列条件：

1. 商标构成要素合法。《商标法》第 8 条规定："任何能够将自然人、法人或者其他组织的商品与他人的商品区别开来的标志，包括文字、图形、字母、数字、三维标志、颜色组合和声音等，以及上述要素的组合，均可以作为商标申请注册。"因此，商标的构成要素很广泛，包括文字、图形、字母、数字、三维标志、颜色组合和声音等，以及上述要素的组合。

2. 商标具有显著性，便于识别。商标的基本作用是区别同类商品的不同生产者，因此，申请注册的商标，应当具备足以使相关公众区分商品来源的特征。判断商标是否具有显著特征，应当综合考虑构成商标的标志本身的含义和外观构成、商标指定使用商品的相关公众的认知习惯、商标指定使用商品所属行业的实际使用情况等因素。根据《商标法》第 11 条的规定，下列 4 种标识，不具有显著性，一般不能作为商标注册：（1）仅有本商品的通用名称、图形、型号的；（2）仅直接表示商品的质量、主要原料、功能、用途、重量、数量及其他特征的；（3）以三维标志申请注册商标的，仅由商品自身的性质产生的形状、为获得技术效果而需有的商品形状或者使商品具有实质性价值的形状的；（4）其他缺乏显著特征的，比如过于简单的线条。但前两种情形经过使用已取得显著特征，并便于识别的，可以作为商标注册。此外，已注册商标成为其核定使用的商品的通用名称的，任何单位或者个人可以向知识产权局申请撤销该注册商标。为防止自己的注册商标被通用化，企业发现他人将自己的商标作为通用名称使用时，一定要加以制止。

在实务中对于通用名称的认定争议较大。为解决这一问题，《最高人民法院关于审理商标授权确权行政案件若干问题的规定》规定，诉争商标属于法定的商品名称或者约定俗成的商品名称的，人民法院应当认定其属于商标法第 11 条第 1 款第（一）项所指的通用名称。依据法律规定或者国家标准、行业标准属于商品通用名称的，应当认定为通用名称。相关公众普遍认为某一名称能够指代一类商品的，应当认定为约定俗成的通用名称。被专业工具书、辞典等列为商品名称的，可以作为认定约定俗成的通用名称的参考。约定俗成的通用名称一般以全国范围内相关公众的通常认识为判断标准。对于由于历史传统、风土人情、地理环境等原因形成的相关市场固定的商品，在该相关市场内通用的称谓，人民法院可以认定为通用名称。诉争商标申请人明知或者应知其申请注册的商标为部分区域内约定俗成的商品名称的，人民法院可以视其申请注册的商标为通用名称。

人民法院审查判断诉争商标是否属于通用名称，一般以商标申请日时的事实状态为准。核准注册时事实状态发生变化的，以核准注册时的事实状态判断其是否属于通用名称。

3. 不属于法定禁用情形。《商标法》第 10 条规定，8 类标志不得作为商标使用：（1）同中华人民共和国的国家名称、国旗、国徽、国歌、军旗、军徽、军歌、勋章等相同或者近似的，以及同中央国家机关的名称、标志、所在地特定地点的名称或者标志性建筑物的名称、图形相同的；（2）同外国的国家名称、国旗、国徽、军旗等相同或者近似的，但经该国政府同意的除外；（3）同政府间国际组织的名称、旗帜、徽记等相同或者近似的，但经该组织同意或者不易误导公众的除外；（4）与表明实施控制、予以保证的官方标志、检验印记相同或者近似的，但经授权的除外；（5）同"红十字""红新月"的名称、标志相同或者近似的；（6）带有民族歧视性的；（7）带有欺骗性，容易使公众对商品的质量等特点或者产地产生误认的；（8）有害于社会主义道德风尚或者有其他不良影响的。"有害于社会主义道德风尚"，一般是指有害于我国人们共同生活及其行为的准则、规范以及在一定时期内社会上流行的良好风气和习惯。"有其他不良影响"是指商标的文字、图形或者其他构成要素对我国政治、经济、文化、宗教、民族等社会公共利益和公共秩序产生消极、负面的影响。例如，申请社会热点事件或关注度高的人物名字作为商标就会因可能具有不良影响被驳回。商标如果不规范使用我国成语，会对我国语言文字的正确理解和认识起到消极作用，对我国教育文化事业产生负面影响，不会被核准注册。

此外，县级以上行政区划的地名或者公众知晓的外国地名，容易使公众对商品或者服务的产地、来源产生误认的，不得作为商标，但是地名具有其他含义或者作为集体商标、证明商标组成部分的除外。已经注册使用地名的商标继续有效。比如"青岛"啤酒、"哈尔滨"啤酒。

4. 不能包含商品的地理标志。地理标志，是指标示某商品来源于某地区，该商品的特定质量、信誉或者其他特征，主要由该地区的自然因素或者人文因素所决定的标志。《商标法》规定，"商标中有商品的地理标志，而该商品并非来源于该标志所标示的地区，误导公众的，不予注册并禁止使用；但是，已经善意取得注册的继续有效。"

地理标志属于区域公共资源。地理标志申请人必须经地理标志所标示地区县级以上人民政府或行业主管部门授权其申请注册并监督管理该地理标志。地理标志可以由集体组织或机构申请注册为集体商标或证明商标。

为了保护地理标志这种无形资产，并使其得到合理、充分的使用，限制对地理标志使用权的垄断，《商标法实施条例》规定，以地理标志作为证明商标的，其商标符合使用该地理标志条件的自然人、法人或其他经济组织可以要求使用该证明商标，控制该证明商标的组织应当允许。以地理标志作为集体商标注册的，其商标符合使用该地理标志条件的自然人、法人或其他经济组织，可以要求参加以该地理标志作为集体商标注册的团体、协会或者其他组织，并应当被接纳为会员；不要求参加这些团体、协会或者其他组织的，也可正当使用该地理标志，该团体、协会或者其他经济组织无权禁止。

5. 不与他人在同一种或者类似商品或服务上已经注册或者初步审定的商标相同或近似。根据《商标审查及审理标准》的规定，商标相同是指两个商标在视觉上基本无差别，使用在同一种或者类似商品或者服务上易使相关公众对商品或者服务的来源产生混淆。商标近似是指商标文字的字形、读音、含义近似，商标图形的构图、着色、外观近似，或者文字和图形组合的整体排列组合方式和外观近似，立体商标的三维标志的形状和外观近似，颜色商标的颜色或者颜色组合近似，声音商标的听觉感知或整体音乐形象近似，使用在同一种或者类似商品或者服务上易使相关公众对商品或者服务的来源产生混淆。

同一种商品或者服务包括名称相同和名称不同，但指同一事物或者内容的商品或者服务。类似商品是指在功能、用途、生产部门、销售渠道、消费对象等方面相同或基本相同的商品。类似服务是指在服务的目的、内容、方式、对象等方面相同或基本相同的服务。商品与服务类似，是指商品和服务之间存在特定联系，容易使相关公众混淆。认定商品或者服务是否类似，应当以相关公众对商品或者服务的一般认识综合判断；《商标注册用商品和服务国际分类表》《类似商品和服务区分表》可以作为判断类似商品或者服务的参考。

商标相同和近似的判定，首先应认定指定使用的商品或者服务是否属于同一种或者类似商品或者服务；其次应从商标本身的形、音、义和整体表现形式等方面，以相关公众的一般注意力为标准，并采取整体观察与比对主要部分的方法，判断商标标志本身是否相同或者近似，同时考虑商标本身显著性、在先商标知名度及使用在同一种或者类似商品（服务）上易使相关公众对商品（服务）来源产生混淆误认等因素。

6. 不与他人驰名商标相同或者近似。驰名商标，是指具备驰名商标的因素，为相关公众所熟知的商标。《商标法》对驰名商标的保护有专门的规定。

7. 不与他人在先权利相冲突。根据《商标审查及审理标准》的规定，在先权利是指在系争商标申请注册日之前已经取得的，除商标权以外的其他权利，包括字号权、著作权、外观设计专利权、姓名权、肖像权以及应予保护的其他合法在先权益。

（四）申请商标注册的程序

商标注册的主要程序是：申请—形式审查合格决定受理—实质审查合格—发布初步审定公告—异议期—核准注册。

1. 提交申请。根据《商标法》的规定，商标注册申请人应当按规定的商品分类表填报使用商标的商品类别和商品名称，提出注册申请。商标注册申请人可以通过一份申请就多个类别的商品申请注册同一商标。商标注册申请等有关文件，可以书面方式或者数据电文方式提出。

申请人既可以自己到国家知识产权局商标局申请注册，也可以委托商标代理机构代理申请。目前国家知识产权局商标局已开通网上注册服务，申请人可以在网上提交申请。

2. 形式审查合格决定受理。根据《商标法实施条例》的规定：注册商标的申请日期以知识产权局收到申请文件的日期为准。商标注册申请手续齐备、按照规定填写申请文件并缴纳费用的，商标局予以受理并书面通知申请人；申请手续不齐备、未按照规定填写申请文件或者未缴纳费用的，商标局不予受理，书面通知申请人并说明理由。申请手续基本齐备或者申请文件基本符合规定，但是需要补正的，商标局通知申请人予以补正，限其自收到通知之日起30日内，按照指定内容补正并交回商标局。在规定期限内补正并交回商标局的，保留申请日期；期满未补正的或者不按照要求进行补正的，商标局不予受理并书面通知申请人。

3. 实质审查合格发布初步审定公告。为提高商标审查效率，《商标法》规定了商标审查的时限。对申请注册的商标，商标局应当自收到商标注册申请文件之日起9个月内审查完毕，符合《商标法》规定的，予以初步审定公告。不符合规定的，由商标局驳回申请，不予公告。

对驳回申请、不予公告的商标，商标局应当书面通知商标注册申请人。商标注册申请人不服的，可以自收到通知之日起15日内向商标局申请复审。商标局应当自收到申请之日起9个月内做出决定，并书面通知申请人。有特殊情况需要延长的，经国家知识产权局批准，可以延长3个月。当事人对商标局的决定不服的，可以自收到通知之日起30日内向人民法院起诉。

4. 异议期。对初步审定公告的商标，自公告之日起3个月内，在先权利人、利害关系人可以依法向商标局提出异议。

异议期是保护已注册商标权人权利的一项重要制度。商标权人应定期查看商标公告，若发现公告的商标涉嫌侵犯自己商标权，应在异议期内及时提出异议。

对初步审定公告的商标提出异议的，商标局应当听取异议人和被异议人陈述事实和理由，经调查核实后，自公告期满之日起12个月内做出是否准予注册的决定，并书面通知异议人和被异议人。有特殊情况需要延长的，经国家知识产权局批准，可以延长6个月。

5. 核准注册。公告期满无人提出异议，或虽然有人提出异议，但商标局认为异议不成立的，商标局予以核准注册，发给商标注册证，并予公告。

异议人不服的，可以依法向商标局请求宣告该注册商标无效。商标局做出不予注册决定，被异议人不服的，可以自收到通知之日起15日内向商标局申请复审。商标局应当自收到申请之日起12个月内做出复审决定，并书面通知异议人和被异议人。有特殊情况需要延长的，经国家知识产权局批准，可以延长6个月。被异议人对商标局的决定不服的，可以自收到通知之日起30日内向人民法院起诉。人民法院应当通知异议人作为第三人参加诉讼。

6. 申请商标注册注意事项。（1）事先查询拟使用的商标是否与已注册商标有冲突。

在实务中，由于申请商标注册的人很多，加之许多申请人就同一商标在多个类别上申请注册，导致自己申请注册的商标很可能与已经注册的商标发生冲突。为避免审核不被通过被迫更换重新申请，申请人在申请商标注册前应当多准备几个备选商标，并在知识产权局网站查询自己拟用的商标是否与他人在同类或近似商品上已经注册的商标相同或近似。如果与他人存在冲突，可以查询他人对该商标的使用状况，如果他人没有正当理由连续 3 年不使用，申请人可以向知识产权局申请撤销该注册商标，否则只能另选商标。对于可以拆分的文字和图形等组合商标，申请人可以将文字、图形等商标构成要素拆开分别申请注册，以提高注册成功率。（2）符合作品条件的商标可以考虑申请版权登记。版权保护不分类别，登记即可以确定商标的版权归属。如果版权在先，还可以起诉抢注者，借此请求撤销他人在先注册的商标。版权的有效期为作者有生之年再加 50 年，即使商标被撤无效，也有版权可以维护自己的合法权益。登记后可以更好地保护自己商标的完整性，防止他人在商标的其他类别注册使用，稀释自己的品牌价值。（3）申请注册的商品或服务类别既要考虑现实需要，也要考虑长远发展。《商标注册用商品和服务国际分类表》中第 35 类属于涉及业务较广的服务商标类别，包括广告、工商管理辅助业、替他人推销、人事管理辅助业、商业企业迁移、办公事务、财会、单一服务、药品、医疗用品或批发服务等项目，从防御和规避风险的角度出发，如果企业的业务可能涉及这些类型，可以根据自身发展需要将自己的商标在该类别申请注册。

商标注册的流程可以参考国家知识产权局网站发布的商标注册流程简图。网址：http：//sbj. cnipa. gov. cn/sbsq/zclct/.

三、商标权的保护

（一）注册商标保护期限

注册商标经核准后就取得了注册商标专用权，但是这一权利是有期限的，我国注册商标的有效期是 10 年，自核准注册之日起算。期满日前后一段时间，商标权人可以申请延长保护期。

1. 商标权续展。在期满后需要继续使用的，可以在商标期满前的 12 个月内申请续展。每次续展注册的有效期为 10 年，自该商标上一届有效期满次日起计算。因此，只要权利人愿意并及时提出续展申请，商标专用权是可以长期享有的。

2. 商标权宽展。若未在法定期间申请续展，法律给予权利人 6 个月的宽展期。所以办理商标续展的时间总共是 18 个月。宽展期满后仍未提出申请的，注册商标将被注销。如果想"抢救"回这件商标，只能等一年后重新申请商标注册了。

在实务中，企业应加强注册商标管理，在商标管理系统中设定本企业注册商标到期提醒，尽可能在到期日前申请续展，拖延到商标宽展期才办理商标续展需要多交费用，这部分增加的费用相当于续展注册延迟费。此外，注册商标被注销后还可能被他人抢注。

（二）侵犯商标权行为的认定

1. 侵犯商标专用权的行为。注册商标的专用权，以核准注册的商标和核定使用的商品为限。根据《商标法》的规定，有下列行为之一的，均属侵犯注册商标专用权：（1）未经商标注册人的许可，在同一种商品上使用与其注册商标相同的商标的；（2）未经商标注册人的许可，在同一种商品上使用与其注册商标近似的商标，或者在类似商品上使用与其注册商标相同或者近似的商标，容易导致混淆的；（3）销售侵犯注册商标专用权的商品的；（4）伪造、擅自制造他人注册商标标识或者销售伪造、擅自制造的注册商标标识的；（5）未经商标注册人同意，更换其注册商标并将该更换商标的商品又投入市场的；（6）故意为侵犯他人商标专用权行为提供便利条件，比如为侵犯他人商标专用权提供仓储、运输、邮寄、印制、隐匿、经营场所、网络商品交易平台等，帮助他人实施侵犯商标专用权行为的；（7）给他人的注册商标专用权造成其他损害的。

何为给他人注册商标专用权造成其他损害的行为？最高人民法院《关于审理商标民事纠纷案件适用法律若干问题的解释》规定下列行为属于此种情况：（1）将与他人注册商标相同或者相近似的文字作为企业的字号在相同或者类似商品上突出使用，容易使相关公众产生误认的；（2）复制、模仿、翻译他人注册的驰名商标或其主要部分在不相同或者不相类似商品上作为商标使用，误导公众，致使该驰名商标注册人的利益可能受到损害的；（3）将与他人注册商标相同或者相近似的文字注册为域名，并且通过该域名进行相关商品交易的电子商务，容易使相关公众产生误认的。

2. 不视为侵权的情形。商标注册人申请商标注册前，他人已经在同一种商品或者类似商品上先于商标注册人使用与注册商标相同或者近似并有一定影响的商标的，注册商标专用权人无权禁止该使用人在原使用范围内继续使用该商标，但可以要求其附加适当区别标识。这一规定有助于保护在先使用人的合法权益。

3. 将他人注册商标、未注册的驰名商标作为企业名称中的字号使用，误导公众，构成不正当竞争行为的，依照《中华人民共和国反不正当竞争法》处理。

（三）对驰名商标的特别保护

根据《商标法》的规定，驰名商标，是指具备驰名商标的因素，为相关公众所熟知的商标。根据《驰名商标认定和保护规定》，所谓相关公众，包括与使用商标所标示的某类商品或者服务有关的消费者，生产前述商品或者提供服务的其他经营者以及经销渠道中所涉及的销售者和相关人员等。

商标是企业的无形资产，驰名商标更是企业的宝贵财富，当今的竞争已经进入了品牌竞争的阶段，为保护知名度高的商标持有人的合法权益，防止他人傍名牌，《商标法》对驰名商标作了高于普通注册商标的保护规定。

1. 对驰名商标保护的内容

对驰名商标的保护主要体现在以下三个方面：

（1）对未在中国注册的驰名商标的保护。《商标法》第 13 条第 2 款规定，就相同或者类似商品申请注册的商标是复制、模仿或者翻译他人未在中国注册的驰名商标，容易导致混淆的，不予注册并禁止使用。此外，最高人民法院《关于审理商标民事纠纷案件适用法律若干问题的解释》规定，复制、模仿、翻译他人未在中国注册的驰名商标或其主要部分，在相同或者类似商品上作为商标使用，容易导致混淆的，应当承担停止侵害的民事法律责任。

（2）对已在中国注册的驰名商标的保护。《商标法》第 13 条第 3 款规定，就不相同或者不相类似商品申请注册的商标是复制、模仿或者翻译他人已经在中国注册的驰名商标，误导公众，致使该驰名商标注册人的利益可能受到损害的，不予注册并禁止使用。

（3）根据《商标法》第 45 条的规定，他人将驰名商标恶意注册的，驰名商标所有人可以请求知识产权局宣告该注册商标无效。申请时效不限于商标注册 5 年内。

2. 认定商标驰名考虑的因素

《商标法》第 14 条规定，认定驰名商标应当考虑 5 个方面的因素：（1）相关公众对该商标的知晓程度；（2）该商标使用的持续时间；（3）该商标的任何宣传工作的持续时间、程度和地理范围；（4）该商标作为驰名商标受保护的记录；（5）该商标驰名的其他因素。

最高人民法院《关于审理涉及驰名商标保护的民事纠纷案件应用法律若干问题的解释》对上述规定做了细化，要求主张认定商标驰名的当事人，应当根据案件具体情况，提供下列证据，证明被诉侵犯商标权或者不正当竞争行为发生时，其商标已属驰名：（1）使用该商标的商品的市场份额、销售区域、利税等；（2）该商标的持续使用时间；（3）该商标的宣传或者促销活动的方式、持续时间、程度、资金投入和地域范围；（4）该商标曾被作为驰名商标受保护的记录；（5）该商标享有的市场声誉；（6）证明该商标已属驰名的其他事实。其中，商标使用的时间、范围、方式等，包括其核准注册前持续使用的情形。

从上述认定参考因素可以看出，驰名商标认定时考虑的重点是商标的知名度，与相关产品的质量无关。为防止企业将驰名商标与质量挂钩，误导客户，《商标法》规定，生产、经营者不得将"驰名商标"字样用于商品、商品包装或者容器上，或者用于广告宣传、展览以及其他商业活动中。违规使用的，地方市场监督管理部门依法有权责令改正，处 10 万元罚款。

3. 可以申请驰名商标认定的情形

申请驰名认定与申请商标注册的目的是不同的，申请商标注册是为了取得商标专用权。申请驰名认定则是为了适用《商标法》对驰名商标的特别保护规定，防止他人傍名牌。根据《商标法》第 14 条的规定，下列三种情形下当事人可以提出驰名认定申请：

（1）在商标注册审查、市场监督管理部门在查处商标违法案件过程中，当事人依照商标法第 13 条规定主张权利的，知识产权局根据审查、处理案件的需要，可以对商标驰名情况作出认定。

（2）在商标争议处理过程中，当事人依照《商标法》第 13 条规定主张权利的，知识产权局根据处理案件的需要，可以对商标驰名情况作出认定。

（3）在商标民事、行政案件审理过程中，当事人依照《商标法》第 13 条规定主张权利的，最高人民法院指定的人民法院根据审理案件的需要，可以对商标驰名情况作出认定。

认定驰名商标的机构是国家知识产权局和最高人民法院指定的人民法院。根据《最高人民法院关于涉及驰名商标认定的民事纠纷案件管辖问题的通知》（法〔2009〕1号）的规定，涉及驰名商标认定的民事纠纷案件，由省、自治区人民政府所在地的市、计划单列市中级人民法院，以及直辖市辖区内的中级人民法院管辖。其他中级人民法院管辖此类民事纠纷案件，需报经最高人民法院批准；未经批准的中级人民法院不再受理此类案件。《最高人民法院关于审理涉及驰名商标保护的民事纠纷案件应用法律若干问题的解释》第13条规定，在涉及驰名商标保护的民事纠纷案件中，人民法院对于商标驰名的认定，仅作为案件事实和判决理由，不写入判决主文；以调解方式审结的，在调解书中对商标驰名的事实不予认定。

总之，对企业而言，驰名商标的作用主要表现在两个方面：（1）持有人认为其商标权受到侵害，法律对普通注册商标的保护措施不足以维护自身合法权利时，如果自己的商标知名度高，可以依法请求知识产权局或人民法院按驰名商标给予保护。（2）自己的商标被他人在其他类别的商品上申请注册，有可能导致来源混淆的，可以请求知识产权局认定自己的商标驰名，以阻止他人商标获得注册。

在实务中，企业平时要注意收集与认定商标驰名有关的证据，以便在需要认定时能及时提交。如果已经被认定为驰名商标，既不要将"驰名商标"字样用于商品、商品包装或者容器上，也不要用于广告宣传、展览以及其他商业活动中。

（四）商标权的救济

1. 向人民法院起诉或请求市场监督管理部门处理。（1）当商标权人的权利受到他人不法侵害时，商标权人或者利害关系人可以向人民法院起诉，也可以请求市场监督管理部门处理。（2）市场监督管理部门认定侵权行为成立，当事人对侵犯商标专用权的赔偿数额发生争议的，可以请求进行处理的市场监督管理部门调解，也可以向人民法院起诉。经市场监督管理部门调解，当事人未达成协议或者调解书生效后不履行的，当事人可以向人民法院起诉。

2. 申请财产保全或证据保全。商标注册人或利害关系人有证据证明他人正在实施或即将实施侵犯注册商标专用权的行为，如不及时制止，将会使其合法利益受到难以弥补的损害的，可以在诉讼前向人民法院申请采取责令停止有关行为和财产保全措施。为制止侵权行为，在证据可能灭失或以后难以取得的情况下，商标注册人或利害关系人可以在起诉前向人民法院申请保全证据。关于财产保全的细化规定，参见最高人民法院《关于人民法院对注册商标权进行财产保全的解释》。

3. 申请撤销他人商标。他人以欺骗手段或其他不正当手段在同类或者近似商品上取得与自己相同或近似的商标注册的，权利人或利害关系当事人可以自该商标注册之日起5年内向知识产权局提出撤销申请，但驰名商标的保护不受此时间的限制。

4. 侵犯注册商标专用权的诉讼时效为3年，自商标注册人或者利害权利人知道或者应当知道权利受到损害以及义务人之日起计算。商标注册人或者利害关系人超过3年起诉的，如果侵权行为在起诉时仍在持续，在该注册商标专用权有效期限内，人民法院应当判决被告停止侵权行为，侵权损害赔偿数额应当自权利人向人民法院起诉之日起向前推算 3 年计算。

（五）侵犯商标权的法律责任

1. 赔偿损失。《商标法》第 63 条规定，侵犯商标专用权的赔偿数额，按照权利人因被侵权所受到的实际损失确定；实际损失难以确定的，可以按照侵权人因侵权所获得的利益确定；权利人的损失或者侵权人获得的利益难以确定的，参照该商标许可使用费的倍数合理确定。对恶意侵犯商标专用权，情节严重的，可以在按照上述方法确定数额的 1 倍以上 5 倍以下确定赔偿数额。赔偿数额应当包括权利人为制止侵权行为所支付的合理开支。

其中，因被侵权所受到的损失，可以根据权利人因侵权所造成商品销售减少量或者侵权商品销售量与该注册商标商品的单位利润乘积计算。侵权所获得的利益，可以根据侵权商品销售量与该商品单位利润乘积计算；该商品单位利润无法查明的，按照注册商标商品的单位利润计算。确定侵权人的赔偿责任时，权利人依法可以选择计算赔偿数额的计算方法。

权利人因被侵权所受到的实际损失、侵权人因侵权所获得的利益、注册商标许可使用费难以确定的，由人民法院根据侵权行为的情节判决给予 500 万元以下的赔偿。最高人民法院《关于审理商标民事纠纷案件适用法律若干问题的解释》规定，在情节考量中应当考虑侵权行为的性质、期间、后果，侵权人的主观过错程度，商标的声誉及制止侵权行为的合理开支等因素综合确定。

人民法院为确定赔偿数额，在权利人已经尽力举证，而与侵权行为相关的账簿、资料主要由侵权人掌握的情况下，可以责令侵权人提供与侵权行为相关的账簿、资料；侵权人不提供或者提供虚假的账簿、资料的，人民法院可以参考权利人的主张和提供的证据判定赔偿数额。权利人主张侵权人故意侵害其依法享有的知识产权且情节严重，请求在诉讼中判令被告承担惩罚性赔偿责任的，可以参考最高人民法院《关于审理侵害知识产权民事案件适用惩罚性赔偿的解释》。

2. 销毁假冒注册商标的商品及主要用于制造假冒注册商标的商品的材料、工具。《商标法》规定，人民法院审理商标纠纷案件，应权利人请求，对属于假冒注册商标的商品，除特殊情况外，责令销毁；对主要用于制造假冒注册商标的商品的材料、工具，责令销毁，且不予补偿；或者在特殊情况下，责令禁止前述材料、工具进入商业渠道，且不予补偿。假冒注册商标的商品不得在仅去除假冒注册商标后进入商业渠道。

3. 行政责任。根据《商标法》第 60 条第 2 款的规定，市场监督管理部门处理时，认定侵权行为成立的，责令立即停止侵权行为，没收、销毁侵权商品和主要用于制造侵权商品、伪造注册商标标识的工具，违法经营额 5 万元以上的，可以处违法经营额 5 倍以下的罚款，没有违法经营额或者违法经营额不足 5 万元的，可以处 25 万元以下的罚款。对 5 年内实施两次以上商标侵权行为或者有其他严重情节的，应当从重处罚。销售不知道是侵犯注册商标专用权的商品，能证明该商品是自己合法取得并说明提供者的，由市场监督管理部门责令停止销售。

4. 刑事责任。根据《商标法》的规定，下列三种情形构成犯罪的，除赔偿被侵权人的损失外,依法追究刑事责任:(1)未经商标注册人许可,在同一种商品上使用与其注册商标相同的商标;(2)伪造、擅自制造他人注册商标标识或者销售伪造、擅自制造的注册商标标识;(3)销售明知是假冒注册商标的商品。

与此相应,《中华人民共和国刑法》规定,与商标有关的下列行为构成犯罪:(1)未经注册商标所有人许可,在同一种商品上使用与其注册商标相同的商标,情节严重的;(2)伪造、擅自制造他人注册商标标识或者销售伪造、擅自制造的注册商标标识,情节严重的;(3)销售明知是假冒注册商标的商品,销售金额数额较大的。

此外,应特别注意的是,《商标法实施条例》规定,伪造、变造《商标注册证》的,依照刑法有关伪造、变造国家机关证件罪或者其他罪的规定,依法追究刑事责任。

第三节 专利权的取得与保护

一、专利权的含义和内容

(一)专利权的含义

专利权,是指国家专利管理部门对符合法定条件的发明创造,依法授予其发明创造人或其他合法申请人对其所有发明创造在一定期限内专有的权利。专利权人即享有专利权,获得专利权证书的人。

专利权可以简称为专利,比如申请专利,一般是指申请专利权。同时,专利一词也可以指已取得专利权的发明创造本身。

(二)专利权的内容

根据《专利法》的规定,除《专利法》另有规定的以外,专利权人在专利有效期内,对其专利享有下列权利:

1. 独占使用权。专利权人依法享有为生产经营目的独自实施其专利的权利。任何单位或者个人未经专利权人许可,都不得实施其专利。

2. 许可权。专利权人可以自主决定许可他人实施自己的专利,并收取专利使用费。

3. 转让权。专利权依法可以转让。转让时当事人应当订立书面合同,并向国务院专利行政部门登记,由国务院专利行政部门予以公告。特别应当注意的是,专利权的转让自登记之日起生效,所以企业在签订转让合同后应当及时办理专利权转让登记手续。

此外,中国单位或者个人向外国人、外国企业或者外国其他组织转让专利权的,应当依照有关法律、行政法规的规定办理手续。

4. 标记权。专利权人有权在其专利产品或者该产品的包装上标明专利标识。在产品上标注专利标识,一方面可以提醒他人不能仿制,保护专利权;另一方面可以推广产品,提升产品价值。

二、专利权的取得

(一) 专利权申请的原则

1. 申请在先原则。两个或两个以上的人分别就同样的发明创造申请专利，专利权授予最先提交申请的人。在实务中，企业完成发明创造后应尽快申请专利权。同时，企业在申请专利前应先查询是否有他人已提出类似申请。

2. 单一性原则。一件专利权申请的内容只能包含一项发明创造。《专利法》第 31 条规定："一件发明或者实用新型专利申请应当限于一项发明或者实用新型。属于一个总的发明构思的两项以上的发明或者实用新型，可以作为一件申请提出。一件外观设计专利申请应当限于一项外观设计，或者用于同一类别并且成套出售或者使用的产品的两项以上外观设计，可以作为一件申请提出。"

3. 优先权原则。这一原则主要表现为国际优先和国内优先两个方面。

(1) 国际优先。申请人自发明或者实用新型在外国第一次提出专利申请之日起 12 个月内，或者外观设计在外国第一次提出专利申请之日起 6 个月内，又在中国就相同主题提出专利申请的，依照该外国同中国签订的协议或者共同参加的国际公约，或者依照相互承认优先权的原则，可以享有优先权。

(2) 国内优先。申请人自发明或者实用新型在中国第一次提出专利申请之日起 12 个月内，或者自外观设计在中国第一次提出专利申请之日起 6 个月内，又向国务院专利行政部门就相同主题提出专利申请的，可以享有优先权。

申请优先权需要满足一定的条件：申请人要求发明、实用新型专利优先权的，应当在申请的时候提出书面声明，并且在第一次提出申请之日起 16 个月内，提交第一次提出的专利申请文件的副本。

申请人要求外观设计专利优先权的，应当在申请的时候提出书面声明，并且在 3 个月内提交第一次提出的专利申请文件的副本。

申请人未提出书面声明或者逾期未提交专利申请文件副本的，视为未要求优先权。

4. 诚实信用原则。专利法的立法目的是鼓励真实创新活动，任何单位或者个人，不得违反诚实信用原则，实施非正常申请专利行为。什么是非正常申请专利行为？根据《关于规范申请专利行为的办法》的规定，非正常申请专利行为是指不以保护创新为目的，不以真实发明创造活动为基础，为牟取不正当利益或者虚构创新业绩、服务绩效，单独或者勾连提交各类专利申请、代理专利申请、转让专利申请权或者专利权等行为。主要包括：(1) 同时或者先后提交发明创造内容明显相同，或者实质上由不同发明创造特征或要素简单组合变化而形成的多件专利申请的；(2) 所提交专利申请存在编造、伪造或变造发明创造内容、实验数据或技术效果，或者抄袭、简单替换、拼凑现有技术或现有设计等类似情况的；(3) 所提交专利申请的发明创造与申请人、发明人实际研发能力及资源条件明显不符的；(4) 所提交多件专利申请的发明创造内容系主要利用计算机程序或者其他技术随机生成的；(5) 所提交专利申请的发明创造系为规避可专利性审查目的而故意形成的明显不符合技术改进或设计常理，或者无实际保护价值的变劣、堆砌、非必要缩限保护范围的发明创造，或者无任何检索和审查意义的内容；（6）为逃避打击非正常申请专利行为监管措施而将实质上与特定单位、个人或地址关联的多件专利申请分散、先后或异地提交的；（7）不以实施专利技术、设计或其他正当目的倒买倒卖专利申请权或专利权，或者虚假变更发明人、设计人的；（8）专利代理机构、专利代理师，或者其他机构或个人，代理、诱导、教唆、帮助他人或者与之合谋实施各类非正常申请专利行为的；（9）违反诚实信用原则、扰乱正常专利工作秩序的其他非正常申请专利行为及相关行为。

（二）申请专利权的主体

1. 发明人或设计人。非职务发明创造申请专利的权利属于发明人或设计人本人，申请被批准后，该发明人或设计人为专利权人。

2. 职务发明人所在单位。《专利法》第6条规定，"执行本单位的任务或者主要是利用本单位的物质条件所完成的发明创造为职务发明创造。"其中，执行本单位的任务所完成的发明创造，《专利法实施细则》规定了三种情形：（1）在本职工作中作出的；（2）履行本单位交付的本职工作之外的任务所作出的；（3）退休、调离原单位后或者劳动、人事关系终止后1年内作出的，与其在原单位承担的本职工作或者原单位分配的任务有关的发明创造。本单位，包括临时工作单位。本单位的物质技术条件，是指本单位的资金、设备、零部件、原材料或者不对外公开的技术资料等。

发明人或设计人执行本单位的任务所完成的发明创造，申请专利的权利属于该单位；申请被批准后，该单位为专利权人。对于利用本单位的物质技术条件所完成的发明创造，单位与发明人或者设计人可以通过合同对申请专利的权利和专利权的归属作出约定，即当事人可以通过协商约定将此类发明创造归属于发明人或者设计人本人。没有协议约定的，申请专利的权利和专利权属于单位。

为了鼓励科研人员积极开展科技创新，《专利法》规定，被授予专利权的单位应当对职务发明的发明人或者设计人给予奖励；发明创造专利实施后，根据其推广应用的范围和取得的经济效益，对发明人或者设计人给予合理的报酬。国家鼓励被授予专利权的单位实行产权激励，采取股权、期权、分红等方式，使发明人或者设计人合理分享创新收益，促进相关发明创造的实施和运用。

《专利法实施细则》规定，被授予专利权的单位未与发明人、设计人约定，也未在其依法制定的规章制度中规定专利法规定的奖励的方式和数额的，应当自专利权公告之日起3个月内发给发明人或者设计人奖金。一项发明专利的奖金最低不少于3000元；一项实用新型专利或者外观设计专利的奖金最低不少于1000元。被授予专利权的单位未与发明人、设计人约定，也未在其依法制定的规章制度中规定专利法规定的报酬的方式和数额的，在专利权有效期限内，实施发明创造专利后，每年应当从实施该项发明或者实用新型专利的营业利润中提取不低于2%，或者从实施该项外观设计专利的营业利润中提取不低于0.2%，作为报酬给予发明人或者设计人，或者参照上述比例，给予发明人或者设计人一次性报酬；被授予专利权的单位许可其他单位或者个人实施其专利的，应当从收取的使用费中提取不低于10%，作为报酬给予发明人或者设计人。

3. 合法受让人。专利申请权依法可以转让，专利申请权经合法程序转让后，受让人就成为了合法受让人。根据《专利法》的规定，转让专利申请权的，当事人应当订立书面合同，并向国务院专利行政部门登记，由国务院专利行政部门予以公告。专利申请权的转让自登记之日起生效。中国单位或者个人向外国人、外国企业或者外国其他组织转让专利申请权的，应当依照有关法律、行政法规的规定办理手续。

4. 共同发明人。两个以上单位或者个人合作完成的发明创造、一个单位或者个人接受其他单位或者个人委托所完成的发明创造，除另有协议的以外，申请专利的权利属于完成或者共同完成的单位或者个人；申请被批准后，申请的单位或者个人为专利权人。

（三）专利权的客体

《专利法》保护的发明创造包括发明、实用新型和外观设计三种。

1. 发明。这是指对产品、方法或者其改进所提出的新的技术方案。既可以是产品发明，也可以是方法发明或者改进发明。

2. 实用新型。这是指对产品的形状、构造或者其结合所提出的适于实用的新的技术方案。其技术方案应体现在有形状、结构的产品上。

3. 外观设计。这是指对产品的整体或者局部的形状、图案或者其结合以及色彩与形状、图案的结合所作出的富有美感并适于工业应用的新设计。外观设计方案可以是平面图案或者立体造型或者二者之结合。外观设计也需要落实在有形状、结构的产品上，其与实用新型的区别在于设计的核心是从产品外观美感角度考虑的。

《专利法》对外观设计的保护，既包括产品的整体设计，也包括产品的局部设计。

（四）授予专利权的条件

1. 发明和实用新型授予专利权的条件

授予专利权的发明和实用新型，应当具备新颖性、创造性和实用性。

（1）新颖性。这是指该发明或者实用新型不属于现有技术；也没有任何单位或者个人就同样的发明或者实用新型在申请日以前向国务院专利行政部门提出过申请，并记载在申请日以后公布的专利申请文件或者公告的专利文件中。专利法所称现有技术，是指申请日以前在国内外为公众所知的技术。

判断是否具有新颖性的依据主要包括以下三个方面：

一是公开的方式与程度。公开方式包括公开发表、公开使用及以其他方式被公众所知悉，比如演讲。公开的程度，应当清楚、完整地说明了发明创造的技术内容，本专业技术人员可以据此实施。

二是公开的地域。我国专利法目前采用的是绝对世界性地区标准，即国内外均未公开。

三是公开的时间。我国以申请日作为时间标准。除法定情形外，申请日以前该发明创造未被公开即为新颖。

根据《专利法》的规定，申请专利的发明创造在申请日以前6个月内，有下列情形之一的，不丧失新颖性：①在国家出现紧急状态或者非常情况时，为公共利益目的首次公开的；②在中国政府主办或者承认的国际展览会上首次展出的；③在规定的学术会议或者技术会议上首次发表的；④他人未经申请人同意而泄露其内容的。

（2）创造性。这是指与现有技术相比，该发明具有突出的实质性特点和显著的进步，该实用新型具有实质性特点和进步。所谓实质性特点，是指发明创造应该具有技术特征，应该是发明人创造性的构思，而不是现有技术简单的拼合。所谓进步，是指与最接近的技术相比有所进步。

实用新型专利的创造性要求低于发明，取得授权相对容易。在实务中，企业如果不考虑发明创造的市场价值，可以申请实用新型专利权。

（3）实用性。这是指该发明或者实用新型能够制造或者使用，并且能够产生积极效果。

2. 授予外观设计专利权的条件

授予专利权的外观设计，应当具备新颖性（差异性）、非冲突性和实用性。

（1）新颖性（差异性）。授予专利权的外观设计，应当不属于现有设计；也没有任何单位或者个人就同样的外观设计在申请日以前向国务院专利行政部门提出过申请，并记载在申请日以后公告的专利文件中。所谓现有设计，是指申请日以前在国内外为公众所知的设计。

授予专利权的外观设计与现有设计或者现有设计特征的组合相比，应当具有明显区别。

（2）非冲突性。授予专利权的外观设计不得与他人在申请日以前已经取得的合法权利相冲突。

（3）实用性。必须富有美感并适于工业应用。

3. 不授予专利权的情形。根据《专利法》的规定，下列情形不授予专利权。

（1）违反法律、社会公德或者妨害公共利益的发明创造；（2）违反法律、行政法规的规定获取或者利用遗传资源，并依赖该遗传资源完成的发明创造；（3）科学发现；（4）智力活动的规则和方法；（5）疾病的诊断和治疗方法；（6）动物和植物品种，但动物和植物品种的生产方法可以授予专利权；（7）原子核变换方法以及用原子核变换方法获得的物质；（8）对平面印刷品的图案、色彩或者二者的结合作出的主要起标识作用的设计。

（五）专利权的申请与审批

申请专利权需要履行一定的手续。在我国，申请发明专利的审查比较严格，提交申请后的审批程序包括受理、初步审查、公布、实质审查以及授权五个阶段。实用新型和外观设计的审批程序相对简单。申请实用新型和外观设计专利，在审批过程中没有早期公布和实质审查环节，只有受理、初步审查和授权三个阶段。主要流程如下：

1. 提交申请。申请发明或者实用新型专利的，应当提交请求书、说明书及其摘要和权利要求书等文件。请求书应当写明发明或者实用新型的名称，发明人的姓名，申请人姓名或者名称、地址，以及其他事项。说明书应当对发明或者实用新型作出清楚、完整的说明，以所属技术领域的技术人员能够实现为准；必要的时候，应当有附图。摘要应当简要说明发明或者实用新型的技术要点。权利要求书应当以说明书为依据，清楚、简要地限定要求专利保护的范围。

申请外观设计专利的，应当提交请求书、该外观设计的图片或者照片以及对该外观设计的简要说明等文件。申请人提交的有关图片或者照片应当清楚地显示要求专利保护的产品的外观设计。

国务院专利行政部门收到专利申请文件之日为申请日。如果申请文件是邮寄的，以寄出的邮戳日为申请日。

2. 初步审查。也称为形式审查。国务院专利行政部门收到发明专利申请后，经初步审查认为符合专利法要求的，自申请日起满 18 个月，即行公布，也可以根据申请人的请求提早公布其申请。

国务院专利行政部门收到实用新型和外观设计专利申请后，经初步审查没有发现驳回理由的，由国务院专利行政部门作出授予实用新型专利权或者外观设计专利权的决定，发给相应的专利证书，同时予以登记和公告。实用新型专利权和外观设计专利权自公告之日起生效。

3. 实质审查。发明专利申请人通过初审后，自申请日起 3 年内，还应当向国务院专利行政部门申请实质审查，即审查发明是否具备新颖性、创造性和实用性。国务院专利行政部门认为必要的时候，可以自行对发明专利申请进行实质审查。申请人无正当理由逾期不请求实质审查的，该申请即被视为撤回。

发明专利的申请人请求实质审查的时候，应当提交在申请日前与其发明有关的参考资料。国务院专利行政部门对发明专利申请进行实质审查后，认为不符合专利法规定的，应当通知申请人，要求其在指定的期限内陈述意见，或者对其申请进行修改；无正当理由逾期不答复的，该申请即被视为撤回。发明专利申请经实质审查没有发现驳回理由的，由国务院专利行政部门作出授予发明专利权的决定，发给发明专利证书，同时予以登记和公告。发明专利权自公告之日起生效。

4. 专利的复审。专利申请人对国务院专利行政部门驳回申请的决定不服的，可以自收到通知之日起 3 个月内向国务院专利行政部门请求复审。国务院专利行政部门复审后，作出决定，并通知专利申请人。专利申请人对国务院专利行政部门的复审决定不服的，可以自收到通知之日起 3 个月内向人民法院起诉。

5. 专利的无效。自国务院专利行政部门公告授予专利权之日起，任何单位或者个人认为该专利权的授予不符合专利法有关规定的，可以请求国务院专利行政部门宣告该专利权无效。国务院专利行政部门对宣告专利权无效的请求应当及时审查和作出决定，并通知请求人和专利权人。宣告专利权无效的决定，由国务院专利行政部门登记和公告。申请宣告专利无效没有时间限制，任何人认为某个专利不符合专利授权条件，都可以申请宣告该专利无效。无效申请不受授权时间限制，随时可以提出，所以，引言案例中，公牛集团如果有合适证据，可以申请宣告通领公司的两个专利无效。在实务中，发生专利侵权纠纷时，被诉侵权方提起专利无效之诉是很常见的，特别是针对实用新型专利提起的无效之诉更多，因为实用新型专利在授权前，专利审查部门并未对该发明进行实质审查，所以，实用新型专利被撤销的可能性很大。

对国务院专利行政部门宣告专利权无效或者维持专利权的决定不服的，可以自收到通知之日起 3 个月内向人民法院起诉。人民法院应当通知无效宣告请求程序的对方当事人作为第三人参加诉讼。

无效的专利权视为自始即不存在。在实务中，宣告专利权无效的决定，对在宣告专利权无效前人民法院做出并已执行的专利侵权的判决、调解书，已经履行或者强制执行的专利侵权纠纷处理决定，以及已经履行的专利实施许可合同和专利权转让合同，不具有追溯力。但是因专利权人的恶意给他人造成的损失，应当给予赔偿。但是，不返还专利侵权赔偿金、专利使用费、专利权转让费，明显违反公平原则的，应当全部或者部分返还。比如受让人支付专利权转让费后尚未使用，专利即被宣告无效，转让方应当返还收取的转让费。

发明、实用新型和外观设计专利的申请、审查流程可以参考国家知识产权局发布的流程简图，网址：https：//www.cnipa.gov.cn/art/2020/6/5/art_1517_92471.html.

（六）申请专利注意事项

1. 申请专利前应进行专利检索。申请专利的发明创造应具有新颖性，如果申请人没有做专利检索，就不可能知道其技术方案是否已公开。如果他人已经就某一技术方案申请过专利或者在相关文献中已公开，申请人将该技术方案申请专利，就白白浪费了时间、金钱和精力。

2. 先申请专利再发表论文或申请成果鉴定。因为发表文章或申请成果鉴定不可避免地要公开技术内容，伴随着技术内容的公开，发明创造便丧失新颖性，不能受专利法保护。

3. 根据需要选择专利申请的种类。有些发明创造既可以申请发明专利，也可以申请实用新型专利。从稳定性、可靠性角度看，发明专利权在授权前通过了实质性审查，实用新型专利权未进行实质性审查，所以发明专利权授权的稳定性、技术的可靠性高于实用新型专利权。如果申请的目的主要在于转让，或希望有较高的评估价值和较长的保护期，建议申请发明专利。如果申请的目的主要在于自己使用，希望早一点确权，对评估价值和保护期限要求不高，可以考虑申请实用新型专利。因为实用新型专利权只进行初步审查，其授权速度明显快于发明专利，但保护期限较短。

三、专利实施的特别许可

专利实施的特别许可包括强制许可和专利权人自愿开放许可两类。

（一）强制许可

强制许可是对专利权人使用权的干涉，为尽量减少对专利权人使用权的影响，国务院专利行政部门在决定给予实施强制许可时，应当根据强制许可的理由规定实施的范围和时间。强制许可的理由消除并不再发生时，国务院专利行政部门应当根据专利权人的请求，经审查后作出终止实施强制许可的决定。

《专利法》规定的可以实施强制许可的情形包括：

1. 国有企业事业单位的发明专利，对国家利益或者公共利益具有重大意义的，国务院有关主管部门和省、自治区、直辖市人民政府报经国务院批准，可以决定在批准的范围内推广应用，允许指定的单位实施，由实施单位按照国家规定向专利权人支付使用费。

2. 在国家出现紧急状态或者非常情况时，或者为了公共利益的目的，国务院专利行政部门可以给予实施发明专利或者实用新型专利的强制许可。

3. 有下列情形之一的，国务院专利行政部门根据具备实施条件的单位或者个人的申请，可以给予实施发明专利或者实用新型专利的强制许可：（1）专利权人自专利权被授予之日起满 3 年，且自提出专利申请之日起满 4 年，无正当理由未实施或者未充分实施其专利的。申请强制许可的单位或者个人应当提供证据，证明其以合理的条件请求专利权人许可其实施专利，但未能在合理的时间内获得许可。（2）专利权人行使专利权的行为被依法认定为垄断行为，为消除或者减少该行为对竞争产生的不利影响的。其中，强制许可涉及的发明创造为半导体技术的，其实施限于公共利益的目的。

4. 一项取得专利权的发明或者实用新型比前已经取得专利权的发明或者实用新型具有显著经济意义的重大技术进步，其实施又有赖于前一发明或者实用新型的实施的，国务院专利行政部门根据后一专利权人的申请，可以给予实施前一发明或者实用新型的强制许可。申请强制许可的单位或者个人应当提供证据，证明其以合理的条件请求专利权人许可其实施专利，但未能在合理的时间内获得许可。

在依照前款规定给予实施强制许可的情形下，国务院专利行政部门根据前一专利权人的申请，也可以给予实施后一发明或者实用新型的强制许可。

5. 为了公共健康目的，对取得专利权的药品，国务院专利行政部门可以给予制造并将其出口到符合中华人民共和国参加的有关国际条约规定的国家或者地区的强制许可。

强制许可仅针对发明或者实用新型，不包括外观设计。实施强制许可应当主要为了供应国内市场。但第五种情形以及专利权人行使专利权的行为被依法认定为垄断行为的除外。

取得实施强制许可的单位或者个人应当付给专利权人合理的使用费，或者依照中华人民共和国参加的有关国际条约的规定处理使用费问题。付给使用费的，其数额由双方协商；双方不能达成协议的，由国务院专利行政部门裁决。取得实施强制许可的单位或者个人不享有独占的实施权，并且无权允许他人实施。

（二）专利权人自愿开放许可

专利权人自愿以书面方式向国务院专利行政部门声明愿意许可任何单位或者个人实施其专利，并明确许可使用费支付方式、标准的，由国务院专利行政部门予以公告，实行开放许可。任何单位或者个人有意愿实施开放许可的专利的，以书面方式通知专利权人，并依照公告的许可使用费支付方式、标准支付许可使用费后，即获得专利实施许可。

专利开放许可制度有利于简化许可手续。为鼓励专利权人开放许可，开放许可实施期间，国家对专利权人缴纳专利年费相应给予减免。实行开放许可的专利权人可以与被许可人就许可使用费进行协商后给予普通许可，但不得就该专利给予独占或者排他许可。专利权人开放后如果需要撤回，应当以书面方式提出撤回声明，并由国务院专利行政部门予以公告。开放许可声明被公告撤回的，不影响在先给予的开放许可的效力。

当事人就实施开放许可发生纠纷的，由当事人协商解决；不愿协商或者协商不成的，可以请求国务院专利行政部门进行调解，也可以向人民法院起诉。

四、专利权的保护

（一）专利权的保护范围与期限

1. 专利权的保护范围。发明或者实用新型专利权的保护范围以其权利要求的内容为准，说明书及附图可以用于解释权利要求的内容。外观设计专利权的保护范围以表示在图片或者照片中的该产品的外观设计为准，简要说明可以用于解释图片或者照片所表示的该产品的外观设计。

2. 专利权的保护期限。三种专利权的保护期限不同。发明专利权的期限为 20 年，实用新型专利权的期限为 10 年，外观设计专利权的期限为 15 年，均自申请日起计算。

对于从申请到授权，中间经过较长的审查时间才确认授予发明专利权的情形，《专利法》规定专利权人可以申请适当延长保护期，即自发明专利申请日起满 4 年，且自实质审查请求之日起满 3 年后授予发明专利权的，国务院专利行政部门应专利权人的请求，就发明专利在授权过程中的不合理延迟给予专利权期限补偿，但由申请人引起的不合理延迟除外。

此外，考虑到新药上市审批一般需要占用较多时间，《专利法》规定，对在中国获得上市许可的新药相关发明专利，专利权人可以向国务院专利行政部门请求给予专利权期限补偿。补偿期限不超过 5 年，新药批准上市后总有效专利权期限不超过 14 年。

（二）侵犯专利权行为的认定

1. 侵犯专利权行为的含义。侵犯专利权行为是指未经专利权人许可，为生产经营目的实施其专利的行为。《专利法》规定，发明和实用新型专利权被授予后，除本法另有规定的以外，任何单位或者个人未经专利权人许可，都不得实施其专利，即不得为生产经营目的制造、使用、许诺销售、销售、进口其专利产品，或者使用其专利方法以及使用、许诺销售、销售、进口依照该专利方法直接获得的产品。外观设计专利权被授予后，任何单位或者个人未经专利权人许可，都不得实施其专利，即不得为生产经营目的制造、许诺销售、销售、进口其外观设计专利产品。

所谓许诺销售，是指以做广告、在商店橱窗中陈列或者在展销会上展出等方式作出销售商品的意思表示。

2. 不视为侵犯专利权的行为

根据《专利法》的规定，有下列情形之一的，不视为侵犯专利权：（1）专利产品或者依照专利方法直接获得的产品，由专利权人或者经其许可的单位、个人售出后，使用、许诺销售、销售、进口该产品的；（2）在专利申请日前已经制造相同产品、使用相同方法或者已经作好制造、使用的必要准备，并且仅在原有范围内继续制造、使用的；（3）临时通过中国领陆、领水、领空的外国运输工具，依照其所属国同中国签订的协议或者共同参加的国际条约，或者依照互惠原则，为运输工具自身需要而在其装置和设备中使用有关专利的；（4）专为科学研究和实验而使用有关专利的；（5）为提供行政审批所需要的信息，制造、使用、进口专利药品或者专利医疗器械的，以及专门为其制造、进口专利药品或者专利医疗器械的；（6）在专利侵权纠纷中，被控侵权人有证据证明其实施的技术或者设计属于现有技术或者现有设计的，不构成侵犯专利权。

此外，为生产经营目的使用、许诺销售或者销售不知道是未经专利权人许可而制造并售出的专利侵权产品，能证明该产品合法来源的，不承担赔偿责任。

（三）专利权的救济

1. 向人民法院起诉或请求管理专利工作的部门处理。侵犯专利权引起的纠纷，首先由当事人协商解决，不愿意协议或协商不成的，专利权人或利害关系人可以向人民法院起诉，也可以请求管理专利工作的部门处理。管理专利工作的部门处理时，认定侵权行为成立的，可以责令侵权人立即停止侵权行为，当事人不服的，可以自收到处理通知书之日起15日内依照《中华人民共和国行政诉讼法》向人民法院起诉；侵权人期满不起诉又不停止侵权行为的，管理专利工作的部门可以申请人民法院强制执行。进行处理的管理专利工作的部门应当事人的请求，可以就侵犯专利权的赔偿数额进行调解；调解不成的，当事人可以依照《中华人民共和国民事诉讼法》向人民法院起诉。

2. 申请临时保护。这是指专利权人或者利害关系人在诉讼前为了保护其权利而向人民法院申请临时保护。具体措施包括：

（1）申请采取财产保全、责令作出一定行为或者禁止作出一定行为的措施。专利权人或者利害关系人有证据证明他人正在实施或者即将实施侵犯专利权、妨碍其实现权利的行为，如不及时制止将会使其合法权益受到难以弥补的损害的，可以在起诉前依法向人民法院申请采取财产保全、责令作出一定行为或者禁止作出一定行为的措施。比如，在起诉前请求法院制止侵权商品进入商业渠道，包括制止刚由海关放行的进口侵权商品进入国内商业渠道。

（2）申请证据保全。为了制止专利侵权行为，在证据可能灭失或者以后难以取得的情况下，专利权人或者利害关系人可以在起诉前依法向人民法院申请保全证据。比如，在起诉前请求法院封存被指控为侵权的相关证据等。

3. 侵犯专利权的诉讼时效为3年，自专利权人或者利害关系人知道或者应当知道侵权行为以及侵权人之日起计算。发明专利申请公布后至专利权授予前使用该发明未支付适当使用费的，专利权人要求支付使用费的诉讼时效为3年，自专利权人知道或者应当知道他人使用其发明之日起计算，但是，专利权人于专利权授予之日前即已知道或者应当知道的，自专利权授予之日起计算。

《最高人民法院关于审理专利纠纷案件适用法律问题的若干规定》第17条规定，侵犯专利权的诉讼时效为3年，自专利权人或者利害关系人知道或者应当知道权利受到损害以及义务人之日起计算。权利人超过3年起诉的，如果侵权行为在起诉时仍在继续，在该项专利权有效期内，人民法院应当判决被告停止侵权行为，侵权损害赔偿数额应当自权利人向人民法院起诉之日起向前推算 3 年计算。

（四）侵犯专利权的法律责任

1. 民事责任。《专利法》规定，侵犯专利权的赔偿数额按照权利人因被侵权所受到的实际损失或者侵权人因侵权所获得的利益确定；权利人的损失或者侵权人获得的利益难以确定的，参照该专利许可使用费的倍数合理确定。对故意侵犯专利权，情节严重的，可以在按照上述方法确定数额的 1 倍以上 5 倍以下确定赔偿数额。对故意侵害他人专利权的人实施惩罚性赔偿，有利于提高侵权人的违法成本。赔偿倍数的具体确定，可以参考最高人民法院《关于审理侵害知识产权民事案件适用惩罚性赔偿的解释》。

权利人的损失、侵权人获得的利益和专利许可使用费均难以确定的，人民法院可以根据专利权的类型、侵权行为的性质和情节等因素，确定给予 3 万元以上 500 万元以下的赔偿。赔偿数额还应当包括权利人为制止侵权行为所支付的合理开支。

人民法院为确定赔偿数额，在权利人已经尽力举证，而与侵权行为相关的账簿、资料主要由侵权人掌握的情况下，可以责令侵权人提供与侵权行为相关的账簿、资料；侵权人不提供或者提供虚假的账簿、资料的，人民法院可以参考权利人的主张和提供的证据判定赔偿数额。

2. 行政责任。假冒专利的，除依法承担民事责任外，由负责专利执法的部门责令改正并予公告，没收违法所得，可以处违法所得 5 倍以下的罚款；没有违法所得或者违法所得在 5 万元以下的，可以处 25 万元以下的罚款。

3. 刑事责任。《中华人民共和国刑法》第 216 条规定，假冒他人专利，情节严重的，处 3 年以下有期徒刑或者拘役，并处或者单处罚金。

五、三种专利权的比较

在三种专利中，发明专利是对产品、方法或者其改进提出的新的技术方案，其客体范围不限于有固定形状、结构的产品。审查过程严格，包括初步审查、早期公开、实质审查三个阶段，因而审查周期长，但获得权利后，专利权较为稳定。法律对其创造性要求较高，保护期限较长，可以达到 20 年。实用新型专利是对产品的形状、构造或者其结合提出的适于实用的新的技术方案，其客体范围限定在有固定形状、结构的产品。仅进行初步审查，合格后即进入授权阶段，因而审查周期较短，但由于未经过实质审查，是否符合专利授权的实质性条件具有不确定性，专利侵权纠纷涉及实用新型专利或者外观设计专利的，人民法院或者管理专利工作的部门可以要求专利权人或者利害关系人出具由国务院专利行政部门对相关实用新型或者外观设计进行检索、分析和评价后作出的专利权评价报告，作为审理、处理专利侵权纠纷的证据。如果专利权评价报告认为不符合授权条件，专利权会被撤销，所以其专利权稳定性较差。法律对其创造性的要求低于发明，保护期限较短，只有 10 年。外观设计方案需落实在有固定形状、结构的产品外部，可以是平面图案或者立体造型或者二者之结合。其设计的核心是从产品美感的角度考虑的，保护的是产品的外观，不涉及功能。其审查程序与实用新型相同，仅进行初步审查，合格后即进入授权阶段，因而审查周期较短，但稳定性可能较差。保护时间为 15 年。

从法律角度看，三者的区别见表 4.1。

表 4.1　　　　　　　　　　　　　　　　　三种专利权的区别

区别	发明	实用新型	外观设计
客体范围	对产品、方法或者其改进提出的新的技术方案。其范围不限于有固定形状、结构的产品。	对产品的形状、构造或者其结合提出的适于实用的新的技术方案。其范围限定在有固定形状、结构的产品。其核心体现在产品的技术效果或功能上。	设计方案需落实在有固定形状、结构的产品上，可以是平面图案或者立体造型或者二者之结合。其设计的核心是从产品美感的角度考虑的。
审查程序	初步审查、实质审查	初步审查	初步审查
创造性	具有突出的实质性特点和显著的进步。	具有实质性特点和进步。	有差异。
保护期限	20 年	10 年	15 年

第四节　著作权的取得与保护

一、著作权的含义和内容

（一）著作权的含义

著作权，也称为版权，是作者或者其他权利人对其创作的作品及相关客体享有的专有权利。理论上，著作权有狭义和广义之分。狭义的著作权仅指作者对作品享有的权利，也可称为作者权。广义的著作权还包括与著作权有关的权利，比如图书、报刊出版者对出版物、表演者对其表演、翻译者对其译著享有的专有权等。我国《著作权法》中所称的著作权是广义的，包括作者权和与著作权有关的权利。本节主要介绍作者权。

（二）著作权的内容

根据《著作权法》第 10 条的规定，著作权包括人身权和财产权。

1. 人身权。这是指著作权人享有的与其作品有关的以人身利益为内容的权利。主要包括（1）发表权，即决定作品是否公之于众的权利；（2）署名权，即表明作者身份，在作品上署名的权利；（3）修改权，即修改或者授权他人修改作品的权利；（4）保护作品完整权，即保护作品不受歪曲、篡改的权利。人身权专属于作者，一般情况下不能转让。

2. 财产权。这是指著作权人享有以一定方式使用作品并获得经济利益的权利。主要包括（1）复制权，即以印刷、复印、拓印、录音、录像、翻录、翻拍、数字化等方式将作品制作一份或者多份的权利；（2）发行权，即以出售或者赠予方式向公众提供作品的原件或者复制件的权利；（3）出租权，即有偿许可他人临时使用视听作品、计算机软件的原件或者复制件的权利，计算机软件不是出租的主要标的的除外；（4）展览权，即公开陈列美术作品、摄影作品的原件或者复制件的权利；（5）表演权，即公开表演作品，以及用各种手段公开播送作品的表演的权利；（6）放映权，即通过放映机、幻灯机等技术设备公开再现美术、摄影、视听作品等的权利；（7）广播权，即以有线或者无线方式公开传播或者转播作品，以及通过扩音器或者其他传送符号、声音、图像的类似工具向公众传播广播的作品的权利，但不包括信息网络传播权；（8）信息网络传播权，即以有线或者无线方式向公众提供，使公众可以在其选定的时间和地点获得作品的权利；（9）摄制权，即以摄制视听作品的方法将作品固定在载体上的权利；（10）改编权，即改变作品，创作出具有独创性的新作品的权利；（11）翻译权，即将作品从一种语言文字转换成另一种语言文字的权利；（12）汇编权，即将作品或者作品的片段通过选择或者编排，汇集成新作品的权利；（13）应当由著作权人享有的其他权利。

著作权人既可以许可他人行使财产权，也可以全部或者部分转让财产权，并依照约定或者著作权法的有关规定获得报酬。

二、著作权的取得

（一）著作权取得的原则

1. 中国自然人、法人或者非法人组织的作品，不论是否发表，依照《著作权法》享有著作权。

2. 外国人、无国籍人的作品根据其作者所属国或者经常居住地国同中国签订的协议或者共同参加的国际条约享有的著作权，受《著作权法》保护。

3. 外国人、无国籍人的作品首先在中国境内出版的，依照《著作权法》享有著作权。

4. 未与中国签订协议或者共同参加国际条约的国家的作者以及无国籍人的作品首次在中国参加的国际条约的成员国出版的，或者在成员国和非成员国同时出版的，受《著作权法》保护。

（二）著作权的归属

《著作权法》第11条规定，著作权属于作者，本法另有规定的除外。创作作品的自然人是作者。由法人或者非法人组织主持，代表法人或者非法人组织意志创作，并由法人或者非法人组织承担责任的作品，法人或者非法人组织视为作者。

谁是作者，作者身份如何认定，是确定著作权归属的关键。根据上述规定，我国享有著作权的人包括作者和视为作者的组织。

1. 作者。这是指创作作品的自然人。所谓创作，是指直接产生文学、艺术和科学作品的智力活动。为他人创作进行组织工作，提供咨询意见、物质条件，或者进行其他辅助工作，均不视为创作。作品是自然人智力创作活动的成果，将创作作品的自然人确定为作者，赋予其著作权，具有充分的合理性。

改编、翻译、注释、整理已有作品而产生的作品，其著作权由改编、翻译、注释、整理人享有，但行使著作权时不得侵犯原作品的著作权。汇编作品，其著作权由汇编人享有，但行使著作权时，不得侵犯原作品的著作权。汇编若干作品、作品的片段或者不构成作品的数据或者其他材料，对其内容的选择或者编排体现独创性的作品，为汇编作品，其著作权由汇编人享有，但行使著作权时，不得侵犯原作品的著作权。

两人以上合作创作的作品，著作权由合作作者共同享有。合作作品的著作权由合作作者通过协商一致行使；不能协商一致，又无正当理由的，任何一方不得阻止他方行使除转让、许可他人专有使用、出质以外的其他权利，但是所得收益应当合理分配给所有合作作者。合作作品可以分割使用的，作者对各自创作的部分可以单独享有著作权，但行使著作权时不得侵犯合作作品整体的著作权。

著作权属于自然人的，自然人死亡后，其著作权中的财产性权利在法定保护期内，依法转移，比如继承。

2. 视为作者的组织。这是指由法人或者非法人组织主持，代表法人或者非法人组织意志创作，并由法人或者非法人组织承担责任的作品，法人或者非法人组织视为作者。随着文化产业化、市场化发展，许多影视、戏剧、曲艺、舞蹈等作品都是由法人或者非法人组织主持制作、编排创作的。工程设计图、产品设计图、计算机软件等的研发设计，通常是在法人或者非法人组织确定研发目标、组织研发团队、提供研发资金及各种物质保障的条件下进行的，作品完成后其推广应用的产品责任均由组织承担。因此，将组织视为作者，有利于鼓励组织投资创作和市场交易，有利于促进文化、科技作品创作和传播。

自然人为完成法人或者非法人组织工作任务所创作的作品是职务作品。职务作品以建立在劳动关系上的工作任务为核心。因作品的完成条件和承担责任主体的不同，《著作权法》将职务作品分为一般职务作品和特殊职务作品两类，分别规定了不同的著作权归属和相应的权利义务。

（1）特殊职务作品。法律规定了三种情形：①主要是利用法人或者非法人组织的物质技术条件创作，并由法人或者非法人组织承担责任的工程设计图、产品设计图、地图、示意图、计算机软件等职务作品；②报社、期刊社、通讯社、广播电台、电视台的工作人员创作的职务作品；③法律、行政法规规定或者合同约定著作权由法人或者非法人组织享有的职务作品。特殊职务作品的著作权由单位享有，作者只享有署名权，著作权的其他权利由法人或者非法人组织享有，法人或者非法人组织可以给予作者奖励。

（2）一般职务作品。这是指特殊职务作品以外的职务作品。属于此类情形的作品虽然与作者的工作任务有关，但作者的创作活动主要受个人意志控制，既不需要单位为其创作提供物质技术条件，也不需要由单位承担责任。一般职务作品的著作权由作者享有，但法人或者非法人组织有权在其业务范围内优先使用。作品完成两年内，未经单位同意，作者不得许可第三人以与单位使用的相同方式使用该作品。

除视为作者的情形外，由他人执笔，本人审阅定稿并以本人名义发表的报告、讲话等作品，著作权归报告人或者讲话人享有。著作权人可以支付执笔人适当的报酬。

著作权属于法人或者非法人组织的，法人或者非法人组织变更、终止后，其著作权中的财产性权利在法定保护期内，由承受其权利义务的法人或者非法人组织享有；没有承受其权利义务的法人或者非法人组织的，由国家享有。

3. 作者身份的确认。认定作者的身份，通常情况下将在作品或者制品上署名的自然人、法人或者非法人组织视为著作权、与著作权有关权益的权利人，但有相反证明的除外。以署名方式识别作者比证明创作作品的过程更简便易行。但如果作品上的署名不真实，比如多人合作的作品只署了部分人的名字，在这种情况下，未署名作者可以提供涉及著作权的底稿、原件、合法出版物、著作权登记证书、认证机构出具的证明、取得权利的合同等证据，要求更正。

为防止发生作者身份认定争议，作者等著作权人可以向国家著作权主管部门认定的登记机构办理作品登记。需要特别说明的是，著作权登记仅是证明具有著作权的一种方式，不能作为权利证书使用。因为著作权登记时并不审查该作品是否独立完成，所以，如果有他人对该作品提出权属主张，此时就需要当事人进一步举证，从而确定谁是最终权利人。

受委托创作的作品，著作权的归属由委托人和受托人通过合同约定。合同未作明确约定或者没有订立合同的，著作权属于受托人。委托人在约定的使用范围内享有使用作品的权利；双方没有约定使用作品范围的，委托人可以在委托创作的特定目的范围内免费使用该作品。

（三）著作权的客体

1. 作品的含义和特征。著作权的客体是作品。《著作权法》第三条规定，作品是指文学、艺术和科学领域内具有独创性并能以一定形式表现的智力成果。

作品具有下列特征：（1）在文学、艺术和科学领域内的成果。文学、艺术作品，比如美术、音乐、戏剧等是凝聚着作者的个性和风格，体现了作者一定思想情感的物品。科学领域作品，比如工程设计图、产品设计图等是基于特定技术或功能目的对信息、符号进行加工处理，赋予其特定意义的一种表达。（2）有独创性。作品应当由作者独立完成，并能在一定程度上体现作者个人的特性。作品不能是对现有作品的复制、抄袭，也不能是按照既定规则或常规进行操作、扮演的结果。独立创作可以是从无到有的原创，也可以在已有作品上再创作。（3）能以使他人能够感知的一定形式表现出来。著作权法保护的是思想的表达形式而不是思想本身，比如社会主义核心价值观属于思想观念，弘扬这种观念的小说、电影、歌曲等，即属于可以使他人能够感知的一定形式。

2. 《著作权法》保护的作品范围。具体包括：

（1）文字作品。这是指小说、诗词、散文、论文等以文字形式表现的作品。

（2）口述作品。这是指即兴的演说、授课、法庭辩论等以口头语言形式表现的作品。

（3）音乐、戏剧、曲艺、舞蹈、杂技艺术作品。音乐作品，是指歌曲、交响乐等能够演唱或者演奏的带词或者不带词的作品；戏剧作品，是指话剧、歌剧、地方戏等供舞台演出的作品；曲艺作品，是指相声、快书、大鼓、评书等以说唱为主要形式表演的作品；

舞蹈作品，是指通过连续的动作、姿势、表情等表现思想情感的作品；杂技艺术作品，是指杂技、魔术、马戏等通过形体动作和技巧表现的作品。

（4）美术、建筑作品。美术作品，是指绘画、书法、雕塑等以线条、色彩或者其他方式构成的有审美意义的平面或者立体的造型艺术作品；建筑作品，是指以建筑物或者构筑物形式表现的有审美意义的作品。

（5）摄影作品。这是指借助器械在感光材料或者其他介质上记录客观物体形象的艺术作品。

（6）视听作品。世界知识产权组织成员国在日内瓦签订的《视听作品国际登记条约》第2条对视听作品的定义是：指由一系列相关的固定图像组成，带有或不带伴音，能够被看到的，并且带有伴音时，能够被听到的任何作品。比如影视剧、电脑绘制的动画片、短视频、录像、音乐喷泉、灯光秀、烟花秀等经过艺术设计而产生的成果等。

（7）工程设计图、产品设计图、地图、示意图等图形作品和模型作品。图形作品，是指为施工、生产绘制的工程设计图、产品设计图，以及反映地理现象、说明事物原理或者结构的地图、示意图等作品；模型作品，是指为展示、试验或者观测等用途，根据物体的形状和结构，按照一定比例制成的立体作品。

（8）计算机软件。这是指计算机程序及其有关文档。计算机程序是指能实现一定功能的代码化指令序列，或者符号化语句序列。文档指用来描述程序的内容、组成、设计、功能规格、开发情况、测试结果及使用方法的文字资料和图表，如程序设计说明书、流程图、用户手册等。计算机软件虽然是用字母、数字及符号表示出来并可以通过有形介质加以固定，具有一定作品特征，但其核心在于算法和技术功能，软件属于功能性的表达形式，其价值在于功能的执行。考虑到软件作品的特殊性，《著作权法》第64条规定，计算机软件的保护办法由国务院另行规定。1991年国务院发布《计算机软件保护条例》，目前实施的是2013年修订的文本。

（9）符合作品特征的其他智力成果。

民间文学艺术作品，一般是指由某一民族或某一地区的群体或个人创作的体现该民族或地区共性和传统的文学艺术表达，如民族传统音乐、民间诗歌、地方戏曲、神话故事等。民间文学艺术作品的著作权保护办法由国务院另行规定。

游戏《花千骨》与《太极熊猫》一案中，《太极熊猫》为大型动作角色扮演类游戏，从其运行整体画面表现效果来看，设计美观、玩法层次丰富，蕴含了游戏设计团队的大量智力成果，具有独创性。游戏的玩法规则属于思想，依据该思想形成的整体动态画面是其作品的表现形态，该画面是游戏玩法规则的"特定呈现方式"。《太极熊猫》的整体画面随着玩家的不断操作，呈现在屏幕上的是"连续动态的图像"，符合视听作品的定义。

人民法院查明，两款游戏中有29个玩法在界面布局和玩法规则上基本一致或构成实质性相似；另外《花千骨》游戏中47件装备的24个属性数值与《太极熊猫》游戏呈现相同或者同比例微调的对应关系；《花千骨》V1.0版游戏软件的计算机软件著作权登记存档资料中，功能模块结构图、功能流程图以及封印石系统入口等全部26张UI界面图所使用的均为《太极熊猫》游戏的元素和界面。同时，在新浪微博以及IOS系统《花千骨》

游戏用户评论中，亦有大量游戏玩家评论两游戏非常相似，构成侵权。①

该案的判决，明确了网络游戏中玩法规则的特定呈现方式，可以获得著作权法保护。

3.《著作权法》不保护的作品。根据《著作权法》第 5 条的规定，有三种作品不适用该法：（1）法律、法规，国家机关的决议、决定、命令和其他具有立法、行政、司法性质的文件，及其官方正式译文。（2）单纯事实消息。传播报道他人采编的单纯事实消息，应当注明出处。（3）历法、通用数表、通用表格和公式。

三、著作权的保护

（一）著作权的保护期限

1. 作者的署名权、修改权、保护作品完整权的保护期不受限制。自然人的作品，其发表权、财产权的保护期为作者终生及其死亡后 50 年，截止于作者死亡后第 50 年的 12 月 31 日；如果是合作作品，截止于最后死亡的作者死亡后第 50 年的 12 月 31 日。

2. 法人或者非法人组织的作品、著作权（署名权除外）由法人或者非法人组织享有的职务作品，其发表权的保护期为 50 年，截止于作品创作完成后第 50 年的 12 月 31 日；财产权的保护期为 50 年，截止于作品首次发表后第 50 年的 12 月 31 日，但作品自创作完成后 50 年内未发表的，不再保护。

视听作品，其发表权的保护期为 50 年，截止于作品创作完成后第 50 年的 12 月 31 日；财产权的保护期为 50 年，截止于作品首次发表后第 50 年的 12 月 31 日，但作品自创作完成后 50 年内未发表的，不再保护。

（二）著作权的限制

任何民事权利都不是绝对的，法律保护著作权人权利的同时，为维护公共利益对其权利也会作出适当限制。法律对著作权的限制主要分为合理使用和法定许可两种情形。

1. 合理使用。这是指在法定情形下，在不影响该作品的正常使用，也不损害著作权人的合法权益的前提下，可以不经著作权人许可，不向其支付报酬，基于正当目的使用他人作品。合理使用他人作品应当指明作者姓名或者名称、作品名称。

法定允许合理使用的情形包括：（1）为个人学习、研究或者欣赏，使用他人已经发表的作品；（2）为介绍、评论某一作品或者说明某一问题，在作品中适当引用他人已经发表的作品；（3）为报道新闻，在报纸、期刊、广播电台、电视台等媒体中不可避免地再现或者引用已经发表的作品；（4）报纸、期刊、广播电台、电视台等媒体刊登或者播放其他报纸、期刊、广播电台、电视台等媒体已经发表的关于政治、经济、宗教问题的时事性文章，但著作权人声明不许刊登、播放的除外；（5）报纸、期刊、广播电台、电视台等媒体刊登或者播放在公众集会上发表的讲话，但作者声明不许刊登、播放的除外；

---

① 参见：网游《花千骨》抄袭　江苏省高院发布知识产权司法保护十大案例，https：//baijiahao. baidu. com/s？id＝1664686901225667536&wfr＝spider&for＝pc.

（6）为学校课堂教学或者科学研究，翻译、改编、汇编、播放或者少量复制已经发表的作品，供教学或者科研人员使用，但不得出版发行；（7）国家机关为执行公务在合理范围内使用已经发表的作品；（8）图书馆、档案馆、纪念馆、博物馆、美术馆、文化馆等为陈列或者保存版本的需要，复制本馆收藏的作品；（9）免费表演已经发表的作品，该表演未向公众收取费用，也未向表演者支付报酬，且不以营利为目的；（10）对设置或者陈列在公共场所的艺术作品进行临摹、绘画、摄影、录像；（11）将中国公民、法人或者其他组织已经发表的以国家通用语言文字创作的作品翻译成少数民族语言文字作品在国内出版发行；（12）以阅读障碍者能够感知的无障碍方式向其提供已经发表的作品；（13）法律、行政法规规定的其他情形。

2. 法定许可使用。也称为非自愿许可，是指在法定情形下，可以不经著作权人许可而使用已经发表的作品，但必须依法向著作权人支付报酬，指明作者姓名或者名称、作品名称，并且不得侵犯著作权人依照本法享有的其他权利。

法定许可使用适用的情形主要是为实施义务教育和国家教育规划而编写出版教科书，在教科书中汇编已经发表的作品片段或者短小的文字作品、音乐作品或者单幅的美术作品、摄影作品、图形作品等。

（三）侵犯著作权的行为

侵犯著作权的行为是指未经著作权人许可，且无法律上的根据，擅自行使应由著作权人行使的权利的行为。其核心是未经著作权人许可，且无法律上的根据。侵犯著作权的行为表现各异，针对侵权行为对权利人和社会造成危害的不同，《著作权法》第52条、第53条以列举方式对侵犯著作权的行为及法律责任作出了规定。

此外，最高人民法院《关于审理侵害信息网络传播权民事纠纷案件适用法律若干问题的规定》对侵害信息网络传播权的行为做出细化规定，将网络用户、网络服务提供者未经许可，通过信息网络提供权利人享有信息网络传播权的作品、表演、录音录像制品的行为，认定为侵害信息网络传播权的行为，但法律、行政法规另有规定除外。

（四）与著作权有关的其他违法行为

1. 规避或破坏保护著作权的技术措施。技术措施，是指用于防止、限制未经权利人许可浏览、欣赏作品、表演、录音录像制品或者通过信息网络向公众提供作品、表演、录音录像制品的有效技术、装置或者部件。比如设定阅读密码、防止复制的措施等。为保护著作权，权利人依法可以对作品采取技术措施。未经权利人许可，任何组织或者个人不得故意避开或者破坏技术措施，不得以避开或者破坏技术措施为目的制造、进口或者向公众提供有关装置或者部件，不得故意为他人避开或者破坏技术措施提供技术服务。但是，法律、行政法规规定可以避开的情形除外。

法律规定，下列情形可以避开技术措施，但不得向他人提供避开技术措施的技术、装置或者部件，不得侵犯权利人依法享有的其他权利：（1）为学校课堂教学或者科学研究，提供少量已经发表的作品，供教学或者科研人员使用，而该作品无法通过正常途径获取；（2）不以营利为目的，以阅读障碍者能够感知的无障碍方式向其提供已经发表的作品，而该作品无法通过正常途径获取；（3）国家机关依照行政、监察、司法程序执行公务；（4）对计算机及其系统或者网络的安全性能进行测试；（5）进行加密研究或者计算机软件反向工程研究。

2. 破坏权利管理信息。权利管理信息是与作品一起使用，用以说明作品及其作者、表演及其表演者等作品权利人和使用条件等内容的信息，以及表示上述信息的数字或者代码。破坏权利管理信息，可能导致公众不知道作品的权利人和使用条件，从而削弱权利人对使用者的合理约束。所以法律规定，未经权利人许可，不得进行下列行为：（1）故意删除或者改变作品、版式设计、表演、录音录像制品或者广播、电视上的权利管理信息，但由于技术上的原因无法避免的除外；（2）知道或者应当知道作品、版式设计、表演、录音录像制品或者广播、电视上的权利管理信息未经许可被删除或者改变，仍然向公众提供。

（五）著作权的救济

1. 申请仲裁或向人民法院起诉。著作权纠纷可以调解，也可以根据当事人达成的书面仲裁协议或者著作权合同中的仲裁条款，向仲裁机构申请仲裁。当事人没有书面仲裁协议，也没有在著作权合同中订立仲裁条款的，可以直接向人民法院起诉。

2. 申请采取临时保护。著作权人或者与著作权有关的权利人有证据证明他人正在实施或者即将实施侵犯其权利、妨碍其实现权利的行为，如不及时制止将会使其合法权益受到难以弥补的损害的，可以在起诉前依法向人民法院申请采取财产保全、责令作出一定行为或者禁止作出一定行为等措施。

为制止侵权行为，在证据可能灭失或者以后难以取得的情况下，著作权人或者与著作权有关的权利人可以在起诉前依法向人民法院申请保全证据。

3. 侵害著作权的诉讼时效为3年，自著作权人知道或者应当知道权利受到损害以及义务人之日起计算。权利人超过3年起诉的，如果侵权行为在起诉时仍在持续，在该著作权保护期内，人民法院应当判决被告停止侵权行为；侵权损害赔偿数额应当自权利人向人民法院起诉之日起向前推算3年计算。

（六）侵犯著作权的法律责任

1. 民事责任。根据《著作权法》第52条的规定，有下列侵权行为的，应当根据情况，承担停止侵害、消除影响、赔礼道歉、赔偿损失等民事责任：（1）未经著作权人许可，发表其作品的；（2）未经合作作者许可，将与他人合作创作的作品当作自己单独创作的作品发表的；（3）没有参加创作，为谋取个人名利，在他人作品上署名的；（4）歪曲、篡改他人作品的；（5）剽窃他人作品的；（6）未经著作权人许可，以展览、摄制视听作品的方法使用作品，或者以改编、翻译、注释等方式使用作品的，本法另有规定的除外；（7）使用他人作品，应当支付报酬而未支付的；（8）未经视听作品、计算机软件、录音录像制品的著作权人、表演者或者录音录像制作者许可，出租其作品或者录音录像制品的原件或者复制件的，本法另有规定的除外；（9）未经出版者许可，使用其出版的图书、期刊的版式设计的；（10）未经表演者许可，从现场直播或者公开传送其现场表演，或者录制其表演的；（11）其他侵犯著作权以及与著作权有关的权利的行为。

侵犯著作权或者与著作权有关的权利的，侵权人应当按照权利人因此受到的实际损失或者侵权人的违法所得给予赔偿。权利人的实际损失，可以根据权利人因侵权所造成复制品发行减少量或者侵权复制品销售量与权利人发行该复制品单位利润乘积计算。发行减少量难以确定的，按照侵权复制品市场销售量确定。权利人的实际损失或者侵权人的违法所得难以计算的，可以参照该权利使用费给予赔偿。对故意侵犯著作权或者与著作权有关的权利，情节严重的，可以在按照上述方法确定数额的 1 倍以上 5 倍以下给予赔偿。

权利人的实际损失、侵权人的违法所得、权利使用费难以计算的，由人民法院根据侵权行为的情节，判决给予 500 元以上 500 万元以下的赔偿。人民法院在确定赔偿数额时，会根据作品类型、合理使用费、侵权行为性质、后果等情节综合确定。

赔偿数额还应当包括权利人为制止侵权行为所支付的合理开支。所谓合理开支，包括权利人或者委托代理人对侵权行为进行调查、取证的合理费用，符合有关部门规定的律师费用。

人民法院为确定赔偿数额，在权利人已经尽了必要举证责任，而与侵权行为相关的账簿、资料等主要由侵权人掌握的，可以责令侵权人提供与侵权行为相关的账簿、资料等；侵权人不提供，或者提供虚假的账簿、资料等的，人民法院可以参考权利人的主张和提供的证据确定赔偿数额。

人民法院审理著作权纠纷案件，应权利人请求，对侵权复制品，除特殊情况外，责令销毁；对主要用于制造侵权复制品的材料、工具、设备等，责令销毁，且不予补偿；或者在特殊情况下，责令禁止前述材料、工具、设备等进入商业渠道，且不予补偿。

2. 行政责任。《著作权法》第 53 条的规定，有下列侵权行为的，应当根据情况，承担本法第 52 条规定的民事责任；侵权行为同时损害公共利益的，由主管著作权的部门责令停止侵权行为，予以警告，没收违法所得，没收、无害化销毁处理侵权复制品以及主要用于制作侵权复制品的材料、工具、设备等，违法经营额 5 万元以上的，可以并处违法经营额 1 倍以上 5 倍以下的罚款；没有违法经营额、违法经营额难以计算或者不足 5 万元的，可以并处 25 万元以下的罚款；构成犯罪的，依法追究刑事责任：（1）未经著作权人许可，复制、发行、表演、放映、广播、汇编、通过信息网络向公众传播其作品的，本法另有规定的除外；（2）出版他人享有专有出版权的图书的；（3）未经表演者许可，复制、发行录有其表演的录音录像制品，或者通过信息网络向公众传播其表演的，本法另有规定的除外；（4）未经录音录像制作者许可，复制、发行、通过信息网络向公众传播其制作的录音录像制品的，本法另有规定的除外；（5）未经许可，播放、复制或者通过信息网络向公众传播广播、电视的，本法另有规定的除外；（6）未经著作权人或者与著作权有关的权利人许可，故意避开或者破坏技术措施的，故意制造、进口或者向他人提供主要用于避开、破坏技术措施的装置或者部件的，或者故意为他人避开或者破坏技术措施提供技术服务的，法律、行政法规另有规定的除外；（7）未经著作权人或者与著作权有关的权利人许可，故意删除或者改变作品、版式设计、表演、录音录像制品或者广播、电视上的权利管理信息的，知道或者应当知道作品、版式设计、表演、录音录像制品或者广播、电视上的权利管理信息未经许可被删除或者改变，仍然向公众提供的，法律、行政法规另有规定的除外；（8）制作、出售假冒他人署名的作品的。

其中第（6）和第（7）是实施与著作权有关的其他违法行为的法律责任。

3. 刑事责任。根据《中华人民共和国刑法》的规定，与著作权有关的下列行为构成犯罪：（1）侵犯著作权罪。《刑法》第 217 条规定，以营利为目的，有下列侵犯著作权或者与著作权有关的权利的情形之一，违法所得数额较大或者有其他严重情节的，处 3 年以下有期徒刑，并处或者单处罚金；违法所得数额巨大或者有其他特别严重情节的，处 3 年以上 10 年以下有期徒刑，并处罚金：①未经著作权人许可，复制发行、通过信息网络向公众传播其文字作品、音乐、美术、视听作品、计算机软件及法律、行政法规规定的其他作品的；②出版他人享有专有出版权的图书的；③未经录音录像制作者许可，复制发行、通过信息网络向公众传播其制作的录音录像的；④未经表演者许可，复制发行录有其表演的录音录像制品，或者通过信息网络向公众传播其表演的；⑤制作、出售假冒他人署名的美术作品的；⑥未经著作权人或者与著作权有关的权利人许可，故意避开或者破坏权利人为其作品、录音录像制品等采取的保护著作权或者与著作权有关的权利的技术措施的。（2）销售侵权复制品罪。第 218 条规定，以营利为目的，销售明知是本法第 217 条规定的侵权复制品，违法所得数额巨大或者有其他严重情节的，处 5 年以下有期徒刑，并处或者单处罚金。

本 章 小 结

知识产权对企业而言，是重要的无形资产。其中的商标不仅是区别商品和服务来源的标志，更是企业的信誉、竞争力强弱的象征。商标是企业品牌文化的精髓，商标的评估价值的高低体现了该商标的影响力和企业的经营情况，间接反映出消费者对该商标所标示商品的接受程度。利用商标宣传商品、服务，言简意赅，可以给消费者留下深刻印象，从而达到创名牌、扩大销路的效果。专利是企业产品创新的基础，是开拓市场的利器。企业专利的数量和质量，体现了企业的技术发展水平和市场竞争力。在网络经济时代，创新性作品日益增多，作品的市场价值日益提升，著作权保护的作品范围也日益扩大。在商标审查过程中许多图形商标可能会因为不确定的因素被驳回，如果企业在申请商标注册前将图形申请版权登记，则可以从著作权角度为企业增加一份保障，减少企业的图形商标被驳回的可能。

在激烈的市场竞争中，企业一方面要提高知识产权的保护意识，注意及时依法申请取得相关知识产权，学会用法律武器保护自身的权益不受侵害；另一方面要坚持诚信经营，避免侵犯他人的知识产权。

第五章　创业与合同

引　言

　　合同是民事主体之间设立、变更、终止民事权利义务关系的协议。创业者从企业筹备设立开始、日常经营中的原材料采购、产品销售到终止清算各环节，都会遇到各种合同。依法签订合同和履行合同，是企业成功、取得良好效益的保证。创业者要避免合同风险，应当掌握合同方面的基本法律规定。如果您是创业者，您是否了解与创业有关的合同有哪些种类及适用什么法律？如何认定合同成立、生效与效力？约定不清的合同该如何处理？合同变更或转让应履行什么程序？什么情况下可以单方通知解除合同？如果合同中未约定违约责任，守约方可以要求违约方赔偿损失吗？

　　在实务中，经营者因合同签订不慎引发的法律风险较多，比如：

　　1. 甲公司系全屋定制公司，2019年客户王女士与甲公司签订了一份家具定制合同，合同总价10万元。其中包括70多个白色原木衣柜门。售后安装合同规定，"木质产品表面开裂脱落、部件严重变形等非人为损坏，自安装起两年内开裂包换、五年内保修。"在选门型时，甲公司设计师为客户推荐了公司提供的一款门型，声称该款稳定性好、不易开裂。但柜门实际安装后不到2个月，70%以上的柜门造型内角出现裂纹。因柜门刷的白色油漆，如果整面墙柜子的所有柜门拼缝补漆，必然会严重影响整体美观，所以柜门需要拆下全部更换。客户多次找公司协商处理办法，公司声称：(1) 原木开裂属于正常情况，选择原木柜门就要接受普遍开裂的情况；(2) 如果重做现门型仍会有20%左右的门会开裂，更换另一种门型可能会略好一点。所以如果重做，必须换另一门型。客户认为：(1) 现门型是公司推荐的所谓稳定性好、不易开裂的门型。柜门出现问题后又反口说普遍开裂属于正常情况，前后矛盾，涉嫌欺诈。(2) 原木柜门是本地生产的，通过技术手段是可以控制开裂程度的，并不是完全不可控。公司说重做现有门型大约有20%左右的门会开裂，也说明目前普遍开裂的情况是不正常的。(3) 公司不能控制产品质量，强迫客户换门型，且不保证质量，无法律依据。那么，甲公司签约时是否存在欺诈？

　　2. 2019年1月，甲制衣公司与乙纺织厂签订了一份买卖某种涤棉混纺针织弹力色织布料40万米的合同，由于当时物价变化很大，不便于把价格定死，双方在合同价款一栏中只写了"待定"二字，交货时间是2019年5月20日。合同订立后，乙厂积极生产，按期交付了货物。此后双方由于价款约定不明确，又未能达成补充协议，发生纠纷。本案应如何确定合同标的价格？

3. 2021年8月中旬，广西南宁货主通过某第三方平台发布订单，从广西运送一车玉米到武汉某批发市场交给该市场的甲商行代为售卖。电子合同未载明何时支付运费。司机王某接单后，8月16日装载一车玉米从广西出发，8月17日3：38分运抵武汉该批发市场。甲商行3：45开始销售。王某要求甲商行先结算运费，并要求卸货离开。甲商行提出，根据该市场的交易惯例，为了蔬菜保鲜（该货车为冷链车，有一定保温功能）及减少货物流转环节，一般所运货物到货后继续在车上存放，售完（一般3天内）由货主结清运费，货车离场。以往甲商行与该广西货主一直采用这一交易流程。但王某是第一次运送鲜活产品到该市场，并不知道，也不认可该交易惯例。因多次索要运费无果，18日16：51分，王某将货车上锁，直到8月19日凌晨00：15分才打开厢门。高温天气，加上7个小时的车厢封闭，耽误了最佳销售时机，导致140包玉米变质，货物损失约7500元。那么，在当事人没有约定且协商不成的情况下，应如何确定本案运费的支付时间？本案货损应由谁承担？

本章共分五节，重点介绍与创业有关的合同种类及适用的法律，一般合同签订、履行中法律风险的防范，违约责任与索赔风险的防范。

本章涉及的法律规定主要有：《中华人民共和国民法典》（2020年通过）（以下简称《民法典》）、最高人民法院发布的《全国法院民商事审判工作会议纪要》（2019，以下简称《九民纪要》）、最高人民法院《关于审理民间借贷案件适用法律若干问题的规定》（2020年修订）、最高人民法院《关于适用〈合同法〉若干问题的解释（二）》（以下简称《合同法解释二》）（2009年公布）、《中华人民共和国电子商务法》（以下简称《电子商务法》）（2018年通过）、《中华人民共和国消费者权益保护法》（2013年修订）、《中华人民共和国产品质量法》（2018年修订）、《中华人民共和国食品安全法》（2018年修订）、最高人民法院《关于审理商品房买卖合同纠纷案件适用法律若干问题的解释》（2020年修订）、最高人民法院《关于审理买卖合同纠纷案件适用法律问题的解释》（2020年修订）等。

第一节　创业与合同概述

一、合同的含义和特征

（一）合同的含义

合同，也称为协议，其核心是指当事人为设定相互间权利义务关系，经过协商达成的一致意见。合同因用途不同，适用的法律也不一样。调整用人单位和劳动者权利义务关系的合同，适用《劳动合同法》；调整民事主体之间设立、变更、终止民事权利义务关系的合同在《民法典》实施前适用 1999 年颁布实施的《合同法》。制定《民法典》时，对《合同法》部分内容做了修改后并入《民法典》合同编，所以，《民法典》实施后，此类合同关系主要适用《民法典》合同编，原《合同法》同时废止。但《合同法》有些内容在《民法典》中继续保留了，所以《合同法》司法解释对《民法典》保留的《合同法》条款的解释仍可以继续适用。本章重点介绍的是《民法典》合同编调整的合同关系。

（二）合同的特征

根据《民法典》的规定，合同具有下列三个基本特征：

1. 合同是平等民事主体之间的协议。合同当事人在法律上地位平等，即一方当事人与他方当事人人格平等，地位对等。民事合同注重意思自治，契约自由，其基础就在于缔约各方法律地位平等，当事人之间不存在一方可以凌驾于他方之上的情形，更不存在命令与服从的关系。

2. 合同的主体具有多方性和广泛性。合同是当事人之间的一种合意，至少要有两个当事人参加才能构成。合同的主体具有广泛性，可以是自然人，也可以是法人或其他组织；可以是中国人，也可以是外国人。只要当事人具有合同能力，都可以成为合同的主体。

3. 合同内容主要由当事人根据自愿原则确定，反映了当事人的共同意志。婚姻、收养、监护等有关身份的协议虽然也属于民事法律关系，但当事人之间的权利义务一般由法律直接规定，具有一定的强制性，主要适用《民法典》总则和婚姻家庭编。法律没有规定的，可以根据其性质参照适用合同编的规定。

二、与创业有关的合同及适用的法律

与创业有关的合同种类很多，有些合同除适用《民法典》合同编调整外，还会受其他专门法调整。创业中常用的合同及适用的法律主要有：

（一）发起人协议

发起人协议，是创业者发起设立合伙企业或公司时签订的协议，主要用于明确创业者在筹备商主体设立期间的权利和义务。调整此类关系的法律主要有《合伙企业法》《公司法》和《民法典》合同编。

（二）规范创业者内部关系的合同

主要包括合伙协议、公司章程、合伙份额转让合同、股权转让合同等。调整此类关系的法律主要有《合伙企业法》《公司法》和《民法典》合同编。

（三）无形资产转让、许可合同

主要包括注册商标专用权、专利权、著作权转让或使用许可合同等。调整此类关系的法律主要有《商标法》《专利法》《著作权法》和《民法典》合同编。

(四) 住所、经营场所租赁合同

住所是指商主体注册登记的地点，是商主体总部所在地。它与实际生产经营场所可以相同，也可以不同。住所或经营场所如果由创业者自有出资，应当签订产权转让合同。如果是租赁取得，需要签订租赁合同。调整此类关系的法律主要有《民法典》物权编和《民法典》合同编。

(五) 借款合同、担保合同

创业者在筹备商主体设立或生产经营期间因资金不足，可能需要融资而签订借款合同。如果对对方的履行能力有怀疑，还需要对方提供担保，因此需要签订担保合同。调整此类关系的法律主要有《商业银行法》《民法典》物权编和《民法典》合同编。

(六) 与日常生产经营相关的合同

主要包括买卖合同，供用电、水、气、热力合同，租赁合同，融资租赁合同，承揽合同，建设工程合同，运输合同，技术合同，保管合同，仓储合同，委托合同，行纪合同，居间合同等。调整此类关系的法律主要是《民法典》合同编。

本章重点介绍创业企业在日常生产经营中合同的风险与防范。担保合同风险的防范放在第六章。

第二节　合同签订中法律风险的防范

如本书第一章所述，合同签订阶段的风险主要表现在合同主体审查风险、要约与承诺风险、合同内容风险、合同形式风险、合同文本审查和管理风险、解决争议方式约定风险等。防范此类风险的发生，重点要掌握合同内容和合同形式、合同订立的程序、认定合同效力的基本依据等。

一、合同的订立

(一) 合同的内容与形式

1. 合同的内容。合同的内容主要是规定合同当事人的权利与义务。除少数由法律直接规定外，绝大多数合同内容可以由当事人根据意思自治原则自行协商确定。为了保证当事人在协商过程中充分表达自己的意愿，避免在以后的合同履行中出现纠纷，《民法典》规定，合同一般应包括下列内容：

(1) 当事人的姓名或者名称和住所。约定的目的在于明确合同当事人。

(2) 标的。它是合同当事人权利义务所指向的对象，它可以是财物、劳务、工作成果、知识产权。

（3）数量。它是用计量单位和数字来衡量标的的尺度，决定当事人权利义务的大小。数量的计量标准应符合我国计量法及其实施细则的规定。此外，定量包装的商品，还应符合《定量包装商品计量监督管理办法》。

（4）质量。它是合同标的的具体特征，是标的内在素质和外观形态的综合。当事人约定的产品质量标准不能低于《中华人民共和国产品质量法》中的强制性要求。

（5）价款或者报酬。它是当事人一方向交付标的的另一方支付的货币。价款通常指转移财产时支付的货币，报酬通常指提供劳务或工作成果的酬金。价款或者报酬的约定一般应包括单价、总价、计算标准、结算方式、运费、保险费、保管费、检验费及其他费用等。

（6）履行期限、地点和方式。它是当事人全面完成自己的合同义务的时间、地点和方式。当事人一方如果希望合同发生纠纷时在本地起诉，可以考虑将本地约定为履行地，因为因合同纠纷提起的诉讼，合同履行地人民法院有管辖权。

（7）违约责任。它是当事人不履行或者不完全履行合同时应承担的责任。

（8）解决争议的方法。当事人需要采用仲裁方式解决纠纷的，最好在签订合同时约定仲裁机构。因为仲裁是协议管辖，当事人没有仲裁协议并选定仲裁机构，仲裁机构无法受理。

根据《合同法解释二》关于"当事人对合同是否成立存在争议，人民法院能够确定当事人名称或者姓名、标的和数量的，一般应当认定合同成立。但法律另有规定或者当事人另有约定的除外"的规定，当事人名称或者姓名、标的和数量是合同成立的绝对必要条款，必须由当事人在合同中约定。其他条款如果未约定，可以依法补充。

当事人在签订合同时除了可以参考上述条款外，还可以参考国家有关机关制作的合同示范文本。这些示范文本虽然不具有法律约束力，但对于指导当事人在订立合同时更好地明确各自的权利义务、防止或减少合同纠纷有重要作用。

2. 合同的形式。这合同形式是当事人意思表示一致，达成协议的外部表现形式。《民法典》规定，当事人订立合同，可以采用书面形式、口头形式或者其他形式。

（1）口头形式。这是指当事人以对话方式达成协议的合同形式。其优点是简便易行、快捷，有利于加快民事流转速度。自然人日常购物时因即时清结，所以普遍采用口头形式。其缺点是发生纠纷时举证比较困难。

（2）书面形式。这是指合同书、信件、电报、电传、传真等可以有形地表现所载内容的形式。以电子数据交换、电子邮件等方式能够有形地表现所载内容，并可以随时调取查用的数据电文，视为书面形式。书面形式的优点是权利义务明确，有据可查，有利于防止和处理合同纠纷。非即时清结的合同最好采用书面形式。

书面合同可以由双方共同拟定条款，也可以采用格式条款方式确定合同内容。所谓格式条款，是指当事人为了重复使用而预先拟定，并在订立合同时未与对方协商的条款。采用格式条款有利于提高合同签订效率，方便当事人对合同进行管理。保险合同、运输合同等通常都采用格式条款签订。对于这类合同，对方一般不能对其进行修改，只能对格式条款表示愿意或不愿意接受，因此，对方在签订此类合同时明显处于不利地位。有鉴于此，为维护当事人之间的公平，《民法典》规定：①采用格式条款订立合同的，提供格式条款的一方应当遵循公平原则确定当事人之间的权利和义务，并采取合理的方式提示对方注意免除或者减轻其责任等与对方有重大利害关系的条款，按照对方的要求，对该条款予以说明。提供格式条款的一方未履行提示或者说明义务，致使对方没有注意或者理解与其有重大利害关系的条款的，对方可以主张该条款不成为合同的内容。②格式条款具有下列情形之一的，该格式条款无效：具有本法第一编第六章第三节和本法第506条规定的无效情形①；提供格式条款一方不合理地免除或者减轻其责任、加重对方责任、限制对方主要权利；提供格式条款一方排除对方主要权利。③对格式条款的理解发生争议的，应当按照通常理解予以解释。对格式条款有两种以上解释的，应当作出不利于提供格式条款一方的解释。格式条款和非格式条款不一致的，应当采用非格式条款。

目前，格式合同普遍适用于各类企业，为了避免发生于己不利的解释，企业在拟定格式条款时应注意在设定免除己方责任、加重对方责任、排除对方主要权利的条款时不要与法律、行政法规中的强制性规定相冲突。同时应采用特殊字体标注，并提请对方注意免除或者限制其责任的条款。用词应准确不要有歧义。非格式合同提供方对合同某些条款意思不理解的，可以要求对方业务人员对条款进行解释，并写在合同上，加盖单位合同章。

（3）其他形式。是指除口头和书面之外的形式。根据《合同法解释二》的规定，当事人未以书面形式或者口头形式订立合同，但从双方从事的民事行为能够推定双方有订立合同意愿的，可以认定为"其他形式"，比如以实际行为承诺的形式。但法律另有规定的除外。

对于合同的形式，除了法律、行政法规明确规定应当采用书面形式，比如抵押合同、质押合同、保证合同、定金合同等之外，其他合同，当事人可以协商确定合同的形式。

（二）合同订立的程序

当事人订立合同，可以采取要约、承诺方式或者其他方式。要约与承诺均是具有法律意义的行为，当事人了解其构成要件和法律后果，才能避免风险的发生。

1. 要约

（1）要约的含义及构成要件。要约，是当事人一方向他方提出的，希望和他方订立合同的意思表示。其意思表示应当符合下列条件：①内容具体确定。②表明经受要约人承诺，要约人即受该意思表示约束。

（2）要约的生效。我国采取"到达生效"的原则。要约可以采用口头或书面形式。《民法典》规定，以对话方式作出的意思表示，相对人知道其内容时生效。以非对话方式作出的意思表示，到达相对人时生效。以非对话方式作出的采用数据电文形式的意思表示，相对人指定特定系统接收数据电文的，该数据电文进入该特定系统时生效；未指定特定系统的，相对人知道或者应当知道该数据电文进入其系统时生效。当事人对采用数据电文形式的意思表示的生效时间另有约定的，按照其约定。

---

① 《民法典》第一编第六章第三节：民事法律行为的效力。《民法典》第506条：合同中的下列免责条款无效：（一）造成对方人身损害的；（二）因故意或者重大过失造成对方财产损失的。

该规定严格区分了以对话方式和非对话方式作出意思表示的生效时间，并对相对人是否指定特定接收系统的法律后果作了区分，这样对于接收意思表示的一方而言，更能体现公平原则。同时又许可当事人约定以数据电文方式订立合同的成立时间，彰显了契约自由精神。

为减少未及时查阅电子邮件导致实际未收到情形的发生，企业最好向交易相对人提供常用的数据电文接收系统，并经常查阅。

（3）要约的撤回。这是指要约生效前，要约人使其不发生法律效力的意思表示。要约人可以撤回意思表示。撤回意思表示的通知应当在意思表示到达相对人前或者与意思表示同时到达相对人。在实务中，因现代通讯方式发达，从要约发出到达相对人的时间间隔很短，所以，要约的撤回一般只发生在线下寄递的情形。

（4）要约的撤销。这是指要约生效后，要约人使其要约丧失法律效力的意思表示。要约能否撤销？《民法典》规定，除法定情形外，要约可以撤销。《民法典》规定的不得撤销的情形有两种：①要约人以确定承诺期限或者其他形式明示要约不可撤销；②受要约人有理由认为要约是不可撤销的，并已经为履行合同作了合理准备工作。

撤销要约的意思表示以对话方式作出的，该意思表示的内容应当在受要约人作出承诺之前为受要约人所知道；撤销要约的意思表示以非对话方式作出的，应当在受要约人作出承诺之前到达受要约人。

（5）要约的失效。《民法典》规定有下列四种情形之一的，要约失效：①要约被拒绝；②要约被依法撤销；③承诺期限届满，受要约人未作出承诺。其中，承诺的起算期限，法律根据要约方式的不同确定了不同的时间。要约以信件或者电报作出的，承诺期限自信件载明的日期或者电报交发之日开始计算。信件未载明日期的，自投寄该信件的邮戳日期开始计算。要约以电话、传真等快速通讯方式作出的，承诺期限自要约到达受要约人时开始计算；④受要约人对要约的内容作出实质性变更。

（6）要约的法律后果。生效的要约对要约人具有法律效力，其效力主要表现在两个方面：①要约人在要约有效期内不得随意撤销或变更要约，否则给受要约人造成损失应当赔偿；②如果受要约人依法作出承诺，除法律另有规定或当事人另有约定外，合同已成立。此时，如果要约人反悔，应当承担违约责任。撤销要约的赔偿责任是以造成相对人损失为必要条件的，如果企业发出要约时就知道有可能撤销，则不要让对方为履行合同作准备。

要约对受要约人一般没有约束力，只在法律上取得了承诺的权利，除法律另有规定外，并不因此承担必须回复的义务。

（7）要约与要约邀请。要约邀请是希望他人向自己发出要约的意思表示。要约与要约邀请的主要区别在于：①目的不同。前者是希望受要约人做出承诺，后者是希望受邀请人做出要约。②对象的特定性不同。前者一般应向特定的人发出，后者一般向不特定的人发出。③内容不同，前者包含合同主要条款，后者内容不全，一般只包括重点推荐的内容，比如产品功能。④法律后果不同。前者生效后在一定期限内受到法律的约束，不得随意撤销，否则需要承担缔约过失责任，后者不具有法律约束力，对于接受邀请要求签订合同的人，可以拒绝。要约邀请人撤回邀请，一般也不承担法律责任。

根据《民法典》的规定，拍卖公告、招标公告、招股说明书、债券募集办法、基金招募说明书、商业广告和宣传、寄送的价目表等为要约邀请。但商业广告和宣传的内容符合要约条件的，构成要约。《关于审理商品房买卖合同纠纷案件适用法律若干问题的解释》第三条规定，商品房的销售广告和宣传资料为要约邀请，但是出卖人就商品房开发规划范围内的房屋及相关设施所作的说明和允诺具体确定，并对商品房买卖合同的订立以及房屋价格的确定有重大影响的，构成要约。该说明和允诺即使未载入商品房买卖合同，亦应当为合同内容，当事人违反的，应当承担违约责任。

在实务中，企业如果需要发布一些内容明确具体的广告，自己不能判断是否符合要约条件又不想承担要约责任的，可以在广告中醒目标注本广告内容属于要约邀请。

悬赏人以公开方式声明对完成特定行为的人支付报酬的，该声明依法属于要约，完成该行为的人可以请求其支付。

2. 承诺

（1）承诺的含义及构成要件。承诺是受要约人同意要约的意思表示，是具有法律意义的行为。有效的承诺应具备以下三个条件：

①承诺必须由受要约人作出，并传达给要约人。承诺应由受要约人本人或其法定代理人、代理人作出。承诺应当采取通知或者以行为表示的方式作出。通知的方式既可以是口头，也可以是书面。以行为表示，是指根据交易习惯或者在要约表明可以通过实际发货等行为承诺时，可以以履行具体行为表示承诺。除法律有特别规定的外，沉默不构成承诺。

②承诺应当在要约有效期内到达要约人。要约有确定承诺期限的，承诺应当在要约确定的期限内到达要约人。要约没有确定承诺期限的，承诺按下列方法确定到达：要约以对话方式作出的，应当即时作出承诺；要约以非对话方式作出的，承诺应当在合理期限内到达。所谓"合理期限"，一般根据实际需要确定。要约以信件或者电报作出的，承诺期限自信件载明的日期或者电报交发之日开始计算。信件未载明日期的，自投寄该信件的邮戳日期开始计算。要约以电话、传真、电子邮件等快速通讯方式作出的，承诺期限自要约到达受要约人时开始计算。

超过要约有效期的承诺，属于迟到或逾期承诺。除要约人及时通知受要约人该承诺有效的以外，应视为新要约。如果受要约人在承诺期限内发出承诺，按照通常情形能够及时到达要约人，但是因其他原因致使承诺到达要约人时超过承诺期限的，除要约人及时通知受要约人因承诺超过期限不接受该承诺的以外，该承诺有效。

③承诺的内容应与要约的内容一致。受要约人对要约内容作出实质性变更的，为新要约。所谓实质性变更，是指有关合同标的、数量、质量、价款或者报酬、履行期限、履行地点和方式、违约责任和解决争议的方法等内容的变更。但在具体判断时还应考虑当事人提出变更有关条款的目的，不能一概而论。承诺对要约的内容作出非实质性变更的，除要约人及时表示反对或者要约表示承诺不得对要约的内容作出任何变更以外，该承诺有效，合同内容以承诺的内容为准。

（2）承诺的生效。《民法典》采取"到达生效"的原则，但也有例外。一般情况下，承诺自通知到达相对人时生效。承诺不需要通知的，根据交易习惯或者要约的要求作出承诺的行为时生效。

（3）承诺的撤回。这是指在承诺生效前，承诺人阻却其发生法律效力的意思表示。由于我国采取"到达生效"的原则，因此，在承诺到达相对人之前，承诺人可以将其承诺撤回。撤回的规则与要约的撤回相同，即撤回意思表示的通知应当在意思表示到达相对人前或者与意思表示同时到达相对人。

（三）合同的成立

1. 合同成立的含义和构成要件。合同的成立，是指当事人经过协商达成一致而建立了合同关系。合同成立依法应当具备两个要件：（1）合同当事人名称或者姓名已经明确。（2）当事人对合同包括标的和数量在内的合同条款达成一致。

2. 合同成立的时间。合同一般自承诺生效时成立，但是法律另有规定或者当事人另有约定的除外。当事人采用合同书形式订立合同的，依法自当事人均签名、盖章或者按指印时合同成立。与《合同法》相比，《民法典》增加了按指印。签名、盖章或者按指印的方式既可以同时使用，也可以单独使用。企业一定要将公章交由专人管理，不要交给业务人员随意使用。

在签名、盖章或者按指印之前，当事人一方已经履行主要义务，对方接受时，该合同成立。法律、行政法规规定或者当事人约定合同应当采用书面形式订立，当事人未采用书面形式但是一方已经履行主要义务，对方接受时，该合同成立。

当事人采用信件、数据电文等形式订立合同的，可以在合同成立之前要求签订确认书。签订确认书时合同成立。当事人一方通过互联网等信息网络发布的商品或者服务信息符合要约条件的，对方选择该商品或者服务并提交订单成功时合同成立，但是当事人另有约定的除外。商家如果希望将网上发布的商品或服务报价约定为邀约邀请，建议在下单环节做出明显标注，并设定买家付款前需点击确认，不要写在格式条款中。因为《电子商务法》第49条规定，电子商务经营者不得以格式条款等方式约定消费者支付价款后合同不成立；格式条款等含有该内容的，其内容无效。

3. 合同成立的地点。承诺生效的地点为合同成立的地点。采用数据电文形式订立合同的，收件人的主营业地为合同成立的地点；没有主营业地的，其住所地为合同成立的地点。当事人另有约定的，按照其约定。

当事人采用合同书形式订立合同的，最后签名、盖章或者按指印的地点为合同成立的地点，但是当事人另有约定的除外。与《合同法》相比，《民法典》允许当事人自行约定合同成立地点。

（四）缔约过失责任

1. 缔约过失责任的含义及构成要件

缔约过失责任，是指缔约人在订立合同的过程中，因故意或过失违背诚实信用原则，给对方当事人的利益造成损失所应承担的责任。缔约过失责任是一种"先合同义务"，即在要约生效后，合同成立以前，基于诚实信用的原则而由当事人必须承担的义务。这种义务主要包括互相协助、及时通知、相互保护等诚信义务。

缔约过失责任的构成包括四个要件：（1）缔约人实施了与诚实信用原则相违背的行

为；（2）缔约人在实施与诚实信用原则相违背的行为时主观上有过错；（3）对方当事人遭受损失；（4）损失与缔约人的过错存在因果关系。

2. 缔约过失责任与违约责任的主要区别

缔约过失责任作为一种违反先合同义务的行为，它与违约责任是不同的。两者的区别主要表现在：（1）性质不同。违约责任是因一方违反有效合同约定的义务而产生的责任，它是以有效合同关系的存在为前提的；而缔约过失责任的当事人之间并不存在合同关系，它是以违反合同法上的义务为前提的，是一种合同法上的责任。（2）发生时间不同。违约责任发生于合同成立生效之后；缔约过失责任发生在合同订立过程中。（3）归责原则不同。违约责任一般适用严格责任原则，除法定免责情形外，只要当事人违约就应当承担违约责任，而不必证明这种违约是由于当事人的主观过错造成的；缔约过失责任适用过错责任原则，即由于当事人主观上的故意或过失，造成缔约过程中对方的损失时，才承担损害赔偿责任。（4）承担责任的方式不同。违约责任形式多样；缔约过失责任只有一种方式，即赔偿损失。

3. 缔约过失的表现形式

根据我国《民法典》的规定，当事人在订立合同过程中有下列情形之一，造成对方损失的，应当承担赔偿责任：（1）假借订立合同，恶意进行磋商。如以订立合同为名，参观生产基地，或故意拖延谈判时间以争取更好的交易机会、条件等。（2）故意隐瞒与订立合同有关的重要事实或者提供虚假情况。如出具虚假资信证明，夸大自己的生产能力等。（3）有其他违背诚信原则的行为。比如要约人撤销了之前明确表示不会撤销的要约，给相对人造成损失，引发损害赔偿责任。

此外，当事人在订立合同过程中知悉的商业秘密或信息，无论合同是否成立，都不得泄露或者不正当地使用；泄露、不正当地使用该商业秘密或者信息，造成对方损失的，应当承担赔偿责任。

二、合同效力

（一）合同效力的含义和表现

1. 合同效力的含义

合同效力，是指已经成立的合同在当事人之间产生的法律约束力，即通常所说的合同的法律效力。合同的效力来自法律的赋予，只有当事人的意志符合国家的意志，它才能得到作为国家意志体现的法律的认可和保护。

2. 合同效力的表现

一般而言，依法成立的合同，仅对当事人具有法律约束力。但随着社会经济的发展，市场主体的外部经济关系日益复杂，当事人之间的合同关系可能会影响到其他人的合法权益。因此，法律赋予合同一定的外部效力。具体而言，合同的效力表现在以下两个方面：

（1）合同对当事人的效力。它具体体现在权利和义务两个方面。就合同权利而言，主要包括请求并接受债务人履行义务的权利、抗辩权以及各种请求救济权，当事人通过行使这些权利而实现其利益。就义务而言，全面履行义务具有法律上的强制性。如果当事人违反合同义务，应承担违约责任。

(2) 合同对第三人的效力。目前主要表现在两个方面：一是依法成立的合同具有排斥第三人非法干预和侵害的效力；二是为保全合同利益，法律允许债权人在特定情况下向第三人行使代位权和撤销权。

(二) 合同有效的要件

有效的合同，是指具备法定条件，受到国家法律承认和保护的合同。合同有效的要件是判断合同是否发生法律效力的标准。签订合同的行为属于民事法律行为，根据《民法典》第143条关于民事法律行为有效条件的规定，有效的合同应具备下列条件：

1. 行为人具有相应的民事行为能力。签订合同时应当注意审查相对人的身份、资格、权限、履行能力、承担违约责任的能力等。如果行为人是自然人，一般具有完全民事行为能力就可以了。如果是限制民事行为能力人，还需要考察其是否具有与其所实施的行为相应的民事行为能力。考虑到在网上交易时，交易双方可能不见面难以判断相对人是否具有相应的民事行为能力，所以，《电子商务法》规定，在电子商务中推定当事人具有相应的民事行为能力。但是，有相反证据足以推翻的除外。如果行为人是法人或非法人组织，可以通过营业执照等确定其身份、经营资质、法定代表人、企业的负责人等。对于不了解的企业，可以登录企业信用信息公示系统进行查询。

超越主体民事行为能力签订的合同为效力待定的合同，这类合同虽已成立，但因行为主体权限有瑕疵，所以需要经具有相应的民事行为能力的人同意或者追认，才能发生合同效力。效力待定的合同主要包括三种：(1) 限制行为能力人超越其民事法律行为能力订立的合同。这类人签订的纯获利益的合同或者与其年龄、智力、精神健康状况相适应的合同有效。(2) 代理权有瑕疵的人订立的合同。(3) 相对人知道或者应当知道法人的法定代表人或者非法人组织的负责人越权订立的合同。

其中，代理权有瑕疵的人主要指无权代理人，包括没有代理权、超越代理权或者代理权终止后仍然实施代理行为的情形。此类人员签订的合同，除表见代理情形外，未经被代理人追认的，对被代理人不发生法律效力，相应的合同责任由无权代理行为人承担。

表见代理，是指行为人无代理权，但相对人有理由相信行为人有代理权而与其进行法律行为，其行为的法律后果由被代理人承担的代理。表见代理的构成要件是：(1) 行为人没有代理权、超越代理权或者代理终止后，仍然实施代理行为；(2) 相对人有理由相信行为人有代理权，即客观上存在使相对人确信行为人有代理权的事实；(3) 相对人不知道行为人行为时没有代理权，且无过失。表见代理在法律上视同有权代理。被代理人由此受到损失的，依法有权向代理人请求赔偿。

对于无权代理导致的效力待定的合同，相对人可以催告被代理人自收到通知之日起30日内予以追认。被代理人未做表示的，视为拒绝追认。行为人实施的行为被追认前，善意相对人有撤销的权利。撤销应当以通知的方式作出。行为人实施的行为未被追认的，善意相对人有权请求行为人履行债务或者就其受到的损害请求行为人赔偿。但是，赔偿的范围不得超过被代理人追认时相对人所能获得的利益。

无权代理人以被代理人的名义订立合同，被代理人已经开始履行合同义务或者接受相对人履行的，视为对合同的追认。

法人的法定代表人或者非法人组织的负责人超越权限订立的合同，除相对人知道或者应当知道其超越权限外，该代表行为有效，订立的合同对法人或者非法人组织发生效力。

实务中，企业在签订合同时要注意审查交易相对人的民事行为能力，了解法律对法人的法定代表人或者非法人组织的负责人职权的限制，比如《公司法》第 16 条规定，"公司向其他企业投资或者为他人提供担保，按照公司章程的规定，由董事会或者股东会、股东大会决议；公司章程对投资或者担保的总额及单项投资或者担保的数额有限额规定的，不得超过规定的限额。公司为公司股东或者实际控制人提供担保的，必须经股东会或者股东大会决议。"第 121 条规定，"上市公司在一年内购买、出售重大资产或者担保金额超过公司资产总额 30% 的，应当由股东大会作出决议，并经出席会议的股东所持表决权的 2/3 以上通过。"其中，为公司股东或者实际控制人提供担保、上市公司在一年内购买、出售重大资产或者担保金额超过公司资产总额 30% 的，应提供股东（大）会决议的要求，以及向其他企业投资或者为股东或者实际控制人之外的他人提供担保应提供董事会或者股东（大）会决议的要求，是法律明确规定的，均属于相对人应当知道的事项。但向其他企业投资或者为股东或者实际控制人之外的他人提供担保具体应提供董事会决议，还是股东（大）会决议，以及有关限额的要求因属于章程规定的事项，依法不得对抗善意相对人。《合伙企业法》第 31 条规定，除合伙协议另有约定外，以合伙企业名义为他人提供担保应当经全体合伙人一致同意。因此，在签订依法需要公司股东（大）会、董事会通过或合伙人一致同意才能决定的事项时，一是应要求企业提供公司法定机关或合伙人同意的决议；二是对同意决议的人数及签字人员情况是否符合公司章程或合伙协议的规定进行审查。此外，对由代理人签订的合同，特别要注意审查代理人的代理权限和代理期限。

《九民纪要》规定，债权人对公司机关决议内容的审查一般限于形式审查，只要求尽到必要的注意义务即可，标准不宜太过严苛。公司以机关决议系法定代表人伪造或者变造、决议程序违法、签章（名）不实、担保金额超过法定限额等事由抗辩债权人非善意的，人民法院一般不予支持。但是，公司有证据证明债权人明知决议系伪造或者变造的除外。

2. 意思表示真实。意思表示，是指行为人将其意欲发生法律行为效果的内心意思，表示于外的行为。当事人意思表示真实，是指其外在意思表示与内心想法是一致的，不存在欺诈、胁迫或重大误解等违背当事人意愿的情形。意思表示可以以对话方式作出，也可以以非对话方式作出。无相对人的意思表示，比如立遗嘱，于表示完成时生效。法律另有规定的，依照其规定。行为人可以明示或者默示作出意思表示。但沉默只有在有法律规定、当事人约定或者符合当事人之间的交易习惯时，才可以视为意思表示。对意思表示不真实的合同，意思表示不真实的当事人可以申请撤销该合同。

对于可撤销的合同，《民法典》规定了五种情形：（1）基于重大误解实施的行为，行为人有权请求撤销；（2）一方以欺诈手段，使对方在违背真实意思的情况下实施的行为，受欺诈方有权请求撤销；（3）第三人实施欺诈行为，使一方在违背真实意思的情况下实施的行为，对方知道或者应当知道该欺诈行为的，受欺诈方有权请求撤销；（4）一方或者第三人以胁迫手段，使对方在违背真实意思的情况下实施的行为，受胁迫方有权请求撤销；（5）一方利用对方处于危困状态、缺乏判断能力等情形，致使行为成立时显失公平的，受损害方有权请求撤销。

引言案例1中甲公司推荐的所谓稳定性好、不易开裂的门型，柜门出现问题后又反口说普遍开裂属于正常情况，前后矛盾。甲公司如果要免责，应举出普遍开裂属于现在生产技术无法解决的证据，比如国家原木门质量标准、质检部门的合格证等，否则涉嫌欺诈。

当事人申请撤销的权利必须在法定期间内行使。对于撤销权的行使期间，《民法典》区分不同情况规定了不同的行使期间。有下列情形之一的，撤销权消灭：（1）当事人自知道或者应当知道撤销事由之日起1年内、重大误解的当事人自知道或者应当知道撤销事由之日起90日内没有行使撤销权；（2）当事人受胁迫，自胁迫行为终止之日起1年内没有行使撤销权；（3）当事人知道撤销事由后明确表示或者以自己的行为表明放弃撤销权；（4）当事人自民事法律行为发生之日起5年内没有行使撤销权的，撤销权消灭。

3. 内容合法，不违反法律、行政法规的强制性规定，不违背公序良俗。《民法典》规定的无效民事法律行为有五种情形：（1）无民事行为能力人实施的行为；（2）行为人与相对人通谋以虚假的意思表示实施的行为；（3）行为人与相对人恶意串通、损害他人合法权益的行为；（4）违背公序良俗的行为；（5）违反法律、行政法规的强制性规定的行为，但是该强制性规定不导致该行为无效的除外，即授权法官根据被违反的强制性规范的规范目的来判断是否一定要将违反该强制性规范的民事法律行为确认为无效。

上述无效情形中的通谋虚假意思表示存在两个行为，即表示行为和隐藏行为，或者阳合同和阴合同。表示行为或者阳合同并非当事人的真实意思，不论目的是否合法，均应认定为无效；隐藏行为或者阴合同，如果符合法律行为有效要件的，则发生法律效力。所以，法律仅规定通谋虚假表示本身无效，但以虚假的意思表示隐藏的民事法律行为的效力，需要依照有关法律规定处理。为不影响正常的交易秩序，法律规定，通谋虚假表示的无效不得对抗善意第三人。

恶意串通，是指当事人为实现自己的目的而相互串通在一起侵害他人权益的行为。因恶意串通而订立的合同的构成要件有三个：（1）当事人存在主观恶意，即明知某种行为将造成对他人合法权益的损害，而故意为之；（2）当事人实施了相互意思联络的行为；（3）合同的内容损害了他人的合法权益。

公序良俗包括公共秩序和善良风俗。公共秩序是指社会、政治、经济秩序；善良风俗是指社会成员普遍认可和遵循的道德准则。当事人订立、履行合同，应当维护公共秩序，尊重社会善良风俗，不得扰乱社会、政治、经济秩序，不得损害社会公共利益。

关于对"强制性规定"的理解，《合同法解释二》第14条将其限于"效力性强制性规定"。此后，《最高人民法院关于当前形势下审理民商事合同纠纷案件若干问题的指导意见》进一步提出了"管理性强制性规定"的概念，指出违反管理性强制性规定的，人民法院应当根据具体情形认定合同效力。《九民纪要》提出，人民法院在审理合同纠纷案件时，要依据《民法总则》第153条第1款和合同法司法解释（二）第14条的规定慎重判断"强制性规定"的性质，特别是要在考量强制性规定所保护的法益类型、违法行为的法律后果以及交易安全保护等因素的基础上认定其性质，并在裁判文书中充分说明理由。下列强制性规定，应当认定为"效力性强制性规定"：强制性规定涉及金融安全、市场秩序、国家宏观政策等公序良俗的；交易标的禁止买卖的，如禁止人体器官、毒品、枪支等买卖；违反特许经营规定的，如场外配资合同；交易方式严重违法的，如违反招投标等竞争性缔约方式订立的合同；交易场所违法的，如在批准的交易场所之外进行期货交易。关于经营范围、交易时间、交易数量等行政管理性质的强制性规定，一般应当认定为"管理性强制性规定"。

此外，《民法典》第506条规定，合同中的下列免责条款无效：（1）造成对方人身损害的；（2）因故意或者重大过失造成对方财产损失的。最高人民法院《关于审理民间借贷案件适用法律若干问题的规定》第13条的规定："具有下列情形之一，人民法院应当认定民间借贷合同无效：（1）套取金融机构贷款转贷的；（2）以向其他营利法人借贷、向本单位职工集资，或者以向公众非法吸收存款等方式取得的资金转贷的；（3）未依法取得放贷资格的出借人，以营利为目的向社会不特定对象提供借款的；（4）出借人事先知道或者应当知道借款人借款用于违法犯罪活动仍然提供借款的；（5）违反法律、行政法规强制性规定的；（6）违背公序良俗的。"第25条规定，出借人请求借款人按照合同约定利率支付利息的，人民法院应予支持，但是双方约定的利率超过合同成立时1年期贷款市场报价利率4倍的除外。前款所称"1年期贷款市场报价利率"，是指中国人民银行授权全国银行间同业拆借中心自2019年8月20日起每月发布的一年期贷款市场报价利率。这是一个动态的利率。经查，2021年5月20日，中国人民银行授权全国银行间同业拆借中心公布的1年期贷款市场报价利率（LPR）为3.85%[①]，如果以该利率的4倍计算，此时受司法保护的民间借贷利率上限为15.4%，超过此利率的部分则不受保护。

（三）合同成立与合同有效的关系

1. 合同成立是合同有效的前提条件。合同成立是指合同订立过程的完成。它解决的是合同自身有无的问题；合同有效是指已经成立的合同因为具备有效条件而在当事人之间具有法律约束力。它解决的是已经成立的合同有无法律约束力的问题。因此，考察合同是否有效，首先必须考察合同是否成立。

2. 合同成立侧重于合同当事人订约时的意思表示是否一致，只要双方就实质条款达成一致，合同即告成立；合同有效侧重于合同是否符合有效要件，只有符合有效要件，已成立的合同才能受法律保护。违法合同虽已成立但不受法律保护。

3. 合同成立主要体现当事人的意志，体现合同自由的原则。合同有效体现了国家对合同关系的肯定或否定评价，反映国家对合同关系的干预。

（四）合同生效

合同生效，是指符合有效要件的合同发生法律效力的具体时间点。依法成立的合同，自成立时生效，但法律另有规定或者当事人另有约定的除外。

---

① 贷款市场报价利率（LPR）. http：//www.hebbank.com/hbbank/gryw/lpr57/372651/index.html.

根据《民法典》的规定，依照法律、行政法规的规定，合同生效应当办理批准等手续的，比如商业银行法、证券法、保险法等法律规定购买商业银行、证券公司、保险公司5%以上股权须经相关主管部门批准，如果未获得批准，则合同不生效，但不影响合同中履行报批等义务条款以及相关条款的效力。应当办理申请批准等手续的当事人未履行义务的，对方可以请求其承担违反该义务的责任。实务中，企业应注意在合同中明确约定申请办理相关手续截止的时间和逾期办理的法律责任，督促义务方履行报批义务。

目前依法须办理批准、登记手续才生效的合同不多，但未办理批准、登记手续影响权利取得的情形比较多。比如《商标法》规定，转让注册商标经核准后，予以公告。受让人自公告之日起享有商标专用权。《专利法》规定，专利申请权和专利权转让合同，受让人自合同登记之日起取得权利。《民法典》规定，以房产办理抵押的合同，未办理抵押权登记，抵押权不设立。

当事人对合同生效约定附条件的，所附生效条件成立时，合同生效。当事人对合同生效约定附期限的，所附生效期限到来时，合同生效。

（五）无效合同的确认及处理

无效合同的确认权依法由人民法院或者仲裁机构行使。合同被确认无效后，视为自始没有法律效力；如果部分无效且不影响其他条款效力的，其他部分仍有效。比如在合同中如果约定有"在履行合同过程中造成相对方人身损害可免责"的条款，该条款因违反法律强制性规定，所以是无效的，但此条款不是合同的核心条款，所以，此条款无效不影响合同其他条款的效力。此外，合同不生效、无效、被撤销或者终止的，不影响合同中有关解决争议方法的条款的效力。当事人可以根据合同约定的解决争议的方式处理效力认定方面的纠纷。

合同无效、被撤销或者确定不发生效力后，后续财产如何处理？一般根据损害程度和当事人的过错情况进行处理，具体处理方法有：

1. 返还财产。当事人依据该合同所取得的财产应当予以返还。返还财产的目的是使当事人的财产关系恢复到合同签订以前的状态。当事人恶意串通、损害他人合法利益的，当事人应将因合同取得的财产返还给受害人。

2. 折价补偿。当事人依据该合同所取得的财产如果不能返还或者没有必要返还，应当折价补偿。

3. 赔偿损失。有过错的一方应当赔偿对方因此所受到的损失，各方都有过错的，应当各自承担相应的责任。法律另有规定的，依照其规定。

《中华人民共和国消费者权益保护法》第55条规定，经营者提供商品或者服务有欺诈行为的，应当按照消费者的要求增加赔偿其受到的损失，增加赔偿的金额为消费者购买商品的价款或者接受服务的费用的3倍；增加赔偿的金额不足500元的，为500元。法律另有规定的，依照其规定。经营者明知商品或者服务存在缺陷，仍然向消费者提供，造成消费者或者其他受害人死亡或者健康严重损害的，受害人除有权要求经营者依法赔偿损失外，还有权要求所受损失2倍以下的惩罚性赔偿。

第三节　合同履行中法律风险的防范

合同生效后，当事人应当全面履行合同。但在实践中，因经验不足，在签订合同时可能出现合同条款有遗漏或约定不清的情况。此外，在合同履行中，主客观情况发生变化，也可能需要变更合同内容、转让或解除合同。这些问题处理不好，可能导致履行困难，甚至面临违约风险。解决这些问题，需要掌握合同约定不清的履行的处理方法以及内容变更、转让、解除合同的基本条件。

一、合同约定不清的履行

（一）约定不清的处理原则

从原则上看，《民法典》第510条规定，合同生效后，当事人就质量、价款或报酬、履行地点等内容没有约定或者约定不明确的，可以协议补充；不能达成补充协议的，按照合同有关条款或交易习惯确定。可见，当事人如果就合同的标的、数量没有约定时，会使合同不能成立和生效，而就其他条款约定不明时，可以根据协议原则、按照合同有关条款原则或按照交易习惯原则确定。

（二）约定不清的法定处理方式

如果按上述原则仍不能确定合同内容，根据《民法典》第511条的规定，可以采用下列方式处理：

1. 质量要求不明确的，按照强制性国家标准履行；没有强制性国家标准的，按照推荐性国家标准履行；没有推荐性国家标准的，按照行业标准履行；没有国家标准、行业标准的，按照通常标准或者符合合同目的的特定标准履行。

2. 价款或者报酬不明确的，按照订立合同时履行地的市场价格履行；执行政府定价或者政府指导价的，在合同约定的交付期限内政府价格调整时，按交付时的价格计价。逾期交付标的物的，遇价格上涨时，按照原价格执行；价格下降时，按照新价格执行。逾期提取标的物或者逾期付款的，遇价格上涨时，按照新价格执行；价格下降时，按照原价格执行。

3. 履行地点不明确，给付货币的，在接受货币一方所在地履行；交付不动产的，在不动产所在地履行；其他标的，在履行义务一方所在地履行。

4. 履行期限不明确的，债务人可以随时履行，债权人也可以随时请求履行，但是应当给对方必要的准备时间。引言案例3中，电子合同未载明何时支付运费。该市场的交易惯例，不仅会延迟王某的收款时间，还会影响王某车辆的后续使用，明显增加了王某的义务。该惯例只是该市场针对鲜活产品运输的习惯，未写入合同，王某事前不知道，事后也不认可，因此，对王某没有法律约束力。在当事人协商不成的情况下，根据《民法典》

"履行期限不明确的，债务人可以随时履行，债权人也可以随时请求履行，但是应当给对方必要的准备时间"的规定，王某在货物运到后可以随时请求货主支付运费并要求卸货。

5. 履行方式不明确的，按照有利于实现合同目的的方式履行。

6. 履行费用的负担不明确的，由履行义务一方负担；因债权人原因增加的履行费用，由债权人负担。

7. 网上交易交付时间不明确的。通过互联网等信息网络订立的电子合同的标的为交付商品并采用快递物流方式交付的，收货人的签收时间为交付时间。电子合同的标的为提供服务的，生成的电子凭证或者实物凭证中载明的时间为提供服务时间；前述凭证没有载明时间或者载明时间与实际提供服务时间不一致的，以实际提供服务的时间为准。电子合同的标的物为采用在线传输方式交付的，合同标的物进入对方当事人指定的特定系统且能够检索识别的时间为交付时间。电子合同当事人对交付商品或者提供服务的方式、时间另有约定的，按照其约定。

8. 当事人对合同条款的理解有争议的，应当按照所使用的词句，结合相关条款、行为的性质和目的、习惯以及诚信原则，确定争议条款的含义。

引言案例 2 中双方在合同价款一栏中只写了"待定"二字，属于标的价格约定不清，因双方协商不成，所以依法应按照订立合同时履行地的市场价格履行。由于合同履行地点不明确，交付的标的属于货币、不动产以外的财产，所以履行地应当在履行义务一方所在地。故本案合同标的价格应按 2019 年 1 月，乙纺织厂所在地该种涤棉混纺针织弹力色织布料市场价格确定。

（三）采用两种以上文字签订的合同文本的效力

采用两种以上文字签订的合同文本，当事人可以约定不同的效力。如果当事人在合同中约定不同文字文本具有同等效力，则对各文本使用的词句推定具有相同含义。各文本使用的词句不一致的，应当根据合同的相关条款、性质、目的以及诚信原则等予以解释。

二、合同变更

合同依法成立生效后，对双方当事人都有法律约束力，双方当事人都不得擅自变更合同。否则就要承担违约责任。但是现实经济活动的复杂性和多变性决定了合同成立后，因受到主客观因素的影响可能需要变更合同。为保障当事人的合法权益，法律规定当事人可以通过协商一致的方式变更合同，如果具备情势变更的条件，当事人可以申请法院判决变更合同。

（一）协商变更的条件

根据《民法典》，当事人变更合同应具备以下两个条件：（1）当事人对变更合同协商一致；（2）当事人对合同变更的内容约定应确定。当事人对合同变更的内容约定不明确的，推定为未变更。

（二）情势变更的条件

合同成立后，合同的基础条件发生了当事人在订立合同时无法预见的、不属于商业风险的重大变化，继续履行合同对于当事人一方明显不公平的，受不利影响的当事人可以与对方重新协商；在合理期限内协商不成的，当事人可以请求人民法院或者仲裁机构变更或者解除合同。人民法院或者仲裁机构应当结合案件的实际情况，根据公平原则变更或者解除合同。

根据《合同法解释二》的规定，情势变更主要针对经济形势、经济政策的巨大变化，与国家对经济生活的干预有直接关系，如价格调整、经济危机、通货膨胀等。以下情形一般可以认定为情势变更：（1）物价超预期暴涨；（2）合同基础丧失（如合同标的物灭失）；（3）汇率大幅度变化；（4）国际经济贸易政策变化等。

情势变更情形涉及当事人切身利益，认定难度较大。最高人民法院在《关于正确适用〈中华人民共和国合同法〉若干问题的解释（二）服务党和国家的工作大局的通知》（法〔2009〕165号）第二条特别规定，"对于上述解释条文，各级人民法院务必正确理解、慎重适用。如果根据案件的特殊情况，确需在个案中适用的，应当由高级人民法院审核。必要时应提请最高人民法院审核。"

在实务中，企业遇到情势变更情形，应积极收集严重影响合同履行的相关证据，尽量采取协商方式解决。

（三）合同变更的效力

合同变更原则上只对将来发生效力，对已按原合同履行的部分无溯及力。而且合同变更仅对约定变更的部分发生效力，未变更部分的权利义务应继续有效。因合同变更而给对方造成损失的，除法定可以免责的情形外，受害方有权在同意变更合同时要求对方给予赔偿。这里应特别注意的是，赔偿的要求一定要在同意对方变更要约的同时提出，事后提出不被认可。

法律、行政法规规定变更合同应当办理批准、登记等手续的，应依照其规定办理相应手续。

三、合同转让

合同的转让，是指在合同依法成立后，改变合同主体的法律行为，即合同当事人一方依法将其合同的权利和义务的全部或部分转让给第三人的行为。合同转让根据其转让的内容可以分为债权转让、债务转移和债权债务一并转让三种。

（一）债权转让

债权转让，是指债权人通过协议将其债权全部或部分转让给第三人的行为。债权人转让债权，除应当与受让第三人达成转让协议外，还应当通知债务人。未通知债务人的，该转让对债务人不发生效力。

1. 权利转让的限制。一般情况下，债权人可以将债权的全部或者部分转让给第三人，但是有下列情形之一的除外：（1）根据债权性质不得转让。比如根据个人信誉关系而发生的债权、以特定的债权人行为为内容的债权、合同内容中包括了针对特定当事人的不作为义务（如禁止某人在转让其某项权利后再将该权利转让他人）、合同债权中的从权利。（2）按照当事人约定不得转让。（3）依照法律规定不得转让，如以特定身份为基础的债权（如抚养费请求权）、公法上债权（如退休金债权）、因人身权受损害而产生的损害赔偿请求权等。

当事人约定非金钱债权不得转让的，不得对抗善意第三人。当事人约定金钱债权不得转让的，不得对抗第三人。所谓金钱债权是指以给付金钱为内容的债权，如贷款、租金等。非金钱债权是指以给付金钱以外的标的为内容债权，如行为、物或者智力成果等。所谓善意第三人，是指不知道这个约定的当事人之外的人。应当注意的是，两者对抗的第三人的范围是不同的。前者不得对抗善意第三人。后者不能对抗第三人，不论是否知情。

2. 债权转让对受让人（第三人）的效力。主要表现为：（1）债权由让与人转让给受让人。如果是全部转让，则受让人取代原债权人在合同中的地位。如果是部分权利转让，则受让人加入原合同关系，成为债权人之一。（2）受让人取得与债权有关的从权利，但是该从权利专属于债权人自身的除外。所谓专属于债权人自身的权利，是指与债权人的人身或人格不可分离的权利。（3）债权人转让权利的通知不得撤销，但经受让人同意的除外。

3. 债权转让对债务人的效力。主要表现在：（1）债务人应向受让人履行合同义务。债务人不得再向让与人履行债务。（2）债务人接到债权转让通知后，债务人对让与人的抗辩，可以向受让人主张。（3）债务人接到债权转让通知时，债务人对让与人享有债权，并且债务人的债权先于转让的债权到期或者同时到期的，或者债务人的债权与转让的债权是基于同一合同产生的，债务人可以向受让人主张抵销。

（二）债务转移

债务转移，是指债务人将债务的全部或者部分转移给第三人的行为。债务转移，除应当与受让第三人达成转让协议外，还应当征得债权人同意。因为债务的履行直接关系到债权人权利的实现，债权人对第三人的履行能力等情况需要有充分的了解和信任。

债务人或者第三人可以催告债权人在合理期限内予以同意，债权人未作表示的，视为不同意。这一规定表明，债务转移需要债权人明示同意。但第三人与债务人约定加入债务并通知债权人，或者第三人向债权人表示愿意加入债务，债权人未在合理期限内明确拒绝的，债权人可以请求第三人在其愿意承担的债务范围内和债务人承担连带债务。

经债权人同意的债务转移，其效力表现在以下三方面：（1）债务全部转移时，债务的受让人将取代原债务人的地位而成为合同当事人。（2）新债务人应当承担与主债务有关的从债务，但是该从债务专属于原债务人自身的除外。比如在保证担保中，原债务人向主债务人所提供的保证担保，在债务转让时，若保证人未以书面形式表示继续承担保证责任，则保证人的保证责任将随债务的转让而消灭。所以，有保证人的情形，债务转移时一定要征得保证人同意。（3）新债务人可以主张原债务人对债权人的抗辩；原债务人对债权人享有债权的，新债务人不得向债权人主张抵销。

（三）合同权利义务一并转让

合同权利义务一并转让，也称为概括转让，它分为因协议概括转让、因合并概括转让和分立概括转让三种情况：

1. 因协议概括转让。这是指当事人一方经对方同意，将自己在合同中的权利义务一并转让给第三人的行为。该转让协议自合同对方当事人同意时生效。《民法典》关于债权转让和债务转移的效力规定均适用于协议概括转让。

2. 因合并概括转让。这是指合同签订后，当事人因合并而引起的权利义务的一并转让。当事人合并后，合同的权利义务依法应由合并后的主体享有和承担。

3. 因分立概括转让。这是指合同签订后，因一方当事人分立而引起的权利义务的一并转让。当事人分立后，合同的权利义务依法由分立后的主体享有连带债权，承担连带债务，但是债权人和债务人另有约定的除外，即当事人的约定优先。分立债务承担的方式有两种：一是约定承担，即按合同约定由分立后的主体承担。二是法定承担，即合同当事人在没有约定或约定不清时，分立后的主体对合同的权利义务享有连带债权，承担连带债务。

四、合同解除

合同解除，是指合同在没有履行或没有全部履行完毕之前，当事人提前结束合同权利义务关系。合同解除重点要掌握解除的方式、条件、解除权的行使期限和法律后果。

（一）合同解除的方式

合同解除的方式根据其解除原因的不同可以分为协商解除、约定解除、法定解除和因情势变更请求人及法院判决解除四种。

1. 协商解除。这是指当事人经过协商达成一致而解除合同的方式。适用于当事人约定或法定解除原因以外的合同解除。

2. 约定解除。这是当事人在合同中约定有解除合同的条件，当该条件成就时合同失效。

3. 法定解除。具备法定解除情形的，当事人可以通知方式解除合同。《民法典》第563条规定，有下列情形之一的，当事人可以解除合同：（1）因不可抗力致使不能实现合同目的；（2）在履行期限届满前，当事人一方明确表示或者以自己的行为表明不履行主要债务；（3）当事人一方迟延履行主要债务，经催告后在合理期限内仍未履行；（4）当事人一方迟延履行债务或者有其他违约行为致使不能实现合同目的；（5）法律规定的其他情形。

其中，不可抗力是指不能预见、不能避免且不能克服的客观情况。理论上不可抗力一般包括两种情形：（1）重大的自然灾害。如地震、海啸、台风、洪水、蝗灾、风暴、沙尘暴、火山爆发、山体滑坡、泥石流等。（2）重大的社会非正常、突发事件。这类事件既非自然灾害，也不属于政府行为，如大规模战争、武装冲突等。这些事件虽然是人为的，但对于合同当事人而言，这些事件则是既不能预见也不能避免与克服的。

以持续履行的债务为内容的不定期合同，当事人可以随时解除合同，但是应当在合理期限之前通知对方。

法律规定的其他情形，比如《消费者权益保护法》第25条规定，"经营者采用网络、电视、电话、邮购等方式销售商品，消费者有权自收到商品之日起7日内退货，且无需说明理由，但下列商品除外：（一）消费者定做的；（二）鲜活易腐的；（三）在线下载或者消费者拆封的音像制品、计算机软件等数字化商品；（四）交付的报纸、期刊。除前款所列商品外，其他根据商品性质并经消费者在购买时确认、不宜退货的商品，不适用无理由退货。消费者退货的商品应当完好。经营者应当自收到退回商品之日起7日内返还消费者支付的商品价款。退回商品的运费由消费者承担；经营者和消费者另有约定的，按照约定。"

4. 因情势变更请求人民法院判决解除。情势变更解除的适用条件参见前述合同变更中的相关规定。

关于政府行为，比如地方政府突然推出的限制购房政策属于不可抗力还是情势变更？一般需要结合具体情况进行分析。最高人民法院《关于审理商品房买卖合同纠纷案件适用法律若干问题的解释》第4条规定，出卖人通过认购、订购、预订等方式向买受人收受定金作为订立商品房买卖合同担保的，如果因当事人一方原因未能订立商品房买卖合同，应当按照法律关于定金的规定处理；因不可归责于当事人双方的事由，导致商品房买卖合同未能订立的，出卖人应当将定金返还买受人。第19条规定，商品房买卖合同约定，买受人以担保贷款方式付款、因当事人一方原因未能订立商品房担保贷款合同并导致商品房买卖合同不能继续履行的，对方当事人可以请求解除合同和赔偿损失。因不可归责于当事人双方的事由未能订立商品房担保贷款合同并导致商品房买卖合同不能继续履行的，当事人可以请求解除合同，出卖人应当将收受的购房款本金及其利息或者定金返还买受人。为减少此类事件发生时认定的麻烦，建议在签订合同时对政府行为导致合同不能履行的法律后果做出明确约定。

（二）解除权的行使

法律规定或者当事人约定解除权行使期限，期限届满当事人不行使的，该权利消灭。法律没有规定或者当事人没有约定解除权行使期限，自解除权人知道或者应当知道解除事由之日起1年内不行使，或者经对方催告后在合理期限内不行使的，该权利消灭。

当事人一方依法主张解除合同的，应当通知对方。合同自通知到达对方时解除；通知载明债务人在一定期限内不履行债务则合同自动解除，债务人在该期限内未履行债务的，合同自通知载明的期限届满时解除。对方对解除合同有异议的，任何一方当事人均可以请求人民法院或者仲裁机构确认解除行为的效力。

当事人一方未通知对方，直接以提起诉讼或者申请仲裁的方式依法主张解除合同，人民法院或者仲裁机构确认该主张的，合同自起诉状副本或者仲裁申请书副本送达对方时解除。

在实务中，企业收到对方当事人发出的解除合同通知后一定要认真对待，及时回复，并区分情况分别处理：（1）如果己方不同意解除合同，一定要想办法证明对方的解除权不成立，明确回函表示反对，如果对方坚持非法解除合同，应尽快向有权管辖的人民法院或仲裁机构提出请求，要求继续履行合同或确认对方解除合同的行为无效。（2）如果己方同意解除，也应当对对方提出的解除理由和解除后的处理方案进行分析，尽量做出对己方有利的回复。

因情势变更提出解除的，当事人可以先与对方协商，协商不成的，向法院起诉，由法院判决解除。

（三）合同解除的法律后果

合同解除的，该合同的权利义务关系终止。尚未履行的，终止履行；已经履行的，根据履行情况和合同性质，当事人可以请求恢复原状或者采取其他补救措施，并有权请求赔偿损失。

合同因违约解除的，解除权人可以请求违约方承担违约责任，但是当事人另有约定的除外。

主合同解除后，担保人对债务人应当承担的民事责任仍应当承担担保责任，但是担保合同另有约定的除外。合同的权利义务关系终止，不影响合同中结算和清理条款的效力。

在协议解除合同的情况下，当事人在协议中免除了对方损害赔偿责任的，协议生效后，不得再请求赔偿。

第四节　违约责任与索赔风险的防范

在合同履行中，当事人双方都有可能发生违约行为。己方违约可能需要承担违约责任；对方违约，如果己方索赔依据不足，自己受到的损失也可能得不到应有的补偿。因此，了解违约责任的基本特征、归责原则、承担违约责任的前提与条件以及承担违约责任的方式，依法提出索赔诉求，减少损失。

一、违约责任的含义及特征

（一）违约责任的含义

违约责任，是指当事人一方不履行合同义务或者履行合同义务不符合约定的所应承担的法律责任。规定违约责任的目的在于，用法律强制力促使当事人严肃认真地对待合同的订立与履行，避免或减少违约行为的发生，维护当事人的合法权益。

（二）违约责任的基本特征

1. 违约责任须以有效合同的存在为前提。当事人承担违约责任的前提是违反了合法有效的合同。无效合同自订立时起就不具有法律效力，不应该按约履行。

2. 违约责任以当事人违反约定义务为要件。当事人必须有不履行或不完全履行合同义务的行为，否则就不存在违约责任。

3. 违约责任主要是一种损失补偿责任。违约方因违约行为给守约方造成一定损失时，应当给予守约方一定经济赔偿或补救。违约责任一般不具有惩罚性，但其他法律可能有惩罚性规定，比如《中华人民共和国食品安全法》第 148 条第 2 款规定，生产不符合食品安全标准的食品或者经营明知是不符合食品安全标准的食品，消费者除要求赔偿损失外，还可以向生产者或者经营者要求支付价款 10 倍或者损失 3 倍的赔偿金；增加赔偿的金额不足 1000 元的，为 1000 元。但是，食品的标签、说明书存在不影响食品安全且不会对消费者造成误导的瑕疵的除外。此外，有些法律还可能有限制性规定，比如《邮政法》规定：邮件发生延误、丢失、损毁和内件不符的，未保价按 3 倍资费的标准赔偿。邮政企业因故意或者重大过失造成给据邮件损失，无权援用限制赔偿责任。

二、违约责任的归责原则

违约责任的归责原则，是指合同当事人违约时，确定其承担民事责任的根据和标准。归责原则是违约责任制度的核心，决定着违约责任的构成要件、举证责任、赔偿范围等诸多方面。从国际上看，违约责任的归责原则主要有严格责任原则、过错责任原则和过错推定原则三种。《民法典》采用的是以严格责任原则为主，以过错责任原则和过错推定原则为辅的归责原则。

（一）严格责任原则

严格责任原则，又称无过错责任原则，是指不论违约方主观上是否有过错，只要其有不履行或不完全履行合同义务的行为，就应当承担违约责任。它以违约行为与违约后果之间的因果关系作为承担违约责任的要件，违约方只有在具备法定抗辩理由时，才能免除违约责任。除《民法典》另有规定外，绝大部分合同适用此原则。

（二）过错责任原则

过错责任原则，是指一方违约不履行或者不完全履行合同时，应当以主观上存在过错作为承担违约责任的要件和确定责任大小的依据。根据这一原则，确定违约责任，当事人不仅要有违约行为，而且主观上还要有过错。《民法典》对个别合同中采用过错责任原则，比如《民法典》第 824 条规定，在运输过程中旅客随身携带物品毁损、灭失，承运人有过错的，应当承担赔偿责任；第 841 条规定，因托运人托运货物时的过错造成多式联运经营人损失的，即使托运人已经转让多式联运单据，托运人仍然应当承担赔偿责任。因托运人托运货物时的过错造成多式联运经营人损失的，即使托运人已经转让多式联运单据，托运人仍然应当承担损害赔偿责任。

（三）过错推定责任原则

过错推定责任原则，是指在发生了违约行为之后，法律直接推定违约行为人在主观上有过错，从而应承担违约责任的一种归责原则。根据这一原则，违约人只有证明自己没有过错，才能免除责任。《民法典》对个别合同中采用过错推定责任原则，比如《民法典》第897条规定，保管期内，因保管人保管不善造成保管物毁损、灭失的，保管人应当承担赔偿责任。但是，无偿保管人证明自己没有故意或者重大过失的，不承担赔偿责任。

三、违约责任的一般构成要件

当事人承担违约责任的条件是归责原则的具体化。承担违约责任的具体形式有很多，每一种责任形式都有自己的构成要件。违约责任的一般构成要件是指所有的违约责任形式都应当具备的条件。根据《民法典》确定的严格责任归责原则，违约责任的一般构成要件有两个：

（一）当事人有违约行为

这是指当事人有不履行或不完全履行合同义务的行为。其表现形式主要有当事人在客观上已不能履行、迟延履行、不完全履行、拒绝履行等。

当事人一方明确表示或者以自己的行为表明不履行合同义务的，对方可以在履行期限届满之前要求其承担违约责任。

（二）免责事由不成立

这是指违约方的违约行为发生的原因既不属于当事人依法约定的免责条款规定的事由，也不属于法定的免责事由。法定的免责事由主要有三种情形：

1. 不可抗力。《民法典》规定，因不可抗力不能履行民事义务的，不承担民事责任。法律另有规定的，依照其规定。当事人迟延履行后发生不可抗力的，不免除其违约责任。

在实务中，当事人一方因不可抗力不能履行合同的，应当及时通知对方，尽可能减轻给对方造成的损失，并在合理期限内提供证明。

2. 依法行使抗辩权。当事人因依法行使同时履行抗辩权、不安抗辩权、后履行抗辩权而没有履行合同义务的，不承担违约责任。

3. 当事人一方已向对方提出撤销，或已向法院或仲裁机构请求撤销的情况下没有履约的，不承担违约责任。

四、承担违约责任的方式

当事人一方不履行合同义务或者履行合同义务不符合约定的，即使合同中未约定违约责任，对方也有权要求违约方违约责任。具体的责任方式，守约可以根据情况要求违约方承担继续履行、采取补救措施、赔偿损失或者支付违约金等。

（一）继续履行

继续履行，又称强制实际履行，是指在当事人一方违约时，对方可以要求违约方继续履行义务。根据《民法典》，当事人一方未支付价款、报酬、租金、利息，或者不履行其他金钱债务的，对方可以请求其支付。

当事人一方不履行非金钱债务或者履行非金钱债务不符合约定的，对方可以请求履行，但是有下列情形之一的除外：（1）法律上或者事实上不能履行；（2）债务的标的不适于强制履行或者履行费用过高；（3）债权人在合理期限内未请求履行。

有前款规定的除外情形之一，致使不能实现合同目的的，人民法院或者仲裁机构可以根据当事人的请求终止合同权利义务关系，但是不影响违约责任的承担。

当事人一方不履行债务或者履行债务不符合约定，根据债务的性质不得强制履行的，对方可以请求其负担由第三人替代履行的费用。比如定制原木衣柜门安装后柜门普遍出现开裂现象，如果加工方因自身原因解决不了开裂的问题，对方可以请求其负担由第三人替代制作的费用。

继续履行方式既可以单独使用，也可以和其他方式合并使用。守约方要求违约方在一定期限内继续履行，相当于推迟了实际履行的截止时间。在实务中，如果推迟实际履行的截止时间导致守约方受损的，守约方在要求违约方继续履行的同时，可以要求违约方赔偿损失。如果未提出，即使有损失，不能要求赔偿。

（二）采取补救措施

采取补救措施，是指在有当事人违约的情况下，为了减少损失和保证守约方的合法权益，使合同尽量圆满履行所采取的一切积极行为。《民法典》规定，履行不符合约定的，应当按照当事人的约定承担违约责任。对违约责任没有约定或者约定不明确，且事发后经协商仍不能确定的，受损害方根据标的的性质以及损失的大小，可以合理选择请求对方承担修理、重作、更换、退货、减少价款或者报酬等违约责任。

（三）赔偿损失

赔偿损失，是指当事人一方不履行合同义务或者履行合同义务不符合约定的，在履行义务或者采取补救措施后，对方还有其他损失的，依照法律的规定或者合同的约定应当承担的赔偿责任。其构成要件是：（1）有违约行为。（2）违约方在履行义务或者采取补救措施后，对方还有其他损失。（3）违约行为与损失的发生有因果关系，即损失是由违约行为造成的。（4）违约方不具有合法的抗辩事由。

违约赔偿的数额应以订立合同时当事人能预见到，或者应当预见到的因违约可能造成的损失为依据。损失包括直接损失和间接损失。直接损失，是指既存利益的减少。间接损失，是指可得利益的损失。在司法实践中，人民法院在计算和认定可得利益损失时，会综合运用可预见规则、减损规则、损益相抵规则以及过失相抵规则等，从守约方主张的可得利益赔偿总额中扣除违约方不可预见的损失、守约方不当扩大的损失、守约方因违约获得的利益、守约方亦有过失所造成的损失以及必要的交易成本等。

赔偿损失是普遍适用的承担违约责任方式，在实务中要注意：（1）在签订合同时，可以约定因违约产生的损失赔偿额的计算方法。对于相对人不能预见的损失，应当在合同中做出明确说明，使对方知晓。（2）当违约不可避免时，违约方应及时通知对方，尽量减少违约给对方造成的损失。（3）违约方在履行义务或者采取补救措施后，对方还有其他损失的，还应赔偿损失。（4）守约方应注意收集所受损失的证据，并积极采取措施防止损失扩大。没有采取适当措施致使损失扩大的，不能就扩大的损失要求赔偿。

引言案例 3 中，王某将货车上锁 7 小时，应当预见到可能导致玉米受损，但却放任这种结果发生。因此，这部分货损属于王某不当行为扩大的损失。

（四）支付违约金

违约金，是指由当事人约定的，在一方违约时应当向对方支付的一定数额的货币。违约金的约定，既可以根据违约情况约定具体的给付金额，也可以约定因违约产生的损失赔偿额的计算方法。其支付的构成要件是：（1）当事人有违约行为；（2）合同中有关于违约金责任的约定；（3）违约方不具有合法的抗辩事由。

如果当事人在合同中约定了违约金条款，一方违约时，另一方可以直接要求违约方支付违约金以补偿自己的损失，这样可以省去守约方举证所受损失的麻烦。《民法典》规定违约金的目的主要是补偿违约给对方造成的损失，因此，《民法典》第 585 条规定，约定的违约金低于造成的损失的，人民法院或者仲裁机构可以根据当事人的请求予以增加；约定的违约金过分高于造成的损失的，人民法院或者仲裁机构可以根据当事人的请求予以适当减少。《合同法解释二》第 29 条规定，当事人主张约定的违约金过高请求予以适当减少的，人民法院应当以实际损失为基础，兼顾合同的履行情况、当事人的过错程度以及预期利益等综合因素，根据公平原则和诚实信用原则予以衡量，并作出裁决。当事人约定的违约金超过造成损失的 30% 的，一般可以认定为"过分高于造成的损失"。

在实务中，双方当事人应实事求是地约定违约金数额，这样在实际发生违约时，可以直接适用，减少索赔时再计算赔偿额的麻烦。

当事人就延迟履行约定违约金的，违约方支付违约金后，还应当履行债务。

五、索赔的途径

合同签订后，当事人应当妥善保管合同及配套材料。一方出现违约时，守约方应及时收集证据，并向违约方反馈相关信息，尽可能协商处理。协商不成的，违约方如果是入住商场等大卖场或网上购物平台的商家，可以考虑向有管理职责的卖场或平台投诉。如果是连锁企业或是经销商，可以考虑向其总部投诉。没有上级管理机构的，可以向企业所在地市场监督管理机构投诉。仍不能解决的，有仲裁协议的，可以根据协议申请仲裁。没有仲裁协议或达不成仲裁协议的，可以考虑向人民法院起诉。

本 章 小 结

  本章重点介绍了企业生产经营合同签订和履行中法律风险的防范、违约责任的归责原则、承担违约责任的一般构成要件和承担违约责任的方式。其中，创业者在签订合同时应特别注意要约和承诺生效的时间和条件，掌握判断合同效力的基本方法。尽可能使用书面合同，细化合同条款，减少条款遗漏，规范用词，尽量避免歧义。在履行合同时应坚持全面履行、诚信履行、协作履行的原则。在确实需要变更、转让或解除合同时，尽可能采用协商方式，以利于建立长期稳定的合作关系。己方确实需要解除合同或违约时，应及时通知对方，尽量降低给对方造成的损失。对方违约时，己方首先应当积极采取适当措施防止损失扩大。因为未采取适当措施致使损失扩大的，依法不得就扩大的损失请求赔偿。当事人因防止损失扩大而支出的合理费用，依法可以由违约方负担。其次，应注意收集遭受损失的证明，选择适当的方式追究对方违约责任，及时索赔。

第六章 创业与担保

引 言

担保是企业防范合同履行风险的重要手段。在签订合同时，如果对对方的履行能力有怀疑，可以考虑设定一定的担保。我国法律规定了多种担保方式，每种方式各有特点，生效的条件亦不相同。在签订担保合同时，创业者是否存在这样的困惑：担保方式这么多，彼此有什么区别？自己应该选择哪种方式？有必要为他人担保时如何才能尽量降低风险？保证期间可以约定到债务偿还时吗？设定抵押时是否一定要办理抵押登记？已设定抵押的财产，抵押人还可以将其自由转让吗？什么样的权利可以办质押？以动产办质押，质物一定要交付吗？定金数额可以自由约定吗？因不可抗力或情势变更解除合同，已付的定金可以收回来吗？

在实务中公司为他人提供保证担保引发的法律风险较多，比如甲公司作为借款人向乙银行申请贷款，丙公司作为保证人为甲公司提供连带责任担保。在业务办理过程中乙银行信贷人员未认真审核相关信贷资料，未能发现丙公司所提供的公司章程中写明禁止为他人提供担保的条款。放款半年后，乙银行工作人员走访甲公司发现甲公司已经停业，相关负责人已失踪，遂上报银行方，次日乙银行根据借款合同相关条款约定确认甲公司的贷款提前到期并通知丙公司履行连带担保责任。丙公司以公司章程明确禁止对外提供担保为由拒绝承担。本案保证合同是否有效？

担保合同是从合同，担保权的取得除了要签订担保合同外，一般还要办理登记或交付等手续才能获得权利。未依法办理相关手续，也可能导致风险。比如2017年12月，甲银行与乙公司签订《房屋按揭贷款业务合作协议》，约定乙公司自甲银行与购房者签订的借款合同生效之日起，至甲银行取得抵押权他项权利证书之日止，为购房者向甲银行的借款提供连带责任保证担保。2018年3月，王某在乙公司购买商品房一套，并公证委托甲银行代为办理所购房屋的抵押登记手续。2018年4月，甲银行、乙公司与王某签订三方《贷款合同》，约定王某以所购房屋作抵押，向甲银行贷款购房，乙公司提供阶段性连带保证担保至所购房屋办妥抵押登记时止。2020年1月，乙公司将王某所购房屋的产权证书移交给甲银行，甲银行收到后亦未及时办理抵押登记。2020年5月，王某的房屋因涉及其他民事纠纷被人民法院依法查封拍卖，导致甲银行的抵押权落空。2020年6月，甲银行向法院起诉，请求判令王某归还贷款本息，乙公司承担连带保证担保责任。乙公司认为，自己已将办理抵押登记的资料移交给甲银行，因甲银行自身怠于办理抵押登记导致抵押权无法实现，甲银行应自行承担后果。乙公司应承担连带清偿责任吗？

本章共分五节，重点介绍担保的含义和特征、反担保、担保在创业中的应用、5 种担保方式法律风险的防范。

本章涉及的法律规定主要有：《民法典》（2020 年通过）、《中华人民共和国物权法》（2007 年通过）（以下简称《物权法》）、最高人民法院《关于适用〈中华人民共和国民法典〉有关担保制度的解释》（2020）（以下简称《〈民法典〉有关担保制度的解释》）、国务院《不动产登记暂行条例》（2019 年修订）、国务院《关于实施动产和权利担保统一登记的决定》（2020 年发布）、中国人民银行《应收账款质押登记办法》（2017 年修订）等。

第一节 创业与担保概述

一、担保的含义和特征

（一）担保的含义及适用的法律

民法中的担保，是指在民商事活动中，由债务人或第三人依法提供担保财产或者信用来保障特定债权人实现债权的制度。1995 年颁布实施的《担保法》规定了 5 种担保方式，即抵押、质押、留置、保证和定金。2007 年颁布实施的《物权法》将抵押、质押、留置放入担保物权，从抵押权、质权和留置权角度做出新的规定。2020 年颁布 2021 年实施的《民法典》将《物权法》放入《民法典》物权编，有关抵押权、质权和留置权的规定同时并入《民法典》物权编，同时增加了所有权保留、融资租赁、保理等具有担保功能的合同。《担保法》中的保证担保作为典型合同的一种，以保证合同形式放入《民法典》合同编第十三章。定金作为承担违约责任的形式之一放入《民法典》合同编第八章违约责任中。

依据《民法典》的规定，我国债的担保方式主要有人的担保、金钱担保和物权担保三大类。其中，人的担保以保证合同方式确立，它以第三人的信用作担保，把债务主体由主合同债务人扩大到债务人以外的第三人。金钱担保以定金合同方式确立，由债务人在合同成立后履行前预先交纳。定金罚则对合同双方均有约束力。

物权担保是为了确保债务的履行，在特定财产上设立的权利。担保物权人在债务人不履行到期债务或者发生当事人约定的实现担保物权的情形，依法享有就担保财产优先受偿的权利，但是法律另有规定的除外。物权担保以限制债务人或第三人对设定担保的财产权利的行使来确保债权人债权的实现，在法律效力上物权优于一般合同债权，更有利于保障债权人利益。

原《物权法》规定的担保物权包括抵押权、质权和留置权。《民法典》规定，"设立担保物权，应当依照本法和其他法律的规定订立担保合同。担保合同包括抵押合同、质押合同和其他具有担保功能的合同"。与《物权法》相比，《民法典》扩大了担保物权的范围，从担保合同的角度出发，在抵押合同、质押合同之外，增加了其他具有担保功能的合同。这种开放式的规定法，使当事人可以根据实际需要创设新的具有担保功能的合同。目前具有担保功能的非典型担保合同主要有融资租赁合同、保理合同、所有权保留合同、保税仓交易合同、让与担保合同等。留置权是法定物权担保，适用于特殊合同，不需要签订专门的留置权合同。

一项债权可以同时设定多种担保，如何处理各种担保之间的关系？《民法典》采用约定优先的原则。被担保的债权既有物的担保又有人的担保的，债务人不履行到期债务或者发生当事人约定的实现担保物权的情形，债权人应当按照约定实现债权；没有约定或者约定不明确，债务人自己提供物的担保的，债权人应当先就该物的担保实现债权；第三人提供物的担保的，债权人可以就物的担保实现债权，也可以要求保证人承担保证责任。

（二）担保合同的特征

1. 从属性。担保合同是主债权债务合同的从合同。当事人在担保合同中约定担保合同的效力独立于主合同，或者约定担保人对主合同无效的法律后果承担担保责任，该有关担保独立性的约定无效。主合同有效的，有关担保独立性的约定无效不影响担保合同的效力；主合同无效的，人民法院应当认定担保合同无效，但是法律另有规定的除外。比如因金融机构开立的独立保函发生的纠纷，适用最高人民法院 2016 年发布的《关于审理独立保函纠纷案件若干问题的规定》。

担保合同被确认无效后，债务人、担保人、债权人有过错的，应当根据其过错各自承担相应的民事责任。由于担保人的责任与过错是直接挂钩的，因此法官对过错大小的判断就很重要。为统一审判标准，《〈民法典〉有关担保制度的解释》第 17 条规定，主合同有效而第三人提供的担保合同无效，人民法院应当区分不同情形确定担保人的赔偿责任：（1）债权人与担保人均有过错的，担保人承担的赔偿责任不应超过债务人不能清偿部分的 1/2；（2）担保人有过错而债权人无过错的，担保人对债务人不能清偿的部分承担赔偿责任；（3）债权人有过错而担保人无过错的，担保人不承担赔偿责任。

主合同无效导致第三人提供的担保合同无效，担保人无过错的，不承担赔偿责任；担保人有过错的，其承担的赔偿责任不应超过债务人不能清偿部分的 1/3。

担保人承担了担保责任或赔偿责任后，有权在其承担责任的范围内向债务人追偿，或者按照反担保合同的约定，在其承担赔偿责任的范围内请求反担保人承担担保责任。

第三人提供担保，未经其书面同意，债权人允许债务人转移全部或者部分债务的，担保人不再承担相应的担保责任。

2. 担保责任的承担具有或然性。担保合同成立后，担保人最终是否承担担保责任具有不确定性。只有主合同债务人不履行、不完全履行或不适当履行义务时，债权人在担保有效期内主动请求担保人履行担保义务的，担保人才承担担保责任。如果主合同债务人已经履行、正在履行或有不履行的合法抗辩理由，或者债权人不主动行使担保请求权或不是在担保期间提出请求权的，担保人就不负担保责任。

3. 担保权具有财产权性。担保权本质上是一种财产权，反映的是财产权关系。担保的财产权性可分为物权性和债权性两种。其中，保证和定金属于债权担保，抵押、质押和留置属于物权担保。

二、反担保

反担保是与担保有关的概念，是指第三人为债务人向债权人提供担保时，债务人应第三人的要求而为第三人所提供的担保。《民法典》规定，"第三人为债务人向债权人提供担保的，可以要求债务人提供反担保。"反担保人可以是债务人，也可以是债务人之外的其他人。

提供担保的第三人承担担保责任后，依法享有向债务人追偿的权利。但在实务中，第三人的追偿权因债务人无偿付能力而有不能实现的风险。第三人为了规避追偿权这种风险，可以要求债务人为自己的担保提供反担保，当债务人不向担保人履行追偿关系中的债务时，担保人可以基于反担保而主张追偿权的实现。设定反担保，有利于保护担保人利益，但对债务人而言，一个担保之外再设一个担保，必然会加重债务人的担保成本。

三、担保在创业中的应用

担保的基本作用在于提高债务人的资信，进而提高债权人权利实现的可能性，促进交易的达成。创业者在创业初期资金普遍不足，需要融资贷款，能否提供担保则是创业者能否获得资金的重要条件。企业成立后，在经营过程中既可能是债权人，也可能是债务人，需要为他人提供担保，所以，担保是创业中经常要使用的一项重要法律制度。

每种担保方式各有优势和不足，担保方式选择不当可能会给当事人带来很大风险：作为债权人，可能导致债权难以实现；作为债务人，可能影响交易成功，或付出高昂的担保费；作为第三方担保人，一旦债务人不能履行，代偿后追偿权的实现可能具有较大的不确定性。因此，了解每种担保方式的特点、风险点和相关规定，适当选择，才能充分发挥担保的作用，实现共赢。

《民法典》规定的担保方式有多种，本书重点介绍其中最基本的 5 种方式，即保证、抵押、质押、留置及定金。

第二节　保证合同法律风险的防范

一、保证合同概述

（一）保证合同的含义和特点

保证合同是为保障债权的实现，保证人和债权人约定，当债务人不履行到期债务或者发生当事人约定的情形时，保证人履行债务或者承担责任的合同。保证合同实际上是以保证人的全部财产作为对主债务人财产的补充，并以此增强债权实现的可能性。从这个意义上，保证人所要承担的是一种无限责任。

保证合同是以保证人的信用为基础的，其最大的特点是责任到保证人而不是特定的财产。

（二）保证合同的优势与风险

对债权人而言，保证合同的优势：一是保证合同关系确立比较简单，只需要签订一份保证合同即可；二是保证人一般以货币方式代偿，债权人实现债权方便快捷，手续简便；三是有保证人代为审查债务人的偿付能力，债权实现更有保障。保证合同的风险主要是保证人的偿付能力直接影响债权人权利的实现，如果保证人偿付能力不足，可能导致债权人权利落空。因此，有必要对保证人的担保能力进行适当审查。

对于债务人而言：保证合同的优势在于不会影响对自己财产的占有、使用、收益和处分，但找到符合债权人要求的保证人是一件非常困难的事。如果请专业性金融担保公司作保，一般会收取担保费并要求提供反担保，导致交易成本大幅增加，因此，有必要建立相互保证关系网。

对于保证人而言：最大风险在于代替债务人履行后追偿权落空。因此，没有特别必要，企业不要为他人提供担保。

创业者只有掌握法律关于保证人的资格、保证方式、保证期间的规定，签订有效的保证合同，才能更好地协调各方利益，减少风险。

二、保证合同的订立

（一）保证人的资格

保证人是保证合同中代替债务人清偿的当事人。因此，保证人应当是具有偿付能力的人。债权人在选择保证人时应对保证人的代为清偿能力做适当的审查，以免因保证人无力代偿而导致债权难以实现。此外，依据《民法典》的规定，下列主体因自身特点，不能为他人作保：

1. 机关法人。机关法人是指依法设立的，有独立经费的机关和承担行政职能的法定机构，比如省政府机关。其职责是依法进行公共事务管理，可以从事为履行职能所需要的民事活动。机关法人的经费是财政划拨的，主要用于保障机关法人履行其职责。如果机关法人作为保证人为他人履行代偿义务，则可能损害机关及工作人员的切身利益，影响其职责的行使，所以机关不能作为保证人，但是经国务院批准为使用外国政府或国际经济组织贷款进行转贷的除外。因为这种情况是国家在履行其对外经济职能，国家的这种保证是以国库作后盾的。

2. 以公益为目的的非营利法人、非法人组织。非营利法人是指为公益目的或者其他非营利目的成立，不向出资人、设立人或者会员分配所取得利润的法人。非营利法人包括事业单位、社会团体、基金会、社会服务机构等，比如武汉大学、北京大学等教育部直属大学。非法人组织是不具有法人资格，但是能够依法以自己的名义从事民事活动的组织。非法人组织包括个人独资企业、合伙企业、不具有法人资格的专业服务机构等。

非营利法人、非法人组织并不是都不能做保证人，法律规定不能做保证人的只是其中"以公益为目的"设立的组织。这类主体一旦作了保证人，在保护特定债权人的同时，可能影响其公益目的的实现。

债权人与上述主体签订的保证合同，因违反法律强制性规定，属于无效合同，在实务中，债权人应严格审查保证人资格，排除上述不具备法定资格的主体。

对于债务人而言，组建多家子公司或者与关联公司形成联盟，相互提供担保，有利于缓解找保证人难的问题，降低担保成本。

（二）保证合同形式

保证合同应以书面形式订立，口头保证合同既使其保证的意思表示很明确，在法律上也会视为不成立。除非当事人自愿履行，否则法院是不能强制执行口头保证的。

书面保证合同的具体形式可以是：（1）主从合同式，即主合同和从合同分开签；（2）主从条款式，即一个合同中前半部分是关于主债权债务的，后半部分是关于担保的；（3）第三人单方面向债权人做出保证承诺，即第三人提供承诺，但并非缔结协议，承诺其愿意承担担保责任。这样的承诺如果债权人接收且未提出异议的，保证合同成立。

此外，保证人与债权人可以就单个主合同分别订立保证合同，也可协议在最高债权限度内就一定期间连续发生的借款合同或某项商品交易订立一个保证合同。

（三）保证合同的内容

保证合同的内容一般包括被保证的主债权的种类、数额，债务人履行债务的期限，保证的方式、范围和期间等条款。其中，最容易出现问题的是保证的方式、范围和期间，下面作重点说明。

1. 保证的方式。根据保证责任的不同，保证的方式分为两种：一般保证与连带责任保证。

（1）一般保证。当事人在保证合同中约定，债务人不能履行债务时，由保证人承担保证责任的，为一般保证。一般保证的保证人在主合同纠纷未经审判或者仲裁，并就债务人财产依法强制执行仍不能履行债务前，有权拒绝向债权人承担保证责任，但是有下列情形之一的除外：①债务人下落不明，且无财产可供执行；②人民法院已经受理债务人破产案件；③债权人有证据证明债务人的财产不足以履行全部债务或者丧失履行债务能力；④保证人书面表示放弃先诉抗辩权的。

一般保证的保证人享有先诉抗辩权。在债务人不履行债务时，债权人应先起诉债务人，并优先以债务人财产偿还。此种方式有利于推迟保证人的代偿时间，并将其代偿责任范围减少为补充责任。

（2）连带责任保证。当事人在保证合同中约定保证人和债务人对债务承担连带责任的，为连带责任保证。连带责任保证的债务人不履行到期债务或者发生当事人约定的情形时，债权人可以请求债务人履行债务，也可以请求保证人在其保证范围内承担保证责任。此种方式取消了保证人的先诉抗辩权，赋予债权人自主选择偿债主体的权利，更有利于保护债权人的利益。但对保证人而言风险较大，有可能先于债务人承担全部责任。

在实务中，债权人和保证人可根据自己在保证合同中的地位选择保证的方式，并明确约定在保证合同中。依据《民法典》的规定，当事人在保证合同中对保证方式没有约定或者约定不明确的，按照一般保证承担保证责任。这一规定与《担保法》要求保证人承担连带责任的规定相比，明显减轻了保证人的责任，债权人要特别注意这一变化。

对于约定不明确的情形，《〈民法典〉有关担保制度的解释》第25条做了进一步细化，即当事人在保证合同中约定了保证人在债务人不能履行债务或者无力偿还债务时才承担保证责任等类似内容，具有债务人应当先承担责任的意思表示的，人民法院应当将其认定为一般保证。当事人在保证合同中约定了保证人在债务人不履行债务或者未偿还债务时即承担保证责任、无条件承担保证责任等类似内容，不具有债务人应当先承担责任的意思表示的，人民法院应当将其认定为连带责任保证。

2. 保证范围。一般包括主债权及利息、违约金、损害赔偿、实现债权的费用等。当事人可以对保证范围做出另外约定。没有约定或约定不明确的，保证人要承担以上全部责任。

3. 保证期间。保证期间是确定保证人承担保证责任的期间，不发生中止、中断和延长。债权人与保证人可以约定保证期间，但是约定的保证期间早于主债务履行期限或者与主债务履行期限同时届满的，视为没有约定；没有约定或者约定不明确的，保证期间为主债务履行期限届满之日起6个月。债权人与保证人约定保证人承担保证责任直至主债务本息还清时为止等类似内容的，属于约定不明。保证合同无效，债权人未在约定或者法定的保证期间内依法行使权利，保证人不再承担赔偿责任。

由于保证合同是在主债务履行期届满之日债务人不履行债务时才需要使用的，所以在约定保证期间时不要与主合同生效时间相混淆，一定要将主债务履行期届满之日约定为起点。债权人与债务人对主债务履行期限没有约定或者约定不明确的，保证期间依法自债权人请求债务人履行债务的宽限期届满之日起计算。在实务中，当事人最好在保证合同中明确约定保证期间，一是可以约定比法定6个月更长的期间；二是有利于不了解法定期间规定的当事人明确责任期间。

一般保证的债权人未在保证期间对债务人提起诉讼或者申请仲裁的，保证人不再承担保证责任。连带责任保证的债权人未在保证期间请求保证人承担保证责任的，保证人不再承担保证责任。所以债权人要根据保证的方式选择起诉的对象，在法定期间内请求保证人承担保证责任。

（四）保证人的追偿权

保证人承担保证责任后，除当事人另有约定外，有权在其承担保证责任的范围内向债务人追偿，享有债权人对债务人的权利，但是不得损害债权人的利益。保证人的追偿权是法律直接赋予的，不需要当事人在合同中约定。人民法院受理债务人破产案件后，债权人未申报债权的，保证人可以申报债权，参加破产财产分配，预先行使追偿权。因为如果债务人发生破产，债权人又不能向法院申请债权，主张破产财产分配的权利，那么保证人承担了保证责任后，保证人的利益就会因债权人的消极行为而遭受损害。

三、保证合同的效力

有效的保证合同，除应符合一般民事合同有效的基本条件外，影响保证合同效力的还有市场主体法、公司章程、合伙协议等内部文件。因为公司法定代表人、合伙企业负责人违反市场主体法的规定越权签订保证合同的，可能因"相对人知道或者应当知道其超越权限"而被认定为效力待定。但法人章程或者法人权力机构对法定代表人代表权的限制，不能对抗善意相对人。合伙协议等内部文件对合伙人对外代表权的限制，也不能对抗善意相对人。

《〈民法典〉有关担保制度的解释》第7条规定，公司的法定代表人违反公司法关于公司对外担保决议程序的规定，超越权限代表公司与相对人订立担保合同，人民法院应当依照民法典第61条①和第504条②等规定处理：（1）相对人善意的，担保合同对公司发生效力；相对人请求公司承担担保责任的，人民法院应予支持。所称善意，是指相对人在订立担保合同时不知道且不应当知道法定代表人超越权限。相对人有证据证明已对公司决议进行了合理审查，人民法院应当认定其构成善意，但是公司有证据证明相对人知道或者应当知道决议系伪造、变造的除外。（2）相对人非善意的，担保合同对公司不发生效力；相对人请求公司承担赔偿责任的，参照适用本解释第17条的有关规定。

引言案例中，乙银行信贷人员未认真审核相关信贷资料，未能发现丙公司所提供的公司章程中写明禁止为他人提供担保的条款，丙公司存在过错，不属于善意相对人。因丙公司不同意追认该担保合同，所以保证合同无效。

综上，创业者在实务中一定要注意了解市场主体法的相关规定，在签订保证合同时，要求保证人提供公司股东会、董事会或合伙企业全体合伙人同意的文件。保证人提供了公司章程、合伙协议等内部文件的，一定要认真审查其中对负责人对外签订担保合同是否有限制性规定。法定代表人或负责人超越权限提供担保造成企业损失，企业可以请求法定代表人或者负责人承担赔偿责任。

---

① 《民法典》第61条：依照法律或者法人章程的规定，代表法人从事民事活动的负责人，为法人的法定代表人。法定代表人以法人名义从事的民事活动，其法律后果由法人承受。法人章程或者法人权力机构对法定代表人代表权的限制，不得对抗善意相对人。

② 《民法典》第504条：法人的法定代表人或者非法人组织的负责人超越权限订立的合同，除相对人知道或者应当知道其超越权限外，该代表行为有效，订立的合同对法人或者非法人组织发生效力。

第三节 抵押法律风险的防范

一、抵押概述

（一）抵押的含义和特点

抵押，是指为担保债务的履行，债务人或者第三人不转移财产的占有，约定将该财产作为债权人实现债权的担保，当债务人不履行到期债务或者发生当事人约定的实现抵押权的情形时，债权人有权就该财产优先受偿。其中，提供财产的债务人或者第三人为抵押人。债权人为抵押权人，提供担保的财产为抵押财产。

抵押最大的特点是债务人或者第三人不需要转移对抵押财产的占有，抵押人可以继续占有、使用和处分抵押财产。

（二）抵押的种类

根据抵押期间抵押财产确定性的不同，抵押可分为固定抵押和浮动抵押。

1. 固定抵押。也称为典型抵押，是指抵押人以其现有的特定财产为标的设定抵押的一种担保制度。抵押期间，抵押财产转让的，抵押权不受影响，取得抵押财产的受让人在取得所有权的同时，也负有抵押人所负担的义务，受到抵押权的约束。

2. 浮动抵押。也称为非典型抵押，是指特定抵押人以其现有的或将有的生产设备、原材料、半成品、产品为标的设定抵押的一种担保制度。它与固定抵押的主要区别有：（1）抵押人仅限于企业、个体工商户和农业生产经营者。（2）抵押财产均为动产，具体包括现有的或将有的生产设备、原材料、半成品、产品。（3）浮动抵押仅就作为抵押的财产范围和种类做出约定，比如明确将某些种类的原材料作为抵押财产。抵押期间，抵押人可以根据生产经营的需要自由处分抵押财产，比如将原材料用于生产成品，成品销售后再购进原料等。所以，在抵押期间抵押财产不确定的，处于不断变化中，直到约定或者法定的行权事由发生时，真正作为抵押的财产才能确定。（4）抵押期间，抵押财产转让的，受让人不受抵押权影响。（5）债务人不履行到期债务或者发生当事人约定的实现抵押权的情形，债权人仅就抵押财产确定时的动产优先受偿。

总体而言，浮动抵押对债权人风险较大，因此，债权人在决定采用这一方式时应在抵押合同中明确约定作为抵押财产的具体范围和种类，采用适当方式确保行权时留存的抵押财产变现时足够折抵担保的债权。

此外，为担保债务的履行，债权人与债务人或者第三人可以签订最高额抵押合同，约定为一定期间内将要连续发生的债权提供财产担保。债务人不履行到期债务或者发生当事人约定的实现抵押权的情形，抵押权人有权在最高债权额限度内就该担保财产优先受偿。

最高额抵押担保的债权确定前，抵押权人与抵押人可以通过协议变更债权确定的期间、债权范围以及最高债权额，但变更的内容不得对其他抵押权人产生不利影响。

（三）抵押的优势和风险

对抵押权人而言，抵押的优势：一是有明确的财产作为债权实现的担保；二是不转移财产占有，减轻了债权人管理抵押财产的负担。但此种担保方式也存在一定风险：一是抵押财产价值的高低、同一抵押财产上设定的抵押权的数量和行权顺序、抵押财产变现的难易程度直接影响债权人权利的实现；二是债权人不占有抵押财产，抵押财产存在被抵押人恶意转让、损坏的风险。

对抵押人而言，抵押的优势：一是可以直接用自己的财产设定抵押，免除找保证人的麻烦；二是设立抵押的财产不需要转移占有，所以抵押人可以继续使用该财产，并获取收益，不但不会导致生产资料的浪费，还可以提高债务人清偿债务的能力；三是可抵押财产范围广。法律、行政法规规定不禁止的都可以用，选择余地大。抵押的风险：一是抵押财产变现时无论是折价，还是拍卖、变卖，价值损耗都比较大；二是如果以厂房、主要生产设备作抵押，一旦不能还债，可能导致企业停产、关闭。

在实务中，创业者特别要注意掌握法律关于可抵押财产的范围、抵押权设立的条件、抵押权的效力、实现抵押权的方式，注意协调各方利益，减少风险。

二、抵押财产的范围

在实现抵押权时，抵押权人有权申请对抵押财产实施拍卖等处分方式。所以，设定抵押的财产首先应当是抵押人有处分权且依法可以转让的财产。其次，不属于法律、行政法规禁止抵押的财产范围。

（一）可以设定抵押的财产

依据《民法典》第395条的规定，债务人或者第三人有权处分的下列财产可以抵押：（1）建筑物和其他土地附着物；（2）建设用地使用权；（3）海域使用权；（4）生产设备、原材料、半成品、产品；（5）正在建造的建筑物、船舶、航空器；（6）交通运输工具；（7）法律、行政法规未禁止抵押的其他财产。其中，第7项是一种开放式兜底条款，表明可以用于抵押的财产不限于法条中列举的财产范围。

抵押人可以将前款所列财产一并抵押。

此外，依据《民法典》用益物权编第342条和第343条的规定，通过招标、拍卖、公开协商等方式承包农村土地，经依法登记取得权属证书的，可以依法采取出租、入股、抵押或者其他方式流转土地经营权。国家所有的农用地实行承包经营的，参照适用用益物权编的有关规定。

以建筑物抵押的，该建筑物占用范围内的建设用地使用权一并抵押。以建设用地使用权抵押的，该土地上的建筑物一并抵押。抵押人未依法一并抵押的，未抵押的财产视为一并抵押。乡镇、村企业的建设用地使用权不得单独抵押。以乡镇、村企业的厂房等建筑物抵押的，其占用范围内的建设用地使用权一并抵押。

（二）不得设定抵押的财产

《民法典》第 399 条规定，下列财产不得抵押：（1）土地所有权；（2）宅基地、自留地、自留山等集体所有土地的使用权，但是法律规定可以抵押的除外；（3）学校、幼儿园、医疗机构等为公益目的成立的非营利法人的教育设施、医疗卫生设施和其他公益设施；（4）所有权、使用权不明或者有争议的财产；（5）依法被查封、扣押、监管的财产；（6）法律、行政法规规定不得抵押的其他财产。

三、抵押权的设立

设立抵押权，当事人应当采用书面形式订立抵押合同，抵押权一般自抵押合同生效时设立。法律规定抵押权自登记时设立的，还应当办理抵押登记手续。

（一）签订抵押合同

抵押合同是债权人与抵押人之间就在抵押财产上设立抵押权达成的协议。抵押合同一般包括下列条款：（1）被担保债权的种类和数额；（2）债务人履行债务的期限；（3）抵押财产的名称、数量、质量、状况、所在地、所有权归属或者使用权归属；（4）担保的范围。

在签订抵押合同时应注意的事项有：（1）抵押合同应当符合合同有效要件，并采用书面形式。除法律另有规定或者合同另有约定外，抵押合同自成立时生效。未办理抵押登记，不影响抵押合同效力。（2）设定抵押的财产应尽量选择独立存在、容易变现的财产，避开抵押人的主要厂房、主要设备等核心资产，否则可能引发抵押人关门而陷入变现执行难。（3）在合同中对抵押财产变现的时间、方式、拍卖机构等涉及执行的具体问题作出明确约定。（4）在债务履行期限届满前，抵押权人不要与抵押人约定债务人不履行到期债务时抵押财产归抵押权人所有。因为即使约了也不能实现约定的目的，该条款的法律后果为抵押权人依法就抵押财产优先受偿。因为在债务履行期限届满前抵押权人处于相对强势地位，订立合同时约定抵押财产归债权人所有可能违背抵押人真实意愿、有违公平原则。但债务履行期届满后，抵押权人地位下降，当事人可以根据自愿原则，协商一致将抵押财产折价归债权人所有。

（二）依法办理抵押登记

抵押登记是将物上设定抵押的状态向外界展示的一种方式。办理抵押登记，有利于保障交易安全，强化担保效力，预防纠纷的发生。

1. 办理抵押登记的效力。抵押登记的效力分为下列两种情况：

（1）设立抵押权。《民法典》规定，以第 395 条第 1 款第 1 项至第 3 项规定的财产（即建筑物和其他土地附着物、建设用地使用权和海域使用权）或者第 5 项规定的正在建造的建筑物抵押的，应当办理抵押登记。抵押权自登记时设立。也就是说未经登记，抵押权不发生法律效力。法律上强制要求以不动产及相关权利办理抵押时必须登记，主要是因为不动产价值较高，抵押人可能会在一项财产上设立多个抵押权，强制登记可以使抵押权人了解在抵押财产上设立抵押的情况，更好地保护债权人的利益。

引言案例中涉及的抵押物是房屋，所以甲银行的抵押权只有办理了抵押权登记才能设立。虽然合作协议约定乙公司的连带责任至甲银行取得王某所购房屋办妥抵押登记时止，但在王某的房屋被人民法院依法查封拍卖前4个月，乙公司便将王某所购房屋的产权证书移交给甲银行，王某已委托甲银行代为办理所购房屋的抵押登记手续，所以，甲银行怠于办理抵押登记导致抵押权落空，自身存在重大过错，应自行承担不利的后果。

（2）对抗善意第三人。《民法典》规定，以动产抵押的，抵押权自抵押合同生效时设立；未经登记，不得对抗善意第三人。考虑到动产交易一般不需要登记，买受人可能不知道交易的动产已设定抵押，所以，《民法典》对登记的对抗效力作了进一步限制性规定，即以动产抵押的，不得对抗正常经营活动中已经支付合理价款并取得抵押财产的买受人。也就是说，既使已经办理了动产抵押登记，也不能对抗正常经营活动中已经支付合理价款并取得抵押财产的买受人。

2. 登记的地点。目前，不动产抵押登记和动产登记分别适用不同规定。

（1）不动产抵押登记。《民法典》规定，不动产登记，由不动产所在地的登记机构办理。按照《不动产登记暂行条例》的规定，国务院国土资源主管部门负责指导、监督全国不动产登记工作。不动产登记由不动产所在地的县级人民政府不动产登记机构办理；直辖市、设区的市人民政府可以确定本级不动产登记机构统一办理所属各区的不动产登记。跨县级行政区域的不动产登记，由所跨县级行政区域的不动产登记机构分别办理。不能分别办理的，由所跨县级行政区域的不动产登记机构协商办理；协商不成的，由共同的上一级人民政府不动产登记主管部门指定办理。国务院确定的重点国有林区的森林、林木和林地，国务院批准项目用海、用岛，中央国家机关使用的国有土地等不动产登记，由国务院国土资源主管部门会同有关部门规定。

2018年6月，全国统一的不动产登记信息管理基础平台已实现全国联网，不动产登记体系进入全面运行阶段。2019年4月，自然资源部、中国银保监会发布《关于加强便民利企服务合作的通知》（自然资发〔2019〕42号），自然资源部和中国银保监会决定加强便民利企服务合作，互设不动产抵押登记和抵押贷款服务点，协同贷款审批、不动产登记资料查询与不动产抵押登记，加快推进"互联网+不动产抵押登记"，提升金融风险防范能力，支持金融业更加有效服务经济社会发展。

（2）动产登记。在《民法典》实施前，我国动产和权利担保登记采用多头登记的方式，给企业办理登记带来麻烦。一是登记机构相对分散。不同类型的动产和权利担保登记职责分散在不同的部门，企业开展不同类型的动产担保登记时需要跑不同的部门。由于信息不对称、透明度和公示性不足，容易出现重复抵押或质押、虚假融资等风险事件。登记分散还导致受偿顺序难以确定，容易引起权属纠纷。二是登记查询效率较低。各机构的登记程序和方式不统一，有的要求现场办理，有的实行手工纸质登记，有的要求对登记申请材料进行实质性审查，登记耗时较长。由于登记机构分散，当事人需要逐一查询信息。也有部分机构没有建立统一的登记电子数据库，查询难度较大。三是企业登记负担较重。过去动产抵押登记主要是由企业等担保人来办理，企业负责提交登记的申请和材料，并且负担登记成本。企业对不同类型动产和权利担保登记的程序和方式不熟悉、不了解，办理登记费时费力，增加了企业负担。

为优化营商环境、促进金融更好服务实体经济，特别是中小微企业，《民法典》取消了原有的动产和权利登记规定，授权国务院制定统一登记系统。2020年12月14日，国务院发布《国务院关于实施动产和权利担保统一登记的决定》，从2021年1月1日起，在全国范围内实施动产和权利担保统一登记。纳入动产和权利担保统一登记范围的担保类型包括：（1）生产设备、原材料、半成品、产品抵押；（2）应收账款质押；（3）存款单、仓单、提单质押；（4）融资租赁；（5）保理；（6）所有权保留；（7）其他可以登记的动产和权利担保，机动车抵押、船舶抵押、航空器抵押、债券质押、基金份额质押、股权质押、知识产权中的财产权质押除外。

纳入统一登记范围的动产和权利担保，由当事人通过中国人民银行征信中心（以下简称征信中心）动产融资统一登记公示系统自主办理登记，并对登记内容的真实性、完整性和合法性负责。登记机构不对登记内容进行实质审查。

统一登记公示系统为企业和金融机构双方提供了便利。一是登记和查询效率明显提高。实施统一登记能够实现登记查询的"一站式服务"，人民银行征信中心动产融资统一登记公示系统提供不间断的在线服务，当事人可以随时自主在线办理登记，无须登记机构审核，即时办理、即时生效。同时只要输入担保人的名称就可以一键查询该担保人名下所有正在公示的登记信息，便捷高效。二是显著减轻企业的负担。统一登记涵盖了企业常用融资的担保类型，统一登记的办理主体也由以前的"企业等担保人为主"转变为"以金融机构等担保权人为主"，免去企业到现场提交材料、办理登记的负担。三是有利于提升金融机构等担保权人接受动产和权利担保的意愿。统一登记能够便利金融机构查询动产和权利的已担保信息，清楚掌握担保权的优先顺位，降低和控制信贷风险和成本，更好地保护担保权人的利益。金融机构能够全面掌握企业动产和相关权利信息，提升了给企业担保融资的意愿审查，使中小微企业可以最大限度利用其动产和权利获得融资。

在实务中，作为债权人，一是应牢记强制登记的抵押财产种类，在抵押合同签订后尽快办理抵押登记，确保抵押权设立。二是为防止抵押人恶意重复抵押，对于不了解信用状况的抵押人以其动财产设定抵押的，也尽量要求办理抵押登记，使自己的抵押权可以对抗可能出现的善意第三人。三是在抵押合同中明确约定办理抵押登记的时间及违约责任。当抵押人未按合同约定办理抵押登记时，抵押权人可以依据合同要求抵押人实际履行或给予违约损失补偿。

四、抵押权对相关权利的影响

（一）抵押权对抵押物处分权的影响

《民法典》规定，抵押期间，抵押人可以转让抵押财产。当事人另有约定的，按照其约定。抵押财产转让的，抵押权不受影响，该财产转让时，抵押权随着财产所有权的转让而转让，取得抵押财产的受让人在取得所有权的同时，也负有抵押人所负担的义务。这一规定主要是方便抵押人转让，但对受让人而言，因为要继承抵押人所负担的义务，明显增加了交易风险。在实务中，受让人在购买他人转让的不动产时应检查产权证上是否设定有抵押。如果已设定抵押，受让人在受让前应做好债务人偿债能力的评估，并主动通知抵押权人。

当事人约定禁止或者限制转让抵押财产的，应当将约定内容办理登记。《〈民法典〉有关担保制度的解释》第43条规定，当事人约定禁止或者限制转让抵押财产但是未将约定登记，抵押人违反约定转让抵押财产，抵押权人请求确认转让合同无效的，人民法院不予支持；抵押财产已经交付或者登记，抵押权人请求确认转让不发生物权效力的，人民法院不予支持，但是抵押权人有证据证明受让人知道的除外；抵押权人请求抵押人承担违约责任的，人民法院依法予以支持。

当事人约定禁止或者限制转让抵押财产且已经将约定登记，抵押人违反约定转让抵押财产，抵押权人请求确认转让合同无效的，人民法院不予支持；抵押财产已经交付或者登记，抵押权人主张转让不发生物权效力的，人民法院应予支持，但是因受让人代替债务人清偿债务导致抵押权消灭的除外。

考虑到动产交易一般不需要登记，《民法典》规定，以动产抵押的，不得对抗正常经营活动中已经支付合理价款并取得抵押财产的买受人。据此，在正常经营活动中买入已设定抵押的动产，无论是否办理了抵押登记，买受人只要支付了合理价款并取得抵押财产，均不承担抵押人所负担的义务。

为维护抵押权人的利益，法律规定抵押人转让抵押财产的，应当及时通知抵押权人。抵押权人能够证明抵押财产转让可能损害抵押权的，可以请求抵押人将转让所得的价款向抵押权人提前清偿债务或者提存。转让的价款超过债权数额的部分归抵押人所有，不足部分由债务人清偿。

(二) 抵押权对租赁关系的影响

一项抵押财产上可以同时存在抵押权和租赁权，当两种权利发生冲突时，按照成立在先的原则，成立在后的权利一般不得对抗成立在先的权利。《民法典》规定，抵押权设立前抵押财产已经出租并转移占有的，原租赁关系不受该抵押权的影响。《〈民法典〉有关担保制度的解释》进一步规定，动产抵押合同订立后未办理抵押登记，抵押人将抵押财产出租给他人并移转占有，抵押权人行使抵押权的，租赁关系不受影响，但是抵押权人能够举证证明承租人知道或者应当知道已经订立抵押合同的除外。

在实务中，承租人在承租前应注意审查租赁的房产、设备等是否已设立了抵押，以免影响自己使用。

(三) 抵押权不得与债权分离而单独转让或者作为其他债权的担保

抵押权不得与债权分离而单独转让，是指抵押权人不得将抵押权单独让与他人而自己保留债权。债权转让的，担保该债权的抵押权应一并转让，即抵押权与其担保的债权同时存在，债权消灭，抵押权也消灭。但法律另有规定或者当事人另有约定的除外。

(四) 抵押权对抵押人的用益权的影响

抵押人一般享有用益权，可以继续使用抵押财产，但抵押人的行为足以使抵押财产价值减少的，抵押权人有权要求抵押人停止其行为。抵押财产价值减少的，抵押权人有权请求恢复抵押财产的价值，或者提供与减少的价值相应的担保。抵押人不恢复抵押财产的价值，也不提供担保的，抵押权人有权请求债务人提前清偿债务。

五、抵押权的实现

债务人不履行到期债务或者发生当事人约定的实现抵押权的情形，抵押权人应当在主债权诉讼时效期间行使抵押权；未行使的，人民法院不予保护。

(一) 抵押财产变现方式

1. 按协议处理。抵押权人可以与抵押人协议以抵押财产折价或者以拍卖、变卖该抵押财产所得的价款优先受偿。协议既可以签订抵押合同时约定，也可以在债务人不履行到期债务时再约定。但事前约定执行起来更方便。协议损害其他债权人利益的，其他债权人可以请求人民法院撤销该协议。

为尽快实现抵押权，抵押权人可以与抵押人约定当债务人不履行到期债务或者发生当事人约定的实现抵押权的情形时，抵押权人有权将抵押物自行拍卖、变卖并就所得的价款优先受偿。因抵押人的原因导致抵押权人无法自行对抵押财产进行拍卖、变卖，抵押权人可以请求抵押人承担因此增加的费用。

2. 请求人民法院处理。抵押权人与抵押人未就抵押权实现方式达成协议的，抵押权人可以不经诉讼，直接请求人民法院拍卖、变卖抵押财产。这一方式，减轻了当事人的诉讼负担，有助于提高执行效率。

(二) 财产分配原则

1. 多退少补。抵押财产折价或者拍卖、变卖后，其价款超过债权数额的部分归抵押人所有，不足部分由债务人清偿。

2. 同一财产向两个以上债权人抵押的，拍卖、变卖抵押财产所得的价款依照下列规定清偿：(1) 抵押权已登记的，按照登记的时间先后确定清偿顺序；(2) 抵押权已登记的先于未登记的受偿；(3) 抵押权未登记的，按照债权比例清偿，即未登记的抵押权相互之间不具有对抗效力，不分先后。

3. 同一财产既设立抵押权又设立质权的，拍卖、变卖该财产所得的价款按照登记、交付的时间先后确定清偿顺序。

4. 建设用地使用权抵押后，该土地上新增的建筑物不属于抵押财产。该建设用地使用权实现抵押权时，应当将该土地上新增的建筑物与建设用地使用权一并处分，但新增建筑物所得的价款，抵押权人无权优先受偿。

5. 以土地承包经营权和以乡镇、村企业的厂房等建筑物占用范围内的建设用地使用权一并抵押的，实现抵押权后，未经法定程序，不得改变土地所有权的性质和土地用途。

第四节　质押法律风险的防范

一、质押概述

（一）质押的含义和种类

质押，是指为担保债务的履行，债务人或者第三人将其动产出质给债权人占有，约定将该财产作为债权实现的担保，债务人不履行到期债务或者发生当事人约定的实现质权的情形，债权人有权就该财产优先受偿。其中，债务人或第三人是出质人，债权人为质权人，交付的财产为质押财产。

质押最大的特点是债务人或者第三人需要转移对自己出质财产的占有，因此，不动产不适合作为质权的标的。

根据质物性质的不同，质押可以分动产质押和权利质押。此外，出质人与质权人可以协议设立最高额质权。

（二）质押的优势与风险

对质权人而言，质押的优势：一是有明确的质押财产的同时还占有质押财产，可以避免出质人擅自转让质物。二是有些财产权利比如票据、存单等设立质押程序简单、价值比较稳定，变现容易。其风险主要体现在：一是对出质人交付的财产需要妥善保管，管理成本可能较高，二是财产权利性质复杂，风险不一，有些财产权利价值稳定性差，变现难，需要认真甄别。

对出质人而言，质押的优势在于可以充分利用自己享有的商标、专利等财产权利凭证的价值，权利凭证交付或办理出质登记后，出质人可以继续使用，并获得收益，所以债务人更愿意使用权利质押。其风险主要体现在：一是出质人以动产出质的，交付后出质人及质权人均不能再使用，必然导致出质财产的闲置浪费。二是质权人保管不善可能导致出质财产损毁灭失，无法收回。三是法律规定的可以出质的财产权利范围较窄。

因此，创业者只有掌握法律质押的种类、质权设立的条件、可以出质的财产特点，正确选择质押财产，才能更好地协调各方利益，减少风险。

二、动产质押

动产质押，是指债务人或者第三人将其动产移交债权人占有，将该动产作为债权的担保。债务人不履行债务时，债权人有权依法以该动产折价或者以拍卖、变卖该动产的价款优先受偿。

（一）动产质权的设立

设立动产质权，当事人应当先订立书面质押合同，除法律另有规定或者合同另有约定外，动产质押合同自成立时生效，动产质权自出质人交付质押财产时设立。未交付质物，不影响质押合同效力。法律、行政法规禁止转让的动产不得出质。

动产质押合同一般包括下列条款：（1）被担保债权的种类和数额；（2）债务人履行债务的期限；（3）质押财产的名称、数量、质量、状况；（4）担保的范围；（5）质押财产交付的时间、方式。

在签订质押合同时应特别注意的事项有：（1）尽量选择体积小、价值高、单独存在、容易变现的财产作为质物，否则可能陷入保管成本高、变现执行难的困境；（2）在合同中对质物变现的时间、方式、拍卖机构等涉及执行的问题作出明确约定；（3）不要与出质人约定债务人不履行到期债务时质押财产归债权人所有。因为与抵押一样，质权人在债务履行期限届满前，与出质人约定债务人不履行到期债务时质押财产归债权人所有的，只能依法就质押财产优先受偿，并不能按约定执行。但债务履行期届满后，当事人可以根据自愿原则将质物折价归债权人所有。

（二）质押合同当事人的主要权利和义务

1. 质权人的权利。主要表现在：（1）质权人有权收取质押财产的孳息，但合同另有约定的除外。孳息应当先充抵收取孳息的费用。（2）因不能归责于质权人的事由可能使质押财产毁损或者价值明显减少，足以危害质权人权利的，质权人有权请求出质人提供相应的担保；出质人不提供的，质权人可以拍卖、变卖质押财产，并与出质人通过协议将拍卖、变卖所得的价款提前清偿债务或者提存。（3）债务人不履行到期债务或者发生当事人约定的实现质权的情形，质权人可以与出质人协议以质押财产折价，也可以就拍卖、变卖质押财产所得的价款优先受偿。

2. 质权人的义务。主要表现在：（1）质权人负有妥善保管质押财产的义务；因保管不善致使质押财产毁损、灭失的，应当承担赔偿责任。质权人的行为可能使质押财产毁损、灭失的，出质人可以请求质权人将质押财产提存，或者请求提前清偿债务并返还质押财产。（2）质权未经出质人同意，擅自使用、处分质押财产，造成出质人损害的，应当承担赔偿责任。（3）未经出质人同意转质，造成质押财产毁损、灭失的，应当向出质人承担赔偿责任。（4）债务人履行债务或者出质人提前清偿所担保的债权的，质权人应当返还质押财产。（5）质权人在债务履行期届满后应及时行使质权。质权人不行使的，出质人可以请求人民法院拍卖、变卖质押财产。出质人请求质权人及时行使质权，因质权人怠于行使权利造成损害的，由质权人承担赔偿责任。质押财产折价或者拍卖、变卖后，其价款超过债权数额的部分归出质人所有，不足部分由债务人清偿。

三、权利质押

权利质押，是以财产权利为标的设立的质押。

（一）可以出质的财产权利

出质的财产权利在质权人行使质权时需要转让，所以，出质的财产权利应具有让与性，同时，法律、行政法规允许的财产权利才可以办理出质。依据《民法典》第440条的规定，债务人或者第三人有权处分的下列权利可以出质：

1. 汇票、支票、本票。票据是货币证券，我国票据法规定的支票和本票都是见票即付的票据，没必要用于质押。汇票可以设定远期，在到期前可以用于出质。出质的汇票包括银行汇票、银行承兑汇票和商业承兑汇票。前两种以银行信用为基础，风险较小。第三个以承兑的企业信用为基础，风险由已承兑的企业的信用决定。

2. 债券、存款单。债券包括国库券和企业债券。与资本证券相比，风险较小。

3. 仓单、提单。仓单、提单都是货物证券。仓单是仓储保管合同中保管人收到仓储物后给存货人开具的提取仓储物的凭证。提单是运输部门承运货物时签发给发货人的一种凭证。收货人凭提单向货运目的地的运输部门提货，提单须经承运人或船方签字后始能生效。仓单、提单都是货物证券，存在变现风险。

4. 可以转让的基金份额、股权。基金份额是指依法设立的证券投资基金组织为募集资金以投资于证券市场、实现证券投资目的而向社会公开或者非公开发行的、证明持有人按其持有份额享有资产所有权、收益分配权和剩余资产分配权及其他权益的一种证券类凭证。股权是有限责任公司或者股份有限公司的股东对公司享有的人身和财产权益的一种综合性权利。基金份额、股权属于资本证券，其中上市公司的股票可以在证券市场自由交易，但价格波动较大，且对发起人、大股东、公司高管等持有的股份转让法律会有一定限制。有限责任公司股权价值相对稳定，但对股权转让法律有较多限制。

5. 可以转让的注册商标专用权、专利权、著作权等知识产权中的财产权。此类财产权属于无形资产。无形资产本身是有价值的，但价值评估难度较大，而且容易受企业经营、技术发展等内外因素影响，价值波动较大。比如在三聚氰胺事件发生前，三鹿奶粉作为知名品牌，商标评估价值很高，但事件发生后，企业破产，品牌价值一落千丈，无人问津。在技术飞速发展的今天，现有的专利技术也可能因为革命性技术创新，在有效保护期内就被淘汰。

6. 现有的以及将有的应收账款。这是指权利人因提供一定的货物、服务或设施而获得的要求义务人付款的权利以及依法享有的其他付款请求权，包括现有的和未来的金钱债权，但不包括因票据或其他有价证券而产生的付款请求权，以及法律、行政法规禁止转让的付款请求权。依据《应收账款质押登记办法》的规定，应收账款包括下列权利：（1）销售、出租产生的债权，包括销售货物，供应水、电、气、暖，知识产权的许可使用，出租动产或不动产等；（2）提供医疗、教育、旅游等服务或劳务产生的债权；（3）能源、交通运输、水利、环境保护、市政工程等基础设施和公用事业项目收益权；（4）提供贷款或其他信用活动产生的债权；（5）其他以合同为基础的具有金钱给付内容的债权。

《〈民法典〉有关担保制度的解释》第 61 条的规定，债务人以现有的应收账款出质的，质权人应要求应收账款债务人书面确认应收账款的真实性，或取得其他能够证明办理出质登记时应收账款真实存在的证据，否则不能优先受偿。以基础设施和公用事业项目收益权、提供服务或者劳务产生的债权以及其他将有的应收账款出质，当事人应为应收账款设立特定账户，发生法定或者约定的质权实现事由时，质权人可以请求就该特定账户内的款项优先受偿；特定账户内的款项不足以清偿债务或者未设立特定账户，质权人可以请求折价或者拍卖、变卖项目收益权等将有的应收账款，并以所得的价款优先受偿。

7. 法律、行政法规规定可以出质的其他财产权利。此条是封闭性兜底条款，即法律、行政法规规定的才可以，没有规定的不可以。依据《合伙企业法》的规定，经其他合伙人一致同意，合伙人可以以其在合伙企业中的财产份额出质；未经其他合伙人一致同意，其行为无效，由此给善意第三人造成损失的，由行为人依法承担赔偿责任。

（二）权利质权设立的条件

以财产权利出质的，质权自交付权利凭证或办理出质登记时设立。

1. 以汇票、支票、本票、债券、存款单、仓单、提单出质的，质权自权利凭证交付质权人时设立；没有权利凭证的，质权自有关部门办理出质登记时设立。法律另有规定的，依照其规定。

《〈民法典〉有关担保制度的解释》进一步规定，以汇票出质，当事人以背书记载"质押"字样并在汇票上签章，汇票已经交付质权人的，人民法院应当认定质权自汇票交付质权人时设立。存货人或者仓单持有人在仓单上以背书记载"质押"字样，并经保管人签章，仓单已经交付质权人的，人民法院应当认定质权自仓单交付质权人时设立。没有权利凭证的仓单，依法可以办理出质登记的，仓单质权自办理出质登记时设立。

汇票、支票、本票、债券、存款单、仓单、提单的兑现日期或者提货日期先于主债权到期的，质权人可以兑现或者提货，并与出质人协议将兑现的价款或者提取的货物提前清偿债务或者提存。

2. 以基金份额、股权出质的，质权自办理出质登记时设立。基金份额、股权出质后，不得转让，但是出质人与质权人协商同意的除外。出质人转让基金份额、股权所得的价款，应当向质权人提前清偿债务或者提存。

3. 以注册商标专用权、专利权、著作权等知识产权中的财产权出质的，质权自办理出质登记时设立。

知识产权中的财产权出质后，出质人不得转让或者许可他人使用，但是出质人与质权人协商同意的除外。出质人转让或者许可他人使用出质的知识产权中的财产权所得的价款，应当向质权人提前清偿债务或者提存。

4. 以应收账款出质的，质权自办理出质登记时设立。应收账款出质后，不得转让，但是出质人与质权人协商同意的除外。出质人转让应收账款所得的价款，应当向质权人提前清偿债务或者提存。

依据前述《国务院关于实施动产和权利担保统一登记的决定》，存款单、仓单、提单、应收账款的质押登记已纳入全国范围内实施的动产和权利担保统一登记范围，由当事人通过中国人民银行征信中心（以下简称征信中心）动产融资统一登记公示系统自主办理登记，但债券质押、基金份额质押、股权质押、知识产权中的财产权质押纳入统一登记范围，应根据相关规定分别办理。

第五节　留置法律风险的防范

一、留置概述

（一）留置和留置权的含义

留置，是指债务人不履行到期债务，债权人留置已经合法占有的债务人的动产的行为。留置权是指债权人已合法占有债务人的动产，当债务人不履行到期债务时，债权人留置该动产，并就该动产优先受偿的权利。其中，债权人为留置权人，占有的动产为留置财产。

留置权最大的特点是属于法定担保物权，其成立的条件由法律直接规定。不需要当事人事先在合同中约定，所以也被称为法定担保权。留置权本身不需要约定，但实现留置权的时间、方式等事项当事人最好在合同上作出约定，以利于快速执行。

（二）留置的优势与风险

对于债权人而言，留置的优势是对债权的保障性高。因为债权人留置的是债权人已经掌控在自己手中的债务人的财产，其价值一般远高于债权额，占有绝对的主动权。其风险主要体现在法定保管期限较长。如果留置物体积大，占用空间大，保管风险较大。

对于债务人而言没有优势可言，其风险主要体现在：一是被留置的财产变现时可能被低价转让，加大损失。二是留置权人逾期不处分留置物，造成财产闲置浪费。

创业者掌握留置权成立的条件和行使原则，有助于减少留置风险。

二、留置权成立的条件

依据《民法典》的规定，留置权的成立必须具备以下条件：

（一）债权人已经合法占有债务人的动产

债权人留置的财产应当是以合法方式占有的动产，不是基于侵权行为。在实务中应用比较多的是保管合同、运输合同、来料加工合同等，这类合同在履行时，债务人要将财产交给债权人，如果到期债务人拖欠保管费、运费或加工费等，债权人可以留置保管、运输或加工的财产。但法律规定或者当事人约定不得留置的动产，不得留置。

（二）债权人留置的财产，应当与债权属于同一法律关系，但企业之间留置的除外

（三）债权已到受偿期而未得到足额清偿

三、留置权的行使

（一）留置财产的数量

留置财产为不可分割的整体，可以全部留置。留置财产为可分物的，留置财产的价值应当相当于债务的金额。这个金额是变现后的金额，所以留置时要考虑变现损耗。

（二）留置的时间

留置权人与债务人应当约定留置财产后的债务履行期限；没有约定或者约定不明确的，留置权人应当给债务人 60 日以上履行债务的期限，但是鲜活易腐等不易保管的动产除外。

（三）留置权行使的方式

债务人逾期未履行的，留置权人可以与债务人协议以留置财产折价，也可以就拍卖、变卖留置财产所得的价款优先受偿。留置财产折价或者拍卖、变卖后，其价款超过债权数额的部分归债务人所有，不足部分由债务人清偿。为防止留置权人长期留置财产，《民法典》规定，债务人可以请求留置权人在债务履行期限届满后行使留置权；留置权人不行使的，债务人可以请求人民法院拍卖、变卖留置财产。

在留置期间，留置权人负有妥善保管留置财产的义务；因保管不善致使留置财产毁损、灭失的，应当承担赔偿责任。

（四）同一动产上已设立抵押权或者质权，该动产又被留置的，留置权人优先受偿

四、留置权的消灭

留置权人对留置财产丧失占有或者留置权人接受债务人另行提供担保的，留置权消灭。

与其他担保方式相比，留置适用的范围比较小，有机会使用时，债权人一定要充分利用这一法定担保方式。对于被留置财产的债务人而言，尽快履行义务或与债权人协商解决债务问题，有助于减少损失。

第六节 定金法律风险的防范

一、定金概述

（一）定金的含义和规则

定金，是合同当事人约定一方向对方预先交付一定数额的货币作为实现债权的担保。《民法典》中规定的定金属于违约定金。依据《民法典》第 587 条的规定，定金的基本规则是：（1）债务人履行债务的，定金应当抵作价款或者收回。（2）给付定金的一方不履行债务或者履行债务不符合约定，致使不能实现合同目的的，无权请求返还定金。（3）收受定金的一方不履行债务或者履行债务不符合约定，致使不能实现合同目的的，应当双倍返还定金。其中后两项规则与违约造成的损失无关，具有一定惩罚性。

（二）定金的优势与风险

定金的优势主要表现在：一是作为债的一种担保方式，对合同当事人双方具有约束力。二是对收受一方有一定的资金支持作用。

定金的风险主要表现在：一是定金规则是由法律直接规定的，不需要写在合同里，所以，在实务中，很多人并不了解定金的具体含义，对合同中的定金条款随意确认，在不能履行合同时才知道有罚则。二是约定定金数额超过法定限额，导致交付定金一方资金浪费。三是实际缴付的定金数额少于约定数额，导致未缴付部分不生效。四是定金惩罚规则与违约损失无关，可能被不法分子用于诈骗。

创业者了解定金规则、定金的法定限额、定金合同的生效条件有助于降低法律风险。

二、定金合同的订立

（一）定金合同的形式

定金合同应当以书面的形式订立，可以单独签订定金合同，也可以作为主合同中的担保条款。无论定金合同是否独立存在，定金合同都是从合同，适用"主合同无效，从合同无效"的规则。

订金不等于定金，在实务中经常有人将两者混淆。订金在法律上没有专门的定义，不具有担保作用。按字面只能理解为预订金，其法律后果需要当事人在合同中明确约定。因此，在签订定金合同时一定不要写错字。

（二）定金的法定限额

《民法典》规定，定金的数额由当事人约定；但是，不得超过主合同标的额的百分之二十，超过部分不产生定金的效力。这主要是为了保护当事人的利益，定金太低了起不到担保合同履行的效果。定金太高了，有可能使守约方获得多于所受损失的赔偿，不是很公平。

（三）定金合同的成立

定金合同的成立不但要当事人达成合意，而且要有交付定金的实际行为，《民法典》规定，定金合同自实际交付定金时成立。实际交付的定金数额多于或者少于约定数额的，视为变更约定的定金数额。所以，如果收受定金一方不同意变更定金数额，应要求付款方按合同约定的数额交付定金，并等对方正确交付后再履行合同。

三、定金罚则的执行

依据《民法典》的规定，当事人一方不履行债务或者履行债务不符合约定，致使不能实现合同目的的，可以适用定金罚则。即适用定金罚则需要具备两个条件：一是一方不履行债务或者履行债务不符合约定；二是不能实现合同目的。这两个条件缺一不可。此外，因不可抗力致使主合同不能履行的，不适用定金罚则。

当事人既约定违约金，又约定定金的，一方违约时，对方可以选择适用违约金或者定金条款。定金不足以弥补一方违约造成的损失的，对方可以请求赔偿超过定金数额的损失。

本 章 小 结

本章重点介绍了5种担保方式对债权人、债务人和第三方担保人的优势、风险与防范。总体来看，对债权人而言，留置是对债权人保障最高，风险最小的方式，但其适用面很小。在保证人有偿付能力的前提下，保证是最简便、高效，又能普遍使用的方式。在债务人有足够财产的情况下，不动产抵押是保障性最高的方式。对债务人而言，在找不到低成本保证人的情况下，抵押和权利质押是对债务人成本最低，对自身经营影响最小的方式。如果想对双方有约束力，定金是最好的选择。创业者可以据此选择适合自己的担保方式。

第七章 创业与市场竞争

引　言

在市场经济条件下，企业从事经营活动必然要参与市场竞争。企业在参与竞争前，应先了解市场竞争的规则，明确哪些竞争手段是可以用的，哪些是不能用的。因为如果盲目实施了法律禁止的竞争行为，不仅不能给企业带来收益，还可能给企业造成损失。比如，在 2020 年"辛巴直播带货燕窝"事件中，主播推广"茗挚碗装风味即食燕窝"时，将燕窝成分不足每碗 2 克的风味饮料，宣传为燕窝含量足、功效好，存在引人误解的商业宣传行为，2020 年 12 月 23 日广州市监局（即市场监督管理局，全书同）向社会发布通报称，根据《中华人民共和国反不正当竞争法》等规定，市场监管部门拟对相关责任人作出责令停止违法行为、合并罚款 290 万元。① 2021 年，统一商贸（昆山）有限公司举办"开盖扫码赢千元大礼"有奖销售活动，因按活动规则，用手机微信扫描鲜橙多瓶盖内的二维码获得的应援值与实际不符，抽奖无法计算出相应的中奖概率，违反了《中华人民共和国反不正当竞争法》的规定，被责令停止有奖销售活动，并处以罚款 6 万元。②

围绕竞争行为合法性的认定，创业者一定会有很多困惑，比如哪些竞争行为是法律明确禁止的？法律禁止的混淆行为有什么特点？市场上出现的山寨产品是否都构成混淆？虚假宣传与商业诋毁有什么区别？给交易相对人赠送礼品是否会被认定为商业贿赂？正当有奖销售与不正当有奖销售划分的依据是什么？企业实施不正当竞争行为需要承担什么责任？实施哪些不正当竞争行为可能被吊销营业执照？……

在实务中，创业者对具体行为是否属于不正当竞争可能也存在困惑，比如：

1. 2015 年，甲公司聘请乙公司前员工贾某从事质量技术管理相关的工作，贾某违反与乙公司签订的"竞业限制与保密协议"，以假名作掩护，将在乙公司工作期间掌握和知悉的商业秘密用在甲公司的生产经营中。2016 年 5 月，乙公司发现甲公司

---

① 参见：https：//mp. weixin. qq. com/s/jYmh4vh3KMPIm4gcRRdBjA.

② 参见：行政处罚听证告知书.（滨市监听告字〔2021〕00134 号），http：//cfws. samr. gov. cn/detail. html？docid＝230712000000003890759.

生产的一款产品与本公司同款产品相似度极高，怀疑存在重大商业秘密的泄露，于是向公安机关报案。接到报案后，侦查人员从市场上购买两公司相关产品，将其送往司法鉴定中心，鉴定结果为该产品确实含有乙公司同类产品制造技术中不为公众所知悉的技术信息。2017 年 5 月，贾某因泄露和非法使用乙公司商业秘密被刑拘。那么，甲公司使用该机密是否构成侵犯乙公司商业秘密？如果甲公司通过分析乙公司产品技术特征，模仿生产类似产品是否侵犯商业秘密？

2. 2019 年上半年甲公司推出一款名为"茶 S"的茶饮料，其包装装潢独具特色，具有较强的可识别性。为提高产品知名度，甲公司在产品推出的一年内，投入 1 亿多元先后在国内多家知名电视台、大型网络媒体对"茶 S"饮料进行宣传，使"茶 S"产品迅速在市场上享有了较高的知名度。乙公司是生产果汁饮料的企业，看到"茶 S"销售火爆，决定采取以下措施：(1) 将自己的商品名称改为"果 S"；(2) 使用与"茶 S"画风、颜色、图案近似的包装装潢；(3) 在大型超市门口向消费者发放宣传单，在宣传单中声称该饮料具有美容养颜、增强记忆力、延缓衰老的作用；(4) 国庆节期间，在企业所在省开展有奖销售，采用开盖中奖的方式，奖项分三等，其中一等奖一名，奖品为价值 6 万元的某品牌轿车一辆。但在举办促销活动期间，乙公司并未在投放市场的饮料瓶盖内印上"一等奖"字样。乙公司采取的各项措施是否属于不正当竞争行为？

本章共分两节，重点介绍市场竞争与竞争法的关系、创业者了解竞争法的意义、不正当竞争行为的种类、经营者实施不正当竞争行为应承担的法律责任。

本章涉及的法律规定主要有：《中华人民共和国反不正当竞争法》（2019 年修订）（以下简称《反不正当竞争法》）、最高人民法院《关于审理不正当竞争民事案件应用法律若干问题的解释》（2020 年修订）、最高人民法院《关于审理商标民事纠纷案件适用法律若干问题的解释》（2020 年修订）、《中华人民共和国刑法》（2020 年修订）（以下简称《刑法》）等。

第一节　创业与市场竞争概述

一、市场竞争与竞争法概述

（一）市场有效竞争的基本条件

市场竞争是指经营者为了在市场上获得更多交易机会而实施的互相争胜的行为。市场经济，是适应社会化大生产和市场国际化这个客观需要，以市场为主配置资源经济运行形式和方法。竞争是市场经济的本质，但市场经济本身存在着悖论。适度的、公平的竞争有助于优胜劣汰，实现市场资源的有效配置。不公平或过度竞争也可能导致劣胜优汰的不良后果，使资源的不能被有效配置。

从消费品交易市场上看，买卖双方的信息是不对称的。一般情况下，卖方对自己销售的商品信息拥有绝对的优势，可以利用这种优势对消费者进行欺诈，从而损害消费者的利益。消费者对商品信息了解较少，要获得对称的信息则需要付出信息搜寻成本。如果通过信息搜寻所带来的收益大于为搜寻信息所付出的成本，那么，消费者搜寻信息的行为才是合算的，否则就不合算。因此，信息搜集成本越大，消费者就越不愿意搜寻信息。而且考虑到商品种类的繁多，消费者不可能成为每一种商品的"专家"，这样，消费者想从根本上改变信息不利的地位是不可能的，所以，必须通过立法借助于政府的适当保护，由政府市场管理部门介入市场，以减少信息不对称现象的消极影响。

在市场经济条件下，竞争机制有效发挥作用需要具备一定的条件，主要包括：

1. 具备一定数量的市场主体。市场上必须有相当数量的相互独立的主体，竞争才能展开。如果主体太少，容易形成垄断，竞争机制不可能有效发挥作用。

2. 市场主体可以自由进入和退出市场。如果人为设置进出的门槛，会影响市场中竞争者的数量，造成竞争机制一定程度的扭曲、失效。

3. 保障市场运行过程中的公平、公正、自由和交易安全。某些享有特权或违反市场规则的人可以获得利益，会导致市场价格信号紊乱，竞争机制必将失去效用。

4. 保护市场中消费者的正当权益。如果市场主体可以通过损害消费者利益来获得利益，必将出现竞争者不思提高自己的生产水平，纷纷转向从消费者处牟取暴利的现象。

总之，竞争有积极作用，也可能产生消极作用。因此，国家有必要制定竞争法，对市场主体的竞争行为进行规制，以维护正常的竞争秩序。

(二) 与市场竞争相关的法律

从法律关系的角度看，竞争法是国家制定的调整市场经济活动中经营者之间的竞争关系以及管理者与经营者之间的竞争管理关系的法律规范的总称。由于市场竞争行为纷繁复杂，所以我国没有制定统一的竞争法，而是根据具体竞争行为的特点采用分别立法的方式。

目前，我国调整竞争行为关系的法主要有《反不正当竞争法》《反垄断法》。《反不正当竞争法》的立法目的是为市场提供公平的竞争环境，《反垄断法》的立法目的是确保市场存在竞争。两部法律均以列举的方式规定了市场主体参与竞争时禁止实施的不正当竞争和垄断行为。

我国竞争法的基本任务是规范市场主体的竞争行为，制止不正当竞争和垄断行为，为市场创造一个自由、公平的竞争环境，提高市场效率，保护经营者和消费者的合法权益，保障社会主义市场经济健康发展。《反不正当竞争法》和《反垄断法》虽然主要调整竞争行为关系，但它们对违法竞争行为的界定以及相应法律责任的规定，实际上也可以起到对合法竞争行为保护的作用。

二、创业者了解竞争法的意义

(一) 掌握市场竞争的原则和行为规范

企业从事经营活动必然要参与市场竞争。企业在参与竞争前，首先应了解市场竞争的原则。根据我国竞争法的规定，经营者在生产经营活动中应遵守的基本规则是：遵循自愿、平等、公平、诚信的原则，遵守法律和商业道德。其次应了解竞争法规定的具体的行为规范，明确哪些竞争手段是可以做的，哪些是不能做的。因为如果盲目实施了法律禁止的竞争行为，不仅不能给企业带来收益，还可能给企业造成损失。目前竞争法对企业竞争行为有许多禁止性规定，比如《反不正当竞争法》明确禁止企业实施引人误解的混淆行为、引人误解的虚假宣传行为、商业贿赂行为、侵犯商业秘密行为、不正当有奖销售、商业诋毁、互联网领域特有的不正当竞争行为等 7 种行为。创业者只有了解竞争法，才能自觉遵守市场竞争规则，避免或减少因为不懂法而引发的损害赔偿、罚款、被吊销营业执照、甚至被追究刑事责任的风险。

(二) 制止侵权行为，维护自身合法权益

竞争法明确规定了市场主体参与市场竞争的规则，企业了解相关法律和维权途径，当有其他经营者侵害自己的合法权益时，企业可以根据法律规定的不正当竞争行为、垄断行为等的构成要件，判断其行为的性质，知道自己什么权益被侵犯，进而依法采取相应措施，维护自己的合法权益。

《反垄断法》禁止的垄断行为主要包括经营者达成垄断协议，经营者滥用市场支配地位和具有或者可能具有排除、限制竞争效果的经营者集中，行政机关滥用行政权力排除、限制竞争行为。该法主要是对大企业实施的破坏竞争秩序的行为进行规制。初创企业一般不可能实施这些垄断行为，它们因垄断行为引发的风险主要是受损害的风险，比如现在一些互联网商务平台滥用自己在市场中的优势地位强迫拟入驻平台的商户签订限制商户在不同平台交易的不合理协议等。

在实务中，初创企业在竞争中常见的法律风险主要集中在不正当竞争行为方面。因此，本章重点介绍《反不正当竞争法》方面的内容。

第二节　不正当竞争行为

一、不正当竞争行为的含义与特征

(一) 不正当竞争行为的含义

不正当竞争的概念产生于 19 世纪，但有关国际公约和各国立法对其界定不一。国际

公约一般采取一般条款加列举的方式。比如《保护工业产权巴黎公约》规定：成员国有义务制止不正当竞争行为，在工商业领域违反诚实惯例的竞争行为构成不正当竞争行为，并列举了若干应予以禁止的行为。1966 年 11 月，保护知识产权国际局召集的由发展中国家和政府代表组成的专家委员会审查并通过的《发展中国家商标、商号和不公平竞争行为示范法》认为：违反工业或商业事务中诚实做法的任何竞争行为都是非法的，并列举了若干应予以禁止的行为。在国外相关法律中，德国法采用一般条款加列举的方法，将不正当竞争行为表述为"在营业中为竞争目的采取的违反善良风俗的行为"，并列举了若干禁止的商业行为；日本法未规定一般条款，直接采用列举方法，将若干"不公正交易方法"规定为不正当竞争行为。虽然国际公约和各国立法的规定表述不尽相同，但是都认为不正当竞争行为实质上是一种违反平等、公正、诚实信用原则和竞争规则的非法行为。

我国 1993 年第八届全国人民代表大会常务委员会第三次会议通过《反不正当竞争法》，2017 年和 2019 年做过两次修订，目前实施的是 2019 年修订文本。根据该第二条的规定，"经营者在生产经营活动中，应当遵循自愿、平等、公平、诚信的原则，遵守法律和商业道德。本法所称的不正当竞争行为，是指经营者在生产经营活动中，违反本法规定，扰乱市场竞争秩序，损害其他经营者或者消费者的合法权益的行为。"由此可以看出，我国采用的是在规定市场竞争基本原则的基础上，以列举方式明确规定了应禁止的不正当竞争行为。此种方式既有利于经营者理解和把握，也为监管机关准确认定不正当竞争行为提供了法律依据。

（二）不正当竞争行为的特征

1. 行为的主体是经营者。所谓经营者，是指从事商品生产、经营或者提供服务（以下所称商品包括服务）的自然人、法人和非法人组织。判断一个主体是否属于法律规定的经营者，关键在于是否作为法律上和经济上独立的行为主体参与市场活动，而不在于具体的组织形式。也就是说，此处的经营者是从行为上认定的，即使主体不具有商主体资格，但从事了经营行为也可以构成不正当竞争，应予以制止。比如非营利医院不属于商事主体，但其以给付"介绍费""处方费"等手段，诱使其他医院的医生介绍病人到本院做检查的行为属于不正当竞争行为。

2. 行为具有违法性。不正当竞争行为违反了公认的市场竞争的基本规则，符合《反不正当竞争法》列举的不正当竞争行为的构成要件，这是认定不正当竞争行为的关键。自愿、平等、公平、诚信、遵守法律和商业道德是公认的市场竞争的基本规则。如果与此相反，经营者以欺骗、假冒和妨碍为手段，以损害其他经营者的利益为代价，获取市场竞争优势，这种行为就是不公平和不正当的。但这些原则在实务中不好把握，因此，基于这些原则，《反不正当竞争法》以列举方式规定了 7 种禁止实施的行为。经营者的行为符合法定构成要件的，即构成不正当竞争行为。违反基本原则，但不属于 7 种行为的，如果没有法定的处罚条款，行政机关不能进行行政处罚。

3. 行为以获取市场竞争优势为目的，即在同一商品市场有两个或两个以上销售有替代关系商品经营者，为了使自己脱颖而出实施不正当竞争。这是不正当竞争行为区别于其他违法行为，特别是一般侵权行为的重要标志。

4. 行为的后果是损害其他经营者或者消费者的合法权益。因为不正当竞争是一种有目的的排他性的行为,它以侵害竞争对手合法权益为直接目标,阻碍了市场竞争运行机制,扰乱了公平竞争的市场秩序,直接影响企业的创新动力,增加了其他经营者的经营成本和消费者的选择成本。

二、不正当竞争行为的监督管理

(一) 监督管理机构

不正当竞争行为涉及多个行业、多个领域,情况复杂,按照行政管理机关的职能分工,对这些不正当竞争行为的查处,需要由不同监管机构负责。为加强各个部门之间的配合,国务院建立反不正当竞争工作协调机制,研究决定反不正当竞争重大政策,协调处理维护市场竞争秩序的重大问题。各级人民政府也有义务采取措施,制止不正当竞争行为,为公平竞争创造良好的环境和条件。

在查处不正当竞争行为的执行主体方面,法律明确规定县级以上人民政府履行工商行政管理职责的部门负责对不正当竞争行为进行查处;法律、行政法规规定由其他部门查处的,依照其规定。目前对此有相关规定的法律、行政法规主要有商业银行法、保险法、证券法、政府采购法、旅游法、电影产业促进法、电信条例等。

(二) 社会监督

制止不正当竞争行为仅依靠政府及其相关部门是不够的,还需要发挥社会各界的力量,形成对不正当竞争行为进行监督、规制的合力。因此,国家鼓励、支持和保护一切组织和个人对不正当竞争行为进行社会监督。行业组织应当加强行业自律,引导、规范会员依法竞争,维护市场竞争秩序。

对涉嫌不正当竞争行为,法律规定任何单位和个人有权向监督检查部门举报,监督检查部门接到举报后应当依法及时处理。对实名举报并提供相关事实和证据的,监督检查部门应当将处理结果告知举报人。因此,企业发现有其他经营者从事不正当竞争行为,可以向监督检查部门举报。因不正当竞争行为损害自己合法权益的,可以向人民法院起诉请求侵权人给予赔偿。

三、不正当竞争行为的种类

在现实中不正当竞争行为是多种多样的,并随着经济生活的变化,不断出现新的形式。《反不正当竞争法》结合我国经营者在市场竞争中的行为特点以及现实,规定了7种行为作为不正当竞争行为加以禁止。

创业企业应重点掌握每一种行为的本质属性和特征,在竞争中避免实施不正当竞争行为,对他人实施不正当竞争行为侵害自身利益的,应及时收集证据向监管部门举报或向人民法院起诉。

（一）混淆行为

1. 混淆行为的含义

混淆行为，是指经营者擅自使用与他人有一定影响的商品标识相同或近似的标识，擅自使用他人有一定影响的主体名称、域名主体部分、网站名称、网页等，引人误认为是他人商品或者与他人存在特定联系的行为。混淆行为的本质是借用他人、他人商品的影响力、美誉度。其目的是使消费者误将混淆者的商品认定为是他人商品或与他人有特定联系，从而提高混淆者商品的市场竞争力。这种不劳而获的"搭便车"行为，不当获取了他人凝结于商业标识中的商誉，不仅会损害被混淆者的合法权益，而且会欺骗、误导消费者，所以是扰乱市场竞争秩序的行为。

2. 混淆行为的特征

根据《反不正当竞争法》第6条的规定，混淆行为的主要特征有：

（1）构成混淆至少要有两个明确的主体，即混与被混者。

（2）被混淆的标识应有一定影响。"有一定影响"是一个相对的概念，是指为相关公众所知悉，有一定市场知名度和美誉度。具体要结合商业标识最早使用时间和持续使用情况、产品宣传的持续时间、程度和地域范围、实际销售时间、销售区域、销售额和销售对象、行业排名、获奖情况等因素进行综合判断。如果创业企业作为原告，应当对自己被混淆的标识"有一定的影响"负举证责任。

（3）被混淆的标识包括他人的商品标识、主体标识、网络活动中的标识等。其中，商标标识主要包括商品名称、包装、装潢等相同或者近似的标识。根据最高人民法院《关于审理不正当竞争民事案件应用法律若干问题的解释》，"装潢"包括由经营者营业场所的装饰、营业用具的式样、营业人员的服饰等构成的具有独特风格的整体营业形象。在司法实践中，小说名称、电影名称、游戏名称可以作为商品名称给予保护。主体标识主要包括企业名称（包括简称、字号等）、社会组织名称（包括简称等）、姓名（包括笔名、艺名、译名等）。网络活动中的标识主要包括域名主体部分、网站名称、网页等。引言案例中"果S"与"茶S"均属于产品名称，果和茶是核心词，属于通用原料名称，两者在读音、意思和图形上既不相同也不近似，所以以乙公司使用"果S"是可以的。

被混淆标识的法定范围是开放的，并不局限于以上几个方面，只要某种标识足以引人误认为是他人商品或者与他人存在特定联系，比如误认为与他人具有许可使用、关联企业关系等，都可能构成混淆行为。

假冒他人注册商标的行为，属于侵犯商标专用权行为，按《商标法》处理。将他人注册商标、未注册的驰名商标作为企业名称中的字号使用，误导公众，构成不正当竞争行为的，依照《反不正当竞争法》处理。

（4）混淆的方式是擅自使用，即未经权利人同意自行决定使用。如果在有授权的情况下使用是可以的。

（5）混淆的结果是引人误认为是他人商品或者与他人存在特定联系。"引人误认"是该行为的核心，其中的人，一般指相关公众。所谓"相关公众"，可以参考最高人民法院《关于审理商标民事纠纷案件适用法律若干问题的解释》第8条的规定，即"商标法所称相关公众，是指与商标所标识的某类商品或者服务有关的消费者和与前述商品者服务的营销有密切关系的其他经营者。"前述"果 S"包装装潢如果确实和"茶 S"近似，可能导致普通消费者误认，则可以认定为混淆行为。

足以使相关公众对商品的来源产生误认，包括误认为与他人商品的经营者具有许可使用、关联企业关系等特定联系。

（二）商业贿赂行为

1. 商业贿赂行为的含义

商业贿赂行为，是指经营者为谋取交易机会或者竞争优势，采用财物或者其他手段贿赂因职务、职权或影响力可能影响交易的单位或者个人的行为。商业贿赂行为的本质和目的是通过不正当利益输送，诱使有一定职权或影响力的人作出违背其忠实义务或信托义务，出卖雇主、委托人的利益，为行贿人谋取好处，使行贿人获得交易机会和竞争优势。这种行为严重损害平等、公平、诚实信用的市场竞争原则，阻碍市场机制的正常发挥，败坏社会风气。贿赂一般分为行贿、受贿和介绍贿赂三种行为，《反不正当竞争法》调整的商业贿赂只针对行贿行为，对于受贿和介绍贿赂行为，由刑法、公司法等其他法律调整。

2. 商业贿赂行为的特征

根据《反不正当竞争法》第 7 条的规定，商业贿赂行为的主要特征有：

（1）行贿的主体是经营者。经营者的工作人员进行贿赂的，应当认定为经营者的行为。这一规定有利于督促经营者制定和实施反商业贿赂的规章制度，加强对员工的管理，不放纵或变相放纵工作人员实行贿赂行为。

如果经营者有证据证明其工作人员的行贿行为与为经营者谋取交易机会或者竞争优势无关，可不认定该经营者实施商业贿赂。比如工作人员受他人委托为经营者以外的人谋取交易机会行贿，不能认定为是该工作人员所在单位的行为。

（2）受贿的主体包括三种人。①交易相对方的工作人员。比如企业中有相关决定权的高级管理人员、采购人员等。此处排除了 1993 年《反不正当竞争法》中的交易相对方单位，使商业贿赂回归其本质，强调的是受贿人利用职务之便的一种不正当利益的交换。依照新法，如果交易双方之间存在利益给付，比如"销售返利返点""收取进场费"等行为则不应再认定为商业贿赂。②受交易相对方委托办理相关事务的单位或者个人。比如交易相对方的代理人、中间人等。③利用职权或者影响力影响交易的单位或者个人。比如政府机关及其工作人员利用其职权影响交易。

（3）行贿的目的是谋取交易机会和竞争优势。这是其区别于一般贿赂的本质特征。谋取"交易机会"是指经营者取得与交易相对方达成交易的可能性。谋取"竞争优势"是指经营者取得超过他人的优势地位。如果行贿的目的是获取商业秘密，则属于以不正当手段侵犯商业秘密行为。

（4）行贿的手段既包括财物，也包括其他手段。根据原国家工商行政管理总局发布的《关于禁止商业贿赂行为的暂行规定》，这里所称财物，是指现金和实物，包括经营者为销售或者购买商品，假借促销费、宣传费、赞助费、科研费、劳务费、咨询费、佣金等名义，或者以报销各种费用等方式，给付对方单位或者个人的财物。所称其他手段，是指给付财物以外的其他利益，比如帮助对方提职、为对方子女提供工作机会等。

经营者在交易活动中，可以以明示方式向交易相对方支付折扣，或者向中间人支付佣金。所谓"折扣"，是指商品购销中的让利行为。折扣既可以在支付价款时按价款总额的一定比例扣减，也可以先按总额支付，再按销售情况给予一定比例的返利返点。所谓"佣金"是指中间人在商业活动中，因代买、代卖或者介绍买卖，促成交易而收取的劳务报酬。为防止经营者以折扣、佣金之名，行商业贿赂之实，法律规定，收取佣金的中间人应当具备合法的中介经营资格。经营者向交易相对方支付折扣、向中间人支付佣金的，应当如实入账。接受折扣、佣金的经营者也应当如实入账。

在一些旅游城市，经常有商家给带游客上门的旅行社、导游提供返点，利用旅行社、导游对游客的职权或者影响力增加交易。此种行为本质上是商家对旅行社、导游的行贿行为，通过返点诱使旅行社、导游违背其对游客的忠诚义务。

（三）虚假宣传行为

1. 虚假宣传行为的含义

虚假宣传行为，是指经营者为了获取市场竞争优势和不正当利益，违反诚实信用原则，对商品的性能、功能、质量、销售状况、用户评价、曾获荣誉等作虚假或者引人误解的商业宣传，欺骗、误导消费者的行为。消费者在购买商品前一般需要了解商品的相关信息，如果经营者对其商品信息作出虚假宣传，比如互联网平台上的经营者通过"刷单"虚构销量，欺骗误导消费者，必然会损害消费者的合法权益，同时还不当抢夺了其他经营者的交易机会，违反了诚实信用原则，扰乱了市场竞争秩序。

2. 虚假宣传行为的特征

根据《反不正当竞争法》第8条的规定，虚假宣传行为的主要特征有：

（1）经营者既可以为自己宣传，也可以为他人宣传。1993年《反不正当竞争法》针对的主要是为自己宣传的经营者。随着电子商务平台交易的增多，网上卖家的销量、客户评价等对买家购买意愿的影响越来越大。为促进交易，一些经营者委托他人通过组织虚假交易等方式，帮助自己提高销量或写好评、删差评。适应卖家的这种需求，社会上出现了专门组织虚假交易帮助他人进行虚假宣传以牟取不正当利益的经营者，这种有组织性的刷单，量大面广，导致平台上显示的商品销量及评价并不真实，对消费者形成误导，抢夺了诚信经营企业的交易机会。为遏制此类行为，2017年修改《反不正当竞争法》时，立法者将通过组织虚假交易等方式，帮助其他经营者进行虚假或者引人误解的商业宣传的行为增列为不正当竞争行为，将组织"刷单"的经营者也列为不正当竞争主体。但被组织参与虚假交易"刷单"的人因不属于经营者，没有被列为不正当竞争行为主体。

（2）宣传的目的，是通过面向社会公众宣传提升自己的商品信誉，或者帮助委托方提升商品信誉，促进交易，一般不针对特定竞争对手。

（3）宣传的重点是消费者关注的商品的相关信息，主要包括商品的性能、功能、质量、销售的状况、用户的评价、曾获得的荣誉等方面。由于虚假或者引人误解的信息涉及很多方面，法律很难一一列举，所以，法律用"等"作为兜底性表述，表明可以扩展，只要是对购买行为有实质性影响的信息都可以包括在内。

（4）宣传的内容虚假或者引人误解。内容虚假即内容不真实，与实际情况不符。比如将资产规模很小的作坊宣传为资产规模很大的企业。前述甲公司在果汁饮料宣传单中声称该饮料具有美容养颜、增强记忆力、延缓衰老的作用，也属于内容虚假。内容引人误解一般指内容表述不清，可以有多种解释，或者虽然表述真实，但仅陈述部分事实，让人产生错误联想。比如有些保健品声称产品含有名贵药材，该物质对人体健康有益，可以用于治疗多种疾病，但实际产品中该种药材含量很少，几乎可以忽略不计。

虚假宣传行为的核心是引人误解。如何认定引人误解？法律没有直接规定。在实务中可以参考最高人民法院《关于审理不正当竞争民事案件应用法律若干问题的解释》处理，根据该解释，人民法院在审理案件时应根据日常生活经验、相关公众一般注意力、发生误解的事实和被宣传对象的实际情况等因素，对引人误解的虚假宣传行为进行认定。下列行为属于引人误解的虚假宣传行为：①对商品作片面的宣传或者对比的；②将科学上未定论的观点、现象等当作定论的事实用于商品宣传的；③以歧义性语言或者其他引人误解的方式进行商品宣传的。但以明显的夸张方式宣传商品，不足以造成相关公众误解的，不属于引人误解的虚假宣传行为。比如，某护肤品宣称"今年20明年18"，正常消费者都知道是一种夸张的说法，不会被欺骗，因此一般不认为是虚假宣传。

（5）宣传的方式。1993年《反不正当竞争法》第8条规定，"经营者不得利用广告或者其他方法，对商品的质量、制作成分、性能、用途、生产者、有效期限、产地等作引人误解的虚假宣传。"其中虚假宣传的方式包括了广告或者其他方法。1995年《广告法》颁布实施后，对虚假广告的认定和处理做了专门的规定。两部法律对虚假广告规定的法律责任不同，导致同一行为因适用不同法律而结果不同。为解决这一问题，2017年《反不正当竞争法》修订时将虚假宣传限定在广告以外的宣传方式，经营者发布虚假广告的，依照《广告法》的规定处罚。虚假宣传的方式主要是在传播面比较小的场所或者方式，比如在营业场所内以现场演示、雇托诱导、上门推销、举办讲座、召开宣传会、推介会、向公众派送宣传册、宣传音频等方式进行宣传。广告一般通过广播、电视、报纸等传播面较广的大众传媒，或者具有开放性的互联网空间传播的微信、抖音等平台进行宣传。在大型超市门口向消费者发放宣传单，受众面小，不属于广告。

（四）侵犯商业秘密的行为

加强知识产权保护，是建设知识产权强国的基础和前提。商业秘密作为知识产权的一种形式，越来越成为企业的核心竞争力，越来越受到世界各国的广泛关注与重视。特别是在我国打造"大众创业、万众创新"社会营商环境的形势下，加强商业秘密保护具有重要的意义。

1. 商业秘密的含义和特征

商业秘密，是指不为公众所知悉、具有商业价值并经权利人采取相应保密措施的技术信息、经营信息等商业信息。商业秘密具有以下法律特征：

（1）不为公众所知悉。这是指该信息不是公开的信息，其他人不能从公开渠道获取。根据最高人民法院《关于审理不正当竞争民事案件应用法律若干问题的解释》第9条的规定，不为公众所知悉是指有关信息不为其所属领域的相关人员普遍知悉和容易获得。但具有下列情形之一的，可以认定有关信息不构成不为公众所知悉：①该信息为其所属技术或者经济领域的人的一般常识或者行业惯例；②该信息仅涉及产品的尺寸、结构、材料、部件的简单组合等内容，进入市场后相关公众通过观察产品即可直接获得；③该信息已经在公开出版物或者其他媒体上公开披露；④该信息已通过公开的报告会、展览等方式公开；⑤该信息从其他公开渠道可以获得；⑥该信息无须付出一定的代价而容易获得。

（2）具有商业价值。具有商业价值是指该信息能为权利人带来现实的或者潜在的商业价值或者竞争优势。商业价值应从广义理解，不一定自己要使用，对他人有用也可以。比如某些失败的实验记录可以帮助其他研究者调整研发思路，不必再做无用功。

（3）权利人已采取合理的保密措施。这是指权利人对商业秘密采取了与其商业价值等具体情况相符的合理的保护措施。如果权利人没有采取措施或采取的措施不足以起到保密作用，则不能给予保护。

什么样的措施属于合理？一般应考虑所涉信息载体的特性、权利人保密的意愿、保密措施的可识别程度、他人通过正当方式获得的难易程度等因素，最高人民法院《关于审理不正当竞争民事案件应用法律若干问题的解释》规定，具有下列情形之一，在正常情况下足以防止涉密信息泄露的，应当认定权利人采取了保密措施：①限定涉密信息的知悉范围，只对必须知悉的相关人员告知其内容；②对于涉密信息载体采取加锁等防范措施；③在涉密信息的载体上标有保密标志；④对于涉密信息采用密码或者代码等；⑤签订保密协议；⑥对于涉密的机器、厂房、车间等场所限制来访者或者提出保密要求；⑦确保信息秘密的其他合理措施。

（4）该信息应当是技术信息或者经营信息。技术信息主要包括产品配方、设计方案、控制程序、制作工艺、制作方法、管理诀窍等。经营信息主要包括客户信息、货源情报、产销策略、招投标中的标底及标书内容等。

商业秘密中的客户信息，一般是指客户的名称、地址、联系方式以及交易的习惯、意向、内容等构成的区别于相关公知信息的特殊客户信息，包括汇集众多客户的客户名册，以及保持长期稳定交易关系的特定客户。客户基于对职工个人的信赖而与职工所在单位进行市场交易，该职工离职后，能够证明客户自愿选择与自己或者其新单位进行市场交易的，应当认定没有采用不正当手段，但职工与原单位另有约定的除外。

2. 侵犯商业秘密行为的表现

对于侵犯商业秘密的行为，法律采用列举的方式加以规定。根据《反不正当竞争法》第 9 条的规定，经营者实施的下列行为属于侵犯商业秘密的行为：

（1）以盗窃、贿赂、欺诈、胁迫、电子侵入或者其他不正当手段获取权利人的商业秘密；

（2）披露、使用或者允许他人使用以前项手段获取的权利人的商业秘密；

（3）违反保密义务或者违反权利人有关保守商业秘密的要求，披露、使用或者允许他人使用其所掌握的商业秘密；

（4）教唆、引诱、帮助他人违反保密义务或者违反权利人有关保守商业秘密的要求，获取、披露、使用或者允许他人使用权利人的商业秘密。

经营者以外的其他自然人、法人和非法人组织实施前款所列违法行为的，视为侵犯商业秘密。第三人明知或者应知商业秘密权利人的员工、前员工或者其他单位及个人实施本条第一款所列违法行为，仍获取、披露、使用或者允许他人使用该商业秘密的，视为侵犯商业秘密。

实务中，企业应注意不要通过非法收买或招聘掌握他人商业秘密的员工的方式获取他人的商业秘密。引言案例中甲公司聘请贾某任职，贾某将自己在乙公司掌握的商业秘密泄漏和非法使用于甲公司，甲公司使用该商业秘密，贾某及甲公司的行为均侵犯了乙公司商业秘密。

为防止自己的员工、离职员工侵犯商业秘密，首先应根据《劳动法》《劳动合同法》与员工签订保密合同，明确规定员工在职期间和离职后的保密责任；其次是建立科学合理的保密管理制度，强化内部管理，尽量减少接触商业秘密的人。

3. 侵犯商业秘密行为的举证责任

根据谁要求谁举证的一般原则，商业秘密权利人起诉他人侵权，应对他人的侵权行为进行举证。但在实务中，收集此类证据是很难的。为减轻商业秘密权利人的举证负担，《反不正当竞争法》规定，在侵犯商业秘密的民事审判程序中，商业秘密权利人提供初步证据，证明其已经对所主张的商业秘密采取保密措施，且合理表明商业秘密被侵犯即可。涉嫌侵权人如果想否定侵权，应当证明权利人所主张的商业秘密不属于《反不正当竞争法》规定的商业秘密，比如从公开渠道获得、自己研发、从产品反向推出等。比如，前述甲公司通过分析乙公司产品技术特征，模仿生产类似产品不属于侵犯商业秘密。

商业秘密权利人提供初步证据合理表明商业秘密被侵犯，且提供以下证据之一的，涉嫌侵权人应当证明其不存在侵犯商业秘密的行为：（1）有证据表明涉嫌侵权人有渠道或者机会获取商业秘密，且其使用的信息与该商业秘密实质上相同；（2）有证据表明商业秘密已经被涉嫌侵权人披露、使用或者有被披露、使用的风险；（3）有其他证据表明商业秘密被涉嫌侵权人侵犯。

（五）不正当有奖销售行为

1. 有奖销售的含义

有奖销售，是指经营者销售商品时，额外向购买者提供物品、金钱或者其他经济上利益的行为。有奖销售是经营者参与市场竞争常用的一种促销手段，能够在一定程度上吸引消费者，促进销售。但是如果经营者利用有奖销售欺骗、误导消费者，也可能损害消费者利益。

有奖销售须是经营者在销售商品时提供奖品的行为。如果奖品与销售无关，一般不构成有奖销售。比如商家为吸引客流，在店门口向路人随机赠送一包餐巾纸。消费者取得餐巾纸对商家不负担任何义务，不存在商品交换，所以不属于有奖销售。但网站经营者在提供网络服务、网上购物等经营活动中，为招揽广告客户、提高网站知名度及提高登录者的点击率，附带性地提供物品、金钱或者其他经济上利益的行为，构成有奖销售。[1]因为消

---

① 参见：原国家工商行政管理总局《关于网站在提供网上购物服务中从事有奖销售活动是否构成不正当竞争行为问题的答复》（工商公字［2004］第46号）。

费者要参与活动或取得奖品，必须先将自己的身份资料无偿提供给网站经营者，并同意注册为其用户，即消费者是用自己的身份资料（无形资产）换取参与该网站活动的资格，本质上还是属于商品交换关系。

有奖销售的奖品包括物品、金钱或者其他经济上的利益。以抽签、摇号等带有偶然性的方法决定是否中奖的方式属于抽奖式有奖销售，博彩性质较强。所有购买者均可获得奖励且奖品价值基本相当的中奖方式属于附赠式有奖销售。附赠式有奖销售购买者获得奖品具有确定性。

2. 不正当有奖销售行为的法定情形

根据《反不正当竞争法》第 10 条的规定，经营者采用下列方式销售的属于不正当有奖销售行为：

（1）所设奖的种类、兑奖条件、奖金金额或者奖品等有奖销售信息不明确，影响兑奖。比如宣称"买一赠一"，实际赠送的是与所买商品完全不同的一个小礼品。宣称所设奖品价值百万元，但实际使用却附加很多限制条件，让获奖者根本无法使用。

（2）采用谎称有奖或者故意让内定人员中奖的欺骗方式进行有奖销售。"谎称有奖"既包括谎称有奖而实际无奖，比如宣称集齐放在商品包装里的 10 种卡片可以得奖，但经营者实际只向市场投放了 8 种卡片。也包括谎称有大奖，实际只有小奖。

"故意让内定人员中奖"是指人为干预中奖结果，使特定人员中奖或中大奖，比如电脑抽奖时对不同主体设定不同的中奖概率。

（3）抽奖式有奖销售，最高奖金额超过 5 万元。高额抽奖表面上有利于消费者，但实际上对消费者、其他经营者都会造成损害。从消费者角度看，高额抽奖会诱发消费者投机心理，为获奖而集中购买或非必要购买，造成浪费；同时经营者将高额奖品费用转嫁到商品上，会损害其他未获奖消费者利益。从经营者角度看，这种行为会干扰其他经营者的正常经营。因为资金雄厚的经营者利用高额抽奖获取更多了市场份额和经营利润，而无力设高额抽奖的经营者则会因此丧失自己的顾客，中小企业被大企业排挤，引起垄断和不公平竞争现象。在这种情况下，经营者能否在市场竞争中取胜，不是取决于其提供的商品是否优秀，而是取决于有无财力提供高额抽奖，市场的调节机制因此无法发挥正常作用。因此，出于维护社会公平与正义以及维持社会和谐运行考虑，国家有必要对经营者的有奖销售行为进行规范，即允许经营者实施不损害其他竞争对手、不损害消费者的利益、不违反公序良俗的有奖销售，禁止不正当有奖销售。

附赠式有奖销售的奖励费用一般已计入交易对价，博彩性质较弱，所以法律一般不禁止，也没有上限规定。如果是凭借智力、体力、技能等赢得奖励不属于抽奖，一般视为参与人的合法回报。

在实务中，如果兑奖条件设置不合理，附加条件字体过小或比较隐蔽，可能被认定为不正当竞争行为。抽奖式有奖销售，法律未限定抽奖次数，只要一次购买设定的最高奖总金额不超过 5 万元即可。

经政府或者政府有关部门依法批准的有奖募捐及其他彩票发售活动，不适用《反不正当竞争法》的规定。

（六）商业诋毁行为

1. 商业诋毁行为的含义

商业诋毁行为，也称为损害商誉行为，是指经营者编造、传播虚假信息或者误导性信息，损害竞争对手的商业信誉、商品声誉的行为。

商誉是商业信誉和商品声誉的合称。商誉是一种无形财产，属于知识产权范畴。其中，商业信誉主要指经营者通过公平竞争和诚信经营所取得的良好社会综合评价，包括经营者的资产状况、经营能力、信用情况等。商品声誉是商业信誉的组成部分，是指经营者提供的商品质量的良好社会评价，包括商业的性能、用途、质量、效果等。

良好的商誉有利于获得消费者信任，增加交易机会。损害其他经营者商誉，不仅损害了其他经营者的合法权益，而且向消费者传递了错误信息，干扰了消费者正常的交易选择，扰乱了市场竞争秩序。

2. 商业诋毁行为的特征

根据《反不正当竞争法》第 11 条规定，商业诋毁行为的主要特征有：

（1）实施商业诋毁行为的经营者与被害人间存在商业上的竞争关系。被害人可以是一个经营者，也可以是多个经营者，只要存在竞争关系即可。商业诋毁行为的目的是降低竞争对手的商誉，使其竞争力下降，从而间接提高侵权者自身的市场竞争力。其他没有竞争关系的经营者，比如为广告主发布商业诋毁广告的媒体与损害对象没有竞争关系，其行为不构成不正当竞争，属于一般民事侵权行为。

以前的竞争对手主要包括生产销售相同或类似商品的经营者。随着经济的发展，跨界经营、替代产品不断涌现，竞争对手的范围呈逐步扩大的趋势。比如在公众出行领域，巡游车与网约车、共享汽车、共享单车，甚至提供地铁、公共汽车等公共运输服务的企业都可能成为竞争对手。

（2）行为表现。编造、传播虚假或者误导性信息。所谓虚假信息是指内容不真实，与实际情况不符的信息。比如，在商业信息发布会或洽谈会上传播对竞争对手不利的司法未决事实、在对外经营中向消费者散布竞争对手产品存在某种不存在的质量缺陷、唆使或收买他人以顾客和消费者的名义投书新闻媒体贬低竞争对手的商业信誉等。所谓误导性信息，是指信息真实，但表述不全面，容易引发他人产生错误联想的信息。比如市场监管人员去甲企业进行例行检查，竞争对手跟消费者只说甲企业被检查，并不说原因，就可能导致消费者产生错误联想。如果发布的是真实且表述全面的信息，不属于不正当竞争。

在实务中，判断是否构成商业诋毁并非易事，要综合相关言论发表的场景、目的、具体措辞和语气、虚假程度、商业习惯等多种因素。总体而言，对竞争对手及其商品的评价应尽可能客观、公正，不含恶意。此外，商业诋毁既可能是独立的行为，也可能与虚假宣传或虚假广告发生竞合。比如，有些企业为了突出自己产品的优点，可能会将自己的产品与竞品进行比较，如果比较不当，就可能出现过分夸大自己产品的优点，不当贬低竞品的情况。因此，企业在宣传自己产品时，尽量少使用与竞品直接比较的方式。

（3）行为的结果。给竞争对手的商誉造成实际损害，使其社会评价降低。在实务中，企业发现竞争对手传播于己不利的虚假信息后，一方面要及时收集对方传播和己方受损害的证据；另一方面要尽快采取措施阻止不良信息的扩散传播，并根据扩散情况适时发布澄清公告。

（七）互联网领域特有的不正当竞争行为

1. 互联网领域特有的不正当竞争行为的含义

随着互联网技术在商业领域应用的普及，互联网领域的竞争日益激烈，经营者在互联网领域除了存在传统领域中的不正当竞争行为外，一些经营者还利用技术手段违反了市场竞争原则，妨碍、破坏其他经营者合法提供的网络产品或者服务的正常运行。为规范互联网领域的竞争秩序，2017 年《反不正当竞争法》修订时，增加了互联网领域的不正当竞争行为，对互联网领域特有的、利用技术手段实施的不正当竞争行为作出限制。

所谓互联网领域特有的不正当竞争行为，是指经营者利用技术手段，通过影响用户选择或者其他方式，实施妨碍、破坏其他经营者合法提供的网络产品或者服务正常运行的行为。其中的运行，既包括网络产品或者服务的安装、使用，也包括下载。

2. 互联网领域特有的不正当竞争行为的特征

互联网领域特有的不正当竞争行为的典型特征是利用技术手段，通过影响用户选择或其他方式，妨碍、破坏其他经营者合法提供的网络产品或服务的正常运行。如果经营者在互联网领域实施混淆行为等一般不正当竞争行为，应适用其他条款处理。

3. 互联网领域特有的不正当竞争行为的表现

根据《反不正当竞争法》第 12 条的规定，具体包括下列情形：

（1）未经其他经营者同意，在其合法提供的网络产品或者服务中，插入链接、强制进行目标跳转；

（2）误导、欺骗、强迫用户修改、关闭、卸载其他经营者合法提供的网络产品或者服务；

（3）恶意对其他经营者合法提供的网络产品或者服务实施不兼容；

（4）其他妨碍、破坏其他经营者合法提供的网络产品或者服务正常运行的行为。

四、经营者实施不正当竞争行为应承担的法律责任

与 1993 年《反不正当竞争法》相比，2019 年修订的文本加大了对不正当竞争行为的处罚力度，并对法律列举的不正当竞争行为规定了相对应的法律责任。对拒绝、妨碍调查的，也明确了法律责任。不正当竞争行为的经营者应承担的法律责任总体上可以分为民事责任、行政责任和刑事责任三个方面。三种责任独立存在，同一行为可能同时涉及三种责任。

（一）民事责任

根据《反不正当竞争法》第 17 条的规定，经营者违反本法规定，给他人造成损害的，应当依法承担民事责任。经营者的合法权益受到不正当竞争行为损害的，可以向人民法院提起诉讼。

因不正当竞争行为受到损害的经营者的赔偿数额，按照其因被侵权所受到的实际损失确定；实际损失难以计算的，按照侵权人因侵权所获得的利益确定。经营者恶意实施侵犯商业秘密行为，情节严重的，可以在按照上述方法确定数额的一倍以上五倍以下确定赔偿数额。赔偿数额还应当包括经营者为制止侵权行为所支付的合理开支。注意，此处"一倍以上五倍以下"的加重赔偿，仅针对恶意实施侵犯商业秘密行为且情节严重的情形。所谓"合理开支"，包括权利人用于制止侵权行为的交通费、调查费、鉴定费、适当的律师费以及其他合理费用。此外，因侵权行为导致商业秘密已为公众所知悉的，应当根据该项商业秘密的商业价值确定损害赔偿额。商业秘密的商业价值，根据其研究开发成本、实施该项商业秘密的收益和可得利益、可保持竞争优势的时间等因素确定。

为了加强对知识产权的保护，《反不正当竞争法》加大了对引人误认的混淆行为和侵犯商业秘密行为的打击力度，规定经营者违法实施上述两种行为的，权利人因被侵权所受到的实际损失、侵权人因侵权所获得的利益难以确定的，由人民法院根据侵权行为的情节判决给予权利人 500 万元以下的赔偿。其中"侵权行为的情节"，主要指侵权行为人的主观过错程度、采用的侵权行为手段和方式、侵权行为持续的时间、造成损害的程度等。

与 1993 年《反不正当竞争法》相比，2019 年文本加重了不正当竞争行为人的民事赔偿责任，将赔偿数额由原来的"一倍以上三倍以下"改为"一倍以上五倍以下"。对引人误认的混淆行为和侵犯商业秘密行为的受害人新增了给予 500 万元以下赔偿的情形，减轻了受损害经营者举证损失的责任。

（二）行政责任

不正当竞争行为既损害其他经营者的合法权益，还损害市场竞争秩序和消费者权益，因此，有必要对实施不正当竞争行为的经营者给予一定行政处罚。对行为人给予的行政处罚措施主要有责令停止违法行为、消除影响、没收违法商品、罚款等，罚款金额最低 5 万元，最高可以达到 500 万元，与 1993 年文本中的"一万元以上二十万元以下"相比，有明显提高。此外，对经营者违法实施混淆、商业贿赂行为或作虚假或者引人误解的商业宣传行为可以给予吊销营业执照这种"要命"的处罚，企业应对此给予高度重视。

经营者违法从事不正当竞争行为的行政责任具体如下：

1. 经营者实施混淆行为的，由监督检查部门责令停止违法行为，没收违法商品。违法经营额 5 万元以上的，可以并处违法经营额 5 倍以下的罚款；没有违法经营额或者违法经营额不足 5 万元的，可以并处 25 万元以下的罚款。情节严重的，吊销营业执照。经营者登记的企业名称违反本法第 6 条规定的，应当及时办理名称变更登记；名称变更前，由原企业登记机关以统一社会信用代码代替其名称。这是创新性地将企业信用信息公示系统运用到商标和企业名称权利冲突的法律责任中。

2. 经营者贿赂他人的，由监督检查部门没收违法所得，处 10 万元以上 300 万元以下的罚款。情节严重的，吊销营业执照。

3. 经营者对其商品作虚假或者引人误解的商业宣传，或者通过组织虚假交易等方式帮助其他经营者进行虚假或者引人误解的商业宣传的，由监督检查部门责令停止违法行为，处 20 万元以上 100 万元以下的罚款；情节严重的，处 100 万元以上 200 万元以下的罚款，可以吊销营业执照。

经营者发布虚假广告的，依照《广告法》的规定处罚。

4. 经营者以及其他自然人、法人和非法人组织侵犯商业秘密的，由监督检查部门责令停止违法行为，没收违法所得，处 10 万元以上 100 万元以下的罚款；情节严重的，处 50 万元以上 500 万元以下的罚款。

5. 经营者进行不正当有奖销售的，由监督检查部门责令停止违法行为，处 5 万元以上 50 万元以下的罚款。

6. 经营者损害竞争对手商业信誉、商品声誉的，由监督检查部门责令停止违法行为、消除影响，处 10 万元以上 50 万元以下的罚款；情节严重的，处 50 万元以上 300 万元以下的罚款。

7. 经营者妨碍、破坏其他经营者合法提供的网络产品或者服务正常运行的，由监督检查部门责令停止违法行为，处 10 万元以上 50 万元以下的罚款；情节严重的，处 50 万元以上 300 万元以下的罚款。

经营者违反《反不正当竞争法》的规定从事不正当竞争，有主动消除或者减轻违法行为危害后果等法定情形的，依据《行政处罚法》的规定，从轻或者减轻行政处罚；违法行为轻微并及时纠正，没有造成危害后果的，不予行政处罚。

（三）刑事责任

不正当竞争行为涉嫌触犯刑法的，根据《刑法》的规定处理。涉及不正当竞争行为的罪名主要有：与商业贿赂有关的行贿罪，侵犯商业秘密罪，损害商业信誉、商品声誉罪等。

1. 行贿罪。为谋取不正当利益，给予国家工作人员以财物的，是行贿罪。在经济往来中，违反国家规定，给予国家工作人员以财物，数额较大的，或者违反国家规定，给予国家工作人员以各种名义的回扣、手续费的，以行贿论处。

对犯行贿罪和关联行贿罪的，处 5 年以下有期徒刑或者拘役，并处罚金；因行贿谋取不正当利益，情节严重的，或者使国家利益遭受重大损失的，处 5 年以上 10 年以下有期徒刑，并处罚金；情节特别严重的，或者使国家利益遭受特别重大损失的，处 10 年以上有期徒刑或者无期徒刑，并处罚金或者没收财产。

行贿人在被追诉前主动交代行贿行为的，可以从轻或者减轻处罚。其中，犯罪较轻的，对侦破重大案件起关键作用的，或者有重大立功表现的，可以减轻或者免除处罚。

2. 对向国家工作人员有密切关系的人行贿罪。为谋取不正当利益，向国家工作人员的近亲属或者其他与该国家工作人员关系密切的人，或者向离职的国家工作人员或者其近亲属以及其他与其关系密切的人行贿的，处 3 年以下有期徒刑或者拘役，并处罚金；情节严重的，或者使国家利益遭受重大损失的，处 3 年以上 7 年以下有期徒刑，并处罚金；情节特别严重的，或者使国家利益遭受特别重大损失的，处 7 年以上 10 年以下有期徒刑，并处罚金。

单位犯前款罪的，对单位判处罚金，并对其直接负责的主管人员和其他直接责任人员，处 3 年以下有期徒刑或者拘役，并处罚金。

3. 对单位行贿罪。为谋取不正当利益，给予国家机关、国有公司、企业、事业单位、人民团体以财物的，或者在经济往来中，违反国家规定，给予各种名义的回扣、手续费的，处 3 年以下有期徒刑或者拘役，并处罚金。

单位犯前款罪的，对单位判处罚金，并对其直接负责的主管人员和其他直接责任人员，依照前款的规定处罚。

4. 单位行贿罪。单位为谋取不正当利益而行贿，或者违反国家规定，给予国家工作人员以回扣、手续费，情节严重的，对单位判处罚金，并对其直接负责的主管人员和其他直接责任人员，处 5 年以下有期徒刑或者拘役，并处罚金。因行贿取得的违法所得归个人所有的，依照前述犯行贿罪和关联行贿罪的规定定罪处罚。

5. 侵犯商业秘密罪。有下列侵犯商业秘密行为之一，情节严重的，处 3 年以下有期徒刑，并处或者单处罚金；情节特别严重的，处 3 年以上 10 年以下有期徒刑，并处罚金：(1) 以盗窃、贿赂、欺诈、胁迫、电子侵入或者其他不正当手段获取权利人的商业秘密的；(2) 披露、使用或者允许他人使用以前项手段获取的权利人的商业秘密的；(3) 违反保密义务或者违反权利人有关保守商业秘密的要求，披露、使用或者允许他人使用其所掌握的商业秘密的。明知前款所列行为，获取、披露、使用或者允许他人使用该商业秘密的，以侵犯商业秘密论。

单位犯侵犯商业秘密罪的，对单位判处罚金，并对其直接负责的主管人员和其他直接责任人员，依照上述规定处罚。

6. 损害商业信誉、商品声誉罪。捏造并散布虚伪事实，损害他人的商业信誉、商品声誉，给他人造成重大损失或者有其他严重情节的，处 2 年以下有期徒刑或者拘役，并处或者单处罚金。

单位犯损害商业信誉、商品声誉罪的，对单位判处罚金，并对其直接负责的主管人员和其他直接责任人员，依照上述规定处罚。

本 章 小 结

本章首先介绍了市场有效竞争的基本条件、与市场竞争相关的法律和创业者了解竞争法的意义，然后结合《反不正当竞争法》及相关法律规定，重点介绍了不正当竞争行为的种类和法律责任。企业参与市场竞争肯定要采取一些竞争手段，但应注意遵守市场竞争的基本原则，了解不正当竞争行为的种类和特征，在创新竞争方式的同时，评估竞争行为的法律风险，避免踩雷。

从法律责任角度看，《反不正当竞争法》主要规定的是行政责任。其中，对于罚款金额，除不正当有奖销售以 5 万元起步外，其他不正当竞争行为一般是 10 万元起步，发生概率最高的虚假宣传从 20 万元起步，并对三种不正当竞争行为规定了吊销营业执照的处罚。对于因不正当竞争行为给其他经营者或者消费者造成损害，《反不正当竞争法》没有规定具体责任的，受害人可以依据民法、劳动法要求违法行为人承担相应的民事责任。此外，不正当竞争行为还可能因触犯刑法而承担刑事责任。因此，创业者一定要了解《反不正当竞争法》禁止的行为，坚持诚信经营，在竞争中始终注意不越界。万一把握不准，出现被认定为不正当竞争行为的情形，应积极消除或者减轻违法行为的危害后果，争取减轻处罚的机会。

第八章　创业与广告

引　言

广告是企业营销的基本手段，俗话说，"好酒也怕巷子深，酒好还要会吆喝。"实践中，企业因不了解广告法，乱吆喝被罚的情况非常普遍。比如 2021 年国家市场监管总局依法对 15 家校外培训机构虚假宣传、价格欺诈行为合计罚款 3650 万元。[①]

随着法律法规逐步完善，监管手段日益升级，消费者更加重视自身权益，企业不规范操作的空间越来越小。因此，企业从诞生之日起就要守规矩，否则，就得做好以后被翻旧账的准备，比如某雪糕企业在创业初期曾两次因发布虚假广告被分别处罚 0.6 万元和 0.3 万元。当时因企业名气不大，罚款数额不高，所以未引起舆论关注。但两年后该企业的雪糕成为网红产品，消费者翻出它以前发布虚假广告被罚的旧账，还据此质疑它现在 66 元一块售卖的雪糕的品质，可见错可以改，但事儿抹不去。

围绕广告行为合法性的认定，广告主和广告经营者一定会有很多困惑，比如广告发布的一般准则是什么？虚假广告行为认定的标准是什么？虚假广告与虚假宣传有何不同？哪些广告禁止性发布？哪些产品虽然允许发广告，但对广告发布的媒介、对象等有限制性规定？违法发布广告可能会承担什么法律责任？……

在实务中，创业者对哪些具体做法属于广告违法可能存在困惑，比如：

1. 2017 年 1 月，赖某与甲公司签订协议，成为其经销商，负责销售甲公司生产的小分子肽产品。此产品为食品，并非药品，不具有疾病治疗功能。赖某为了推销该产品，经常在微信朋友圈中发布甲公司制作的产品广告，宣称该产品具有治疗多种疾病的功能，故意混淆药品和普通食品的区别。那么，企业或个人在微信朋友圈发布的商品信息属于发布广告吗？如果赖某属于违法发布广告，甲公司应该承担什么责任吗？

2. 某酒庄公司利用其微信公众号发布酒类广告，广告中含有利用国家机关工作人员形象做宣传的内容。这种做法违反广告法吗？

3. 某医院发布医疗广告，广告中含有"检查过程安全快捷，检查结果精确，无

[①] 参见：市场监管总局依法对 15 家校外培训机构虚假宣传、价格欺诈行为顶格罚款 3650 万元. http：//www. samr. gov. cn/xw/zj/202106/t20210601_330021. html.

放射性，对人体及环境无危害"等内容。这种广告合法吗？

本章共分四节，重点介绍了商业广告的含义和特点、广告发布的一般准则、广告违法行为的种类和从事广告业务的条件和准则。

本章涉及的法律规定主要有：《中华人民共和国广告法》（2018 年修订）（以下简称《广告法》）、《互联网广告管理暂行办法》（2016 年发布）、《广告发布登记管理规定》（2016 年发布）。

第一节　创业与广告概述

一、广告与广告法

广告，顾名思义，就是广而告之。"广告"一词有广义和狭义之分，从广义上看，凡是向公众发布公告的行为，均可以称为广告。例如，为环保而发布的公益广告；为招工而发布的招聘广告、为推销自己所推销的商品或者服务而发布的商业广告等。从狭义上看，仅指商业广告。本书主要介绍与创业相关的法律，因此本章主要介绍商业广告。

目前我国调整商业广告法律关系的法是《广告法》，该法 1994 年 10 月 27 日第八届全国人民代表大会常务委员会第十次会议通过，2015 年 4 月第十二届全国人民代表大会常务委员会第十四次会议对该法进行修订，增加商业广告的定义、对广告代言和广告推荐证明行为作出规范、补充和完善广告准则、明确电子信息及互联网广告规则、明确界定构成虚假广告的具体情形、对涉及未成年人的广告活动予以规范、完善处罚规则、补充民事责任等内容。2018 年 10 月第十三届全国人民代表大会常务委员会第六次会议对该法进行修正，将第 68 条中的"新闻出版广电部门"修改为"新闻出版、广播电视主管部门"，"工商行政管理部门"修改为"市场监督管理部门"。

二、商业广告的含义和特征

《广告法》第二条规定，"在中华人民共和国境内，商品经营者或者服务提供者通过一定媒介和形式直接或者间接地介绍自己所推销的商品或者服务的商业广告活动，适用本法。"由于该法是从狭义角度使用广告一词的，所以下文中未加说明直接使用"广告"一词时均指商业广告。根据该法，广告具有下列特征：

（一）应有明确的广告主

广告主是为推销商品或者服务，自行或者委托他人设计、制作、发布广告的人。发布广告首先要有广告主，这是广告与一般新闻报道的重要区别。一些网站博主对不同品牌同类商品进行测试比较，如果这种比较不是由被测商品企业委托进行的，也不向被测商品企业收费，一般不属于商业广告。

广告主是商品经营者或者服务提供者，可以是自然人，也可以是法人或者其他组织。

（二）以推销商品或者服务为目的

广告主发布广告的根本的目的是向消费者介绍自己所推销的商品或者服务，以增加交易机会，不以销售为目的的环保宣传、扶贫宣传均不属于商业广告。

（三）采用直接或者间接的方式介绍

所谓直接方式，是指直接介绍商品的性能、功能、产地、用途、质量、成分等。所谓间接方式，是指通过介绍广告主自身的情况，比如成立时间、股东和公司的资金实力、所获荣誉等方式，间接影响消费者对广告主产品的认知。

（四）借助一定媒介和形式公开传播

广告需要借助面向社会公众的一定媒介和形式进行传播。从法律规定上看，这里的"一定媒介和形式"主要包括两个方面：

1. 《广告管理条例》第2条所指的"通过报刊、广播、电视、电影、路牌、橱窗、印刷品、霓虹灯等媒介和形式，在中华人民共和国境内刊播、设置、张贴的广告。"

2. 《互联网广告管理暂行办法》第3条所指的"通过网站、网页、互联网应用程序等互联网媒介，以文字、图片、音频、视频或者其他形式，直接或者间接地推销商品或者服务的商业广告。"具体包括：（1）推销商品或者服务的含有链接的文字、图片或者视频等形式的广告；（2）推销商品或者服务的电子邮件广告；（3）推销商品或者服务的付费搜索广告；（4）推销商品或者服务的商业性展示中的广告，法律、法规和规章规定经营者应当向消费者提供的信息的展示依照其规定；（5）其他通过互联网媒介推销商品或者服务的商业广告。企业或个人在具有主动推送、在开放空间传播功能的微信、微信朋友圈、抖音等平台上发布的商品或者服务信息内容属符合上述条件的通过互联网媒介推销商品或者服务的商业性展示中的广告。

此外，原工商行政管理总局《关于商品包装含有违法广告内容销售者是否应当承担法律责任问题的答复意见》（2016）："在商场（超市）中销售商品的外包装上含有广告宣传内容的，商场（超市）等零售终端作为商品销售者的销售行为不属于广告发布行为"。这个答复意见确认了商品的外包装可以作为广告发布的媒介。

未借助大众媒介的宣传一般不属于广告，比如采用销售人员在经营场所现场演示和说明、在经营场所对商品作虚假的文字标注、在经营场所发放产品使用说明书、店堂告示、在酒店举办讲座等方式向消费者介绍商品性能、功能的行为，传播面较小，属于一般的商业宣传。

（五）广告主可以自行发布广告，也可以委托广告经营者、发布者制作、发行广告

广告经营者，是指接受委托提供广告设计、制作、代理服务的自然人、法人或者其他组织。广告经营者在充分了解广告客户的要求之后，应充分发挥主观能动性，创造性地进

行形象文案的策划与设计等工作。广告发布者，是指为广告主或者广告主委托的广告经营者发布广告的自然人、法人或者其他组织。他们是掌握传播广告信息媒介的人。广告主委托广告经营者、发布者制作发行广告应签订书面合同。

广告主可以通过自设网站或者拥有合法使用权的互联网媒介自行发布广告，也可以委托互联网广告经营者、广告发布者发布广告。互联网广告的发布者是指为广告主或者广告经营者推送或者展示互联网广告，并能够核对广告内容、决定广告发布的自然人、法人或者其他组织。

(六) 广告主可以聘请广告代言人

广告主如果希望自己的广告能吸引更多消费者注意，可以依法聘请广告代言人。广告代言人，是指广告主以外的，在广告中以自己的名义或者形象对商品、服务作推荐、证明的自然人、法人或者其他组织。所谓"以自己的名义或者形象"是指在广告中，消费者能识别代言人的身份。如果是名人，消费者可以自行识别，广告中只需出现能够识别代言人身份的形象或声音等即可；如果是不知名的人，只有在表明其是消费者或者专家的身份时才构成代言人。如果消费者不能识别广告中出现的人的身份，只构成表演。

广告代言人在广告中对商品、服务作推荐、证明，应当依据事实，符合相关法律的规定。

三、广告在创业企业营销中的作用

(一) 促进销售

企业做广告的基本目的，就是通过介绍推销的商品或者服务，促进销售。在市场经济条件下，提供同类商品或服务的企业有很多，市场竞争激烈。没有广告，消费者只能看到身边或朋友介绍的商品。有了广告，经营者可以通过广告告诉消费者自己的商品优于同类商品的特性，从而吸引消费者购买自己的商品，在竞争中获得胜出。所以，新建立的企业，经营场所普遍较少，有的只租用某写字楼的几间房，如果不做广告，用户可能不知道其存在，更不会知道企业有什么产品。

(二) 引导消费

随着科技的进步，企业研发推出的新特产品不断涌现，如果企业不做广告，消费者就很难知道有这些新产品，新产品就难以打开市场。一旦进行了广告宣传，消费者了解其性能，就可能产生购买欲望。因此，广告可以帮助企业影响消费者的购买行为，甚至通过唤醒消费者心中的潜在需求而达到创造需求的目的。对于创新型初创企业而言，没有广告，企业研发的新产品很难被市场认知。

(三) 传播品牌

广告作用不仅限于促销，还有助于传播和塑造品牌。品牌的推广大致有两个过程：第一个是提高认知度，第二个是提高美誉度。广告是企业在消费者心中树立企业品牌形象最直接、最经济的手段。通过持续不断的广告宣传，企业在消费者心中就会留下深刻的印象，从而有助于提高认知度。同时广告中对企业和产品的赞美，有利于提高美誉度。此外，选择认知度高、美誉度好的媒介有助于品牌的传播和塑造。很多大企业愿意花费巨资在中央电视台等媒体做广告，目的就是为了在宣传企业的产品的同时，显示企业实力，强化企业品牌在消费者心中的定位，保持竞争优势。而中小企业在知名媒体上做广告，可以借助媒体的社会地位提升企业自身的地位和实力，开拓细分市场，在消费者心中树立独特的品牌形象。初创企业普遍缺少市场声誉和产品声誉，企业要生存必须通过广告把自己的品牌打出去，才有可能获得消费者的青睐。

三、企业发布广告的法律风险

《广告法》的立法目的是规范广告活动，保护消费者的合法权益，促进广告业的健康发展，维护社会经济秩序。现行法律对广告内容与形式有严格的规制，并对许多广告违法行为设定了 20 万元以上的罚款。一些广告主不了解《广告法》及相关规定，为了促销，随意使用"国家级""最高级""最佳"等绝对化用语、发布虚假广告、发布禁止或限制发布的广告、发布贬低其他生产经营者或其商品的广告等，寥寥几句广告语，就使企业遭受几十万、上百万处罚，甚至被吊销营业执照，前期的辛苦付出付之东流。一些广告经营者或者发布者，为了承接更多广告业务，不履行广告审查义务，来者不拒，协助广告主设计、制作或者发布违法广告，导致违法广告广泛传播，进而自身受到法律的惩罚。因此，了解《广告法》，特别是《广告法》规定的广告发布的一般原则、违法广告行为的种类及法律责任，广告经营者、发布者的行为准则，有助于减少违法广告的发生，使广告真正造福于企业。

第二节　广告发布的一般准则和监督管理

一、广告发布的一般准则

《广告法》第三条规定，广告应当真实、合法，以健康的表现形式表达广告内容，符合社会主义精神文明建设和弘扬中华民族优秀传统文化的要求。这是法律对广告内容和形式的基本要求，根据这一规定，发布广告一般应遵循下列准则：

（一）真实性

真实性是广告法规制的核心内容，真实的广告可以使消费者快速了解商品信息，进而选择适合自己的商品。真实的广告有助于经营者之间形成良性竞争。法律对真实性的要求主要体现在以下几个方面：

1. 广告不得含有虚假或者引人误解的内容，不得欺骗、误导消费者。广告主应当对广告内容的真实性负责。

2. 广告中对商品的性能、功能、产地、用途、质量、成分、价格、生产者、有效期限、允诺等或者对服务的内容、提供者、形式、质量、价格、允诺等有表示的，应当准确、清楚、明白。广告中表明推销的商品或者服务附带赠送的，应当明示所附带赠送商品或者服务的品种、规格、数量、期限和方式。法律、行政法规规定广告中应当明示的内容，应当显著、清晰表示。

3. 广告内容涉及的事项需要取得行政许可的，应当与许可的内容相符合。广告使用数据、统计资料、调查结果、文摘、引用语等引证内容的，应当真实、准确，并标明出处。引证内容有适用范围和有效期限的，应当明确表示。

4. 广告中涉及专利产品或者专利方法的，应当标明专利号和专利种类。未取得专利权的，不得在广告中谎称取得专利权。禁止使用未授予专利权的专利申请和已经终止、撤销、无效的专利做广告。

（二）广告主、广告经营者、广告发布者从事广告活动，应当遵守法律、法规，诚实信用，公平竞争

广告涉及的商品或服务种类繁多，性质各异，调整商品生产、经营的法律很多，经营者从事广告活动，不仅要遵守《广告法》，还应遵守《消费者权益保护法》《价格法》《反不正当竞争法》《商标法》《房地产广告发布规定》《保健食品广告审查暂行规定》《广播电视广告播出管理办法》等其他相关的法律、法规。

（三）广告不得贬低其他生产经营者的商品或者服务

所谓"贬低"，可以参考《反不正当竞争法》关于商业诋毁的规定，即以编造、传播虚假信息或者误导性信息为前提。如果仅说自己的商品比其他商品好，但未明示或暗示地指向其他特定经营者的商品，一般不认为构成贬低。[1]此外，《反不正当竞争法》中禁止的商业诋毁针对的是竞争者，《广告法》中被贬低主体是其他生产经营者，后者范围更大。

（四）广告应当具有可识别性，能够使消费者辨明其为广告

通过大众传播媒介发布的广告应当显著标明"广告"，与其他非广告信息相区别，不得以新闻报道形式变相发布广告。互联网广告也应当具有可识别性，显著标明"广告"，使消费者能够辨明其为广告。付费搜索广告应当与自然搜索结果明显区分，不得使消费者产生误解。

（五）不得变相发布广告

大众传播媒介广播电台、电视台、报刊音像出版单位、互联网信息服务提供者不得以

---

① 郎胜.中华人民共和国广告法释义.北京：法律出版社，2015：25.

介绍健康、养生知识等形式变相发布医疗、药品、医疗器械、保健食品广告。比如，在微信公众号推出介绍健康、养生知识的文章，文中直接宣称某厂药品有效，即属于变相发布广告。法律不允许变相发布此类广告，因为消费者普遍缺乏健康知识，如果在这类节目中宣称某厂药品有效，很多消费者会相信，但如果说市面上某类药品有效是可以的。

二、广告的监督管理

（一）监督管理机构

国务院市场监督管理部门主管全国的广告监督管理工作，国务院有关部门在各自的职责范围内负责广告管理相关工作。县级以上地方市场监督管理部门主管本行政区域的广告监督管理工作，县级以上地方人民政府有关部门在各自的职责范围内负责广告管理相关工作。

（二）社会监督

任何单位或者个人有权向市场监督管理部门和有关部门投诉、举报违反《广告法》的行为。市场监督管理部门和有关部门应当向社会公开受理投诉、举报的电话、信箱或者电子邮件地址，接到投诉、举报的部门应当自收到投诉之日起7个工作日内，予以处理并告知投诉、举报人。

消费者协会和其他消费者组织对违反《广告法》规定，发布虚假广告侵害消费者合法权益，以及其他损害社会公共利益的行为，依法进行社会监督。

在实务中，一方面企业如果发现其他企业的广告侵犯了自己的合法权益，可以依法举报。另一方面，如果因广告违法被调查或被举报，企业应积极配合市场监管部门，尽快改正，依照《行政处罚法》第32条、第33条的规定，积极收集证据，争取从轻或者减轻行政处罚、免予处罚。

第三节　广告违法行为的种类及法律责任

《广告法》从广告内容准则和广告行为规范两方面对广告行为做出了细化规定，并规定了相应的责任。为方便读者了解违法行为与法律责任之间的对应关系，本节将广告违法行为概括为以下六个方面。

一、虚假广告行为

（一）含义

虚假广告行为是指以虚假或者引人误解的内容，欺骗、误导消费者，主要应按照

《广告法》第 55 条和 56 条的规定承担法律责任的广告行为。

（二）表现

根据《广告法》的规定，广告有下列情形之一的，为虚假广告：

1. 商品或者服务不存在的。

2. 商品的性能、功能、产地、用途、质量、规格、成分、价格、生产者、有效期限、销售状况、曾获荣誉等信息，或者服务的内容、提供者、形式、质量、价格、销售状况、曾获荣誉等信息，以及与商品或者服务有关的允诺等信息与实际情况不符，对购买行为有实质性影响的。

本项包括了两个条件：一是信息与实际情况不符。比如声称是原装进口的，实际是国产的。二是对购买行为有实质性影响，即宣传的虚假信息影响或者可能影响消费者的购买决策。信息虽然不真实，但对购买决策没有实质影响的，不构成法定的虚假广告行为。比如某商场以 10 周年庆为噱头打折促销，实际该商场只营业了 9 年，因营业年限与折扣力度无关，且年限差别不大，对消费者的购买决策没有实质性影响，所以不构成法律禁止的虚假广告。

3. 使用虚构、伪造或者无法验证的科研成果、统计资料、调查结果、文摘、引用语等信息作证明材料的。

4. 虚构使用商品或者接受服务的效果的；

5. 以虚假或者引人误解的内容欺骗、误导消费者的其他情形。

（二）法律责任

发布虚假广告的法律责任包括行政、刑事和民事责任三个方面。

1. 行政责任。对虚假广告行为，《广告法》对广告主规定了责令停止发布、消除影响、罚款、吊销营业执照、撤销广告审查批准文件、一年内不受理其广告审查申请、吊销诊疗科目或者吊销医疗机构执业许可证的行政责任。对广告经营者、广告发布者规定了没收广告费用、罚款、暂停广告发布业务、吊销营业执照、吊销广告发布登记证件的行政责任。

责任的具体内容：根据《广告法》第 55 条的规定，违反本法规定，发布虚假广告的，由市场监督管理部门责令停止发布广告，责令广告主在相应范围内消除影响，处广告费用 3 倍以上 5 倍以下的罚款，广告费用无法计算或者明显偏低的，处 20 万元以上 100 万元以下的罚款；两年内有 3 次以上违法行为或者有其他严重情节的，处广告费用 5 倍以上 10 倍以下的罚款，广告费用无法计算或者明显偏低的，处 100 万元以上 200 万元以下的罚款，可以吊销营业执照，并由广告审查机关撤销广告审查批准文件、1 年内不受理其广告审查申请。

应当说明的是，法律规定对虚假广告行为进行罚款时，首先考虑的是广告费用。广告费用无法计算或者明显偏低的，处 20 万元以上 100 万元以下的罚款。所以，企业应保存支付广告费的合同和票据。如果广告费用不高，按广告费用 3 倍以上 5 倍以下罚款，其罚款数额会低于 20 万元。

医疗机构有前款规定违法行为，情节严重的，除由市场监督管理部门依照本法处罚外，卫生行政部门可以吊销诊疗科目或者吊销医疗机构执业许可证。

广告经营者、广告发布者明知或者应知广告虚假仍设计、制作、代理、发布的，由市场监督管理部门没收广告费用，并处广告费用3倍以上5倍以下的罚款，广告费用无法计算或者明显偏低的，处20万元以上100万元以下的罚款；两年内有3次以上违法行为或者有其他严重情节的，处广告费用5倍以上10倍以下的罚款，广告费用无法计算或者明显偏低的，处100万元以上200万元以下的罚款，并可以由有关部门暂停广告发布业务、吊销营业执照、吊销广告发布登记证件。

2. 刑事责任。广告主发布虚假广告，广告经营者、广告发布者明知或者应知广告虚假仍设计、制作、代理、发布，构成犯罪的，依法追究刑事责任。根据《刑法》第222条的规定，广告主、广告经营者、广告发布者违反国家规定，利用广告对商品或者服务作虚假宣传，情节严重的，处2年以下有期徒刑或者拘役，并处或者单处罚金。第231条规定，单位犯虚假广告罪的，对单位判处罚金，并对其直接负责的主管人员和其他直接责任人员，依照前述规定处罚。

3. 民事责任。根据《广告法》第56条的规定，违反本法规定，发布虚假广告，欺骗、误导消费者，使购买商品或者接受服务的消费者的合法权益受到损害的，由广告主依法承担民事责任。广告经营者、广告发布者不能提供广告主的真实名称、地址和有效联系方式的，消费者可以要求广告经营者、广告发布者先行赔偿。

关系消费者生命健康的商品或者服务的虚假广告，造成消费者损害的，其广告经营者、广告发布者、广告代言人应当与广告主承担连带责任。

前款规定以外的商品或者服务的虚假广告，造成消费者损害的，其广告经营者、广告发布者、广告代言人，明知或者应知广告虚假仍设计、制作、代理、发布或者作推荐、证明的，应当与广告主承担连带责任。

二、违反禁止性规定的行为

（一）含义

违反禁止性规定的行为是指违反《广告法》设定的广告禁止性规定，主要应按照《广告法》第57条的规定承担法律责任的广告行为。《广告法》设定的禁止性规定包括一般禁止、特殊禁止两种情形。

（二）一般禁止情形

这是指普遍适用于各种商品或者服务的禁止性规定。根据《广告法》第9条的规定，广告不得有下列情形：

1. 使用或者变相使用中华人民共和国的国旗、国歌、国徽，军旗、军歌、军徽。国旗、国歌、国徽是国家的象征和标志，军旗、军歌、军徽是中国人民解放军的象征和标志，广告中不能使用或变相使用这些标志。

2. 使用或者变相使用国家机关、国家机关工作人员的名义或者形象。在广告中使用或者变相使用国家机关及其工作人员的名义或者形象，属于借助社会公众对国家机关及其工作人员的名义或者形象的信任牟取不正当利益。前述某酒庄有限公司发布的广告中含有利用国家机关工作人员形象做宣传的内容，因此是不合法的。

3. 使用"国家级""最高级""最佳"等用语。广告应该真实。法律禁止使用"绝对化用语"主要是因为这种表述有可能违背真实性原则，可能误导消费者，或者不正当地贬低竞争对手。但如果企业确实依法获得某"国家级"称号，如实表述是可以的。如果广告中声称"本企业首发产品、顶配产品、销量最大的产品"，因不是与其他竞争对手比较，也是可以的。如果国家产品质量标准中对某种产品区分有不同等级，其中有"特级""一级"之类的级别标准，有证据表明企业产品确实达到该标准，在广告中也是可以使用的。

4. 损害国家的尊严或者利益，泄露国家秘密。维护国家尊严和利益、保守国家秘密，是每个公民和企业的义务。外国企业在中国也不能发布辱华广告。

5. 妨碍社会安定，损害社会公共利益。维护社会安定和社会公共利益，是每一个社会成员应尽的义务，不能为推销自己的产品妨碍社会安定，损害社会公共利益。比如，不得为推销净水机宣传城市饮用水不安全、水中杂质普遍超标等。

6. 危害人身、财产安全，泄露个人隐私。公民的人身权、财产权、隐私受法律保护。

7. 妨碍社会公共秩序或者违背社会良好风尚。比如2019年，椰树集团"我从小喝到大"广告词及图被监管部门认定为妨碍社会公共秩序或者违背社会良好风尚。

8. 含有淫秽、色情、赌博、迷信、恐怖、暴力的内容。

9. 含有民族、种族、宗教、性别歧视的内容。

10. 妨碍环境、自然资源或者文化遗产保护。

11. 法律、行政法规规定禁止的其他情形。

（三）特殊禁止情形

这是指针对特殊主体、特殊商品或者服务的禁止性规定。主要包括：

1. 损害未成年人和残疾人身心健康的。

2. 麻醉药品、精神药品、医疗用毒性药品、放射性药品等特殊药品，药品类易制毒化学品，以及戒毒治疗的药品、医疗器械和治疗方法。

3. 在大众传播媒介或者公共场所发布声称全部或者部分替代母乳的婴儿乳制品、饮料和其他食品广告。

4. 在大众传播媒介或者公共场所、公共交通工具、户外发布烟草广告。向未成年人发送任何形式的烟草广告。利用其他商品或者服务的广告、公益广告，宣传烟草制品名称、商标、包装、装潢以及类似内容。烟草制品生产者或者销售者发布的迁址、更名、招聘等启事中，含有烟草制品名称、商标、包装、装潢以及类似内容。

5. 利用广告推销禁止生产、销售的产品或者提供的服务，或者禁止发布广告的商品或者服务的。

6. 在针对未成年人的大众传播媒介上发布医疗、药品、保健食品、医疗器械、化妆品、酒类、美容广告，以及不利于未成年人身心健康的网络游戏广告。

其中第一、二、五项属于绝对禁止发布广告的情形。第三、四、六项属于限制发布媒介和限制对未成年人发布广告的情形。

（四）法律责任

对违反禁止性规定的行为，《广告法》对广告主规定了责令停止发布、罚款、吊销营业执照、撤销广告审查批准文件、一年内不受理其广告审查申请的行政责任。对广告经营者、广告发布者规定了没收广告费用、罚款、吊销营业执照、吊销广告发布登记证件的行政责任。

责任的具体内容：经营者违反禁止性规定，发布上述广告之一的，由市场监督管理部门责令停止发布广告，对广告主处 20 万元以上 100 万元以下的罚款，情节严重的，并可以吊销营业执照，由广告审查机关撤销广告审查批准文件、一年内不受理其广告审查申请；对广告经营者、广告发布者，由市场监督管理部门没收广告费用，处 20 万元以上 100 万元以下的罚款，情节严重的，并可以吊销营业执照、吊销广告发布登记证件。

三、违反限制性规定的行为

（一）含义

对于某些特殊商品或者服务，法律在允许做广告的同时，也作出了一定限制。违反限制性规定的广告行为，是指违反《广告法》设定的广告限制性规定，主要应按照《广告法》第 58 条的规定承担法律责任的行为。

（二）表现

广告限制性规定主要包括：

1. 医疗、药品、医疗器械广告不得含有下列内容：（1）表示功效、安全性的断言或者保证；（2）说明治愈率或者有效率；（3）与其他药品、医疗器械的功效和安全性或者其他医疗机构比较；（4）利用广告代言人作推荐、证明；（5）法律、行政法规规定禁止的其他内容。引言案例中，某医院发布的医疗广告中含有"检查过程安全快捷，检查结果精确，无放射性，对人体及环境无危害"等表示功效、安全性的断言或者保证的内容，所以是不合法的。

药品广告的内容不得与国务院药品监督管理部门批准的说明书不一致，并应当显著标明禁忌、不良反应。处方药广告应当显著标明"本广告仅供医学药学专业人士阅读"，非处方药广告应当显著标明"请按药品说明书或者在药师指导下购买和使用"。推荐给个人自用的医疗器械的广告，应当显著标明"请仔细阅读产品说明书或者在医务人员的指导下购买和使用"。医疗器械产品注册证明文件中有禁忌内容、注意事项的，广告中应当显著标明"禁忌内容或者注意事项详见说明书"。

2. 除医疗、药品、医疗器械广告外，禁止其他任何广告涉及疾病治疗功能，并不得使用医疗用语或者易使推销的商品与药品、医疗器械相混淆的用语。

3. 保健食品广告不得含有下列内容：（1）表示功效、安全性的断言或者保证；（2）涉及疾病预防、治疗功能；（3）声称或者暗示广告商品为保障健康所必需；（4）与药品、其他保健食品进行比较；（5）利用广告代言人作推荐、证明；（6）法律、行政法规规定禁止的其他内容。保健食品广告应当显著标明"本品不能代替药物"。

4. 农药、兽药、饲料和饲料添加剂广告不得含有下列内容：（1）表示功效、安全性的断言或者保证；（2）利用科研单位、学术机构、技术推广机构、行业协会或者专业人士、用户的名义或者形象作推荐、证明；（3）说明有效率；（4）违反安全使用规程的文字、语言或者画面；（5）法律、行政法规规定禁止的其他内容。

5. 酒类广告不得含有下列内容：（1）诱导、怂恿饮酒或者宣传无节制饮酒；（2）出现饮酒的动作；（3）表现驾驶车、船、飞机等活动；（4）明示或者暗示饮酒有消除紧张和焦虑、增加体力等功效。

6. 教育、培训广告不得含有下列内容：（1）对升学、通过考试、获得学位学历或者合格证书，或者对教育、培训的效果作出明示或者暗示的保证性承诺；（2）明示或者暗示有相关考试机构或者其工作人员、考试命题人员参与教育、培训；（3）利用科研单位、学术机构、教育机构、行业协会、专业人士、受益者的名义或者形象作推荐、证明。

7. 招商等有投资回报预期的商品或者服务广告，应当对可能存在的风险以及风险责任承担有合理提示或者警示，并不得含有下列内容：（1）对未来效果、收益或者与其相关的情况作出保证性承诺，明示或者暗示保本、无风险或者保收益等，国家另有规定的除外；（2）利用学术机构、行业协会、专业人士、受益者的名义或者形象作推荐、证明。

8. 房地产广告，房源信息应当真实，面积应当表明为建筑面积或者套内建筑面积，并不得含有下列内容：（1）升值或者投资回报的承诺；（2）以项目到达某一具体参照物的所需时间表示项目位置；（3）违反国家有关价格管理的规定；（4）对规划或者建设中的交通、商业、文化教育设施以及其他市政条件作误导宣传。

9. 农作物种子、林木种子、草种子、种畜禽、水产苗种和种养殖广告关于品种名称、生产性能、生长量或者产量、品质、抗性、特殊使用价值、经济价值、适宜种植或者养殖的范围和条件等方面的表述应当真实、清楚、明白，并不得含有下列内容：（1）作科学上无法验证的断言；（2）表示功效的断言或者保证；（3）对经济效益进行分析、预测或者作保证性承诺；（4）利用科研单位、学术机构、技术推广机构、行业协会或者专业人士、用户的名义或者形象作推荐、证明。

10. 不得利用不满10周岁的未成年人作为广告代言人。对在虚假广告中作推荐、证明受到行政处罚未满3年的自然人、法人或者其他组织，不得利用其作为广告代言人。

所谓"在虚假广告中作推荐、证明"是指"明知或者应知广告虚假仍在广告中对商品、服务作推荐、证明"的情形，主观上须有故意或过失的状态。在实务中由于缺乏有效的代言人违法受到行政处罚的公示系统，所以广告主在选择代言人时应对代言人是否有此种情况进行尽职调查，并在拟定代言合同时通过约定违约责任等形式降低相应的法律风险。

11. 不得在中小学校、幼儿园内开展广告活动，不得利用中小学生和幼儿的教材、教辅材料、练习册、文具、教具、校服、校车等发布或者变相发布广告，但公益广告除外。

12. 针对不满 14 周岁的未成年人的商品或者服务的广告不得含有下列内容：（1）劝诱其要求家长购买广告商品或者服务；（2）可能引发其模仿不安全行为。

13. 发布医疗、药品、医疗器械、农药、兽药和保健食品广告，以及法律、行政法规规定应当进行审查的其他广告，应当在发布前由有关部门（以下称广告审查机关）对广告内容进行审查；未经审查，不得发布。

（三）法律责任

对违反限制性规定的广告行为，《广告法》对广告主规定了责令停止、消除影响、罚款、吊销营业执照、吊销诊疗科目或者吊销医疗机构执业许可证的行政责任。对广告经营者、广告发布者规定了没收广告费用、罚款，并可以由有关部门暂停广告发布业务、吊销营业执照、吊销广告发布登记证件的行政责任。

责任的具体内容：经营者违反限制性规定，发布上述广告之一的，由市场监督管理部门责令停止发布广告，责令广告主在相应范围内消除影响，处广告费用 1 倍以上 3 倍以下的罚款，广告费用无法计算或者明显偏低的，处 10 万元以上 20 万元以下的罚款；情节严重的，处广告费用 3 倍以上 5 倍以下的罚款，广告费用无法计算或者明显偏低的，处 20 万元以上 100 万元以下的罚款，可以吊销营业执照，并由广告审查机关撤销广告审查批准文件、一年内不受理其广告审查申请。

医疗机构未经审查发布医疗、药品、医疗器械、农药、兽药和保健食品广告，以及法律、行政法规规定应当进行审查的其他广告，情节严重的，除由市场监督管理部门依照本法处罚外，卫生行政部门可以吊销诊疗科目或者吊销医疗机构执业许可证。

广告经营者、广告发布者明知或者应知违反限制性规定仍设计、制作、代理、发布的，由市场监督管理部门没收广告费用，并处广告费用 1 倍以上 3 倍以下的罚款，广告费用无法计算或者明显偏低的，处 10 万元以上 20 万元以下的罚款；情节严重的，处广告费用 3 倍以上 5 倍以下的罚款，广告费用无法计算或者明显偏低的，处 20 万元以上 100 万元以下的罚款，并可以由有关部门暂停广告发布业务、吊销营业执照、吊销广告发布登记证件。

四、违反一般准则的行为

（一）含义

违反一般准则的行为是指违反《广告法》一般准则的规定，主要应按照《广告法》第 59 条的规定承担法律责任的广告行为。

（二）法律责任

对违反一般准则的行为，《广告法》对广告主规定了责令停止、罚款的行政责任。对广告经营者、广告发布者规定了责令改正、罚款的行政责任。

责任的具体内容：经营者违反一般准则，发布上述广告之一的，由市场监督管理部门责令停止发布广告，对广告主处 10 万元以下的罚款。广告经营者、广告发布者明知或者应知有前款规定违法行为仍设计、制作、代理、发布的，由市场监督管理部门处 10 万元以下的罚款。

广告不具有可识别性的，或者变相发布医疗、药品、医疗器械、保健食品广告的，由市场监督管理部门责令改正，对广告发布者处 10 万元以下的罚款。

广播电台、电视台、报刊音像出版单位发布违法广告，或者以新闻报道形式变相发布广告，或者以介绍健康、养生知识等形式变相发布医疗、药品、医疗器械、保健食品广告，市场监督管理部门依照本法给予处罚的，应当通报新闻出版、广播电视主管部门以及其他有关部门。新闻出版、广播电视主管部门以及其他有关部门应当依法对负有责任的主管人员和直接责任人员给予处分；情节严重的，并可以暂停媒体的广告发布业务。

五、违法代言行为

（一）含义

广告代言人在广告中对商品、服务作推荐、证明，应当依据事实、符合相关法律的规定。违法代言行为是指违反广告代言的一般规则，应按照《广告法》第 62 条的规定承担法律责任的广告行为。

（二）表现

主要包括四个方面：（1）在医疗、药品、医疗器械广告中作推荐、证明的；（2）在保健食品广告中作推荐、证明的；（3）为其未使用过的商品或者未接受过的服务作推荐、证明的；（4）明知或者应知广告虚假仍在广告中对商品、服务作推荐、证明的。

广告代言人利用自身的专业性、权威性、影响力等因素对广告商品或服务进行推荐、证明，往往能免引起消费者的关注和购买。医疗、药品、医疗器械和保健食品关系消费者的生命健康和人身安全，且功效因人而异，代言人根据自身的体验进行推荐，可能对消费者构成误导，因此《广告法》禁止代言人为此类产品或服务代言。此外，代言人为未使用过的商品或者未接受过的服务作推荐、证明，缺乏实际依据，是对消费者不负责的行为，因此《广告法》也做了禁止。

（三）法律责任

代言人明知或者应知广告虚假仍在广告中对商品、服务作推荐、证明，属于故意欺骗、误导消费者，损害了消费者权益，破坏了社会经济秩序，除应当依法承担前述虚假广告的民事责任外，还应当承担行政责任，即市场监督管理部门有权没收违法所得，并处违法所得 1 倍以上 2 倍以下的罚款。

六、发送垃圾广告行为

(一) 含义

垃圾广告是指未经当事人同意或者请求，向其住宅、交通工具等发送广告或以电子信息方式向其发送广告。

(二) 禁止性规定

任何单位或者个人未经当事人同意或者请求，不得向其住宅、交通工具等发送广告，也不得以电子信息方式向其发送广告。以电子信息方式发送广告的，应当明示发送者的真实身份和联系方式，并向接收者提供拒绝继续接收的方式。其中的“电子信息方式”不仅包括电话、短信、传真，而且包括通过电子邮件、社交媒体平台、应用软件等方式。

利用互联网发布、发送广告，不得影响用户正常使用网络。在互联网页面以弹出等形式发布的广告，应当显著标明关闭标志，确保一键关闭。所谓“一键关闭”应当是彻底关闭，不能在关闭一个弹窗广告的同时链接至另一个广告页面，或者隔一段时间又弹出同样的广告。

(三) 法律责任

《广告法》规定，广告主违反前述规定发送广告的，由有关部门责令停止违法行为，对广告主处 5000 元以上 30000 元以下的罚款。

此外，《互联网广告管理暂行办法》进一步规定，经营者不得以欺骗方式诱使用户点击广告内容。未经允许，不得在用户发送的电子邮件中附加广告或者广告链接。违反规定诱使用户点击广告内容的，或者未经允许，在用户发送的电子邮件中附加广告或者广告链接的，责令改正，处 1 万元以上 3 万元以下的罚款。

第四节　从事广告业务的条件和准则

一、经营者从事广告业务的条件

(一) 广播电台、电视台、报刊出版单位从事广告业务的条件

不同传播渠道的传播面和受众范围不同，广播电台、电视台、报刊出版单位因传播面广，受众范围大，在其上发布广告影响面大，所以法律有必要对这些媒体发布广告的行为加强管理，对其从事广告发布业务作出特别规定，即应当办理广告发布登记，取得发布资格。办理地点是县级以上地方市场监督管理部门。

依照《广告法》和《广告发布登记管理规定》，办理广告发布登记，应当具备下列条件：

1. 具有法人资格。不具有法人资格的报刊出版单位，由其具有法人资格的主办单位申请办理广告发布登记；

2. 设有专门从事广告业务的机构；

3. 配有广告从业人员和熟悉广告法律法规的广告审查人员；

4. 具有与广告发布相适应的场所、设备。

广播电台、电视台、报刊出版单位未办理广告发布登记，擅自从事广告发布业务的，由市场监督管理部门责令改正，没收违法所得，违法所得 1 万元以上的，并处违法所得 1 倍以上 3 倍以下的罚款；违法所得不足 1 万元的，并处 5 千元以上 3 万元以下的罚款。

（二）其他经营者从事广告业务的条件

其他经营者从事广告业务不需要办理广告发布登记手续，但应当配备熟悉广告法规的广告审查人员。有条件的还应当设立专门机构，负责广告的审查。

二、经营者从事广告业务准则

（一）建立、健全广告业务的承接登记、审核、档案管理制度，为客户提供真实信息

1. 广告经营者、广告发布者应当按照国家有关规定，建立、健全广告业务的承接登记、审核、档案管理制度。依据法律、行政法规查验有关证明文件，核对广告内容。对内容不符或者证明文件不全的广告，广告经营者不得提供设计、制作、代理服务，广告发布者不得发布。

广告经营者、广告发布者未按照国家有关规定建立、健全广告业务管理制度的，或者未对广告内容进行核对的，由市场监督管理部门责令改正，可以处 5 万元以下的罚款。

2. 广告经营者、广告发布者应当公布其收费标准和收费办法。广告经营者、广告发布者未公布其收费标准和收费办法的，由价格主管部门责令改正，可以处 5 万元以下的罚款。

3. 广告发布者向广告主、广告经营者提供的覆盖率、收视率、点击率、发行量等资料应当真实。

4. 广告主、广告经营者、广告发布者之间在广告活动中应当依法订立书面合同。

（二）广告主、广告经营者、广告发布者不得在广告活动中进行任何形式的不正当竞争

广告主、广告经营者、广告发布者在广告活动的不正当竞争行为依照《反不正当竞争法》处理。

三、互联网程序化购买广告准则

（一）程序化购买广告的含义

程序化购买广告是指在互联网上，以程序化购买广告的方式，通过广告需求方平台、媒介方平台以及广告信息交换平台等所提供的信息整合、数据分析等服务进行有针对性的发布。程序化购买广告包含三个平台，即需求方平台、媒介方平台以及广告信息交换平台。广告需求方平台是指整合广告主需求，为广告主提供发布服务的广告主服务平台。广告需求方平台的经营者是互联网广告发布者、广告经营者。媒介方平台是指整合媒介方资源，为媒介所有者或者管理者提供程序化的广告分配和筛选的媒介服务平台。广告信息交换平台是提供数据交换、分析匹配、交易结算等服务的数据处理平台。

程序化购买广告是一种新兴的广告方式，广告主通过广告需求方平台、媒介方平台以及广告信息交换平台等平台，可以有效地、精准地找到潜在的消费者，进而实现广告精准投放。比如，消费者在某搜索网站搜索点击了一篇介绍某款笔记本电脑的文章，这些平台随即进行信息交换，不久之后消费者就会在其打开的许多电脑网页上看到与该款笔记本电脑相关的广告，甚至在电子邮件、微信朋友圈、公众号里也会看到相关广告。

（二）程序化购买广告准则

1. 标明广告来源。依据《互联网广告管理暂行办法》的规定，通过程序化购买广告方式发布的互联网广告，广告需求方平台经营者应当清晰标明广告来源。

2. 查验合同相对方的主体身份。广告需求方平台经营者、媒介方平台经营者、广告信息交换平台经营者以及媒介方平台的成员，在订立互联网广告合同时，应当查验合同相对方的主体身份证明文件、真实名称、地址和有效联系方式等信息，建立登记档案并定期核实更新。

3. 制止违法广告。媒介方平台经营者、广告信息交换平台经营者以及媒介方平台成员，对其明知或者应知的违法广告，应当采取删除、屏蔽、断开链接等技术措施和管理措施，予以制止。

（三）法律责任

广告需求方平台经营者违反规定未标明来源的，媒介方平台经营者、广告信息交换平台经营者以及媒介方平台成员未履行相关义务的，由市场监督管理部门责令改正，处1万元以上3万元以下的罚款。

随着大数据和移动互联网技术的发展，凭借着强大的数据存储和分析能力，以移动互联网技术为支持，程序化购买广告的产业链不断成熟。目前，程序化购买广告已逐渐成为移动互联网广告市场最重要的经营模式之一。在实务中，一方面，由于广告主一般依据网站提供的网络数据与流量决定是否投放广告，所以一些网站可能存在对数据和流量造假的情况。另一方面，很多网站专业的广告审核人员不足，没有能力对企业投放的种类繁多的广告进行审核，导致违法广告被发布。为减少风险，广告合同当事人可以在尽职调查的基础上，在合同中明确约定发生数据和流量造假、广告违法等问题时有关当事人的责任。

本 章 小 结

本章结合《广告法》及相关法规，重点介绍了经营者广告发布的一般准则、广告违法行为的种类和从事广告业务的条件和准则。对于这些行为规范，不仅广告主应当了解，广告经营者、发布者也应该了解。因为广告经营者、发布者有义务对广告主的广告需求的合法性进行审查。创业企业作为广告主，如果没有能力配备专职法律人员，可以选择有审查能力的广告经营者、发布者承接广告业务。

从法律责任角度看，《广告法》对广告违法行为不仅有民事赔偿、停止违法行为或责令改正，还有 20 万元以上的行政罚款、甚至吊销营业执照等处罚，经营者对此应给予高度重视。它不仅会导致企业关闭，而且可能对企业法定代表人有重大影响。比如《广告法》规定，因发布虚假广告，或者有其他违反《广告法》的行为，被吊销营业执照的公司、企业的法定代表人，对违法行为负有个人责任的，自该公司、企业被吊销营业执照之日起 3 年内不得担任公司、企业的董事、监事、高级管理人员。此外，企业负责人还可能涉嫌触犯刑法，被追究刑事责任。

此外，违法广告行为既可能独立存在，也可能和不正当竞争行为交织在一起。许多不正当竞争行为都是通过广告进行传播的。比如在广告中擅自使用他人有一定影响的商业标识，导致商业混淆；利用广告进行商业诋毁、利用广告发布不正当有奖销售信息等。因此，经营者不仅要了解违法广告的种类，还要分清哪些竞争手段是法律禁止的，才能防范和减少因发布违法广告导致的损失。

如果企业因发布违法广告被调查或被举报，企业应积极配合市场监管部门，尽快改正，按照《行政处罚法》的规定，积极收集于己有利的证据，争取从轻、减轻行政处罚或者免予处罚。

第九章 创业经营中争议的解决

引 言

  提到创业,大多数人首先想到的是奋斗、梦想、财富等正面的词汇,但是由于创业这一行为本身就牵涉创业者内部之间、创业者与员工之间以及创业主体与其他相关方之间的权利义务关系,所以在创业经营过程中各类争议也就很难避免了。在创业之初,创业主体存在组织架构尚不成熟、抵抗风险能力弱以及处理争议经验不足等天然缺陷,在实践中往往因为一些很小的争议就能够导致整个创业的彻底失败。如何妥善处理创业经营中的各种争议也成为影响创业者能否顺利度过艰难的创业初期的重要因素之一。比如下面这个故事:

  创业者老苏在叉车行业摸爬滚打数十年,从一个小小业务员成长为业内小有名气的从业者。2012 年,老苏看到如火如荼的物流市场对于叉车有着巨大的需求,但是一些中小型物流公司又难以一次性购买大量叉车并雇用司机用于旺季运输。于是老苏想到了叉车租赁的商业模式,他将这个想法与其老东家——一家位于合肥的叉车生产和销售公司交流后,老东家随即拍板,愿意与老苏合作经营叉车租赁业务。双方商讨的合作方式如下,由合肥叉车公司占股70%,老苏占股30%,双方在湖北省成立了一家机械设备租赁公司,注册资本300万元。老苏负责完成了公司筹建工作后,在新公司担任总经理职务(以下简称湖北公司),负责公司日常经营。合肥叉车公司则委派了湖北公司法定代表人及财务负责人,负责对公司签章及资金收支予以管控。

  既然是设备租赁公司,那么出租的设备从哪里来?很简单,因为公司大股东本来就是生产销售叉车的企业,当湖北公司签订了对外叉车出租合同后,就直接向大股东的销售公司下达订单,大股东旋即安排叉车发货。叉车到了湖北省后,直接送达客户使用现场,湖北公司再雇用叉车司机给客户提供操作服务,客户每月按照约定的标准向湖北公司支付租金。湖北公司用租金支付司机报酬后再按照一个固定的比例分期向大股东支付叉车货款,剩余部分作为公司利润留存。

  由于湖北省是全国物流集散地,叉车租赁市场供不应求,老苏的这个模式很快获得了成功。截止到2013年底,湖北公司向大股东订购的叉车就超过了200台,所有的这些叉车都在租户处正常运转。刨开公司运营成本和定期支付给大股东的货款,公司每月还有可观的盈余。老苏和大股东皆大欢喜。同时,大股东看到这种模式的好处，在全国各地与其他合伙人也复制了这种商业模式。

变故出现在 2014 年底。在这一年，大股东与日本某叉车公司就整体并购事宜开展了谈判。日本公司有意出资收购合肥叉车公司，但是在谈判涉及合肥叉车公司在全国的租赁合作叉车经营模式时，日方认为这种合作模式风险很大，合肥叉车公司应当将租赁公司的日常经营权收回，变为全资子公司，否则日资将放弃收购。为了完成控制权的收回，大股东与老苏进行了多轮谈判。大股东认为湖北公司能有今天的发展是由于大股东一直以分期收取叉车货款的方式支持出租商业模式的迅速扩张，而老苏却认为湖北公司的今天是自己一手打拼的功劳，所有的客户开发都是老苏完成的，而大股东现在要收购股权是过河拆桥，无非是想独占湖北公司今后的所有利润。于是，双方陷入了僵局。

2015 年初，大股东无法再忍受湖北公司控制权问题长期悬而未决，开始着手强行清退老苏这个小股东了。大股东采用的手段有三招：首先，大股东在合肥本地发起了民事诉讼，要求湖北公司一次性支付叉车剩余货款 1500 余万元，并对全部叉车进行了诉讼保全①，湖北公司名下 200 余辆叉车被法院查封。然后大股东向湖北公司的员工和客户散布股东之间不和的消息，告知员工湖北公司将停发工资，要求员工停止工作，还要求客户停止向湖北公司付款。这一系列行为导致公司经营情况急转直下，最终经营停摆。而最后一招也是最厉害的，大股东在湖北警方报案称老苏在担任湖北公司总经理期间多项支出没有经大股东同意，涉嫌职务侵占，要求公安机关追究老苏的刑事责任。

大股东的这三招可谓老辣，分别从民事责任、公司经营和刑事责任方面给予湖北公司和老苏打击。老苏此时也只能见招拆招，从矛盾凸显之时就聘请了专业律师处理争议事宜。

在专业律师的协助下，针对大股东的三板斧，老苏和湖北公司分别做了如下应对。首先，湖北公司委托律师在合肥就货款案件应诉并提出如下答辩观点：虽然大股东和湖北公司叉车买卖合同约定的是货到后一个月内付款，但是之后双方口头约定货款按照分期方式支付，在长达两年多的公司经营过程中，大股东对于这种付款方式没有提出过任何异议。双方以事实行为对合同的支付方式予以了变更。其次，律师向大股东出具了律师函，要求其停止影响公司正常经营的行为。而针对刑事报案和羁押，律师向公安机关提供了辩护意见，认为老苏在湖北公司经营期间的行为都在大股东财务负责人的严格监控下，不可能有任何职务侵占的行为。最后，老苏还转守为攻，以小股东身份提起了股东代表诉讼②，要求大股东停止恶意影响公司经营的行为，并对

---

① 诉讼保全，是指人民法院对于可能因当事人一方行为或者其他原因，使判决不能执行或难以执行的案件，在对该案判决前，依法对诉讼标的物或与该案有关的财物采取的强制性措施。

② 股东代表诉讼，一般是指当公司怠于通过诉讼追究公司机关成员责任或实现其他权利时，由具备法定资格的股东为了维护公司利益，并出于追究这些成员责任或实现这些权利之目的，依据法定程序代表公司提起的诉讼。为了确保董事、监事、高级管理人员违反上述义务后得到追究，更有力地保护公司和股东的利益，我国新《公司法》借鉴了其他国家的立法经验，确立了股东代表诉讼制度。

公司经营利润的损失进行赔偿。

经过双方长达半年多的诉讼和刑事程序缠斗，故事也迎来了最终的大结局。

在合肥的民事诉讼中，因为大股东委派的法定代表人不认可湖北公司对于湖北律师的委托，其对于湖北律师代理人身份提出的异议获得了合肥法院的支持，湖北律师最终未能代表湖北公司参加民事诉讼程序。在民事诉讼庭审时，大股东委派的法定代表人认可了大股东的全部诉讼请求，湖北公司以败诉告终。

在刑事案件中，因为辩护策略选用得当，虽然老苏并非所有开支都有大股东同意，但是这些开支都是老苏的工资或者为公司垫付的款项，老苏在经历了 37 天的刑事拘留①措施后，没有被批准逮捕②，其职务侵占的刑事案件立案被撤销。老苏从刑事案件中全身而退。

而股东代表诉讼并没有等来最后的判决结果，大股东与老苏最终就双方股权争议协商达成了一致，大股东以高于老苏前期投入湖北公司注册资本约 30% 的金额收购了老苏的全部股份。股东代表诉讼随即被撤诉。

虽然最后双方达成了一致，但是损失依然无法避免。股东之间的争斗过于激烈，导致湖北公司无法正常经营长达数月。被拖欠工资的员工纷纷离职，并向劳动仲裁委员会提出仲裁请求，要求支付拖欠工资。公司客户纷纷停止了续租，前期产生的租金也被以各种理由拖欠。湖北公司的其他供应商也在人民法院起诉了公司，要求支付拖欠的供应商款项。最后，在当时已经 100% 持股的合肥叉车公司了结完所有争议事项后，于 2015 年年底申请注销了湖北公司。湖北公司至此彻底退出了湖北市场，股东在当年重新成立新的湖北公司，从头再来开拓湖北市场。老苏则离开了湖北，选择其他城市继续他的创业之路。

本案涉及的争议包括哪些种类？在实务中遇到这些争议应该通过什么方式来解决呢？

本章共分三节，首先从两个维度对于创业经营相关的争议进行分类，总结归纳出各类争议的普遍特点和处理原则。然后介绍争议解决的时效、争议解决的主要方法，再针对各类争议中的常见风险提供具备可操作性的防范措施。最后，为创业者在争议解决时如何寻求专业服务机构的帮助提供建议。

本章涉及的法律规定主要有：

民事法律类：《中华人民共和国民法典》（2020 年发布）（以下简称《民法典》）、《中华人民共和国公司法》（2018 年修订）（以下简称《公司法》）、《中华人民共和国专

---

① 刑事诉讼中的拘留是公安机关、人民检察院对直接受理的案件，在侦查过程中，遇到法定的紧急情况时，对于现行犯或者重大嫌疑分子所采取的临时剥夺其人身自由的强制方法。

② 批准逮捕，是指人民检察院同意公安机关逮捕犯罪嫌疑人的请求。公安机关在侦查中认为需要逮捕犯罪嫌疑人时，应当制作提请批准逮捕书，连同案件材料和证据一并报送人民检察院审查批准。人民检察院审查后，认为主要犯罪事实已经查清，可能判处徒刑以上刑罚，采取取保候审、监视居住等方法尚不足以防止发生社会危险性，而有逮捕必要的，应当批准逮捕。

利法》（2020 年修订）（以下简称《专利法》）。

劳动法律类：《中华人民共和国劳动法》（2018 年修订）（以下简称《劳动法》）、《中华人民共和国劳动合同法》（2012 年修订）（以下简称《劳动合同法》）、《中华人民共和国劳动争议调解仲裁法》（2007 年发布）（以下简称《劳动争议调解仲裁法》）。

行政法律类：《中华人民共和国行政处罚法》（2021 年修订）（以下简称《行政处罚法》）、《中华人民共和国行政复议法》（2017 年修订）（以下简称《行政复议法》）。

刑事法律类：《中华人民共和国刑法》（2020 年修订）（以下简称《刑法》）。

诉讼程序法律类：《中华人民共和国仲裁法》（2017 年修订）（以下简称《仲裁法》）、《中华人民共和国民事诉讼法》（2021 年修订）（以下简称《民事诉讼法》）、《中华人民共和国行政诉讼法》（2017 年修订）（以下简称《行政诉讼法》）、《中华人民共和国刑事诉讼法》（2018 年修订）（以下简称《刑事诉讼法》）、《中华人民共和国人民调解法》（2010 年公布）（以下简称《调解法》）。

第一节　与创业相关的争议概述

一、与创业相关的争议种类

传统的法律争议分类一般是根据争议所涉及的法律部门为标准，这种划分方式的优点非常明显，即为寻求各类争议的解决方案时如何适用法律法规提供参考和指引，比较适合专业的法律从业者。但是，由于绝大多数创业者并不具备法律专业知识，部门法分类方式提供的指导意义较为有限。为弥补上述不足，本节将首先以争议相对方的主体身份关系为标准对争议进行分类。

（一）根据争议相对方是否同为创业主体内部人员划分争议

根据争议相对方是否同为创业主体内部人员，争议可分为内部争议、外部争议及混合争议。

1. 内部争议。这是指发生在创业主体内部人员，主要包括股东或者合伙人之间以及与创业实体工作人员职务行为相关的争议。此类争议具有以下三个特点：

（1）内部争议容易出现在两个时间段。第一个是创业事项遭遇巨大困难时；第二个是创业事项发展顺利，但是创业者面临权益重新分配之时。在第一种情况中，由于创业面临挫折，可见的损失已经发生，部分创业者对于创业前景感到失望，希望能够通过让其他创业者更多承担损失的方式减少自己的损失部分，进而产生内部争议。比如对于亏损承担比例以及追加投资义务等事项发生争议。在第二种情况中，往往创业发展顺利，盈利前景光明，但创业者对于自己及其他创业者的贡献程度认识不一致。同时创业者又面临了股权激励计划、增资扩股、开设分支机构、兼并并购等重大经营事项，各创业者均希望在新的权益分配过程中占据更大份额，进而产生内部争议。比较典型的如对利润分配方式、股权出让比例及价格、分支机构股权比例产生争议。

（2）内部争议容易直接导致创业主体的解散。与外部争议及混合争议比较而言，内部争议对于创业主体的损害更为明显。创业所常用的商事主体形式，如有限责任公司、自然人合伙、合伙企业等，均具有人合性为主、资合性为辅的特征。这一类商事主体一旦发生投资人之间的纠纷，将直接影响其对外经营，甚至导致经营停止。在信息传播日渐便捷的当代社会，创业者之间的矛盾纠纷非常容易被客户所知晓，而为了规避不确定的风险，很多客户往往选择停止与此类具有风险的主体继续产生后续交易行为，公司经营的可持续性也将遭受重大影响。

（3）内部争议的发生与创业者之间权利义务约定不明或者管理不规范有关。在实践中，创业者最开始都是凭借信赖关系组成了创业团队，除了合作关系外，往往有亲属、同学、同事等基础社会关系。同时因为创业初期的资金预算有限，很难寻求法律、财务等专业人士的帮助，创业者之间的权利义务书面约定如合伙协议、股东协议等法律文件要么是根本没有，要么是通过互联网找到一个所谓的范本协议，再根据自己的具体情况予以增减后由各方签署。此类书面协议很容易产生法律适用的错误以及理解上的分歧，从而导致争议的产生。比如，明明是自然人合伙关系，各方却签订了一份适用于有限责任公司的《股东协议》，将合伙人责任约定成了股东责任。在此，我们建议创业者尽量少使用自行拟定法律文件的方式约定彼此的权利义务关系。创业者可以考虑引进专业人士作为事业合伙人，要求其提供专业知识的帮助，比如为创业事项拟定相关法律文件，并承诺以创业事项未来可能的收入作为其酬劳，如未来的分红权。如此一来，可以用未来收益预期获得专业人士较为长久稳定的专业知识服务。

另外，创业者在创业初期普遍忽视内部治理的规范性，这也是导致内部争议的一个重要原因。比如，因为没有完善的财务管理制度，创业者之间对于创业事项的收入、成本、利润等数据无法达成统一认识，进而产生内部争议。

2. 外部争议。是指创业主体或者其内部人员与创业主体以外的相对方产生的争议事项。主要包括：对外合同纠纷、对外侵权纠纷、与创业主体经营行为相关的其他争议。外部争议与内部争议相比较，有以下两个特点：

（1）外部争议风险程度与创业主体选择的创业领域有关。不同的行业其发生外部争议风险的可能性和风险类型有较为显著的区别。比如个人消费类产品的生产和销售者，因为其客户数量众多，则可能面临更多与客户消费合同或者产品责任相关的外部争议风险。运输快递类服务商更多面临对外侵权责任的风险，如服务人员造成的交通事故赔偿责任。数据类服务商会面临巨大的数据收集和使用的合规性风险，一旦商业模式违反国家强制性管理规定，则可能面对包括刑事犯罪在内的外部争议。比如在2019年，全国范围内就发生了大量此类案件，众多数据类公司因涉嫌侵犯公民个人信息被陆续调查。据各类媒体报道，其中被调查的数据类公司就包括杭州魔蝎数据科技有限公司、上海诚数信息科技有限公司、杭州存信数据科技有限公司、巧达科技（北京）有限公司等。所以，创业者应当在创业之初就对于外部风险进行有效评估，并谨慎选择进入的行业类别。

（2）有效的风险控制手段能显著降低外部争议的发生。任何创业主体都不可能在完全没有外部风险的环境下运营，这是商业主体经营行为的本质所决定的。但是为什么有些创业主体的外部争议就明显少于其他人呢？主要是因为创业主体建立了有效的风险控制体系。一般来说，度过了初期发展的创业主体都已经具备了相当的风险控制意识。他们要么通过内部制度设计把控风险，要么通过借助外部专业力量构建风险控制体系。在实践中，风险控制体系的建立能够明显减少外部争议的发生，但是其运营成本也会相应增加。

3. 混合型争议。这是指争议涉及的相对方，既包括创业主体内部人员，也包括外部人员。最为典型的混合型争议就是劳动争议，劳动争议中的劳动者从经营管理角度来说是创业主体的组成部分，而从劳动合同的法律地位来说又是与创业主体相对独立的个体。同时在处理劳动争议过程中，还可能会牵涉劳动与社会保障等行政部门对于创业主体（用人单位）的行政管理，更加体现了劳动争议的混合型特点。比较常见的劳动争议有追索劳动报酬纠纷、劳动合同纠纷、确认劳动关系纠纷、工伤保险待遇纠纷以及经济补偿金纠纷等，其中追索劳动报酬纠纷占比超过 45%①。

4. 区分的意义。按照上述标准区分争议的意义在于在解决争议时适用的不同解决原则。创业主体是由其内部人员组成的，每一个内部人员都在创业过程中发挥着作用。特别是对于处于创业初期的事业来说，内部人员的团结稳定直接关系到创业能否度过最为艰难的初始期，以及能否在未来获得上升发展的空间。所以，内部矛盾的妥善解决与否对于创业能否成功影响更大。同时，创始人之间往往因为信赖关系存在大量口头约定、书面约定不明、管理不规范的情况，导致内部争议在解决过程中往往举证难度较大。故建议内部争议以私力救济为原则，更多采用协商和解的方法解决争议。在不触及己方根本利益的前提下，各创业者可以做出适度妥协，以换取创业事业的可持续发展；而不要像本章案例中那样，最后大小股东不仅两败俱伤，辛苦积攒下来的客户资源也在股东之间的争斗中丧失殆尽。

不同于内部争议，外部争议的解决需要创业主体外部人员的配合和履行，而很多时候外部人员缺乏积极主动解决争议的动力，这时候就需要借助公权力维护自身合法权益。而且在实践中，很多外部纠纷因为前期协商过程太长，导致了最好的争议解决时机被错失。比如本章作者就曾经处理过一家陷入经营困难企业作为被告的多起被诉案件。在这些案件中，大多数尽快起诉并且采取了诉讼保全措施的债权人，他们因为在早期成功保全了债务人财产或者账户资金，所以债权大部分都得以实现；而另外一部分观望时间过长的债权人，在他们将案件起诉至人民法院之时，该企业已经被各方股东彻底放弃，不愿意再拿出任何资金进行救助，最后这些债权人只能拿着一纸胜诉判决，等待漫长的破产清算程序，而且最终能够获得的清偿比例也很不乐观，一般都在 10% 以下。故在解决外部争议时，如果是有利的一方，建议以具备强制执行力的公力救济方式为原则，及时采取仲裁、诉讼以及财产保全措施。

对于混合型争议的劳动纠纷，除了对于事实有较大分歧的争议外，仍然建议以协商解决为原则。其理由是我国的劳动关系相关法规，在制定和实施过程中是以保护劳动者利益为原则的。一旦争议进入劳动仲裁或者诉讼程序，用人单位在举证责任方面处于不利地位。而且很多初创主体的用人单位在劳动法合规方面难以做到完善的程度，经常存在大范

---

① http：//idc.china.com.cn/2019-05/06/content_40741080.htm.

围的违法违规情形，如未签订劳动合同、未缴纳"五险一金"、未支付加班工资等。而且在劳动争议趋于激化时，如果争议相对方将相关情况举报给行政主管部门，创业主体将会面临较大的行政责任风险，如罚款、没收违法所得等。在实践中，由于劳动争议案件免交仲裁及诉讼费用，诉讼成本较低，也存在很多劳动纠纷的一方在明显缺乏事实和法律依据的情况下，制造争议只是为了获取法律保护范围之外的不合理利益。对于这种情况我们就建议坚决用法律的武器维护己方权益。

（二）根据争议所涉及的法律部门划分

分析与创业相关的争议所涉及的法律法规时，都会具体关联到某一类法律部门。所谓法律部门，是根据一定的标准和原则，按照法律规范自身的不同性质，调整社会关系的不同领域和不同方法等所划分的同类法律规范的总和。由于调整的社会关系及其调整方法不同，现行法律规范可分为不同的法律部门，凡调整同一类社会关系的法律规范的总和，就构成一个独立的法律部门。

在理论界对于法律部门的划分及名称也没有完全统一的观点，但是各种观点中都认为我国的法律体系至少包括以下几类法律部门：宪法及宪法相关法、行政法、民商法、经济法、社会法（劳动法）、刑法、诉讼与非诉讼程序法[1]。创业相关的争议根据所涉及的法律部门主要包括民商事争议、劳动争议、行政争议以及涉嫌刑事犯罪的争议。

1. 民商事争议。这是指民商事交往中各方当事人之间在权利义务方面所发生的各种纠纷，其基本特点是争议的各方主体处于完全平等的地位。民商事争议由民商事法律调整，涉及民事的争议由《民法典》《民法总则》《民法通则》《合同法》《侵权责任法》《物权法》《婚姻法》《继承法》等主要法律调整[2]，涉及商事的争议由《公司法》《合伙企业法》《企业破产法》等主要法律调整。

创业过程就是不断产生民商事主体之间权利义务关系的过程，无论是股东或者合伙人，或者创业主体与供应商、顾客，各方之间并没有隶属或者管理关系，他们在法律视角下的地位是完全平等的，所以上述各方之间发生的争议都属于民商事争议。民商事争议也是创业过程中的最常见的一类争议。

在创业中常见的民商事争议包括：股东之间的股权纠纷、合伙人之间的合伙纠纷、对外合同纠纷、对外侵权纠纷等。

2. 劳动争议。这是指劳动关系的当事方之间因执行劳动法律、法规和履行劳动合同而发生的纠纷，即劳动者与所在单位之间因劳动关系中的权利义务而发生的纠纷。其基本特点是由于用人单位和劳动者之间存在管理与被管理的关系，争议双方处于不完全平等的地位，所以法律在规制劳动关系时，不仅体现出保护弱势一方劳动者的倾向，而且当用人单位存在严重违法行为时，行政部门还会进行迅速有效的介入和干预。所以，劳动争议由

---

[1] 高晖云. 高晖云讲理论法. 北京：中国政法大学出版社，17.

[2] 自 2021 年 1 月 1 日施行《民法典》之后，《婚姻法》《继承法》《民法通则》《收养法》《担保法》《合同法》《物权法》《侵权责任法》《民法总则》已同时废止，并不再适用于 2021 年 1 月 1 日之后发生的争议。

于主体地位不完全平等，而且涉及国家公权力的介入，被单独予以区分。劳动争议由《劳动合同法》《劳动法》《劳动争议调解仲裁法》等主要法律调整。

劳动争议也是创业过程中较为常见的争议。这是因为在创业初期，创业者首先要考虑的问题是如何存活下去，而最能立竿见影地提升利润的方法之一就是砍掉部分劳动成本。以国家强制缴纳的社会福利保险待遇为例，在湖北省武汉市按照最低标准缴纳"五险一金"，用人单位需要承担的部分估算为 1037.41 元/月①。以一个普通应届毕业大学生预期薪酬 4000 元/月计算，仅"五险一金"用人单位需要承担的比例就超过了薪酬的 25%。而且，用人单位的劳动合规瑕疵一般是个较为普遍的状况。比如很多劳动者都没有依法办理"五险一金"缴纳，公司全面实行"996 工作制"且没有支付加班工资等。这一类问题一旦发生争议，用人单位承担责任的几率很大，而且出现一个个案后，其他劳动者纷纷效仿，类似争议会层出不穷。原本可能账面上还有的利润，很快就被违法用工需要支付的代价给吞噬。

根据《劳动争议调解仲裁法》第 2 条的规定，适用劳动争议调解仲裁的劳动争议包括：(1) 因确认劳动关系发生的争议；(2) 因订立、履行、变更、解除和终止劳动合同发生的争议；(3) 因除名、辞退和辞职、离职发生的争议；(4) 因工作时间、休息休假、社会保险、福利、培训以及劳动保护发生的争议；(5) 因劳动报酬、工伤医疗费、经济补偿或者赔偿金等发生的争议；(6) 法律、法规规定的其他劳动争议。

根据《最高人民法院关于审理劳动争议案件适用法律问题的解释（一）》第 1 条的规定，人民法院受理下列劳动争议：(1) 劳动者与用人单位在履行劳动合同过程中发生的纠纷；(2) 劳动者与用人单位之间没有订立书面劳动合同，但已形成劳动关系后发生的纠纷；(3) 劳动者与用人单位因劳动关系是否已经解除或者终止，以及应否支付解除或者终止劳动关系经济补偿金发生的纠纷；(4) 劳动者与用人单位解除或者终止劳动关系后，请求用人单位返还其收取的劳动合同定金、保证金、抵押金、抵押物发生的纠纷，或者办理劳动者的人事档案、社会保险关系等移转手续发生的纠纷；(5) 劳动者以用人单位未为其办理社会保险手续，且社会保险经办机构不能补办导致其无法享受社会保险待遇为由，要求用人单位赔偿损失发生的纠纷；(6) 劳动者退休后，与尚未参加社会保险统筹的原用人单位因追索养老金、医疗费、工伤保险待遇和其他社会保险待遇而发生的纠纷；(7) 劳动者因为工伤、职业病，请求用人单位依法给予工伤保险待遇发生的纠纷；(8) 劳动者依据劳动合同法第 85 条规定，要求用人单位支付加付赔偿金发生的纠纷；(9) 因企业自主进行改制发生的纠纷。

我们建议，创业者一定要树立合规用工的理念。即便在创业初期因为不得已的原因存在各类瑕疵，也应该在后续经营管理中逐步完善，坚持合法合规的用工原则。

3. 行政争议。这是指以实施具体行政行为的国家行政机关为一方，以作为该具体行政行为相对人的公民、法人或者其他组织为另一方，针对行政机关实施的具体行政行为是否合法（包括适当）而引起的争议。由于行政争议带有强烈的公权力对于私权利的管理特性，所以行政争议有如下一些特点：(1) 争议的双方的地位不平等，其中的行政机关

---

①　https：//news. vobao. com/zhengce/952874642450177702. shtml.

是管理者的角色，在实施行政行为时处于强势地位。（2）行政争议是以行政机关依其职权，因其作为或不作为与公民、法人或其他组织形成行政法律上权利义务的法律行为为前提。没有行政机关行使职权的行政行为，行政争议便不存在。（3）当事人不服行政机关的行政行为提出行政复议或行政诉讼时，行政机关会承担更加严格的举证责任。在普通民事诉讼中，举证责任的分配以"谁主张谁举证"为原则，而在行政复议和行政诉讼中，行政机关需要就其行政行为的合法性、合理性进行举证。《行政复议法》第23条、第28条就规定行政机关在收到复议申请书10日内要"提出书面答复，并提交当初作出具体行政行为的证据、依据和其他有关材料"。行政机关未能提供的，复议机关应当"视为该具体行政行为没有证据、依据，决定撤销该具体行政行为"。《行政诉讼法》第34条也规定了行政机关"对作出的行政行为负有举证责任，应当提供作出该行政行为的证据和所依据的规范性文件"。行政机关未能提供的"视为没有相应证据"。第37条还规定了"原告可以提供证明行政行为违法的证据。原告提供的证据不成立的，不免除被告的举证责任"。之所以有这种举证责任的制度设计，是出于保护行政行为相对人的目的，将举证责任更多地分配给处于强势地位的行政机关。

调整行政争议的主要法律包括《行政处罚法》《行政复议法》《行政诉讼法》以及各行政部门在行使管理职能时涉及的法律法规。

行政争议虽然不是创业中常见的争议，但是也应当给予重视。其原因在于，行政争议总是与具体行政行为①紧密相关，而行政行为具有确定力、拘束力、公定力以及执行力的特点。简单来说，只要行政机关做出了具体行政行为，没有经过法定理由和程序，该行为就是有效且不可变更的，相对方必须要受其约束，否则行政机关有权予以强制执行。比如创业主体受到了行政处罚，即使该处罚存在明显违法情形，但只要该行为未经行政复议、行政诉讼等程序予以变更或者撤销，创业主体就必须接受该处罚决定并予以执行。

与创业相关的常见行政争议包括：经营许可争议、涉税争议、违法劳动用工争议等。

4. 涉嫌刑事犯罪的争议。这是指一旦争议事项一方的行为涉嫌严重侵犯《刑法》所保护的社会关系，则该争议一方的行为可能构成刑事犯罪，受到刑事追责。刑事追责是争议主体可能面对的最严厉的责任，一旦构成刑事犯罪，责任主体将会承担相应的刑事责任并受到刑事处罚。

创业主体及其内部人员如果经营行为严重违法，则可能因触犯《刑法》而涉嫌刑事犯罪。其中比较常见的罪名有刑法分则第二章所规定的危害公共安全类犯罪，如重大责任事故罪，消防责任事故罪，不报、谎报安全事故罪；分则第三章所规定的破坏社会主义市场经济秩序类犯罪，如生产、销售伪劣产品罪，虚假出资、抽逃出资罪，非国家工作人员受贿罪，非法吸收公众存款罪，洗钱罪，集资诈骗罪，逃税罪，虚开增值税专用发票罪，假冒注册商标罪，侵犯著作权罪，侵犯商业秘密罪，合同诈骗罪，非法经营罪；分则第四章所规定侵犯公民人身权利、民主权利类犯罪，如强迫劳动罪、侵犯公民个人信息罪；分则第五章所规定的侵犯财产类犯罪，如诈骗罪、职务侵占罪、拒不支付劳动报酬罪；分则

---

① 具体行政行为的表现形式包括：行政命令、行政征收、行政许可、行政确认、行政监督检查、行政处罚、行政强制、行政给付、行政奖励、行政裁决、行政合同、行政赔偿等。

第六章所规定的妨害社会管理秩序类罪，如开设赌场罪、污染环境罪，以及分则第八章贪污贿赂类犯罪中的行贿罪等。

二、争议解决的时效问题

（一）不同争议种类中时效的含义和基本规定

时效一词在法律中经常使用，其基本含义为某项权利应当在一定期限内行使，逾期未能行使的，将导致该项权利失去法律的保护。在民事争议、劳动争议、行政争议以及涉嫌刑事犯罪的争议中，时效的含义、期限以及法律后果不尽相同，现分述如下：

1. 民事争议中的时效。在民事争议中，时效一般指"诉讼时效"，即民事权利受到侵害的权利人在法定的时效期间内不行使权利，当时效期间届满时，即丧失了请求人民法院依诉讼程序强制义务人履行义务权利的制度。

《民法典》第 188 条规定：向人民法院请求保护民事权利的诉讼时效期间为 3 年。法律另有规定的，依照其规定。

诉讼时效期间自权利人知道或者应当知道权利受到损害以及义务人之日起计算。法律另有规定的，依照其规定。但是，自权利受到损害之日起超过 20 年的，人民法院不予保护；有特殊情况的，人民法院可以根据权利人的申请决定延长。

我们需要从以下几个方面来理解该法律条文。

（1）民事诉讼时效的一般期限为 3 年，即权利人应当在这个时间内向对方积极主张权利，否则就可能面临权利无法受到法律保护的后果。同时法律还规定了某些特殊的诉讼时效，比如《民法典》第 594 条规定"因国际货物买卖合同和技术进出口合同争议提起诉讼或者申请仲裁的时效期间为四年"。

（2）民事诉讼时效的起算时间是"自权利人知道或者应当知道权利受到损害以及义务人之日"。此规定的含义是，权利人在知道或者应当知道自己权利受损以及确定的责任承担义务人（如违约方、侵权方）之日，起算诉讼时效。比如说，买卖合同约定买方应当于 2020 年 1 月 1 日支付货款，如果逾期没能支付，则自 2020 年 1 月 2 日，卖方就知道或者应当知道自己权利受损且知道义务人是谁，自 1 月 2 日起应当计算诉讼时效。

第二层含义是，虽然不能完全确定权利人知道权利受损及义务人的时间，但是根据其他事实能够推断权利人应当知道权利受损及义务人的时间，则该时间作为诉讼时效起算之日。比如说，甲乙双方未就借款约定固定的还款期限，但是作为借款人的甲方曾经在 2018 年 12 月 31 日向乙方发送短信要求立即还款，乙方没有做出任何回复，也没有实际还款，则法律推断甲方应当自 2019 年 1 月 1 日起就"应当知道"其权利受损的事实。

（3）诉讼时效的最长期限是 20 年。自权利受到损害之日超过 20 年的，无论权利人是否知道权利受损及义务人，均因超过了诉讼时效而丧失胜诉权，该 20 年的期限只有在特殊情况下方可延长。之所以有最长诉讼时效的规定，是为了避免权利在很长时间后仍能够行使，从而维护法律关系的稳定。比如某人生前对外欠款，直至此人过世时债主都没有来讨债，死者的全部财产已经由继承人继承。又经过了漫长的岁月，死者的部分财产已经灭失，而部分继承人也已经死亡，遗产由继承人的继承人所有。这时债主突然出现，要求所有继承人共同偿还某人 50 年前的债务，这种情况将会给各继承人的财产稳定状态产生巨大影响。最长诉讼时效的设计就是为了避免此类情形给社会的整体民事法律关系造成不稳定。

《民法典》第 194 条规定：在诉讼时效期间的最后 6 个月内，因下列障碍，不能行使请求权的，诉讼时效中止：（1）不可抗力；（2）无民事行为能力人或者限制民事行为能力人没有法定代理人，或者法定代理人死亡、丧失民事行为能力、丧失代理权；（3）继承开始后未确定继承人或者遗产管理人；（4）权利人被义务人或者其他人控制；（5）其他导致权利人不能行使请求权的障碍。自中止时效的原因消除之日起满 6 个月，诉讼时效期间届满。

以上法条是关于诉讼时效"中止"的规定。简单来说，就是在诉讼时效到期的最后 6 个月内，如果发生了上述事由，导致权利人不能行使权利，则法律为了保护权利人，规定诉讼时效停止计算，等待阻碍事由结束后，重新给予权利人新的 6 个月诉讼时效。

《民法典》第 195 条规定：有下列情形之一的，诉讼时效中断，从中断、有关程序终结时起，诉讼时效期间重新计算：（1）权利人向义务人提出履行请求；（2）义务人同意履行义务；（3）权利人提起诉讼或者申请仲裁；（4）与提起诉讼或者申请仲裁具有同等效力的其他情形。

简而言之，在诉讼时效期间内的任何时间，如果发生了上述事由，则法律给予权利人一个完整的全新诉讼时效，新诉讼时效的期限同原有诉讼时效一致。

2. 劳动争议中的时效。在劳动争议中，时效一般指"劳动争议申诉的时效"。

根据《劳动争议调解仲裁法》第 27 条的规定，劳动争议申请仲裁的时效期间为 1 年。仲裁时效期间从当事人知道或者应当知道其权利被侵害之日起计算。

劳动争议仲裁时效也适用中止及中断。但与民事诉讼时效的主要区别在于，劳动争议仲裁时效中止可以发生在时效期限内的任何时间，而不局限于最后 6 个月内。中止事由结束后，时效继续计算，而不是重新恢复至 6 个月。

需要特别指出的是，第 27 条第 4 款还规定，"劳动关系存续期间因拖欠劳动报酬发生争议的，劳动者申请仲裁不受本条第一款规定的仲裁时效期间的限制；但是，劳动关系终止的，应当自劳动关系终止之日起一年内提出"。该时效设计是考虑到很多劳动者在职期间因担心用人单位的报复，不愿意就劳动报酬单独提出劳动仲裁，而劳动者实际离职时又距离劳动报酬被拖欠之日超过了 1 年。为了更好地保护劳动者权益，法律给予劳动者此类主张的仲裁时效自实际离职时开始起算。

3. 行政争议中的时效。由于行政争议有"行政复议"和"行政诉讼"两种并行且交叉的解决方式，在行政争议中，时效同时包含"行政复议时效"和"行政诉讼时效"。

《行政复议法》第 9 条规定，"公民、法人或者其他组织认为具体行政行为侵犯其合法权益的，可以自知道该具体行政行为之日起 60 日内提出行政复议申请；但是法律规定的申请期限超过 60 日的除外。因不可抗力或者其他正当理由耽误法定申请期限的，申请期限自障碍消除之日起继续计算。"

从以上法律规定我们可以看出，行政复议的时效期间为 60 日，起算时间为知道具体行政行为之日。同时，法律还允许其他法律作出超过 60 日的规定，复议时效因不可抗力或者其他正当理由可以适用"中止"。

《行政诉讼法》第 46 条的规定，"公民、法人或者其他组织直接向人民法院提起诉讼的，应当自知道或者应当知道作出行政行为之日起 6 个月内提出。法律另有规定的除外。因不动产提起诉讼的案件自行政行为作出之日起超过 20 年，其他案件自行政行为作出之日起超过 5 年提起诉讼的，人民法院不予受理"。第 48 条还规定了，"公民、法人或者其他组织因不可抗力或者其他不属于其自身的原因耽误起诉期限的，被耽误的时间不计算在起诉期限内"。

此处需要提醒创业者特别注意的是，行政争议的时效比民事争议的诉讼时效短得多，行政复议时效为 60 日，行政诉讼时效为 6 个月，且最长不得超过 5 年/20 年（因仅适用于不动产提起诉讼）。同时，行政争议的诉讼时效可以"中止"，但没有类似民事诉讼时效可以"中断"后重新起算的规定。最后，民事诉讼时效过期后，当事人只是丧失了"胜诉权"，人民法院仍然可以受理案件，但行政争议的时效过期后，当事人丧失的是"起诉权"，复议机构和人民法院对行政争议可以直接不予受理。之所以行政争议中的时效规定更加严格，是因为行政行为是"公权力"行使的具体方式，需要具备比民事行为更大的"确定性"和"权威性"。如果行政机关的具体行政行为，在作出之后的很长时间内都具有"可诉性"的话，则可能给整体社会关系的稳定性带来更多不确定因素。为了减少这种不确定性，法律对行政争议的时效进行了更加严格的规定。

4. 涉嫌刑事犯罪的争议中的时效。在涉嫌刑事犯罪的争议中，时效一般指"追诉时效"。其含义与另外三种争议的时效区别较大，是指刑事法律规定的，对犯罪分子追究刑事责任的有效期限。犯罪已过追诉时效期限的，不再追究刑事责任。

根据《刑法》总则第 87 条规定，"犯罪经过下列期限不再追诉：（1）法定最高刑为不满 5 年有期徒刑的，经过 5 年；（2）法定最高刑为 5 年以上不满 10 年有期徒刑的，经过 10 年；（3）法定最高刑为 10 年以上有期徒刑的，经过 15 年；（4）法定最高刑为无期徒刑、死刑的，经过 20 年。如果 20 年以后认为必须追诉的，须报请最高人民检察院核准"。

追诉时效的长短是根据刑事犯罪"最高法定刑"来确定的。比如对于侵犯公民个人信息罪，法律就规定"违反国家有关规定，向他人出售或者提供公民个人信息，情节严重的，处 3 年以下有期徒刑或者拘役，并处或者单处罚金；情节特别严重的，处 3 年以上 7 年以下有期徒刑，并处罚金"。则对于一般的侵犯公民个人信息犯罪，因为其"最高法定刑"是"3 年以下有期徒刑"，故归入"法定最高刑为不满 5 年有期徒刑的"，追诉时效为 5 年；而对于"情节严重的"侵犯公民个人信息犯罪，因为其"最高法定刑"是"7 年以下有期徒刑"，故归入"法定最高刑为 5 年以上不满 10 年有期徒刑的"，追诉时效为 10 年。追诉时效的最长期限为 20 年，需要延长的应当经最高人民检察院核准。

（二）争议实务中时效的风险与防范

在民事争议、劳动争议及行政争议中，时效的主要风险都是未能在时效期间内积极行使权利，导致面临权利无法受到法律保护。

涉嫌刑事犯罪的争议中"追诉时效"主要限制的是侦查机关及监察机关，对于创业者而言的风险比较特殊，主要体现在作为刑事案件的"知情人""受害人"或者"自诉人"时，如果在追诉时效内未能采取积极措施，则犯罪嫌疑人将逃脱法律的制裁。

1. 民事争议中的时效风险防范

（1）关注特殊的诉讼时效。虽然《民法典》对一般民事权利主张的诉讼时效规定为3年，但是其他法律也同时规定了某些特殊民事案件不同的诉讼时效。特别是某些"特殊诉讼时效"短于3年时，就很容易造成因创业者不熟悉相关法律规定而未能在较短的诉讼时效期间内提出主张，进而导致时效过期。下面我们对短于3年的特殊诉讼时效作如下总结，以供创业者参考。见表9.1。

表9.1　　　　　　　　　　　　　短于3年的特殊诉讼时效

特殊民事诉讼时效期间	争议种类及法律规定
一年诉讼时效	拍卖标的存在瑕疵未声明的，请求赔偿（《中华人民共和国拍卖法》第61条第3款） 就海上货物运输向承运人要求赔偿的请求权（《中华人民共和国海商法》第257条） 有关海上拖航合同的请求权（《中华人民共和国海商法》第260条） 有关共同海损分摊的请求权（《中华人民共和国海商法》第263条）
两年诉讼时效	因产品存在缺陷造成损害要求赔偿（《中华人民共和国产品质量法》第45条） 有关航次租船合同的请求权（《中华人民共和国海商法》第257条） 就海上旅客运输向承运人要求赔偿的请求权（《中华人民共和国海商法》第258条） 有关船舶租用合同的请求权（《中华人民共和国海商法》第259条） 有关船舶碰撞的请求权（包括因船舶碰撞事故造成第三人人身伤亡的请求权）（《中华人民共和国海商法》第261条） 有关海难救助的请求权（《中华人民共和国海商法》第262条） 根据海上保险合同向保险人要求保险赔偿的请求权（《中华人民共和国海商法》第264条） 航空运输（《中华人民共和国民用航空法》第135条） 地面第三人损害赔偿（《中华人民共和国民用航空法》第171条）

如果创业者遇到上述民事争议，则应当在相应的一年或者两年的诉讼时效内提出主张，避免丧失"胜诉权"的情形。

（2）注意留存"中止""中断"的证据。在民事诉讼中，如果原告到法院起诉立案的时间距离原告知道或者应当知道权利受损以及义务人超过了诉讼时效，那么原告需要拿出诉讼时效已经"中止"或者"中断"的证据，用来证明原告是在诉讼时效期限内起诉的，否则将面临败诉的后果。

对于诉讼时效"中止"的情形，主张方应当提交以下证明材料：首先，在之前有效诉讼时效的最后6个月内，发生了《民法典》第194条所列举的5种情形。比如个人张三欠付李四设计费，该设计费张三本来应当最迟于2016年12月31日支付。但张三没有按期支付设计费，故从 2017 年 1 月 1 日起计算 3 年的诉讼时效，该时效应当于 2019 年 12 月 31 日到期。在 2019 年 12 月 1 日时，李四遭遇了车祸，昏迷不醒，无法向张三讨要设计费。则李四在 2019 年 12 月 1 日遭遇车祸的交管记录以及昏迷不醒的医疗记录就可以作为诉讼时效在到期前 6 个月内"中止的证据"。同时，权利人还应当提供在"中止事由"结束后，在 6 个月内提起诉讼的证明材料。还是在上述例子中，李四于 2020 年 2 月 1 日经治疗出院，且没有造成其民事行为能力受限，则在 2 月 1 日当日中止事由结束，李四就可以继续向张三主张设计费用。那么李四就需要提供 2020 年 2 月 1 日的出院证明，以及李四在 2020 年 7 月 31 日前将案件起诉到人民法院的证据，用来证明其起诉时间依然在诉讼时效期间内。

在实务中，能够导致诉讼时效"中止"的事由并不多见，更常见的是诉讼时效的"中断"。在很多现实纠纷中，享有权利的一方往往因为各种原因未在诉讼时效内将争议起诉至人民法院。这些原因可能是争议方一直在沟通协商、权利方碍于情面未能及时起诉，或者权利方暂时无法承担诉讼费用未能起诉，或者义务人没有履行能力，权利方决定暂缓起诉。如果权利方最终起诉时已经超过了诉讼时效而且没有"中止"事由，则权利方需要就诉讼时效已经"中断"进行证明，否则将面临败诉的结果。

对于诉讼时效中断的规定比较复杂，本书不在此处过于展开阐述。对于创业者来说比较简单有效的防范手段可以概括为"每年固定日期向义务人通过有效送达方式提出书面主张并保存好证据，直至起诉之日"。我们可以从以下几个方面理解这句话：第一，因为诉讼时效有长有短，但最短也不会短于 1 年，所以要求在每年固定日期提出主张，如每年固定为 12 月 31 日进行催收。因为只要能够在每年固定日期提出主张，则无论诉讼时效期间为几年，均可以保证在该期间内"中断"诉讼时效，从而引起时效重新计算。而且由于时效中断没有次数上的限制，只要每年主张，就可以将诉讼时效一直延续下去。第二，主张应当向义务人提出。比如义务人是个人张三，那么主张就应当直接向张三提出，而不要向张三的亲属、朋友或者同事提出。未对义务人直接提出的主张无法导致诉讼时效的"中断"。第三，主张应当通过有效送达方式提出。最基本的原则就是送达方式是义务人的法定地址或者能够确定义务人就是唯一接收人。比如义务人主体是有限责任公司，则向公司的工商登记注册地址邮寄邮件就是有效的送达方式；义务人主体是自然人，向户籍所在地或者身份证登记住所地邮寄邮件就是有效的送达方式。需要提醒的是，向义务人打电话、发送手机短信、发送电子邮件或者通过网络聊天工具主张权利的，则需要另外证明电话号码、电子邮件以及聊天工具的实际使用人就是义务人。第四，主张应当以书面形式提出。如果权利人的主张是以口头方式提出，例如当面要求义务人履行义务，打电话要求义务人履行义务，但又没能做好录音录像的取证工作，则人民法院会以无证据证明为由，认定诉讼时效没有中断。最后也是最重要的一点，主张权利一定要保存好证据。对于不同形式的权利主张，我们建议的保存方式如下：通过纸质邮件主张权利的，应当保存好快递单原件及对方签收记录；通过手机短信主张权利的，应当保存好发送时使用手机的短信记录；通过当面告知主张权利的，应当进行录像取证；通过电话告知主张权利的，应当进行录音取证；另外，电子邮件、微信或者其他聊天工具也是常见的权利主张方式，但是电子邮件以及微信聊天记录作为证据时，需要另外证明收件人的身份，所以不建议作为正式提出主张的常用方式。

（3）时效过期后仍可进行诉讼。前文中我们一直在强调，民事诉讼时效过期后，权利人就丧失了"胜诉权"，那么是不是说诉讼时效一旦过期了，权利人就完全不应当提起诉讼了呢？答案是"不一定"，在某些情况下，即便诉讼时效过期，权利人依然有可能通过诉讼得到胜诉判决。

根据《最高人民法院关于审理民事案件适用诉讼时效制度若干问题的规定》第二条的规定，当事人未提出诉讼时效抗辩，人民法院不应对诉讼时效问题进行释明及主动适用诉讼时效的规定进行裁判。也就是说人民法院不能主动援引"诉讼时效过期"的理由判决原告败诉。所以在实务中，如果义务人有"下落不明"可能导致"缺席判决"的情况时，权利人依然可以尝试提起诉讼。人民法院在穷尽了通知手段后，仍然无法联系上义务人而缺席开庭的，由于义务人不能提出诉讼时效抗辩，权利人在其他证据充分的情况下依然可以获得胜诉判决。

2. 劳动争议中的时效风险防范

（1）及时提交劳动仲裁申请。前文已经对劳动争议的申诉时效进行了比较详细的介绍，且其相关规定可以参照前述民事诉讼时效，故不再进行赘述。只是提醒创业者两点，第一，无论作为用人单位的创业企业还是劳动者均应当积极行使权利，不要"让权利睡觉"，错过了法律保护的期限。第二，劳动争议的申诉时效也有"中断"及"中止"的规定，权利人如果不能在申诉时效内向劳动仲裁委员会提起仲裁申请，则应当注意收集保存申诉时效中断或者中止的相关证据。

（2）不服仲裁裁决的，及时向人民法院提起诉讼。因为设置了"仲裁前置"的程序，当事人一旦对劳动争议仲裁裁决不服的，法律只给予了很短的起诉期。虽然起诉期并不属于"诉讼时效"范畴，但不予以注意，仍会导致错失救济机会，故在此予以单独说明。根据《劳动争议调解仲裁法》第48条、第50条的规定，劳动者对于所有类型的仲裁裁决不服的，用人单位对于非"一裁终局"的仲裁裁决不服的，均应当在"收到仲裁裁决书之日起15日内"向人民法院提起诉讼。否则，仲裁裁决就生效且具备了法律强制力。

3. 行政争议中的时效风险防范

（1）及时提交行政复议申请或者提起行政诉讼。行政法规给予了行政行为相对人"行政复议"和"行政诉讼"两种并列但又有交叉的救济手段，"行政复议"时效期间为60日，"行政诉讼"时效期间为6个月。两种时效均只能"中止"不能"中断"，且时效过期后复议机关或者人民法院直接不予受理案件，所以我们提醒创业者在面对行政争议时应当及时向相应机构提出权利主张。

（2）不服行政复议结果的，及时向人民法院提起诉讼。根据《行政诉讼法》第45条的规定，"公民、法人或者其他组织不服复议决定的，可以在收到复议决定书之日起15日内向人民法院提起诉讼。复议机关逾期不做决定的，申请人可以在复议期满之日起15日内向人民法院提起诉讼"。也就是说，如果当事人采取了"先复议后诉讼"的救济手段，6个月诉讼时效则不复存在，取而代之的是15日的"起诉期限"。这个起诉期限是一个固定期限，既不能"中止""中断"，也不能申请延长。所以，创业者如果申请了行政复议后要继续行政诉讼的，则应当注意上述期限。

4. 涉嫌刑事犯罪的争议中的时效风险防范

（1）"知情人""被害人"应当及时报案、举报或者控告。由于追诉时效的存在，意味着如果犯罪行为没有被侦查机关知晓，则在一定时间后，不再向犯罪分子进行追诉。如果创业者是涉嫌刑事争议的"知情人"或者"被害人"，则应当及时把所掌握的犯罪行为向侦查机关进行报案、举报或者控告。根据《刑法》第 88 条的规定，"在人民检察院、公安机关、国家安全机关立案侦查或者在人民法院受理案件以后，逃避侦查或者审判的，不受追诉期限的限制。被害人在追诉期限内提出控告，人民法院、人民检察院、公安机关应当立案而不予立案的，不受追诉期限的限制"。也就是说，只要侦查机关或者人民法院掌握了有关犯罪的信息，无论是"立案"还是"应当立案但不予立案"的，追诉时效则不再适用，无论经过多长时间，仍可追究刑事责任。

（2）"自诉人"应当及时提起自诉。所谓"刑事自诉案件"是指由被害人或其法定代理人向人民法院提起诉讼，由人民法院直接受理的轻微刑事案件。以下三种情况的刑事案件属于"刑事自诉案件"。

第一类是"告诉才处理的案件"，包括侮辱、诽谤案（《刑法》第 246 条规定的，但严重危害社会秩序和国家利益的除外）；暴力干涉婚姻自由案（《刑法》第 257 条第 1 款规定的）；虐待案（《刑法》第 260 条第 1 款规定的）；侵占案（《刑法》第 270 条规定的）。

第二类是"被害人有证据证明的轻微刑事案件"，包括故意伤害案（《刑法》第 234 条第 1 款规定的）；非法侵入住宅案（《刑法》第 245 条规定的）；侵犯通信自由案（《刑法》第 252 条规定的）；重婚案（《刑法》第 258 条规定的）；遗弃案（《刑法》第 261 条规定的）；生产、销售伪劣商品案（《刑法》分则第三章第一节规定的，但严重危害社会秩序和国家利益的除外）；侵犯知识产权案（《刑法》分则第三章第七节规定的，但严重危害社会秩序和国家利益的除外）；刑法分则第四章、第五章规定的，对被告人可能判处 3 年有期徒刑以下刑罚的案件。

第三类是"被害人有证据证明对被告人侵犯自己人身、财产权利的行为应当依法追究刑事责任，且有证据证明曾经提出控告，而公安机关或者人民检察院不予追究被告人刑事责任的案件"。任何刑事犯罪只要符合该条件，被害人都可以自行向人民法院提起诉讼。

以上三类自诉案件，除了第三类不受追诉时效限制外，前两类自诉案件，在受害人向人民法院提出诉讼时，人民法院都会根据追诉时效的规定对自诉案件进行审查，人民法院认为自诉案件超过了追诉时效的，自诉案件不予以受理。

所以创业者如果作为刑事案件的"自诉人"时，应当关注追诉时效的规定，在追诉时效期内及时提出刑事自诉。

三、争议解决的主要方法

（一）民商事争议的主要解决方法

民法乃万法之母，在所有部门法中，民法产生的时间最早，存续时间也最长。商法是随着人类商业交易的兴起而逐步发展的。由于民商事主体之间的平等地位，民商事争议解决方法体现出极大的灵活性。无论是解决方式、地点、调停人员都可以由争议各方事前或者事后选择约定。于是民商事争议也发展出多种解决方法，其中在实践中使用较多的有以下几种：

1. （自行）协商和解。这是指当事人双方在平等自愿的基础上，抱着公平、合理解决问题的态度和诚意，通过摆明事实、交换意见、取得沟通，从而找出解决问题、解决争议办法的一种方式。

2. 人民调解。这是指人民调解委员会通过说服、疏导等方法，促使当事人在平等协商基础上自愿达成调解协议，解决民间纠纷的活动。

3. 民商事仲裁。这是指由双方当事人协议将争议提交经法律认可的第三方仲裁机构，由该仲裁机构对争议的是非曲直进行评判并作出裁决的一种解决争议的方法。

4. 民事诉讼。这是指人民法院、当事人和其他诉讼参与人，在审理民事案件的过程中，所进行的各种诉讼活动，以及由这些活动所产生的各种关系的总和。

5. 民事调解（仲裁/民事诉讼过程中）。这是指在民商事仲裁和民事诉讼过程中，由仲裁机构或者人民法院，遵循自愿原则，在尊重事实和法律的基础上，促成争议各方达成一致并以生效法律文书将协商一致的内容予以固定，赋予其强制执行力的争议解决过程。

以上五种常见的争议解决方式各有利弊，现对其各自的特点比较如下，见表9.2。

表9.2 民商事争议解决方式比较表

	（自行）协商和解	人民调解	（民商事）仲裁	民事诉讼	民事调解
适用的程序法律规定	无特别程序法律规定	《人民调解法》	《仲裁法》	《民事诉讼法》	同（民商事）仲裁及民事诉讼
受理范围	所有民商事争议均可自行协商和解。但如果争议事项涉嫌争议主体的行政责任或者刑事责任，则不能通过自行协商解决	人民调解委员会不得受理调解下列纠纷：(1)法律、法规规定只能由专门机关管辖处理的，或者法律、法规禁止采用民间调解方式解决的；(2)人民法院、公安机关或者其他行政机关已经受理或者解决的①	下列纠纷不能仲裁：（1）婚姻、收养、监护、扶养、继承纠纷；（2）依法应当由行政机关处理的行政争议②	人民法院受理公民之间、法人之间、其他组织之间以及他们相互之间因财产关系和人身关系提起的民事诉讼③	同（民商事）仲裁及民事诉讼

---

① 参见《人民调解工作若干规定》第22条。
② 参见《仲裁法》第3条。
③ 参见《民事诉讼法》第3条。

续表

	（自行）协商和解	人民调解	（民商事）仲裁	民事诉讼	民事调解
受理机构	无受理机构	人民调解委员会	仲裁委员会	人民法院	同（民商事）仲裁及民事诉讼
当事人对受理机构的选择权	无须选择	可选择方便或就近的人民调解委员会	自愿，协议管辖	法定，在法定基础上协议或按法定管辖处理	同（民商事）仲裁及民事诉讼
经济成本	很低，只需要谈判成本	很低，人民调解委员会调解民事纠纷，不收取任何费用	仲裁收费标准较高，一般为争议金额的0.5%~4%	诉讼收费略低于仲裁，一般为争议金额的0.5%~2.5%。简易程序减半收取，但上诉需要重新交纳二审诉讼费用	仲裁调解结案的，一般不减免仲裁费用诉讼调解结案的，诉讼费减半
私密性	高，协商内容只有协商各方知情	较高，参与调解的人员可知晓协商内容	高，仲裁采用不公开方式进行，且仲裁员及秘书均有保密义务	低，公开审理为原则，且裁判文书将上网公布	仲裁调解私密性高；诉讼调解私密性较高，虽然审理仍然公开，但调解书可以申请不上网公布
程序灵活性	极高，无强制性规定	高，进行人民调解的时间、地点及参与人员均可以协商确定	低，仲裁程序必须严格遵守《仲裁法》、各仲裁委员会《仲裁规则》的规定。当事人可以就仲裁程序中的部分事项自行书面约定	低，诉讼程序必须严格遵守《民事诉讼法》的规定，但如果适用简易程序①，则灵活性相对较高	较高，需要在仲裁委员会及人民法院的主持下进行，调解过程需要制作调解笔录。经调解达成一致后，还需要制作调解书或者裁决书
是否受到时效制度②的限制	无时效制度限制	无时效制度限制	受时效制度限制③	受时效制度限制	无时效制度限制，对于时效有争议的案件仍可以进行调解

---

① 简易程序是指基层人民法院及其派出法庭审理事实清楚、权利义务关系明确、争议不大的简单的民事案件，以及当事人约定适用简易程序的其他民事案件时，所适用的一种审理程序。简易程序在起诉形式、传唤和文书送达方式、独任审判和审理期限上均更加简化。

② 时效制度也称"消灭时效"，是指民事权利受到侵害的权利人在法定的时效期间内不行使权利，当时效期间届满时，即丧失了请求仲裁机构或者人民法院依诉讼程序强制义务人履行义务权利的制度。

③ 《仲裁法》第74条：法律对仲裁时效有规定的，适用该规定。法律对仲裁时效没有规定的，适用诉讼时效的规定。

续表

	(自行)协商和解	人民调解	(民商事)仲裁	民事诉讼	民事调解
效率性	不受时间限制，时间可长可短	不受时间限制，时间可长可短	法律未统一规定仲裁的审理期限，但各仲裁委员会均严格按照其《仲裁规则》规定的期限审结①。与人民法院相比，较少出现延期的情形	一审：普通程序自立案之日起6个月内审结(可延长)、简易程序自立案之日起3个月内审结；二审：自立案之日起3个月内审结(可延长)。在诉讼实务中，存在较多超期审理的情形	仲裁/诉讼程序中可以随时进行调解，也可以随时退出调解
是否可诉讼/上诉	对于和解内容不履行的，仍可以仲裁/诉讼	对于和解内容不履行的，仍可以仲裁/诉讼，但经司法确认的除外②	一裁终局，无上诉程序。但可依法请求撤销裁决③	两审终审制，对生效判决可以申请再审，但不影响判决的执行	调解书不可上诉
是否具有强制执行力	协商和解协议不可直接申请强制执行	调解协议原则上不具有可强制执行力，除非经过司法确认	裁决书具有强制执行力，但可依法请求不予执行④	生效判决具有强制执行力	调解书具有强制执行力

① 中国国际经济贸易仲裁委员会仲裁规则(2015年版)第48条规定"仲裁庭应在组庭后6个月内作出裁决书，经仲裁庭请求，仲裁委员会仲裁院院长认为确有正当理由和必要的，可以延长该期限"；深圳国际仲裁院2019仲裁规则第50条就争议的不同种类及程序规定了6个月、4个月及2个月的裁决期限，上述期限可以适当延长；武汉仲裁委员会(武汉国际仲裁中心)仲裁规则2018年版第59条规定一般案件应当自仲裁庭组成之日起4个月内作出裁决，第72条规定适用简易程序的案件应当自仲裁庭组成之日起两个月内作出裁决，上述期限经仲裁委员会主任批准均可以延长。

② 《人民调解法》第33条规定：经人民调解委员会调解达成调解协议后，双方当事人认为有必要的，可以自调解协议生效之日起30日内共同向人民法院申请司法确认，人民法院应当及时对调解协议进行审查，依法确认调解协议的效力。人民法院依法确认调解协议有效，一方当事人拒绝履行或者未全部履行的，对方当事人可以向人民法院申请强制执行。人民法院依法确认调解协议无效的，当事人可以通过人民调解方式变更原调解协议或者达成新的调解协议，也可以向人民法院提起诉讼。

③ 《仲裁法》第58条规定了可以申请撤销仲裁裁决的6项情形，分别为：(一)没有仲裁协议的；(二)裁决的事项不属于仲裁协议的范围或者仲裁委员会无权仲裁的；(三)仲裁庭的组成或者仲裁的程序违反法定程序的；(四)裁决所根据的证据是伪造的；(五)对方当事人隐瞒了足以影响公正裁决的证据的；(六)仲裁员在仲裁该案时有索贿受贿、徇私舞弊、枉法裁决行为的。同时人民法院认定该裁决违背社会公共利益的，也应当裁定撤销。

④ 《仲裁法》第63条规定了可以申请不予执行仲裁裁决的6项情形，分别为：(一)当事人在合同中没有订有仲裁条款或者事后没有达成书面仲裁协议的；(二)裁决的事项不属于仲裁协议的范围或者仲裁机构无权仲裁的；(三)仲裁庭的组成或者仲裁的程序违反法定程序的；(四)认定事实的主要证据不足的；(五)适用法律确有错误的；(六)仲裁员在仲裁该案时有贪污受贿、徇私舞弊、枉法裁决行为的。同时人民法院认定执行该裁决违背社会公共利益的，也应当裁定不予执行。

续表

	(自行)协商和解	人民调解	(民商事)仲裁	民事诉讼	民事调解
专业性	以争议各方的专业知识为准	人民调解委员会对商事纠纷的专业知识比较有限	某些领域的仲裁员具备极其专业的相关知识，甚至就是该专业的权威人士	法律专业性较强，但商事专业知识因人而异	同(民商事)仲裁及民事诉讼

（二）劳动争议的主要解决方法

如上文所述，劳动争议各方处于不完全平等的地位，所以对于劳动争议的处理带有比较鲜明的行政色彩。在争议双方的诉讼解决途径之前，法律设置了一系列争议方可以用于救济的行政手段。具体而言，劳动争议的主要解决方法有劳动监察①、工伤认定②、劳动仲裁③以及劳动争议诉讼④。

1. 劳动监察最大的特点就是效率高。根据《劳动保障监察条例》第17条规定，劳动保障行政部门对违反劳动保障法律、法规或者规章的行为的调查，应当自立案之日起60个工作日内完成；对情况复杂的，经劳动保障行政部门负责人批准，可以延长30个工作日。虽然这一时限与劳动仲裁程序相近，但是劳动监察处罚属于具体行政行为，一经作出就具备强制执行力。而对大多数劳动仲裁裁决来说，不服一方仍可继续将争议提交至人民法院进行诉讼，具备执行力的法律文书所需要的形成时间远远长于劳动监察。所以，如果用人单位或者劳动者存在明显违反劳动法律法规情形，建议采用劳动监察的方式解决争议，以节省争议各方的时间成本。

2. 工伤认定仅适用于工伤类案件，即争议各方对于劳动者所遭受的人身损害是否属于因工受伤（死亡）存在争议时，任何一方均可以将争议提交至劳动行政部门，请求行政部门出具认定意见。

3. 劳动仲裁是用于解决劳动争议使用最多的方式，其原因在于劳动仲裁不同于民商事仲裁的自愿性，而是一种强制性的争议解决方式。根据《劳动争议调解仲裁法》第2条的规定，6种劳动争议都必须首先适用劳动仲裁程序，对裁决不服的，方可起诉至人民法院。这种程序设置也被称为"劳动仲裁前置"。这6种争议分别是：（1）因确认劳动关系发生的争议；（2）因订立、履行、变更、解除和终止劳动合同发生的争议；（3）因除名、辞退和辞职、离职发生的争议；（4）因工作时间、休息休假、社会保险、福利、培训

---

① 劳动监察是指劳动行政主管部门对违反劳动法规的单位或劳动者，可以依据现行劳动法律、法规、规章的决定，分别给予警告、通报批评、罚款、吊销许可证、责令停产整顿的处罚。

② 工伤认定是劳动行政部门依据法律的授权对职工因事故伤害（或者患职业病）是否属于工伤或者视同工伤给予定性的行政确认行为。

③ 劳动仲裁是指由劳动争议仲裁委员会对当事人申请仲裁的劳动争议居中公断与裁决

④ 劳动争议诉讼是指人民法院对当事人不服劳动争议仲裁机构的裁决或决定而起诉的劳动争议案件，依照法定程序进行审理和判决，并对当事人具有强制执行力的一种劳动争议处理方式。

以及劳动保护发生的争议；（5）因劳动报酬、工伤医疗费、经济补偿或者赔偿金等发生的争议；（6）法律、法规规定的其他劳动争议。

劳动仲裁同样受到时效制度的制约，根据《劳动争议调解仲裁法》第 27 条的规定，劳动争议申请仲裁的时效期间为 1 年。仲裁时效期间从当事人知道或者应当知道其权利被侵害之日起计算。劳动关系存续期间因拖欠劳动报酬发生争议的，劳动者申请仲裁不受本条第一款规定的仲裁时效期间的限制；但是，劳动关系终止的，应当自劳动关系终止之日起 1 年内提出。同时，劳动仲裁时效也可中断或者中止。

劳动仲裁案件应当自受理之日起 45 日内审结，案情复杂需要延期的，经劳动争议仲裁委员会主任批准可以延期 15 日。

4. 劳动争议诉讼是处理劳动争议的最终程序，它通过司法程序保证了劳动争议的最终彻底解决。劳动争议诉讼的程序与民商事诉讼类似，但也有其特殊之处。主要体现在：（1）对起诉期限有特殊要求。根据《劳动争议调解仲裁法》第 50 条的规定，对仲裁裁决不服的，应当自收到裁决书之日起 15 日内向人民法院起诉。（2）诉讼费用极低。根据《诉讼费用交纳办法》，对于劳动争议案件，无论其争议金额有多少，每件只需要交纳 10 元的诉讼费用。（3）对于用人单位而言，将承担更为严苛的"举证责任"。《最高人民法院关于审理劳动争议案件适用法律问题的解释（一）》（2021 年 1 月 1 日施行）第 44 条规定：因用人单位作出的开除、除名、辞退、解除劳动合同、减少劳动报酬、计算劳动者工作年限等决定而发生的劳动争议，用人单位负举证责任。这种举证责任分配原则也同样体现在劳动仲裁中，《劳动争议调解仲裁法》第 39 条规定：当事人提供的证据经查证属实的，仲裁庭应当将其作为认定事实的根据。劳动者无法提供由用人单位掌握管理的与仲裁请求有关的证据，仲裁庭可以要求用人单位在指定期限内提供。用人单位在指定期限内不提供的，应当承担不利后果。

（三）行政争议的主要解决方法

行政手段是国家政府部门进行管理时最常用的方法，所以具体行政行为的合法性以及适当性就与每一个人的切身利益都息息相关。作为创业主体也是如此，如果不能妥善处理行政争议，轻则警告、罚款，重则没收违法所得、责令停产停业，直至吊销经营许可或者营业执照。对于责任人，还可以给予行政拘留的处罚。所以，创业者应当对行政争议给予足够重视。针对行政争议的处理，有以下三种主要解决方式：

1. 积极行使陈述权、申辩权。很多创业者在面临诸如税务、消防、劳动与社会保障等行政部门时，容易出现两种心态。第一种是消极应对，即对行政部门发送的任何文件采取不予理睬的处理方式；第二种是唯命是从，主观上认为行政部门的决定不可能有错误，或者虽然觉得行政行为违法，但是认为胳膊拧不过大腿，彻底放弃任何争取自己合法权益的尝试。

以上两种处理心态均不可取。虽然行政机关在作出具体行政行为时确实处于强势地位，但是为了保证行政机关依法行政，实现将"权力关进笼子里"，法律要求在具体行政行为可能影响到相对人权益时，行政机关应该充分听取相对人意见并且赋予相对人救济的手段。如《行政处罚法》第 45 条就规定：当事人有权进行陈述和申辩。行政机关必须充分听取当事人的意见，对当事人提出的事实、理由和证据，应当进行复核；当事人提出的事实、理由或者证据成立的，行政机关应当采纳。行政机关不得因当事人陈述、申辩而加重处罚。第 63 条还规定：行政机关作出责令停产停业、吊销许可证或者执照、较大数额罚款等较重行政处罚决定之前，应当告知当事人有要求举行听证的权利；当事人要求听证的，行政机关应当组织听证。

创业者只要积极配合行政机关，合理行使上述救济手段，很多行政争议可以在初期就得以妥善处理，不至于发展成后续较严重的行政责任。

2. 行政复议。行政复议是指与行政行为具有法律上利害关系的主体认为行政机关作出的行政行为侵犯其合法权益，依法向具有法定权限的行政机关申请复议，由复议机关依法对被申请行政行为合法性和适当性进行审查并作出决定的活动和制度。

行政复议制度非常复杂，限于篇幅就不在此展开叙述。对于创业者而言，在使用行政复议处理争议时，最应当注意的就是提起行政复议的期限。根据《行政复议法》第 9 条的规定，公民、法人或者其他组织认为具体行政行为侵犯其合法权益的，可以自知道该具体行政行为之日起 60 日内提出行政复议申请；但是法律规定的申请期限超过 60 日的除外。同时，由于行政复议中对于行政行为合法性以及适当性的判断需要较高的专业知识，所以创业者还应当及时寻求专业人士的协助予以处理。

3. 行政诉讼。行政诉讼是指公民、法人或者其他组织认为行使国家行政权的机关和组织及其工作人员所实施的具体行政行为，侵犯了其合法权利，依法向人民法院起诉，人民法院在当事人及其他诉讼参与人的参加下，依法对被诉具体行政行为进行审查并做出裁判，从而解决行政争议的制度。

与行政复议相比，行政诉讼有以下三个方面的特点。首先是中立性更高，行政复议的复议机构仍然是执法部门的上级行政机关，仍然属于行政机关；而行政诉讼的审理机构则是人民法院，属于司法机关。其次行政诉讼程序复杂且需要更多的时间和经济成本，行政复议实行一裁终局制度；而行政诉讼实行二审终审制度，行政相对人获得法律救济的可能性更大。最后二者的审查强度不同，原则上人民法院只能对行政主体行为的合法性进行审查，而根据《行政复议法》的规定，行政复议机关可以对行政主体行为的合法性和适当性进行审查。

在提起行政诉讼时，创业者依然应当关注起诉时效的规定。具体而言，如果行政争议经过了行政复议，而对复议决定不服的，应当自收到复议决定书之日起 15 日内向人民法院提起诉讼。如果针对行政争议直接提起行政诉讼的，应当自知道或者应当知道作出行政行为之日起 6 个月内提出①。

---

① 《行政诉讼法》第 45 条：公民、法人或者其他组织不服复议决定的，可以在收到复议决定书之日起十五日内向人民法院提起诉讼。复议机关逾期不作决定的，申请人可以在复议期满之日起十五日内向人民法院提起诉讼。法律另有规定的除外。

第 46 条：公民、法人或者其他组织直接向人民法院提起诉讼的，应当自知道或者应当知道作出行政行为之日起六个月内提出。法律另有规定的除外。

因不动产提起诉讼的案件自行政行为作出之日起超过二十年，其他案件自行政行为作出之日起超过五年提起诉讼的，人民法院不予受理。

（四）涉嫌刑事犯罪争议的主要解决方法

如果创业者的相关争议涉嫌刑事犯罪了，则可供选择的解决方法就很有限了。这是因为刑事犯罪行为已经严重损害了国家或者他人利益，一旦刑事机关介入争议，则刑事追诉程序何时终结就不以争议各方的意志为转移了。

比如说，某创业者在创业活动中涉嫌将公司的商业秘密出售给竞争对手，如果公司以涉嫌侵犯商业秘密罪对泄密者进行了报案且案件被侦查机关予以立案侦查，则即便创业者与公司就停止侵害及赔偿达成了和解方案，也不能直接导致刑事案件被撤案，而只能作为后续定罪量刑的参考因素之一，即争议各方的协商一致结果对于刑事案件的最后审理结果起不到决定性作用。

所以对于该类争议，只有以下两种解决方法：

1. 事前防范。对于可能涉及刑事犯罪的争议应当早发现早处理，尽量不使争议发展到被刑事追责的程度。但是在这个阶段需要注意的是，争议方不能以刑事报案或者媒体曝光为要挟，要求对方满足自己不合理的需要，否则可能有理变没理。比较著名的案例有消费者郭某因奶粉质量问题，在获得了奶粉公司 40 万元人民币的赔偿并签署和解协议后，（在公司的诱导下）要求公司再赔偿 300 万元，结果以"敲诈勒索罪"被追究刑事责任被判处了五年有期徒刑。虽然郭某最终于 2017 年被广东省高院改判无罪，但 5 年的牢狱之灾却得不偿失。

2. 在刑事案件中积极行使辩护的权利。根据法律规定，未经人民法院宣判，任何人不得确定有罪。而在被确定有罪之前，嫌疑人可以通过为自己辩护或者委托辩护人的方式行使辩护权，刑事案件的经办机关应当予以保证。例如《刑事诉讼法》第 11 条、第 14 条规定，无论是人民法院、人民检察院还是公安机关均应当保障犯罪嫌疑人依法享有的辩护权。

由于刑事案件的侦查和起诉机关处于绝对的强势地位，嫌疑人在刑事诉讼中的合法权益容易受到侵害，而大多数嫌疑人缺乏自行刑事辩护的能力，又被刑事羁押限制了人身自由，不能收集整理证明自己罪轻或者无罪的证据，这时就建议嫌疑人委托一位值得信赖的刑事辩护律师了。对于如何委托"靠谱"的律师将在本章第三节予以介绍。

第二节　创业争议解决中常见的法律风险与防范

在对创业争议的种类及解决方法进行归纳后，本节将从实务的角度就创业争议解决中的常见风险与防范提供一些操作性较强的建议，希望能帮助创业者减少争议解决中的各类风险。

一、民商事争议解决中的常见风险与防范

（一）举证责任

1. 证据的范围

对于"证据"这个词大家都耳熟能详，我们也经常在影视作品中听到"打官司就是打证据""你有证据吗？""谁主张谁举证"的说法。但是究竟什么才构成法律认可的证据呢？

根据《民事诉讼法》第66条的规定，证据种类包括：（1）当事人的陈述；（2）书证；（3）物证；（4）视听资料；（5）电子数据；（6）证人证言；（7）鉴定意见；（8）勘验笔录。

只有合法取得且能够以上述形式予以固定和呈现的证据，才构成法律意义上的"证据"。

2. 举证责任分配的基本原则

举证责任的含义是指当事人对自己提出的主张有收集或提供证据的义务，并有运用该证据证明主张的案件事实成立或有利于自己的主张的责任，否则将承担其主张不能成立的不利法律后果。

举证责任分配的一般性原则是"谁主张谁举证"，即当事人一方主张某事实成立或者不成立的，主张的一方有责任提供证据予以证明。鉴于此一般性原则，创业者对于任何自己提出的主张，都应当及时收集保存相应证据，避免因无法举证而承担不利后果。

举证责任分配的特殊性原则是"举证责任倒置"，即当事人一方提出某事实成立或者不成立的，对方有责任提供证据予以证明。如果对方不能就此举证证明，则推定主张成立。此种分配原则是将举证责任从主张一方转移到了对方承担。与创业相关的常见举证责任倒置情形列举如下：

（1）《公司法》第63条规定，一人有限责任公司的股东不能证明公司财产独立于股东自己的财产的，应当对公司债务承担连带责任。

（2）《消费者权益保护法》第23条规定，经营者提供的机动车、计算机、电视机、电冰箱、空调器、洗衣机等耐用商品或者装饰装修等服务，消费者自接受商品或者服务之日起6个月内发现瑕疵，发生争议的，由经营者承担有关瑕疵的举证责任。

（3）《专利法》第66条第1款规定，专利侵权纠纷涉及新产品制造方法的发明专利的，制造同样产品的单位或个人应当提供其制造方法不同于专利方法的证明。

（4）《民法典》第1230规定，因污染环境、破坏生态发生纠纷，行为人应当就法律规定的不承担责任或者减轻责任的情形及其行为与损害之间不存在因果关系承担举证责任。

（5）《民法典》第1253条规定，建筑物、构筑物或者其他设施及其搁置物、悬挂物发生脱落、坠落造成他人损害，所有人、管理人或者使用人不能证明自己没有过错的，应当承担侵权责任。所有人、管理人或者使用人赔偿后，有其他责任人的，有权向其他责任人追偿。

如果创业者作为可能承担责任的一方涉及上述争议时就需要特别小心，在这些争议中，由对方证明创业者应当承担责任，而是由创业者证明自己不应当承担责任。除了需要特别注意收集此类证据外，还建议创业者及时寻求法律专业人士的帮助，在举证责任分配不利于自己的情况下争取尽量好的结果。

3. 举证的风险与防范

民商事争议是创业活动中的最常见争议，一旦发生了争议，无论通过哪种解决方式，争议各方都要把支持己方观点的事实和理由进行陈述。但在现实中，往往争议各方都很难提供完美的证据链条。这是因为从客观上说，事实并不总是能被百分之百记录和还原的，但更重要的原因是多数人没有证据保存的意识和习惯。

争议进入解决程序后，证据收集和整理得更完备的一方，往往处于优势更大的地位，也就能够获得更好的解决结果。这里有几条证据收集整理的建议供广大创业者参考：

（1）注意随时将事关重大利益的事实通过证据形态予以固定。比如创业者之间如果就利润分配比例达成了一致，建议尽快将一致意见形成书面协议，再经各方签字确认。再比如说，某人对公司有欠款，但是却没有出具过欠条，则应当要求对方补写欠条。对方不愿意配合的，应当及时对欠款事实向对方进行录音录像取证。创业者在任何时候都要有证据保存的意识，因为一旦争议诉诸法院，任何不能被证据证明的事实都很难得到法庭的认定。

（2）保存好证据的原始载体。任何证据在出示时都需要经对方质证，如果不能提供证据的原始载体，那么对方就可以对证据的真实性提出异议。比如原告一方只能提供欠条的复印件但没有原件，且不能提供其他证据证明双方欠款形成的原因，而被告又对复印件的真实性不予以认可，则法院很可能以证据不足而驳回原告的诉讼请求。所以，作为民事争议的一方主体，一定要注意保存所有证据的原始载体。比如书证就需要保存好书证的原件，物证需要保存好原物，录音录像等视听资料需要保存好录制时所使用的设备，电子邮件、聊天记录等电子数据就要保存好发送和接收使用的电子设备或者账号及密码。

（二）争议管辖

1. 争议管辖的含义和基本规定

民事争议管辖也是创业过程中常见的风险之一。所谓争议管辖，是指如果民事争议发生后，各方无法通过协商达成一致解决争议，则需要将争议诉诸某中立机构进行解决，中立机构形成的生效法律文书具有强制执行力，而不同中立机构受理民事争议的职权范围和具体分工就是管辖。简而言之，争议管辖就是解决争议提交到哪个人民法院或者仲裁机构进行裁判的问题。

（1）民事争议管辖的分类。能够受理民事争议并做出生效法律文书的机构包括人民法院和仲裁委员会，于是民事争议管辖根据其解决机构的性质，分为诉讼管辖和仲裁管辖。所谓诉讼管辖又称"民事审判管辖"，是指法院之间受理第一审民事案件的分工和权限。而仲裁管辖是指当事人约定的某种情况发生时，由仲裁机构或仲裁庭依据法律的规定，对某一特定的争议享有审理并做出裁决。

（2）民事诉讼管辖的基本规定。关于民事诉讼管辖的法律规定较为庞杂，主要法律条文包括《民事诉讼法》第二章第18条至第39条、《最高人民法院关于适用〈中华人民共和国民事诉讼法〉的解释》（2020年修订）第1条至第42条，以及最高人民法院的各类批复及司法解释。但是究其根本，这些规定都是回答一个问题，即特定的民事案件如果诉至法院，哪些法院有权受理并审理该案件。

由于诉讼管辖规定比较复杂，即使是专业的法律工作者在很多情况下也需要查阅相关规定才能判断具有管辖权的人民法院，同时也受到本书篇幅的限制，我们把复杂的法律规定进行一定的简化处理，以方便大家理解。创业者在遇到民事争议时，可以依据以下知识对具备管辖权的法院做一些初步判断，但是仍应当寻求专业人士的进一步意见。

首先，我们将诉讼管辖根据是依据当事人约定还是法律强制性规定分为"约定管辖"和"法定管辖"。前者是指当事人可以通过书面协议的方式自行选择受理和审判案件的人民法院。而后者有两层含义，第一层含义是在没有"约定管辖"的情况下，法律规定哪些法院有权审理案件；第二层含义是有些类型的案件，无论是否存在有效的"约定管辖"，根据法律规定均应当由特定人民法院受理，其他任何法院均没有管辖权。此处的"特定法院"即包括特指受理法院的级别（基层法院、中级法院、高级法院、最高法院），也包括受理法院的地点（不动产所在地、港口所在地、被继承人死亡时住所地或者主要遗产所在地等），还包括受理法院的类型（海事法院、铁路运输法院、知识产权法院等）。所以此第二层含义也包括了"级别管辖""专属管辖"以及"专门法院的管辖"。

对于"约定管辖"的理解比较容易，根据《民事诉讼法》第35条的规定，"合同或者其他财产权益纠纷的当事人可以书面协议选择被告住所地、合同履行地、合同签订地、原告住所地、标的物所在地等与争议有实际联系的地点的人民法院管辖，但不得违反本法对级别管辖和专属管辖的规定"。

争议方在选择协议管辖时此处应当注意以下几点：第一，协议管辖仅适用于"合同或者其他财产权益纠纷"，诸如人身损害赔偿纠纷、婚姻家庭纠纷不适用"协议管辖"。第二，协议管辖选择的人民法院地点必须"与争议有实际联系"。如果约定的受理法院不属于第34条规定的任何一种法院，则该法院将依据"协议管辖"约定无效而不予受理案件。第三，特定案件如果适用"级别管辖""专属管辖"以及"专门法院的管辖"，则可以排除与之矛盾的"约定管辖"。比如说，《民事诉讼法》第34条就规定"因不动产纠纷提起的诉讼，由不动产所在地人民法院管辖"，如果争议方约定了其他地点的法院管辖，如约定由原告所在地法院管辖，而原告所在地与不动产所在地不在同一县级行政区域，则该约定管辖因违反专属管辖而无效。创业者在进行约定管辖时，应当避免上述可能导致约定无效的情形。

对于"法定管辖"的主要知识点，我们总结成以下表格，供创业者判断民商事案件管辖法院时参考。见表9.3。

表9.3　　　　　　　　　　　　　　　　法定管辖的主要知识点

法定管辖			
基本含义：由法律直接规定有权受理民事争议的法院，在缺乏有效"约定管辖"时适用。			
地域管辖	级别管辖	专属管辖	专门法院管辖
基本含义：根据当事人住所地、诉讼标的物所在地或者其他法律事实所在地来确定管辖法院的地点	基本含义：根据案件性质、情节轻重和影响范围大小来确定管辖法院的级别。	基本含义：法律规定某些类型的案件只能由特定地点的法院管辖。	基本含义：法律规定某类的案件只能由特定性质的法院管辖。

续表

不具有排除"约定管辖"的强制力	具有排除"约定管辖"的强制力		
地域管辖主要规定	级别管辖主要规定	专属管辖主要规定	专门管辖主要规定
一般规定：被告住所地人民法院管辖。 **合同纠纷**：被告住所地或者合同履行地人民法院管辖。 **侵权纠纷**：侵权行为地或者被告住所地人民法院管辖。	**基层人民法院**：管辖普通第一审民事案件（诉讼标的额上限各地标准不一）。 **中级人民法院**：管辖重大涉外或者在本辖区有重大影响的第一审民事案件（诉讼标的额原则在 50 亿元以下）。 **高级人民法院**：管辖或者在本辖区有重大影响的第一审民事案件（诉讼标的额在 50 亿元以上）。 **最高人民法院**：管辖在全国有重大影响或者认为应当由本院审理的第一审民事案件。	**不动产纠纷**：由不动产所在地人民法院管辖。 **港口作业中发生纠纷**：由港口所在地人民法院管辖。 **破产诉讼**：由破产企业主要办事机构所在地人民法院管辖。	**海事法院**：管辖第一审海事案件和海商案件。 **铁路运输法院**：管辖涉及铁路运输、铁路安全、铁路财产的民事案件。 **知识产权法院**：管辖辖区内专业技术性较强的知识产权民事一审及上诉案件。

（3）知识产权法院管辖的特别规定。随着我国知识产权保护的不断加强，创业过程中的知识产权纠纷也不断增多。由于知识产权案件的审理需要具备较高的专业知识和能力，为提高我国知识产权案件的审理水平，全国人大常委会在 2014 年决定在北京、上海、广州设立专门的知识产权法院。知识产权法院作为与海事法院、铁路运输法院并列的新生专门法院，其管辖范围见于《最高人民法院关于北京、上海、广州知识产权法院案件管辖的规定》（2020 年修订），现简要总结，如表 9.4 所示。

（4）仲裁管辖的基本规定。根据《仲裁法》第 2 条至第 6 条的规定，仲裁管辖包括以下几项基本内容。

民事仲裁机构仅有权受理平等主体的公民、法人和其他组织之间发生的合同纠纷和其他财产权益纠纷，而不受理如婚姻、收养、监护、扶养、继承纠纷一类与身份相关的民事纠纷，也不受理行政纠纷。

仲裁管辖权来源于争议各方自愿同意达成的仲裁协议，如果缺乏有效的仲裁协议，则仲裁机构对争议无管辖权。根据《仲裁法》第 16 条的规定，仲裁协议可以在各方合同中约定，也可以在纠纷发生前后以书面方式达成。有效的仲裁协议应当包括：请求仲裁的意思表示；仲裁事项；选定的仲裁委员会。现将中国国际经济贸易仲裁委员会的"示范仲裁条款（一）"提供给创业者作为参考，举例说明一个有效仲裁协议的最低规范要求。示范条款如下：

表9.4 　　　　　　　　　　　　　知识产权法院管辖范围

法院名称	北京知识产权法院	上海知识产权法院	广州知识产权法院
一审管辖案件范围	（一）专利、植物新品种、集成电路布图设计、技术秘密、计算机软件民事和行政案件； （二）对国务院部门或者县级以上地方人民政府所作的涉及著作权、商标、不正当竞争等行政行为提起诉讼的行政案件； （三）涉及驰名商标认定的民事案件。		
一审管辖案件区域	北京市辖区	上海市辖区	广州市辖区及广东省（限上述一、三类案件）
二审管辖案件范围	所在市的基层人民法院作出的第一审著作权、商标、技术合同、不正当竞争等知识产权民事和行政判决、裁定提起的上诉案件。		
特别管辖案件范围	（一）不服国务院部门作出的有关专利、商标、植物新品种、集成电路布图设计等知识产权的授权确权裁定或者决定的； （二）不服国务院部门作出的有关专利、植物新品种、集成电路布图设计的强制许可决定以及强制许可使用费或者报酬的裁决的； （三）不服国务院部门作出的涉及知识产权授权确权的其他行政行为的。	无	无

"凡因本合同引起的或与本合同有关的任何争议，均应提交中国国际经济贸易仲裁委员会，按照申请仲裁时该会现行有效的仲裁规则进行仲裁。仲裁裁决是终局的，对双方均有约束力"。

其中"凡因本合同引起的或与本合同有关的任何争议"约定了"仲裁事项"，"均应提交中国国际经济贸易仲裁委员会"约定了"选定的仲裁委员会"，而"按照申请仲裁时该会现行有效的仲裁规则进行仲裁。仲裁裁决是终局的，对双方均有约束力"则是"请求仲裁的意思表示"。

需要特别注意的是，仲裁管辖权可以排除民事诉讼管辖权，即如果存在一个有效的仲裁协议，则任何一方均不得再将争议事项提交人民法院诉讼，人民法院亦不得受理该争议事项。

仲裁机构可以由争议各方选定，不受级别管辖和地域管辖的限制。首先，仲裁委员会之间没有隶属关系，不存在类似基层人民法院、中级人民法院、高级人民法院以及最高人民法院的级别区分，各个仲裁机构均可以在其受理范围内受理任何性质及标的额的仲裁案件。其次，不同于管辖法院，选定的仲裁机构所在地不必与争议存在实际联系。举例来说，一家位于上海市的外贸公司与一个居住于武汉市的个人签订买卖合同，约定将位于深圳市的货物出售到美国纽约市，因货物在香港特别行政区转运时出现损毁，双方产生争议。在这个案例中，双方选定的仲裁机构既可以位于以上与争议有关联的五个地点（上海、武汉、深圳、纽约、香港），也可以位于与争议没有任何联系的其他地点，如选择位于北京市的中国国际经济贸易仲裁委员会管辖。

2. 争议管辖的风险与防范

管辖问题比较复杂，很多创业者在发生争议需要起诉至仲裁机构或者人民法院时通常会出现的问题包括管辖条款效力瑕疵以及管辖地点不利。如果出现第一种情况，争议方需要首先对管辖条款的效力交由有权机关予以确认，在有权机关做出管辖条款有效或者无效的确认后，才能真正进入争议解决的实质性程序，耗费极大的时间和精力成本。而第二种情况一般是管辖机构更接近对方而离己方较远，如在对方城市的仲裁委员会或者人民法院。此类风险容易导致两种后果，在争议数额不大的情况下，如果需要将争议交由外地机构处理，则自己一方需要付出不成比例的时间、精力和金钱成本。而在争议数额很大的情况下，这种约定也极为不利，因为在当地的一方往往能够更好地与管辖机构进行沟通，也能够有更大的胜诉概率，即所谓的主场优势。

如果创业者在签订合同过程中涉及了管辖条款的约定，我们有如下建议：

（1）协议约定受理法院的注意事项。如果争议方"约定管辖"由人民法院审理争议案件，则应当尽量约定为"本协议一旦发生争议，由原告方住所地人民法院管辖，但本合同适用级别管辖和专属管辖的除外"的条款。根据《民事诉讼法》第35条的规定，争议各方可以事前约定管辖处理机构，被告住所地、合同履行地、合同签订地、原告住所地、标的物所在地等与争议有实际联系的地点的人民法院均可以选择。在上述可供选择的法院中，"原告住所地法院"对于防止违约事由的出现最为有利。这是因为一旦一方违约，对方提起诉讼的话，案件将由守约方所在地法院管辖，这样对于合同各方都是一种潜在威慑，能够敦促各方谨慎履约。

（2）协议约定仲裁机构的注意事项。除非经法律人士审核，否则尽量避免约定仲裁管辖条款。这是因为法律规定仲裁管辖条款的生效需要满足更为苛刻的要求，仲裁条款在实践中经常被认定为无效。而且一旦发生效力争议，必须经过中级以上人民法院对有争议的仲裁条款效力进行确认。贸然约定仲裁管辖存在一定风险，将为解决争议增加时间和经济上的不合理成本。如果争议条款一定要选择由仲裁机构解决争议时，应当注意以下几点：

仲裁机构应当是唯一且确定的。应当避免出现"由位于甲方/乙方/某市的仲裁机构解决争议"这种仅仅约定仲裁地而不明确仲裁机构的管辖条款。这是因为一个特定城市中可能有两家及以上的仲裁委员会，如果上述约定导致仲裁条款无法指向唯一的仲裁机构，则仲裁条款无效。

仲裁机构的名称应当正确完整。如"北京仲裁委员会"就不要简写成"北仲"，也不要写成"北京市仲裁委员会"。这是一个书写仲裁机构常犯的错误，中国所有以城市开头的仲裁委员名称中都没"市"字。出现此类约定如果导致不能确定具体的仲裁机构，则仲裁协议无效。

不要约定两个及两个以上的仲裁机构，也不要约定仲裁机构与人民法院均可以管辖争议事项，此类约定都将导致仲裁条款的无效。

争议各方应当尽量选择位于一线城市的仲裁机构解决争议，其理由有以下几点。首先，一线城市的交通便利性可以为争议各方节省时间和经济成本。其次，一线城市有着较为丰富的法律服务市场，便于争议各方为仲裁聘请专业服务机构。最后，一线城市的仲裁机构有着更好的公信力，与小城市仲裁机构相比，更少受到法律以外因素的干扰。

同时，争议各方在选定仲裁机构时还应当仔细审阅其现行有效的《仲裁规则》及其仲裁费收费标准。由于各个仲裁机构均在其仲裁规则中对于仲裁庭组成方式、仲裁程序、仲裁期限以及收费标准做出了不同的规定，各方应当在熟悉以上规定的情况下选择最为合适的仲裁机构。

（3）在管辖条款中除了约定争议解决机构，还尽量约定"守约方因解决争议所支出的合理费用由败诉方承担，包括但不限于律师费、差旅费、餐饮费、鉴定费、保险费等事务性支出"。这是因为守约方在处理争议时会产生很多事务性支出，这些成本如果没有特别约定，审理机构是很难支持由违约方承担的。有了上述约定后，一来可以降低违约出现的可能性，同时还可以更好地保护守约方的权益不受侵害。

二、劳动争议解决中的常见风险与防范

（一）劳动关系解除的风险与防范

在创业过程中，劳动争议最容易出现在劳动关系解除之时。原因在于，当劳动关系还存在时，双方往往为了维系彼此关系，对于对方的违约或者违法行为采取妥协态度，而一旦劳动关系被解除，则往往"积怨"集中爆发。要减少劳动关系解除时的风险，以下三点值得注意：

1. 劳动关系解除时，用人单位应当尽量具备合法解除理由且经由必要的程序。通常来说，劳动关系的合法解除有以下三种情况：一是劳动者与用人单位合意解除；二是劳动者单方面解除；三是用人单位单方面解除。同时法律还规定了用人单位限制行使解除权的情形。可见劳动关系解除权对于用人单位来说并非可以任意行使，在不具备合法理由时，用人单位单方终止劳动关系均被视为非法，将会承担不利的法律后果。另外，用人单位行使解除权还应当符合一定的程序性要求。简单来说，用人单位在解除劳动关系前，应当首先判断是否具备法律规定的可解除理由，如果不确定的话，应当征求人力资源从业者或者法律专业人员的意见；其次在行使解除权时应当征求工会（如有）意见，工会的反馈意见虽然不能直接阻止解除权的行使，但是会影响到解除程序的合法性。根据《最高人民法院关于审理劳动争议案件适用法律问题的解释（一）》第47条的规定，如果用人单位未在起诉前履行该征求意见程序的，即便是具备合法理由解除劳动合同关系的用人单位，也将面临支付赔偿金的后果。

2. 劳动关系解除时，各方应当就补偿或者赔偿事宜达成一致，并形成书面协议。很

多创业企业中，员工与管理者的关系比较亲密，甚至员工就是创业者的朋友或者亲戚。这种关系导致了在合同解除时，各方碍于情面而不签订严谨的书面协议，往往轻信各方的口头承诺。曾经就有一家公司，在运营中没有给员工购买社会保险。公司一名员工是创业者亲戚且在工作期间受伤，在双方解除劳动关系时创业者直接用现金给了员工补偿。但是补偿款仅仅只有一张员工手写的收条，并没有约定清楚补偿到底是合同解除的补偿、工伤待遇补偿，还是未缴纳社保的补偿。在离职后不久，员工就将公司诉至劳动仲裁委员会，要求同时支付以上三项补偿。最后创业者不得不又拿出一笔资金进行补偿，双方在劳动仲裁委以调解书的形式固定了补偿数额、补偿范围和没有其他争议等事项，这才给争议画上了句号。所以我们建议创业者，无论是作为用人单位还是劳动者，都应当在劳动关系解除时，将各方协商一致的约定固定为书面协议，避免日后产生争议。

3. 劳动关系解除时，各方如有其他未了结事项，应当尽量一并解决。如员工曾向公司借款、员工借用公司物品、员工占有公司重要的合同或者其他文件原件、公司收取员工就业押金等，此类事项应当在解除劳动关系时一并解决，否则事后可能因补救的成本过高或者证据补足困难而导致维权困难。曾经的一个案例是，劳动者在工作期间有一笔"借支款"，即用人单位预支给员工，员工日后再用发票进行报销的款项。但是用人单位在支出款项时存在两个瑕疵：一是借支程序走的是数字化办公流程，没有员工签字的借支单；二是借支款支付时的备注一栏错误备注成"报销"。这个问题在员工离职时，用人单位没有及时处理，等到员工离职后才着手准备追偿。此时又发现员工户籍不在用人单位所在地，根据原告就被告的原则，这笔金额不大的案件还要到异地去起诉。鉴于证据和管辖两方面的不利因素，公司最终决定放弃追讨程序。如果用人单位在双方合同解除时就提出该主张，要求员工办理完毕再出具合同解除证明，可能就能够顺利解决了。

（二）竞业限制的风险与防范

对于公司而言，人才的流动是难以避免的。但是由于工作人员在职时，必然接触到用人单位的各类商业信息，如果对于离职人员的未来任职单位和性质没有一定的限制，则会使得用人单位的商业信息存在潜在的受损风险。为此，劳动法规创设了竞业限制制度。限于篇幅的原因，本节就不对该制度展开论述，以下两点建议可供创业者参考：

1. 聘请专业人士拟定竞业限制协议范本。一份有效的竞业限制协议应当包括以下内容：

需要遵守竞业限制义务的人员范围，一般为高级管理人员或者技术人员。

竞业限制的范围包括不得到有竞争性的单位任职，也不得自己从事竞争性业务。此处需要提醒的是，要注意防范劳动者间接任职的风险。比如劳动者离职后与一家没有直接竞争关系的中介服务型公司，如咨询公司、服务公司签订劳动合同，然后再以提供劳务的方式间接为竞争对手提供服务。

竞业限制的期限，最长不得超过两年。

经济补偿的支付，必须在离职后支付，而不得约定为包含在员工在职期间的工资中。

违反竞业限制的责任：可以约定继续履行竞业限制义务、支付违约金以及赔偿损失的责任。

2. 用人单位可以设计更为灵活的竞业限制制度。很多用人单位在面对竞业限制时最为困扰的是不知道是否应该跟某个具体员工签订竞业限制协议，也不确定在该员工真正离职时是否需要其履行竞业限制义务。第一种情况多发生于职务较低的员工身上，而不签订协议的风险在于如果该员工离职时已经变得位高权重，此时用人单位会发现因缺乏协议而无法限制其离职后从事竞争性业务。第二种情况是员工在离职后可能根本就没有打算从事竞争性行业，但是由于事前签订的协议，用人单位仍需要支付其补偿，给用人单位产生了不小的额外支出。针对以上两种情况，有一种较为巧妙的解决办法，就是所有的员工入职时都签订竞业限制协议，但是是否实际履行以员工离职时用人单位书面通知为准，这样在一定程度上就能规避以上风险。

(三) 保密义务的风险与防范

劳动者违反保密义务也是一种常见的劳动争议风险。《劳动合同法》第 23 条规定了劳动者的保密义务，又在第 90 条规定了劳动者违反保密义务的赔偿责任。但是总体而言，法律对于保密制度的规定比较粗略，更多需要双方之间以保密协议的方式予以约定。在签订保密协议时，有如下两点风险防范意见以供参考：

1. 要明确约定保密义务的范围。违反保密义务一般侵犯的是商业主体的"商业秘密"，但是商业秘密的认定需要满足三个标准，即不为公众所知悉、具有商业价值以及经权利人采取相应保密措施，其中最后一项最难以证明。比如说经营者的客户名单，很容易就能证明符合前两项标准，但如果客户名单并没有被单位采取保密措施，公司的任何工作人员可以任意查阅、复制、传播，则客户名单很难被认定为该单位"商业秘密"，进而追究违法披露者的法律责任。假定上述条件均不变，用人单位只是将"客户名单"明确约定至保密协议中的"保密范围"。法律则认为客户名单符合第三项标准，应当被认定为该用人单位的"商业秘密"①。所以创业主体应当尽量全面地将具有商业价值的信息列入保密协议范围，以保障自身权益。

2. 要明确约定违反保密义务后的责任。由于法律只是笼统的规定了违反保密义务需要承担赔偿责任，但是在现实中，对于因违反保密义务所造成的损失很难计算，很多单位在以违反保密协议要求劳动者赔偿时只能获得很少的赔偿数额。所以在保密协议中一定要约定好损失赔偿的计算方式，即便在具体数额难以举证时，仍可以引用如固定数额赔偿的约定主张权利。

(四) 劳动仲裁及诉讼中的风险与防范

劳动争议一旦发展至需要仲裁及诉讼处理的程度，则意味着劳动者和用人单位之间的协商失败，争议一方请求劳动仲裁委员会及人民法院介入争议，通过法定的程序作出仲裁裁决或者判决，胜诉方可以要求强制执行前述裁决或者判决。在劳动仲裁及诉讼活动中，劳动者和用人单位除了应当关注之前提到的申请仲裁及提起诉讼的时效期间外，还应该对以下几个常见风险予以特别注意。

---

① 参见《最高人民法院关于审理不正当竞争民事案件应用法律若干问题的解释》第 11 条。

1. 用人单位举证责任风险。前节提到，劳动争议兼具民事争议和行政争议的特点，用人单位在劳动关系中处于优势地位。为了制约这种不平等地位，劳动仲裁及诉讼规定了用人单位更为严格的举证责任。《劳动争议调解仲裁法》第39条规定：当事人提供的证据经查证属实的，仲裁庭应当将其作为认定事实的根据。劳动者无法提供由用人单位掌握管理的与仲裁请求有关的证据，仲裁庭可以要求用人单位在指定期限内提供。用人单位在指定期限内不提供的，应当承担不利后果。《最高人民法院关于审理劳动争议案件适用法律问题的解释（一）》（2021年1月1日施行）第44条规定：因用人单位作出的开除、除名、辞退、解除劳动合同、减少劳动报酬、计算劳动者工作年限等决定而发生的劳动争议，用人单位负举证责任。所以，作为用人单位应当在日常经营活动中注意保存与劳动争议相关的各类证据材料，如劳动合同、体检报告、员工手册、培训手册、考勤表、工资发放表、奖惩通知及依据、劳动纪律及规章制度、送达凭证等文件资料，无论是反驳对方请求还是提出自己主张时，均能提供相应证据佐证。

2. 劳动者应当在仲裁/诉讼活动中合理维权，避免劳动争议转变为个人刑事风险。由于劳动者在仲裁/诉讼活动中处于有利的一方，只要劳动者合理维权并且寻求了法律专业人士的帮助，一般来说都能获得较为有利的结果。但是也有一些劳动者因为不合法的维权行为，导致自己涉嫌触犯"敲诈勒索罪"。在实务案例中，如果劳动者以下列几种方式要求用人单位超出法律规定的高额赔偿时，则很可能触犯该罪名，包括通过到公司吵闹、砸毁公司财物等过激行为要挟、通过不正当的举报、媒体曝光、威胁公司领导以及家人安全或者威胁影响公司正常经营、利用掌握的用人单位的商业秘密进行威胁、以上访等方式作为要挟手段。

劳动者在仲裁/诉讼活动中应当杜绝上述行为，对于用人单位的任何主张均不得过分高于法律的规定，且应当尽量通过劳动仲裁委员会的仲裁员、人民法院的审判员或者自己聘请的律师提出，这样就能够较好地规避以上风险。

三、行政争议解决中的常见风险与防范

（一）妥善协调与各个行政部门的关系

一个创业主体在经营过程中不可避免地与各个行政管理部门需要发生关系。总体而言，行政管理部门的主要职责还是保障经济主体的合法权益，但同时也要防止其出现违反行政法规的行为。无论是何种目的，最终都将体现为行政部门针对创业企业的各类行政行为，发生行政争议也就在所难免。

创业主体和创业者在经营的过程中可能遇到的行政争议种类繁多，但是总结起来，普通创业者与以下这些行政部门产生争议的可能性最大：

1. 市场监督管理部门；

2. 税务部门；

3. 劳动与社会保障部门；

4. 环境保护部门；

5. 与行业相关的其他行政部门。

在处理与上述行政部门的关系时，首先建议创业主体应当力争做到合法经营，不主动从事可能违反行政法规的行为。其次应当多与行政部门进行互动交流，对经营中遇到的问题多去请教，行政部门组织的学习活动多参加。逐步打造出"积极配合行政部门"的正面形象，这样即便实际遇到行政争议时，行政管理部门也会参考创业主体平时的一贯表现，在职权范围内给予更为人性化的管理措施。最后遇到行政争议时，除了征求法律人士的专业意见外，还应当请教某个行政领域的专家。毕竟隔行如隔山，法律人士也许能够熟悉相关法律方面的规定，但是行政争议也会涉及实际操作和技术性问题。在这种情况下，就需要更多的专业人士的支持。

（二）规避行政争议引发刑事责任

行政争议一旦发生，当事方可能将面临行政责任的处罚。但如果行政争议不能及时解决而任其发展，当事方则可能面临更严重的后果。曾经有某经营者因违规经营加油站，多次受到行政部门的问责和查处。但是经营者由于存在侥幸心理，认为已经接受了行政处罚就不会再有其他严重后果了，仍持续经营加油站。最后在一次多部门联合执法过程中，该加油站的经营者因涉嫌"非法经营罪"被刑事逮捕。其实在经营过程中，经营者也曾听到一些执法部门即将整治违法加油站的消息，也曾有机会将加油站转让给其他经营者，但没有实际实施，最终导致行政争议演变为刑事责任。在这里我们建议创业者对于某些行政争议应当采取防微杜渐的谨慎态度，一定要持续维护合法经营的状况。

四、涉嫌刑事犯罪的风险及处理防范

（一）商业模式风险防范

在创业的语境中，我们经常听到"商业模式"这个词。一种全新的商业模式也许就能直接决定创业的成败，比如"支付宝""团购""外卖"这些新的商业模式直接缔造了众多商业巨头。但是商业模式往往也暗藏着危险，特别是对于不具备专业刑事法律知识的创业者来说，也许在他们眼里蕴藏着无限商机的新模式，却可能引来牢狱之灾。以下将列举四种创业中容易触犯的刑事罪名及其对应的高风险商业模式：

1. 侵犯公民个人信息罪。《刑法》第 253 条对于侵犯公民个人信息罪是这样规定的：违反国家有关规定，向他人出售或者提供公民个人信息，情节严重的，处 3 年以下有期徒刑或者拘役，并处或者单处罚金；情节特别严重的，处 3 年以上 7 年以下有期徒刑，并处罚金。

2015 年 11 月 1 日实施的刑法修正案九将原"非法获取公民个人信息罪"变更为"侵犯公民个人信息罪"，2017 年又出台了《最高人民法院、最高人民检察院关于办理侵犯公民个人信息刑事案件适用法律若干问题的解释》，国家对于保护个人信息的力度越来越大。之后的 2019 年成为了该类犯罪集中爆发的一年，当年全国各地均有涉嫌非法收集及贩卖个人信息的单位和个人因涉嫌该罪名而被予以刑事追诉。仅北京一地警方，在 2019

年 1 月至 10 月期间就侦破网络侵犯公民信息案 240 余起①。如果创业商业模式中大量收集客户的个人信息，并将其进行商业化使用，则应当特别注意避免涉嫌此类犯罪行为。如果想深入了解此类信息，可以前往中华人民共和国国家互联网信息办公室官网查询相关规定②。

2. 组织、领导传销活动罪。《刑法》第 224 条对于组织、领导传销活动罪是这样规定的：组织、领导以推销商品、提供服务等经营活动为名，要求参加者以缴纳费用或者购买商品、服务等方式获得加入资格，并按照一定顺序组成层级，直接或者间接以发展人员的数量作为计酬或者返利依据，引诱、胁迫参加者继续发展他人参加，骗取财物，扰乱经济社会秩序的传销活动的，处 5 年以下有期徒刑或者拘役，并处罚金；情节严重的，处 5 年以上有期徒刑，并处罚金。

自 20 世纪 80 年代以来，传销类犯罪就在中国大陆屡禁不止。其在发展过程中不断变换着外衣，如 20 世纪八九十年代的传销商品以化妆品、保健品等实物产品为主。之后在 21 世纪初的一段时间内，传销抛弃了实物而打着"资本运作"的旗号，声称为了运作国家大型项目而投入资金，投资人能够享受国家发展的巨大红利。在 2010 年后，随着中国互联网技术的兴起，传销又悄悄转移到了线上，众多打着"互联网金融""P2P""微商直销"旗号的传销产品如雨后春笋般兴起。据经济参考报的一篇报道，"在近 4 万名被调查者中，26.6% 的人因为购买朋友推荐的项目或产品而蒙受损失，另有 62.2% 的人表示听闻过亲戚或者朋友遭遇过网络传销骗局"③。如果商业模式中涉及多层级销售、销售返点提成等因素，就需要特别提防。而判断是否涉嫌传销的最关键因素也很简单，"只要是组织一群人构成金字塔形层级结构，其中有任何一人以上的收入计算基础在于发展下线及下线衍生之下线的人数多寡"即为非法传销。

3. 开设赌场罪。《刑法》第 303 条对于开设赌场罪是这样规定的：开设赌场的，处 3 年以下有期徒刑、拘役或者管制，并处罚金；情节严重的，处 3 年以上 10 年以下有期徒刑，并处罚金。

一提到开设赌场，大家可能首先想起的是乌烟瘴气、难以发现的地下赌场，毕竟在中国大陆境内是不准开设任何形式的赌场的。但是借助着互联网的东风，赌场也完全摆脱了实体的束缚，进而以更为隐蔽的互联网方式予以运营。除了网上赌场可能涉嫌本罪名外，某些看似与传统赌场差异很大的商业模式也可能涉嫌此类犯罪。以下是一个真实的案例，法外狂徒张三雇用技术工程师和销售人员，在某网络游戏的外挂服务器中植入了一个"摇骰子"的游戏，游戏玩家使用人民币充值兑换的游戏币进行摇骰子游戏。除了赢家可以拿走输家的游戏币外，每次游戏结束时，张三都收取一定比例的"抽头"，类似于赌场中的"庄家"。张三使用抽头收益给雇用人员发放工资，并给予游戏币分销商一定比例的提成后剩余部分归己所有。该行为经人举报后，张三及其雇用人员均因涉嫌"开设赌场罪"而被采取刑事强制措施。根据相关法律规定，建立赌博网站并接受投注的；建立赌

---

① 参见：今年以来北京警方侦破网络侵犯公民信息案 240 余起. 人民网，2019-11-27.
② 参见：http://www.cac.gov.cn/zcfg/A0909index_1.htm.
③ 参见：郝若希. "杀熟游戏"：近三成网友因网络传销受损. 经济参考报，2018-8-8.

博网站并提供给他人组织赌博的；为赌博网站担任代理并接受投注的；参与赌博网站利润分成的都可以被认定为开设赌场罪。想了解更多该罪名的风险防范措施，可以参考《最高人民法院、最高人民检察院、公安部关于办理网络赌博犯罪案件适用法律若干问题的意见》。

4. 非法吸收公众存款罪。《刑法》第 176 条对于非法吸收公众存款罪是这样规定的：非法吸收公众存款或者变相吸收公众存款，扰乱金融秩序的，处 3 年以下有期徒刑或者拘役，并处或者单处 2 万元以上 20 万元以下罚金；数额巨大或者有其他严重情节的，处 3 年以上 10 年以下有期徒刑，并处 5 万元以上 50 万元以下罚金。单位犯前款罪的，对单位判处罚金，并对其直接负责的主管人员和其他直接责任人员，依照前款的规定处罚。

"互联网金融"类产品是最容易涉嫌该刑事风险的商业模式。2013 年被誉为"中国互联网金融元年"①，各类 P2P、在线借贷、第三方支付、众筹、理财、在线担保等互联网产品层出不穷。可惜天有不测风云，正当互联网金融大有取传统金融机构而代之时，国家对于互联网金融的管制突然收紧。2015 年 7 月 18 日，人民银行等十部委联合下发《关于促进互联网金融健康发展的指导意见》；2016 年 10 月 13 日，国务院办公厅下发《互联网金融风险专项整治工作实施方案》；2018 年各部门更是密集出台了《关于规范民间借贷行为 维护经济金融秩序有关事项的通知》《关于规范金融机构资产管理业务的指导意见》《关于做好网贷机构分类处置和风险防范工作的意见》等。于是，互联网金融企业纷纷暴雷，其中普遍涉嫌的一项罪名就是非法吸收公众存款罪。所以金融类产品的创业者在确定其商业模式时，一定要关注此风险。其实判断风险的标准也很简单，无论其外在表现形式如何，只要不具备存款性金融机构资质的经营者对不特定社会公众吸收资金，且承诺定额回报就可以被认定为此类犯罪。

（二）刑事争议的风险防范

鉴于创业中的刑事风险事项往往涉及比普通争议事项更为专业的法律知识，而且一旦处理不当，很容易造成涉案人员身陷囹圄。所以，建议创业人员在两个阶段可以寻求法律专业人士的帮助。

1. 确定商业模式阶段。在这个阶段创业者可以将已经初具成型的商业模式交予刑事专业律师进行研讨，从而判断商业模式是否具有涉及刑事风险的因素，进而提出建议进行改善。现在，已经有很多针对商业模式刑事风险评估的成熟法律服务产品，创业者如果准备涉足具有较高风险的领域，可以进行事前评估。

2. 出现刑事风险初期。刑事风险往往不是突然爆发的，而会有一个逐步发展的过程。本章开头的案例就是如此，老苏从与大股东出现矛盾直至被刑事拘留，其间老苏从一听到大股东准备刑事报案的风声后就找到了专业的刑事辩护律师进行了咨询，在被关押期间也聘请了辩护人。专业律师从最开始的刑事风险分析和防范开始，直到向侦查机关提交律师意见，步步为营，最终保护了老苏的合法权益。而很多创业者往往在初期忽视了风险出现的信号，或者存在侥幸心理，认为自身行为虽然有问题，但是并不会引起侦查机关的注

---

① 薛洪言. 一文读懂互联网金融的兴起、转折与破局. 虎嗅网，2016-11-28.

意，延误了专业人士最佳的介入时机。

第三节 寻求专业服务机构的帮助

大多数因创业所产生的争议都很难在短时间内顺利解决，由于争议各方都有着各自的利益诉求，仅凭争议主体之间的协商不容易达成一致。这时，专业服务机构的及时介入，对于快速、合理地确定争议方的权利和义务起到积极作用，从而使得争议能够更加顺利地解决。

一、常见的与争议相关的专业服务机构

（一）法律服务类

我国目前的法治化程度越来越高，无论是创业者本身的意愿还是国家的政策导向，绝大多数争议都会在法律框架内予以解决。即使争议解决没有经过仲裁或者诉讼程序，在协商中如何确定争议各方的权利义务，也需要熟悉相关法律法规的专业人士予以相应协助。一般来说，法律服务机构可以为解决争议提供的服务范围包括：为争议事项提供法律咨询、出具法律意见；为解决争议参与各方谈判、拟定和解法律文书；为争议事项出具律师函、律师见证书；协助调查取证；接受委托参加仲裁或者诉讼程序。目前市场上能够提供专业法律服务的机构主要是律师事务所和法律咨询服务公司。

以上两类机构的区别在于，律师事务所的从业人员必须是经过国家法律资格考试（以前被称为律师资格考试、司法资格考试）的从业者。律师事务所一般是合伙制，如果某律师因违反执业准则需要对外承担责任，该责任除了律师事务所为承担主体外，全体合伙人也将承担无限或者有限连带责任。

法律咨询服务公司对于从业人员的身份没有硬性要求，但一些从业者也是取得了律师职业资格证或者具备相关专业知识。另外法律咨询服务公司的组织形式一般为有限责任公司，公司以其全部财产承担对外责任。公司的股东以其认缴的出资额为限对公司承担责任。

在法律服务机构中，律师事务所的专业性更强，对外承担责任的能力更大，但是收费相对较高；法律咨询服务公司具备一定的专业性，但是如果在服务过程中造成客户损失，只能以公司全部财产承担责任，但其优势在于服务收费较为低廉。同时还应该注意的是，有一些法律服务事项，只能由律师事务所提供，法律咨询服务公司不得提供该类服务，如出具律师函、出具律师见证书、接受委托参加诉讼等。

所以，如果争议事项涉及金额或者责任较大，建议委托专业的律师事务处理，虽然服务价格会更高，但是服务质量能够得到更多保障。如果争议事项较小，法律服务咨询公司也是一种可以考虑的选择。

（二）会计、审计、税务类

很多创业争议都与经济纠纷相关，而且普通创业者如果在财务方面缺乏科学的管理制度并落实到实务操作中，则经常在碰到经济纠纷时，无法在财务事项上达成一致。比如创业合伙人对于可以计入创业成本的事项约定不清，事后又没有经全体合伙人共同予以确认为成本。由此引发的争议就是，某个合伙人认为其个人垫付的某些款项，如招待费用，属于创业事务成本，应当由全体创业者共同承担；而其他合伙人则认为该项支出属于建立合伙人个人的交际关系，不应当计入成本；或者虽然该支出被其他合伙人口头承认为运营成本，但在发生争议时又予以否认。再比如合伙人对合伙事务的盈亏情况无法达成一致，到底应该分配利润还是弥补亏损发生争议。这类争议发生时，就需要有专业的审计评估服务机构以第三方名义出具专业性意见，减少各方分歧。

此类服务机构包括：会计师事务所/公司、审计师事务所/公司、资产评估事务所/公司以及税务师事务所/公司。其所提供的专业服务范围有所重合但也有不同的侧重点。

会计师事务所/公司的服务范围一般包括审查企业会计报表；出具审计报告；验证企业资本，出具验资报告；办理企业合并、分立、清算事宜中的审计业务，出具有关报告；基本建设年度财务决算审计；代理记账、会计咨询、税务咨询；管理咨询；会计培训。

审计师事务所/公司的服务范围一般包括财务收支、经济效益、经济责任的查证事项；经济案件的鉴定事项；注册资金的验证和年检；基本建设工程预、决算的验证；办理外商投资企业查证业务。

税务师事务所/公司的服务范围一般包括提供税收、财务政策咨询；参与投资决策当中纳税对投资收益的影响决策；预先评估重大经济活动当中的税务风险和涉税额度；提供最新财税政策解疑，评估新政策的影响；代表企业参与涉税谈判；制定税收筹划方案，并辅导方案实施；参与制定年度纳税计划，健全内部管理制度，建立风险防范系统；协调税企关系，调节纳税争议；负责日常纳税情况的健康检查；指导订立合同涉税条款，协助修改、审定合同；指导制作涉税法律文书，修改、审定涉税法律文书；协助企业对其员工进行财务、税务知识培训。

（三）鉴定及资产评估类

鉴定是指具有相应能力和资质的专业人员或机构受具有相应权力或管理职能部门或机构的委托，根据确凿的数据或证据、相应的经验和分析论证对某一事物提出客观、公正和具有权威性的技术意见，这种意见作为委托方处理相关矛盾或纠纷的证据或依据。

资产评估是指评估机构及其评估专业人员根据委托对不动产、动产、无形资产、企业价值、资产损失或者其他经济权益进行评定、估算，并出具评估报告的专业服务行为。资产评估事务所/公司的服务范围一般包括整体资产评估、单项资产评估以及无形资产评估。

以上两类服务机构经常在争议进入司法程序后，由争议解决机构进行委托，就鉴定或者评估事项出具专业的报告。争议解决机构将根据专业的鉴定报告或者评估报告，就争议事项中的关键事项予以认定，并作为判案依据。如在产品质量争议中，生产商认为产品质量问题系消费者使用不当造成，而消费者则认为产品质量在销售前就已经存在。争议解决机构一般很难对此类事实自行认定，这时就会委托产品质量鉴定机构发表其专业意见。

当然，鉴定评估机构并非只能由争议解决机构指定，争议各方在协商过程中，为了评估各自的责任和风险，也可以共同委托鉴定评估机构对关键事实出具专业意见，作为协商解决依据或者今后将争议事项提交至争议解决机构时的证据。

鉴定机构的种类很多，与创业类争议关联度比较高的鉴定机构有产品质量鉴定机构、工程造价鉴定机构、笔迹印章鉴定机构、伤残等级鉴定机构等。

二、如何选择服务机构

在专业服务机构市场，虽然有着数量众多的服务提供者，但我国的专业服务市场与发达国家相比仍显得稚嫩，在运营和管理过程中仍然存在很多不规范之处。服务机构的服务质量往往又对争议的处理结果起着重要的作用，如何挑选一家合格的专业服务机构对于争议的当事方也就需要予以额外的关注了。对于创业者如何挑选服务机构，有以下四项建议可供参考。

（一）通过公开信息渠道，对服务机构及其从业人员进行核查

很多创业者在寻找专业服务机构的时候往往很随意地在百度这样的搜索引擎上寻找专业机构。在这里我们并不否认此类搜索引擎在初步筛选服务机构时的作用，但是在确定初步服务机构名单后，仍应当在公开渠道对于服务机构进行相应核查。有如下几种公开渠道值得推荐：

1. 工商信息类网站。如由国家市场监督管理总局提供查询服务的"国家企业信用信息公示系统"（http：//www. gsxt. gov. cn/index. html），以及由民营数据服务商提供的工商信息查询网站，如"启信宝"（https：//www. qixin. com）、"天眼查"（https：//www. tianyancha. com）、"企查查"（https：//www. qichacha. com）等。在这一类网站除了可以了解到服务机构的基本工商信息外，还能了解到服务机构的风险信息，如是否涉及未决诉讼、是否受到了工商行政处罚、是否被列入失信被执行人名单等信息。如果潜在的服务机构存在较多风险信息，则应当予以更多关注。

2. 服务机构官方网站。在选择服务机构时，我们往往忽视了对于官方网站的核查。通过核查机构官网，至少可以获取如下几个方面的信息：（1）服务机构是否建设了官网；（2）从业人员的个人简介；（3）官网信息的更新频率；（4）服务机构所获得的各项荣誉。

3. 服务机构或者从业人员自媒体。以往我们对机构及其人员的信息一般都只能听其自我介绍，但随着自媒体的兴起，很多机构及人员已经开始越来越多地通过自媒体发布宣传信息。通过各类自媒体如微信朋友圈、微博、知乎、抖音等渠道，可以判断出某一服务机构或者从业人员所关注和专长的服务领域。比如某会计师经常原创和转载与投资并购相关的财务问题的专业文章，则可以判断出其对于并购相关的财务尽职调查应当具有较高的服务水准。

（二）确定服务需求属于哪个细分领域，找到最合适的服务提供者

由于对专业服务市场不熟悉，很多争议当事方对服务市场的细分化了解不够。其实，某个专业服务机构或者从业人员所侧重的专业领域是不同的。比如同样是提供法律服务的律师，有些专注于刑事案件的处理，有些则专注于民商事诉讼案件的处理，还有些律师擅长处理婚姻等家事纠纷。创业者在寻找专业服务机构之前，应当首先明确自身服务需求是哪一细分领域的事项，进而寻求在该领域专业化程度更高的服务提供者。

（三）多看案例，少听宣传

当面对专业服务机构狂轰滥炸的宣传策略时，怎么才能分辨宣传与实际情况的吻合程度呢？其实最简单的核实方法就是要求专业服务机构提供类似案例。专业服务产品分为专家型服务、经验型服务及程序（效率）型服务三类①。一般来说，创业者遇到的争议属于后两类的居多，为此类争议提供专业服务更多需要的是类似经验以及标准化流程，过往案例可以很好地证明这两点。除了由服务机构自行提供过往案例外，争议当事方还可以通过公开渠道获知服务机构办理类似案件数量的多少及结果。以诉讼律师为例，通过"中国裁判文书网"②就能够了解到该律师部分处理过的以往案例情况，为争议当事人选聘律师提供参考。

（四）要追求性价比，但不要"价低者得"

所有的服务购买者都希望能够在价格尽量低廉的情况下获得优质的服务。但从实践经验上来说，专业服务机构所收取的费用与能够投入委托事项中的有效工作时间成正比，而所投入的有效工作时间又与最终的服务质量存在很大关联关系。举例来说，一项专业服务事项，将其完成到"合格"的行业标准需要 20 个有效工作小时数，那么专业从业人员是投入所需时间的 50%、100% 还是 200% 就会对服务的最终质量产生很大的影响。而这种有效服务时间的投入是专业服务机构按照所收取的服务费用进行内部安排和分配的，而委托人是很难以计算和监督的。如果委托人只考虑服务费用的多少，而忽视了服务费用与服务质量之间的关系，很可能是得了小便宜但吃了大亏。在西方法律界有一句很有名的谚语叫作"一个廉价的律师将是你此生最昂贵的一笔买卖"③，所描述的就是这类情况。

综上所述，在可以自行选择专业服务机构的情况下，创业者应当明确自身需求，并尽可能多地从外部渠道对服务机构及其从业人员进行了解。在追求服务性价比的同时，也要做好为优质服务支付相应服务费用的准备。只要在选择过程中注意到以上因素，最终也就能筛选出满意的专业服务机构了。

---

① 大卫·梅斯特．专业服务公司的管理．北京：机械工业出版社，2019：19-20.

② http://wenshu.court.gov.cn/.

③ The most expensive purchase you'll ever make is a cheap lawyer.

三、如何签订专业服务合同

在创业者委托服务机构时，都需要签订专门的服务合同。这一类合同的名称可能不尽相同，有《委托代理合同》《业务约定书》等。但这类合同都是就委托人（创业者）与受托人（专业服务机构）之间权利义务达成的一致。此类合同一般都是专业服务机构大量重复使用的，其中各项条款的约定都对专业服务机构较为有利，委托人虽然对合同的主要条款很难进行过多的协商和修改，但是仍然应当在签订此类服务合同时注意以下几点：

（一）如果聘请有专业的法律顾问，尽量让法律专业人士审核服务合同并提供专业审核意见

（二）审核签订合同的专业服务机构名称是否与服务提供机构一致

（三）要求专业服务机构就不明确或者对委托人明显不利的条款予以说明

很多委托人鉴于服务机构是熟人介绍，或者因为对方是专业人士而不敢就服务合同中的条款提出质疑。而一旦合同签订，无论该条款约定得有多么不合理，只要不违反法律强制性规定，就对双方均有约束力，届时各方不能再以"我不懂、我没有看清楚"作为反悔的理由。所以，对合同中的所有疑问一定要在签订前获得满意的答复。

（四）在有按"服务量"收费和按"服务结果"收费两种选项时，尽量选择按"服务结果"收费

比如说，在聘请律师参加争议解决程序时，律师提供了固定收费和按照最终结果收费时，优先考虑后一种模式。虽然后一种模式的收费比例一般较高，但是为了实现更高的最终收费额度，服务机构愿意投入更多的服务时间。同时，按服务结果收费，也使得委托人和服务机构的利益更趋于一致，对于专业人员能够产生更大的激励作用。

（五）服务费用的支付进度最好根据服务事项完成的进度确定

避免服务费用一次性支付完毕后，服务质量难以保证。此处的进度节点设定应该清楚明确，避免出现争议。

（六）对于服务机构的关键性承诺应当明确写入服务合同，而不能轻信口头承诺

此类承诺不应当违反国家对服务机构的管理性规定，如《律师执业管理办法》第33条就规定"律师承办业务，应当告知委托人该委托事项办理可能出现的法律风险，不得用明示或者暗示方式对办理结果向委托人作出不当承诺"。根据以上规定，要求律师在合同中承诺诉讼案件"100%胜诉"就是违法的约定。

（七）应当关注服务合同对于任意解除权的限制性规定

所谓任意解除权，也叫随时解除权，是指合同一方或双方可以不需要任何理由无条件地解除已经成立的合同。如《民法典》第933条规定委托人或者受托人可以随时解除委托合同。因解除合同给对方造成损失的，除不可归责于该当事人的事由以外，无偿委托合同的解除方应当赔偿因解除时间不当造成的直接损失，有偿委托合同的解除方应当赔偿对方的直接损失和合同履行后可以获得的利益。

任意解除权是法律赋予委托合同双方的权利，是在委托双方的信任丧失后使委托事项后续得以妥善处理的法律保障。专业机构不应在不能保证合格完成委托事项的情况下限制委托人的任意解除权。委托人也应当遵守诚实信用原则，不滥用该项权利。否则，委托人将承担损失赔偿的责任。

（八）当服务合同出现争议时，应当在双方均比较方便的地点予以仲裁或者诉讼解决

本 章 小 结

在本章第一节中，我们首先将创业中的争议区分为内部争议、外部争议和混合争议并确立了不同类型争议处理的基本原则。其次我们通过法律部门的标准将创业争议分类为民商事争议、劳动争议、行政争议和涉嫌刑事犯罪的争议，并大致梳理了不同法律部门所涵盖的主要法律。创业者在遇到不同争议类型需要查询相应法律规定时可以按图索骥。

接下来，我们着重介绍了在争议解决过程中容易被非专业人士忽视的时效风险并给出了防范建议，提醒创业者不要在争议尚未进入实质处理阶段，就因为急于行使权利而导致权利无法被法律保护。

最后，我们从部门法的角度介绍了创业争议的主要解决办法。创业者应当主要关注民商事争议和劳动争议两类最为常见的争议解决方法。

本章的第二节提示了创业争议解决中的常见法律风险，并结合法律规定和实务经验分别就民商事争议、劳动争议、行政争议和涉嫌刑事犯罪的争议中的不同风险给出了具备可行性的防范措施建议。上述措施只要实施得当，就能有效降低创业争议发生的可能性，或者即便争议实际发生，也能保证创业者的权益得到最大程度的维护。

在本章第三节中，我们对创业争议解决中能够起到重要作用的专业服务机构进行了介绍。创业者首先要能够识别争议中的问题类型，从而寻求法律、财务、税务、鉴定、评估机构的专业帮助。其次，创业者应当具备在众多同类服务机构中进行挑选的初步技能，能够通过多方信息来源了解服务机构或者个人的经验、口碑及专业技能。最后，创业者在选聘专业机构时也要注意维护自身权益，对于服务合同的关键条款应当给予必要的关注。

后 记

　　本书由武汉大学经济与管理学院曾咏梅主编，书稿由曾咏梅、湖北元申律师事务所姜山律师、东风本田汽车有限公司法审专员李希合作完成。其中，李希撰写第八章，姜山撰写第九章，其他章节由曾咏梅撰写。武汉大学经济与管理学院的樊志勇老师、万暄老师参与了本书写作大纲的讨论。樊志勇老师曾经为本书第四章、第七章、第八章撰写过初稿，本书参考了其中部分内容。在此特别对姜山律师、李希、樊志勇老师、万暄老师对本书的贡献表示衷心的感谢！书稿全部完成后，由曾咏梅负责最后统稿、修改审定。

　　本书为武汉大学 2020 年规划教材，该书的出版，得到武汉大学和武汉大学出版社的大力支持，在此一并鸣谢！

　　限于作者学术水平，书中难免会有疏漏、错讹之处，敬请热心读者不吝指正。

曾咏梅

于武汉大学珞珈山

2022. 3